上海女囚

孙宝强 著

HEPTAGRAM INC

谨以此书，献给"六四"中所有的受难者和家属。

目次

第一章 收容审查 1

第二章 虹口看守所 43

第三章 审判 108

第四章 押往提蓝桥 142

第五章 溃烂的红苹果 165

第六章 红楼炼狱 189

第七章 监狱小社会 251

第八章 坚强的老狐狸 299

第九章 爱的迷失 340

第十章 走出囚笼 400

后记 436

第一章 收容审查

看守所的第一个夜

"进去！让你尝尝这里的滋味，你就不会那么激动了！"年轻的干警狞笑着，使出"擒拿格斗"的架势，狠狠地把我拽进去。

房间里灯火通明，一只大音量的电视机正在大声地聒噪，如卖春女在自我推销。

"难道让我在这里过夜？"这个问号刚冒出头，一个满脸雀斑的妇人踱了过来。

"又一个？"她扬起稀疏的眉毛。

"又一个。不过这人你可要看紧点！"

"交给我等于交给保险箱。我不但看紧她，还会给她点滋味尝尝。"老妪边在引渡单上签名，边夸下海口。

"全看您调教了！"干警狞笑着，一步步倒退出门。

"脱衣服！"一声炸雷在我头上劈开，接着一根焦黄的手指戳了过来。

"什……么？"我结结巴巴地问，"脱什么衣服？"

"脱！"声音尖锐又高亢，与她的衰老形成鲜明对比。"脱光！全脱光！"

"凭什么？"我的结巴消失了，取而代之的是心中的怒火。

"脱！"她咆哮着，焦黄的手指戳过来。我死死看着她，悲哀而愤怒；她也死死看着我，凶狠而愤怒。五秒……十秒……她终于不耐烦了，十指如剑朝我戳来。"转过去……转过来！"她嚷着，叫着，扯着，拽着。长长的、尖利的指尖戳进我的肌肤，划出一道道鲜红的划痕。几分钟后，我终于一丝不挂站在她面前。

我气得簌簌发抖，又羞得簌簌发抖。良久，她发出一声叱喝。我从地上捡起衣服，上面印满凌乱的黑鞋印。穿上被践踏的衣服，这是我生平第一次。后来我才明白，这绝非最后一次。

"什么罪？"她拿起笔。

"没罪！"我冷冷地说道。

"什么？"她诧异地抬起头，一双浑浊的老眼在镜片后一动不动。"没罪？没罪会抓你？哈哈！哈哈！"她肆无忌惮地笑起来。笑着笑着猛地停下，如受到惊吓的含羞草，因为门缝里悄悄塞进来一张纸。她赶紧抽出来认真地瞅着纸条，又猛地抬起头："这么说……就是你？"

我冷冷地看着她。

"为什么呢？为什么呢？疯了……你一定疯了。疯子！疯子！"她一拍脑门，为自己的重大发现和英明结论而高兴。

她提着钥匙穿过甬道，然后打开一扇铁门。开门后她一掌朝我扫过来，我摔倒在了一团柔软的物体上。

借着走道微弱的光，我发现物体中央有个肚脐眼。我慌忙跳起来，慌慌张张环视四周。天呐！黑乎乎的一片朝我眼帘扑来：黑乎乎的脑袋铺满了一地，如罐子里层层叠叠的凤尾鱼，如挤成一团一团的黑蚂蚁。一股臭味，一股浓烈的臭味弥漫开来。它盘旋而起，依附而上，一寸寸地浸淫，一分分地渗透，有"润物细无声"的固执，有"非我莫属"的疯狂。我嗅着鼻子，发现臭源来自脚旁的粪桶。粪桶虽年老体衰，颠顸臃肿，丑陋丑恶，却龇牙咧嘴，张牙舞爪，表现出它唯我独尊，不可一世的傲慢。

粪桶下有一滩黑物，中间露出两点光，一闪一闪像萤火虫。黑物靠在墙上慢慢挪动又慢慢竖起，直到和粪桶一般高。于是，一张尖而瘦，瘦而狭的苦瓜脸出现了，漆黑的眼珠一闪一闪，瞳仁贼亮贼亮，活生生两把锐利的锥子。

一个女人爬起来朝粪桶走来，脚板踩在肉体上，所到之处呻吟和咒骂声不断。门外响起脚步声，所有的声音突然消失了。突然，一个巴掌朝我扑来，我一个趔趄倒在鞋子上。

脚步近了，重了，一道电光射进来。我仰起头，一张狰狞的脸，一双狰狞的眼兀地闯进眼帘。这是怎样一双眼：狠毒中带着快感，暴戾中带着骄横。这双眼让我想起屠夫李鹏：下垂的三角眼，下垂的腮帮肉；谈判中的骄横颠顸，杀人时的阴毒果断。我带着极度的憎恶，恨恨地看着这双眼。

三角眼闪着荧荧的绿光，在绿光的辐射下，所有的身躯都在战栗，所有的呼吸都停止了。时间一分一秒地过去，不知过了多久，绿光随着脚步远去了。

"要不是我贾林推你一把，你死定了！"粪桶上的女人得意地说。虽然光线极其昏暗，我还是发现她有着惊人的漂亮，漂亮得让人眩晕。

"黑三角下班了。"

"走了！终于走了！"许多人长长地舒了一口气。

"他妈的！从早上五点到晚上九点，连一句话都不让人说。"一个女人倚墙而坐，鼻子巨大如黄山飞来峰。"你叫啥？"她把头转向我。

"孙宝强。"

"小孙，你知道我犯了什么罪吗？"贾林急切地问。"我进来时，所有人都以为我干了那事。"她拍了拍半裸的臀部。

"你不干这个，可是暴殄天物。"一位老妇笑了。

"林妈，你阅人无数也有走眼的时候。"贾林愈发兴奋了，"我是盗窃犯，一不偷国家二不偷私人，只拿小姑一台录像机。因为夫家欺负我，有压迫就有反抗……"

"夫家为啥要欺负我？因为我是十三点。"黑暗里冒出一句黑话。

"有种的跳出来！"贾林冷笑着，可惜无人应答，没人接招。"现在我宣布特大新闻：前天我被逮捕，现在我就盼着开庭。"贾林自豪地挺起胸："小孙，啥事最有趣？最有趣的事就是把民警当猴耍。今天说录像机在某菜场角落，于是警察坚壁清野；明天说录像机在郊区仓库，于是警察掘地三尺。哈哈！太有意思了，哈哈！"

"更有意思的是，你马上要蹲大牢了。"黑暗中又冒出一句黑话。

"有种的跳出来！"贾林一拍胸脯，大声说道。

"跳出来就跳出来。"有人接招了。虽然光线昏暗，我发现接招者有着惊人的丑陋，丑陋得让人眩晕。"你是标准的十三点。"

"我再十三点，也没拉男人裤子啊！"

"你！"丑女咬紧腮帮子。她眼大如铃，牙暴如矛，要是披上斗篷，绝对是复仇女巫。

"美丽，你何必和她一般见识。"一个甜妞拉了拉她。

"她叫美丽？天哪！她父母一定疯了。"锥子眼轻声叹息道。

"你知道她犯了什么罪吗？"贾林压低声音凑近我，"我打赌，就是福尔摩斯也猜不到。她是不收钱反而贴钱的卖淫女。警察破门时，她正和二朵金花在床上做特技。警察朝嫖客扑去，他如泥鳅一般滑开，警察没有抓到他的身体却抓住了他的头发。你猜，警察抓到了什么？"

有人发出"吱吱"的窃笑，看来谜底早已扩散开来。

"警察抓住了一个假发套。一光头，外加三朵金花，这不是民间版的'四人帮'吗？'四人帮'同时患性病同时吃药，绝对地有乐同享有难同当。"说到这，她朝一位老年妇女挤了挤眼。

"错！秃瓢劳教，二朵金花妇教，现在只留下她。"林妈有原则地纠正道。

"为什么不是同一个梦想，同一首歌？"

"组织不能让三八红旗手变成淫旗手啊！"贾林满脸痛心疾首。

"十三点又放啥屁？"美丽气愤地转过身。

"大鼻子，开庭时把灯笼衫借我。开庭时，我要雄赳赳，气昂昂地跨过鸭绿江。"贾林满脸春风。

"你以为出席奥斯卡?"大鼻子嘲笑道,"一没衣锦荣归,二没得胜还朝,有什么可炫耀的?"

"我盼开庭是能还我清白。"贾林手舞足蹈。

"甭想!就是右派,也没有真正的平反,充其量是拿到一张纸而已。"一位戴眼镜的女性冷笑着说。

"不可能!"贾林尖叫道。

"你为什么不从了派出所所长?要是从了,杀人越货也没事。"

"我凭什么被他睡?我有自己的人格。"

"你连老公的鸡巴都咬不住,还谈什么人格!"美丽恶狠狠地说,于是大家笑了。

"贾林,我看你活得不耐烦了。"一个女人朝粪桶走来。她上身短下身长,像个没配置好的机器人。

"对不起大姐大!"贾林一拍太阳穴,"这草纸归你。"

"记着!干净粪桶的使用权属于她。"林妈给我一句忠告,"她为了情夫,敢上刀山下火海——她在看守所足足挺了二年,比刘胡兰还英雄。"

"她就住在我家隔壁弄堂。她满世界追打公公婆婆还棒打男人,她可是著名的女游击队长。"锥子眼撇了撇嘴。

"锥子眼,你犯啥事了?"大鼻子问。

"我被那对贼夫妻坑了,他们叫我偷车间里的金银线。"

"价值多少?""四千左右。""四千判四年。""四年?""贼夫妻加贼人,三人算团伙,团伙重判。"

"我的妈啊!"锥子眼尖叫一声,捂上脸,"我只拿到一百元。我没有奶,为女儿买了五包奶粉……"锥子眼小小的头颅如断秧的葫芦,无力地垂下。

"你不但是苦瓜命,还长了苦瓜脸。"贾林大大咧咧地说。

"从小我的妈妈就去世了,十六岁我辍学进厂上班赚钱养弟妹。婚后婆婆瘫痪了,现在我坐牢女儿怎么办?"她的眼泪,一滴一滴砸在地板上。

"现在是万里长征第一步,苦日子还在后头呢!"林妈把草纸递了过去。

"我看穿这点。要么不搞,要搞就搞大的。"大鼻子一拍腿,"大诈大骗,骗到中南海桂冠加身;小诈小骗,吃点喝点,然后把牢底坐穿。"

"你也谈大诈大骗?你这个小喽啰进来,你的老大呢?"眼镜女冷笑道。

"老大……正在被通缉。"大鼻子结结巴巴地说道。

"诈骗时,你们是道具;犯罪时,你们是垫背。被人卖了还帮人数钱。"

"不要脸的奸夫淫妇!"一个瓮声瓮气的声音嚷着。这是个五短身材一脸横肉的女人，寸把长的头发，青皮茬茬，要是戴副墨镜，绝对是正宗的意大利黑手党。

"玉贵，我诈的是国家，骗的是企业。我的手，从不光顾孤儿寡母，鳏夫病妇的口袋。"大鼻子不卑不亢地说。

"你他妈找死！"玉贵把牙咬得咯咯响。

"你说我，我为什么不能说你？"

"老骨头欠揍！"玉贵捋起袖子站起来，一场战争迫在眉睫。

"咋啦？"甜妞娇滴滴地问。

"宝贝！我没咋，我没咋啊……"玉贵绷紧的肌肉立即松弛下来。

"烦死了！"甜妞一笑，两个酒窝一览无遗。

"啧！啧啧！你妈咋生的你？"玉贵淫笑着，"老娘看到你都不想出去了。"

"那就不要出去。"甜妞撅着嘴。

"小妖精，我恨不得一口吞了你！"玉贵鼻翼翕动，色眼死死盯着她的胸。

"好了！别色迷迷了。"贾林把胳膊伸到两个人中间，"你出去后还干这行吗？"

"干！不干吃什么！"玉贵回答得很干脆，"这是老娘的饭碗。"

"这也是我的饭碗。"一个黑衣女子谄笑着凑上来，"我要是扔了钱包，我就不会坐牢。"

"哪个码头来的？"玉贵一脸轻蔑地问道。

"从南京来。都说上海的活好干……"

"原来是南京小蟊贼。"玉贵嗤之以鼻，"老娘永远拿钱不拿包。六岁拜师，十岁出徒，横扫南北，所向披靡。"

"价值多少？刑期多少？"小蟊贼怯生生地问。

"嘎嘎！"玉贵咧开大嘴，"价值不能说，刑期嘛只有一年。还有三个月，老娘又能吃香喝辣了。宝贝！到时我一定来看你。"

"你怎么知道我一定会被判刑？"甜妞不高兴了。

"和老外搭界的事必重判。三个月后，老娘用金子铺路，为你请上海滩最好的律师。"

"小孙，你是否和我一样，一路行骗到首都？"大鼻子关切地问道。

我摇摇头。

"你是否和我一样，在药费单上涂改？"小江北问。

我摇摇头。

"你是否也拿单位的东西？"锥子眼信心十足地问。

我摇摇头。

"你也是这个？"玉贵伸出三根手指。

我冷冷地转过头。

"你究竟干啥事？"眼看四个人败下阵来，众人有些好奇。

"是否和我同类？"一女人满脸邪气，看来她也想认我这份亲。

"她是肉庄老板，专卖鲜肉不分昼夜，小名亲嫂。"大鼻子像尽职的讲解员对我说。

"就是卖肉，也遵循老少咸宜童叟无欺。这和工人卖技术，农民卖粮食一样。"亲嫂对自己的职业很自豪。

"亲嫂说得对！"玉贵喝彩道，"这也是为公仆解忧排难嘛！"

"格格！"于是亲嫂当之无愧地笑了。

"你不像亲嫂，倒像亲嫂的妈。"大鼻子冷笑道。

"为啥？"亲嫂不乐意了。"用香皂咯吱咯吱洗一通，洒香水涂摩丝，加点白加点红，谁能看出我的芳龄？关了灯一样，不关灯也一样。"亲嫂用小铁梅"拆墙是一家，不拆墙也是一家"的口吻说道。

"我估计你跟我一样。"林妈一派慈祥，"是否涉及合同，债务类的？"她用眼神征求我，神态煞是谦虚。

"不！"我有些羞愧，至今还没接触过合同贸易。

"一个敢爱敢恨的女人。"大鼻子朝眼镜一努嘴，"是不是也朝那个没良心的泼了硫酸？"

"什么乱七八糟的！"我苦笑着说。

"这也不是，那也不是，总得有个事吧！"大鼻子终于爆发了不满。

"这也不是，那也不是，一定是这个事。"玉贵伸出中指，一脸淫邪。

"是杀人？""是放火？""是投毒？""是……"四周一片嘈杂。

"不！我是扔篱笆进来的。"与其让林林总总的罪名在我的头上走一遭，我还不如竹筒倒豆子。

"泥巴？什么泥巴？"贾林惊讶地问。

"不是泥巴，是泥巴。"我耐心地解释道。

"只听过'篱笆墙的影子'。难道真是脏兮兮、臭烘烘、龌龊的竹篱笆？"贾林撇了撇嘴。

"为什么不搞钱包搞这个？"小蟊贼摇着头，带着怒其不争的愤慨。

"有人出高薪让你干？"小江北皱着眉头问。

"扔篱笆，这算哪门子事？"林妈扳着手指。我沉默着。问号一个接一个登场，可谜底没找到。

"你是行政拘留还是收容审查？"大鼻子冷静地问道。

"收容审查。"

"不对！扔篱笆一般也就罚款，打到南天门也就是拘留。这说明……说明你的事很严重！"

"很严重"三个字，如油锅里撒了一把盐，监房里顿时骚动起来，几个身影从地铺上坐起。

"你们懂啥？"眼镜女冷冷地说，"除了吃喝嫖赌，你们还懂什么？"

"那你说，她为了啥？"大鼻子有礼贤下士之风。

"今天是什么日子？"

"六月六日。"

"今天是平暴的第二天！"

"凭票？粮票油票米票早取消了！"贾林大笑道。

"早上听广播了吗？"

"这里有广播？"

"我是说，隔壁办公室的收音机。"

"隐隐约约听到什么反革命什么暴动。难道……是指这个？"大鼻子问道。

眼镜女冷笑着，沉默着。

"天呐！这辈子听到最多的就是'反革命'这三个字。有历史的，现行的；有陈旧的，新生的；有隐藏的，跳出来的。一听到这三个字就如吞了毒蛇，又恶心又害怕。"大鼻子愤愤地说道。

"这么说她就是'暴徒'。"玉贵恶狠狠地说。仿佛一把盐撒进油锅，四周顿时响起一片喧哗。

"你的收审只是第一步。"眼镜女冷冷地说道。

"第二步呢？"

"第二步就是逮捕。"眼镜女不假思索地说道。

"不！不！不！"我使劲摇头，仿佛要摇去这个结论。不可能！绝对不可能！难道在"平暴杀人"后，还要对不平则鸣的老百姓下毒手？

可悲的是，预言在两个月后应验。我真迂腐！

夜渐渐深了，四周鼾声渐起。"你还不睡？"贾林问道。

"睡哪？"脚下是鞋山，无处立足。

"你就睡在鞋子上。"贾林斩钉截铁地说，"你睡也得睡，不睡也得睡。"

"可是……"看着重重叠叠的凤尾鱼，看着黑压压的蚂蚁堆，我只得把身体平放在鞋山上。臭烘烘的布鞋、湿漉漉的套鞋、坚硬的皮鞋、冰冷的塑料鞋，烙在腰部、颈部。人虽然缩成一只虾，脚跟还是跟粪桶有了亲密接触。尿液滋润着脚板，鞋跟刺入肌肤，只穿睡衣的我睡在鞋山上冷彻骨髓。

一九八九年六月六日，我在鞋山和粪桶的铁壁合围中进入了梦乡。

秘密抓捕

一束晨曦透过窗栅，悄悄渗进来。它怯怯地看着我，我也含着眼泪看着它，生怕一眨眼就吓跑了它。

晨曦，你本应是黑暗的天敌，却化作一缕惊魂；你本应是光明的化身，却似溃逃的残兵；你本应是普罗米修斯的火把，你却是湮灭的枯灯。晨曦一点点移动，脚步越来越快，越来越慌张。晨曦，你不能走，你不能丢下我。纵然你不能帮我，你也不能逃逸。有了你，我的心有了依托；没了你，我的心就是千里荒漠。

"嘀铃铃！嘀铃铃！"急促的铃声骤响。铃声尖锐刺耳，如玻璃矛划过玻璃盾。

一地铺的人一跃而起，如炸弹炸翻一塘鲤鱼。慌乱中，有人朝马桶窜去，有人朝窗下窜去，有人朝水龙头窜去，有人朝栏杆窜去。马桶旁，窗子下，龙头边，栏杆前，立马形成四条长龙。

监房狭长如甬道，一根绳子南北贯穿，上面挂满短裤和毛巾。铁门对面是铁窗，铁窗外罩着玻璃钢。窗左是水斗，窗右堆满了包裹。

林妈站在窗下，神情虔诚，双手合十，正作揖连连，喃喃自语，却被后起秀一掌扫出。烧第二炷香的是大姐大，她先磕头如捣，又频频划十字，既想菩萨保佑，又想耶稣庇护。大姐大后面是亲嫂。她先揉脸后扭腰，企图保持天使面孔魔鬼身材。可惜只搞了半个回合，被玉贵一脚蹬出。

外劳动面无表情地站在栏杆外，众人领出各自的牙刷，盥洗后交给她，接着报早饭定量。

"你报多少？"外劳动把眼睛转向我。

"我不想吃。""不吃不行。""那就报一两饭。""我报……五两饭！"有个细嗓门怯怯地说。

"谁报五两？"

"我。"锥子眼脸红了。

"我有言在先，要是剩一颗饭，有你好瞧的！"

"我知道！"锥子眼慌忙说道。

"我报三两，我要吃饱睡足等开庭。"贾林兴奋地朝粪桶走去。她体形婀娜，身材高挑，五官精致，肤如白瓷。要是闭上嘴，就是活脱脱的维纳斯。

"小孙！别看外劳动灰头土脑，她可是全国'三八红旗手'。"贾林兴致勃勃地说，"她的事迹上过报。因为受贿四千元被判四年。"

"这么重？"

"谁让她做典型被公判，公判和严打一样重。"林妈叹了口气。

"严打，严打的旗下覆盖了多少冤死鬼。"眼镜女倏地抬起头。"你肯定也公判。"

"凭啥？"我又惊又恼，"我没干坏事。"

"以我对中国政治的了解，你一定会得到公正的审判。"

"扔篱笆被公判，这不是天方夜谭吗？"林妈不满地说。

"除了扔篱笆，我还在马路上发表演讲。"我老老实实地说。

"宪法上有言论自由，现在又不是'文革'。"林妈安慰我说。

"'文革'过了，但'文革'的幽灵还在。"眼镜女冷笑着说，"你就等着坐牢吧。"

"凭啥？凭啥？"我气愤地说。

"凭我对党史的了解。党史就是否定之否定，清洗之清洗，屠杀之屠杀。党史是日夜旋转的绞肉机。"

"这是党史不是法律。"我朝眼镜嚷着，"毕竟还有舆论，还有刑法，还有世界趋势。"

"舆论服从于党史，刑法服从于党史，至于世界趋势，只要国门一关，就是关起门来打狗，堵住笼子抓鸡，整一个叫天天不应，叫地地不灵。"

"中国有五千年文化……"我努力挣扎着。

"正因为历史悠久，所以沉渣四起；正因为博大精深，所以国粹横行。瑞典、瑞士不是龙的国度，可没有运动和杀戮。美国没有五千年文化，却是全世界偷渡客的天堂。不要指望执政党的自律，不要指望知识界能发出呐喊，不要指望百姓能够抗争。"眼镜冷笑着。

三十五年过去了，她的话依然萦绕在我耳边。我惊叹她的预见性、准确性和高瞻远瞩。三十五年了，历史的钟摆依然停在这一刻。我不知道还要停多久，是一个世纪还是永远？

"哐！"外劳动摔下铝盒，铝盒发出叮叮咣咣的撞击声，热气袅袅而上。她蹲在地上，把饭盒从门下的小孔递进来。蹲在门口的人撅着屁股，把饭盒一个个传进去。看着门里门外的默契配合，我感到悲哀：在法院判决前，所有人只是疑犯而非罪犯。即使是罪犯，也该有人的尊严。

热腾腾的铝盒递到手上，好烫。饭很多，上面稀稀拉拉撒了几根什锦菜，四周传来一片"吧嗒吧嗒"声。所有的人都狼吞虎咽，有人还把鼻子伸进饭盒里。

林妈停止吃饭，神色紧张地朝外望，接着把什锦菜裹进塑料纸，塞进地铺与墙壁的空隙处。好些人用同样的神情，同样的手势，重复着同一个动作。

"你怎么还不吃？"大鼻子问。我这才发现许多人在洗饭盒。锥子眼意犹未尽地咂嘴，尖而窄的脸上，露出一个鼓鼓的肚子。

外劳动来收饭盒了。我赶紧扒饭，扒了半天还是冰山一角。外劳动静静看着我，我更急了，一急就更咽不下。突然看到水斗，赶紧把自来水灌进饭盒。饭经水一泡，好扒多了。但数量增多，加大了吞咽难度。

"快！快！快！"四周响起一片催促声。

我张开嘴，用力扒大口咽，咽得上气不接下气。我站起来仰头晃颈，想把饭流下去。一阵恶心，反刍的饭涌上来。吞不下，掩不住，于是用手捂住嘴，徒劳地挣扎。天哪！失去自由的人，不但灵魂痛苦，吃饭也如此痛苦。

"你慢慢吃，我等一会来收。"外劳动终于说出了这句话。

10

"吱吱！叽叽！"窗外传来一阵鸟鸣。是可爱的小麻雀，还是美丽的小黄莺？是勤劳的布谷鸟，还是泣血的杜鹃？铁窗重重，难觅小精灵的身影，但割不断它们欢快的歌声。

"吱吱！叽叽！"翅膀扇动的声音越来越近。我仿佛看见稚嫩的尖喙，毛茸茸的身子。小精灵啊，我能感受到你们的呢喃，你们能感受到我的囚禁吗？咫尺天涯，阴阳两隔啊！

小精灵们，你们拥有蓝天。即使有乌云，终究遮不住蓝天；你们拥有太阳。即使有黑子，终究遮不住光明；你们拥有歌喉，歌声是灵魂的吟唱而非鹦鹉学舌；你们拥有明眸，明眸是心灵的窗户而非变色眼镜；你们拥有翅膀，愿意筑巢就收翅，愿意迁徙就搏击。灵魂坦荡，身体自由翱翔。

"你干嘛？"一声吆喝打断了我的遐思，铁门外站着外劳动，她还等着收饭盒呢。

晨曦完全隐退。小贩的叫卖声，透过高墙传进来。民以食为天，民以安居乐业为大。草民希望腐败绝迹，布衣渴望衣食无忧。是人，就有话语权；就有出版权；就有选举权。言论自由，信仰自由，户籍自由，思想自由，这是人最基本的权利。凭啥要以"反对资产阶级自由化"而剥夺殆尽？

一阵优美的圆舞曲透过高墙传进来，这是斯特劳斯的圆舞曲。斯特劳斯虽已逝去，但他活在亿万人的心中。有的人虽活着，却只是活在电视上，活在报纸上，活在广播里，活在铺天盖地的谎言中。他活在金銮殿上，爪子牢牢攥着权力的龙头拐。他死后，必将遗臭万年。

汽车喇叭声，透过高墙传进来。不但有喇叭声，还有刺耳的刹车声。汽车如执政党，执政党如汽车。汽车没有刹车装置就不能行驶，执政党没有制约机制就不能执政。没有红绿灯的概念，就没有法律的概念，就没有对生命的尊重。没有刹车机制的执政党，是独裁的党；是骑在老百姓头上的党。没有刹车机制的车，是癫狂之车，罪恶之车，万劫不复之车。

一阵阵稚语嫩语，透过高墙传进来。是蹒跚幼童还是学语伢？儿童，是父母的希望，伢伢，是祖国的花朵。从胚胎孕育的那一刻起，无论草根后代，还是八旗后裔，都有生的权利，都有生命的价值。为了保护八旗后裔的权益而枪杀草根后代的生命，这是纳粹的行径，这是撒旦的行径。人民的军队，打着为人民服务的宗旨，干的却是灭绝人性的屠杀。屠杀的是军队叫人民解放军，屠杀的却是养活军队的老百姓。不是说军民鱼水情吗？

"白兰花要哇？珠珠花要哇？香是香得来……"吴侬软语传进高墙，浓浓的乡音，带来花朵的清香。这是一个生机勃勃的早晨，又是一个腥风血雨的早晨。我苦苦凝视着窗口，虽然什么也看不见，我依然昂起头苦苦眺望。窗外是吴淞路，是每天上班班车的必经之路。从一九六八年到一九八九年，我在上海炼油厂度过了二十一年的春秋。二十一年来，我迎着朝霞，迎着细雨，迎着萧瑟的秋风，迎着冬日的寒霜，为祖国的石油事业贡献了我的青春，我的热血，我的一切。这是我生命的图腾，这是我生命的轴心……

记忆呼啦啦翻涌而上，琐碎而完整，平淡而生动，呼之欲出触手可及。

朝霞一点点升起，班车快到了；朝霞一点点升起，炼油厂快到了。啥时能放我回家？啥时我能上班？我苦苦思索着。那份思念，那份眷恋，如鱼游大海，如根扎土壤。只有失去自由的人，才能理解这份割不断理还乱的情愫。

此时的我还不知道，从一九八九年六月六日起，我的命运已发生无可挽回的逆转。这个早晨，割裂了我三十九年的生活；从这个早晨后，巨大的断层沦陷了我，颠覆了我，吞噬了我。三十五年过去了，沦陷依旧，黑暗依旧，罪恶依旧，腥风血雨依旧。

昨晚我走得非常匆忙。不！应该说猝不及防。一只神秘的电话把我叫走，一走就是三年。

昨晚我一直忐忑不安，不祥的预感像幽灵般围绕着我。

你就等着受惩罚吧！

为什么是我受惩罚？

因为你没有与党中央保持一致。

难道十亿中国人，只有一个脑袋，只有一个嘴巴，只服从一个人的意志？就如当年德国只服从元首的意志？

这是中国式的永恒真理！

历史没有永恒，银河没有永恒，宇宙亦无永恒。

你要为你说的话做的事付出沉重的代价。阴森森的声音从屠夫嘴里传出。

政府要为大通缉，大清洗，大屠杀付出沉重的代价。我愤怒地呐喊着。

"妈！你怎么拿着报纸却不看？"儿子问道。

"……妈妈刚才在奶奶家门口遇到两个同事，他们说明天让我去上班。"

"那你就去上班吧。"

"我不知……明天能否上班？"我愣了一下。

"上班就是上班，咋说能不能？"儿子撅起小嘴。半小时前的一幕，清晰地浮现在眼前。

当我把垃圾袋扔进垃圾桶时，看见有人问对面的老奶奶："请问孙宝强家住哪？"

"我就是孙宝强啊！咦……你们咋找到我公婆家的？"

"孙宝……强！快……快快！"吴科长结结巴巴地说，额上的汗珠'吧哒吧哒'往下掉，掉在地上摔成八瓣。

"你……你！"老田看见我，仿佛看见天外来客，紧张得手都在抖。

"咋啦？"我惊讶地问。

"没事就好！没事就好！"吴科长甩掉头上的汗珠，如释重负地吐了口气。

"上我家坐坐。"

"不！不！"二人慌忙摆手，"我们找了很久才找到这里。我们找到你家，邻居说你在对面的公婆家，于是我们又赶过来……"

"究竟啥事？"

"不……没没没。事情紧急，你明天赶紧上班！"吴科长攥住我，豆大的汗珠滚滚而下。

"你明天一定要来上班。"老田跨前一步，眼睛红肿，神态焦虑。相处多年，我从未见他如此慌张失态。我的心一沉！

"明天就是背，我也要把你背到炼油厂。"老田坚决地说。

"我还是……步行吧。"我强笑着说。

"说定了，明天一早你在这等我，我用自行车带你。"老田坚定地说。

"你啊你！"吴科长深沉地叹息，从胸膛深处发出，"厂里说说也就罢了……现在麻烦大了。"

"你怎么知道的？"

"别问了。"他烦躁地说。

"不！你一定要告诉我。"

"我能告诉你啥？"吴科长的眼睛不但转过去，肩膀也缩了一下。恐惧！明明白白的恐惧。

"我并没有做错什么。"我大声说道。

"我们今天来，不代表组织，只代表我们自己……"他欲言又止，环顾四周。

"对！这事千万别说出去。千万！千万！"老田抹了一把汗。三个人呆若木鸡地站着。沉默！沉默！久久地沉默！

"明天一定要上班，哪怕爬也要爬到炼油厂。"吴科长一蹬脚，坚定地说道。

"明天你等我，一定！一定！"老田抓住我的手摇了摇。他们一蹬腿跳上自行车，又回头朝我招手。我也举手向他们告别。车子渐行渐远，二个黑点从视野中消失。

可惜的是，第二天他们没有等到我，我也没等到约定的这一刻。这一别，就是漫长的三十五年。三十五年后的今天，我依然感谢他们，思念他们，他们是我在炼油厂最后的温情。

我迈着沉重的脚步进门。突然，一个女人朝我冲来。确切地说，是朝门口冲来。她神色完全符合"魂飞魄散"的特点。公婆来不及送客，我来不及寒暄，她已冲出大门。冲出五米后转过身，用怪异的目光朝我一瞥。接着凭空一跃，生生逃逸。

她是我公婆的邻居，她婆婆还是我婆婆的闺中密友。上个月，我还为赴喜宴的她卷了头发。今天她为何视我如索命无常？难道我在什么地方得罪了她？我思索着。她和婆婆不睦，我未发表"梁效"式的评论；她爱女江湖鬼混，我未把绯闻卖给小报。我打量自己，虽衣着寒酸绝非三点式，竟把她吓得落荒而逃？

突然我脑子一激灵：她和丈夫都在虹口公安局工作，难道……

"咦！她今天怎么这么怪？"婆婆很迷惑。

13

第一章 收容审查

"她说啥？"我故作轻松地问道。

"她问你今天上班没？我们还没回答，她就见你跑了。"

"也许我长得丑，把她吓跑了。"我掩饰着自己的惊讶。

"不做亏心事，不怕鬼敲门。"公公摆好碗筷，"咦，孩子他爸呢？"

"可能……加班。"我搪塞着。其实丈夫已接到澳洲语言学校的录取，正没日没夜地恶补英文。今晚他去语言学校上课了。

直至今天我依然困惑：公安女来我公婆家，是通风报信还是火力侦察？是表示安慰还是隔岸观火？她是同情者还是抓捕的决定者？夜深人静时，这个问号不止一次地浮上心头。我希望她是前者而不是后者。虽然前者也无法改变我的命运。在落难及落难的延续岁月里，我看到了许许多多的嘴脸。有亲友的嘴脸，朋友的嘴脸，同胞的嘴脸，同事的嘴脸。我对自己说，比起彭德怀你是幸运的，至少还有相濡以沫的丈夫；比起储安平你是幸运的，至少儿子没和我划清界限。中国风靡落井下石，流行大义灭亲。有嘴脸是正常的，没嘴脸，那才是宣传部最大的失职。

"孙宝强电话！"西窗传来呼唤。我习惯地朝墙上一瞥，挂钟已指向七点。一般情况下，传呼电话到六点就结束。

"孙宝强！电话！"呼唤声中带着气急败坏，我一个鲤鱼打挺跳了起来。

"妈！你去哪？"儿子坐在痰盂上，手里拿着连环画。

"我去接电话，等我回来再帮你擦屁股。"我拿起钱包，穿着拖鞋下楼。阿姨远远朝我做了个手势，于是我朝右转，那里也有一个电话亭。

斜刺里窜出一人挡住我，我本能地绕开他，他又抢先一步挡住我。这人真有意思，急着赶路也不能老挡路。我绕过他，权当狭路相逢礼让三先。但男子再次挡在我面前。

"你是孙宝强吧？"

"是……啊！"我边点头边思索，我是否有这个朋友？

"请你跟我们走一趟！"他冷冷地说。

"为啥？"我脱口而出。他没回答，只是把奸笑转为狞笑。我一惊。

"呼啦拉！呼啦拉！呼啦啦！"一阵急促的脚步声后，我的前后左右已形成一个包围圈。包围圈一点点收缩，一点点合拢，像吞噬一切的黑洞。

"你们……抓我？"我终于明白了。

"你很聪明，请到局里走一趟。"

"去就去，我没犯罪。"

"好！爽气！"

"当然!"我也当仁不让。

"吱!"一辆面包车停在我面前,车门大敞。他弯腰伸手,做了个极绅士的动作。我上车后,所有人跟上来,固若金汤的包围圈立马形成。天哪!我没武功也没绝技,用对付零零七的手段来对待我,这是浪费纳税人的钱。贪污和浪费是最大的犯罪,他们是罪犯,而我不是。

车子悄无声息地开着。日本车的性能很好,除了车胎与路面摩擦声外,没有一丝颠簸。车子沿着我所熟悉的吴淞路缓缓前行。华灯初上,凉风习习,面包车里坐着兜风的男女,黑色的乔其纱半遮半掩,更增添了温馨情怀,浪漫情调。四川路上,霓虹灯闪着诡异的光,广告闪着香艳的光泽。有音乐的流淌,有孩童的稚语,有恋人的相偎,有购物者的喜气。温馨的夜晚,祥和的夜晚,充满天伦的夜晚。夜晚平静,平静得没有一丝波澜;夜晚从容,从容得像舒缓的小夜曲。这是一九八九年六月六日晚上七点十分。

车子在人流中慢慢行驶,没有鸣笛,没有超速,好一派神闲气定从容不迫。面包车舍近求远从四川路驶到吴淞路。突然,司机一踩油门,车子以箭出弦,刀出鞘的速度,驶进虹口公安局。

我突然想到儿子。他还在痰盂上等我为他擦屁股呢!

第一次提审

我被带进办公室。办公室很嘈杂,比购销两旺的农贸市场还热闹。一个便衣做了个手势,满屋的人立刻消失,就是地道,也绝没有这么快。

大门在我身后关上,空气中仿佛有看不见的咒语在指挥。

"请坐!"一个便衣和颜悦色,"不用害怕,我们对你不会有任何举动。只要求你把今天的事情经过讲一遍,核实后马上放人。开始吧!"他朝对面的青年一仰下巴。

穿制服的青年人慢吞吞放下报纸,慢吞吞取出钢笔,慢吞吞把笔帽捻开,慢吞吞拖过记录本。整个过程像电力不足的机器人,拖沓而懒散,麻木而迟钝,机械而没有热情。这是一个年轻的书记员,年轻到可以看到脸上的绒毛。书记员突然朝我一瞥,这一瞥迅如闪电。在电光火石中,我看见了眼里的同情,惋惜,忧郁,深重的忧郁。还有什么?还有厌恶,恐惧,无奈,沉重的无奈。诚然知道"眼睛是心灵之窗"这个理论,但我还是第一次从眸子里读到这么多正和反的内容。眸子空灵,空灵到不含杂质;眸子凝滞,凝滞到蒙上阴翳。

后来我才得知,在我还未被缉拿归案时,虹口分局的副局长就拍着桌子咆哮："孙宝强一定要判！不判个三五年，出不了我这口恶气。"此时的书记员虽未动笔，但他已知晓我的命运。

"孙宝强！"承办人亲切地看着我，"把事情经过说一遍。只是例行公事，只是核实而已。"

"我朝马路上扔了篱笆。"

"什么路？"

"天潼路。"

"为啥要扔？"

"抗议！"

"谁带的头？"

"我！"

"谁指使？"

"没人指使。"

"什么思想指使你这么做？"

"良心指使我这么做。"

"孙宝强，你胆子果然不小，到了这里还嘴硬。二报一刊你看了没？电台广播听了没？"他一拍桌子。

"历史不该由媒体撰写！"

"说说你的同伙和幕后指使者。"

"既没有同伙也没有幕后指使人。我问你，如果你是受难学生的父亲，你会怎么办？你要是……"

"算你有种！"他翘起拇指来回摇动，"你一共扔了几块篱笆？"

"没数。"

"好！现在说说六月五号你在做什么？"

"这……"我一颤。这么说，对我监视已非一日了。

"说吧！说说六月五日！"他得意地笑了，"说说你那天干了什么？"

"说就说，既没杀人也没放火。六月五日我在海宁路，说社会黑暗，说干部腐败，说政府镇压……"

"住嘴！"他一拍桌子，细瓷杯惊悸地跳起来，"怪不得都说你厉害。"

"我厉害？我手无寸铁。"

"在你的蛊惑下，许多人同情学生并谴责政府；在你的煽动下，许多人动手设置路障抗议镇压。说！为什么要这样？"他终于暴跳如雷。

"是良心！是一颗未泯的良心！"我大声说道。

"哈哈！"他咧嘴大笑，"良心！这两个字实在太可笑了。"我盯着那张半开半合的大嘴，在这张嘴里，没有"良心"这个词；在他的人生辞典里，也没有"良心"这个词。

"咱不谈良心，你说说为啥要这么干？"他凶狠地问道。

我坦然阐述一一道来。我不是政治家，没有施政纲领，没有宪政宪法；我不是思想家，没有箴句格言，没有论据引典；我不是军事家，没有谋局布阵，没有雄才大略；我不是女英雄，没有锄强扶弱，没有普渡众生；同时我也不是暴徒，没有杀人越货，没有荼毒众生。我只是凭着母亲的良知，路见不平一声吼，扔下篱笆以抗议。我侃侃而谈据理力争，他歪头眯眼，洗耳恭听。这与其说是一场审讯，不如说是事实的陈述。不用旁敲侧击迂回进攻，不用打草惊蛇顺藤摸瓜，不用诱敌深入请君入瓮，我是竹筒倒豆，干净利落，城门扛竿，直进直出。绝不拖泥带水，绝不藏掖半分，绝不推诿责任，绝不言辞闪烁。我的观点，如婴儿般透明；我的心，如坦荡的平原。我阐述六月五日说过的话，我承认我说过：共产党屠杀学生，我绝不参加这样的党，我退出这样的党；我坦言六月六日做过的事，我扔篱笆设路障，就是抗议大屠杀。

其实，早在审讯我之前，我所说的话已录音在案；我所做的事已摄像在案。审讯只是一个形式，为逮捕、判刑做铺垫。

六月五日，海宁路。一群人在看墙上的《大公报》。有人叹息，有人摇头，有人怒目，有人恐惧。这是一群敢怒而不敢言的中国人。

我挤进人群大声疾呼！观点直白，抨击犀利。这时，一名男子挤进来，皱着眉说："别说了，赶紧回家。"

"不！我要说！我不能在屠杀面前保持沉默。"我依然谴责着，控诉着，呼吁着，呐喊着。后来我才知道，那人是安全局的一个头目。他凑近我，是为了让口袋里的录音机高保真地记录"女匪首"所说的每一个字（"女匪首"是他对我的评价）。

"其实，你所说的每一句话我都知道。"承办人敲了敲桌子，"录音机早把这一切录下来了。"

"既然如此，何必多此一举？"

"嘿嘿！"他呲牙一笑，"现在谈谈你在昆山路小花园说的话吧？"

"昆山路？"我倒吸一口凉气，"你们……跟踪我？"

"你的煽动算到家了，连两个小听众也不放过。"他嘴角掠过一丝冷笑，"可惜你说的每句话，都在我们的掌控之中。"

"关于这一点，我一点也不怀疑。"我也冷笑道。

"知道就好，嘿嘿！"

六月五日，夕阳西下。因演讲而口干舌燥声音嘶哑的我打道回府。走到四川北路昆山路口，发现两个小青年正在阅读报栏里的《解放日报》。

"你们千万不要相信上面的报道。"我愤怒地嚷着，"谎言！全是谎言！"

"你？"小青年懵懂地点着头，又茫然地摇着头。他们是相信党报，还是相信眼前这个陌生的女人？我长叹一声。新闻封锁，让十亿人失去起码的思维和判断。撇下他们，我孤独地离去。虽然夕阳暖暖地照着我，但依然周身寒彻。

其实此刻的我并不孤独，因为我身后跟着一个人，他就是安全局的小头目。他跟踪我走进武昌路，走进居住楼。然后他窜到居委会，调出我的资料后直奔上海炼油厂。

弓上弦，刀出鞘，万事俱备只欠东风：抓我只是时间问题。

"谈谈你是怎么煽动那两个青年的？"承办人得意地翘起了二郎腿。

"报纸可以谈观点，公民为啥不能谈观点？有不同的观点是煽动，那报纸也是煽动，而且是最疯狂的煽动。仅仅因观点不同，就遭到克格勃式的录音，盯梢，跟踪，抓捕。请问，究竟谁践踏了宪法？"

"砰"！桌上的茶杯又跳了起来。

"你果然名不虚传。你的嘴很硬，骨头也很硬。让你尝尝这里的滋味，你就激动不起来了。签字！"他探过身，抓起审讯笔录猛地推到我面前。

"签就签！"我猛地抓起笔。突然我愣住了：虽然我说了许多话，但记录只有薄薄两张，而且字比汤圆还大。我诧异地抬起头，又看见那双眸子。眸子里有忧郁，还有悲愤。我明白，这是书记员在尽最大努力保护我。

我的眼睛湿了，我感激地看着他，他也默默地看着我。他的眼睛空灵而凝滞，忧郁而无奈。在这双眼里，我看到了国人的不幸，也看到了国人的无奈。三十五年后，我依然清晰地记得这双眸子。（我希望在某年某月的某一天，我在上海能找到他，献上我最真挚的谢意。）

"把所有东西交出来！"承办人抽过笔录，大吼一声。我一愣！不是说核实完情况就放人吗？我刚想问，又咽了下去：我实在太幼稚，实在是政治上的白痴。

抓就抓。既然抓我，总该通知家属，这是法定程序。可我又错了。失踪四天后，丈夫才辗转打听到我的下落，送来生活用品和被褥。惊人的违法，执法者的违法，肆无忌惮地违法，绝不被追究地违法，这就是中国特色的现实。

后来从看守所政委处得知，警察对"兵贵神速马到成功地抓捕女匪首"

颇有几点遗憾：

1. 安全局小头目怀揣录音机直奔上海炼油厂。经过里调外查，发现"女匪首"竟是组织重点培养的对象，已填写了入党申请书，不日即可入党。此外，"女匪首"还经常在《石化报》上发表各类时评和杂文，其犀利的文笔广受工人们的好评。

2. "女匪首"缺乏反侦探经验，连反盯梢意识都没有，以至于把一场本应活色生香的跟踪盯梢抓捕，搞得毫无起伏，缺乏色彩和刺激，变得平淡无奇，像普通出警一样平淡无奇。

3. 诱捕时"女匪首"不但没反抗，甚至是很自觉地走进囚车，以致警察的"擒拿格斗"无用武之地，七人小分队的围捕计划也落空了。

4. 审讯时简直不费吹灰之力，心理战、攻坚战、诱敌深入战、迂回包围战统统无济于事。

录音盯梢，跟踪诱捕，审讯录供这一套，信手拈来，不费吹灰力。事成后人人得到一笔大奖，但人人都有羞愧之意：不但没枪林弹雨，还没使一招一式。"啥办法都没用就抓了，啥办法都没用就招了。这哪是抓捕，哪是审讯？搞这个案子，生平唯一。"承办人事后很遗憾地说。

早餐后，二溜人倚墙而坐。水斗旁站着二人，如打禅老僧面壁而立。

"为啥站？"我问贾林。

"说话呗。一个站了五天，一个站了十天。从早上五点一直到晚上九点。"

"天哪！还要站多久？"

"这要看黑三角的情绪。弄不好，站一个月都有可能。"

"她是管教？"

"最近抓人太多，只得从底层单位抽人。于是单位就把这个女瘟神调了过来。"

一阵脚步声由远及近，所有人闻声色变。"小周，今天交通瘫痪，我骑自行车过来。抓住设路障的判他二十年，最好吃枪子才解恨。"

"设路障当然不好……不过是市民同情学生。"

"你怎么这么说？嘘！我去瞧瞧。"脚步声传来，三角脸出现在栏杆上。鼻翼宽宽，覆盖在脸中央，眼中装满失崽母狼般的疯狂。

"林妈，你手里拿的是什么？"

"报告……拿的是手纸。"林妈上下牙直打颤。

"拿手纸干嘛？"

"为她做……垫饭盒的垫子。"林妈手指着我，手抖得一塌糊涂。

"老雷锋站起来！"一声厉喝。林妈抖抖地站到墙角。于是，二人行变成了三人行。

"寒梅！你把身子转过来！"黑三角轻柔地说。面壁者转过身。这是一个年轻的女人，清澈的眼如一泓清泉，洁净的脸如一轮满月。

"十天站下来，感觉不错吧？"

"陈师傅！请您给我一次机会吧。"另一个面壁者把腰弯成九十度。

"还敢再说话吗？"

"杀了也不敢。"

"贱货！再站两天！"

"是！再站两天。"

"你！"她对我大吼一声，"孙宝强！嘿嘿！有你激动的时候。"她一双利爪伸进栏杆，对我做了个射击动作。

"陈师傅！电话！"隔壁有人喊道。

"你等着！我会慢慢收拾你的！"她冷笑着离开了。

月上柳树梢，黑三角下班，众人终于松了口气。锥子眼的手在膨大的肚子上抚摸。她吃了自己一盒饭，又吃了寒梅一盒饭。"从生下来起，肚子就没饱过。在看守所才实现吃饱饭的理想。"

"你以为这里吃饭免费？饭钱是要家属付的。"

"啊！"锥子眼惊慌不已，"那我明天不吃了。"

"瞧你那穷样！"玉贵横了她一眼。

"我妈响应毛主席号召做光荣妈妈，七个弟妹要我养，我的肚子永远是瘪的。"锥子眼青灰的脸上，浮现出世纪老人的沧桑。

"这个社会诞生了多少荒唐事。"戴眼镜的女子冷冷地说道。

"你可以通过婚姻改变现状啊。"大鼻子热切地说道。

"我这副尊容，能嫁出去就是万幸，还想鲤鱼跳龙门？"

"你应该做生意。一票生意就能保证你一辈子衣食无忧。"

"那不是做生意，那是倒卖批文。全世界只有中国有这号买卖。"眼镜女恶狠狠地说道。

"那你可以申请执照开店啊。"大鼻子依旧很热情。

"执照要通过工商、税务、街道、警署等部门。要交房费、治安费、管理费，还要订阅党报。"

"苛政猛于虎，洗脑猛于虎。"眼镜女冷冷地说道。

"嘿嘿！"睡觉的哨子响了。在大鼻子的帮助下，我终于有了二指宽的地盘。

钥匙叮咚，铁门打开。"不许谈案由，不许谈谣言。一旦违反绝不客气。"雀斑脸凶狠地说。

"知道了。"新来者很端正也很精神，既没有初到者的惊慌，也没有初到者的沮丧。

"你犯了啥事？"锥子眼好奇地问。

"找死啊！"玉贵咬着牙。大鼻子用胳膊肘推了推甜妞。

"晚上进来，定是大案要案。"甜妞说，"你叫啥？"

"其其。"

"其其！你不是一般犯人，你和她犯的是一类案子。"大鼻子指了指我。

"她犯了什么错？"其其看着我问道。

"她在马路上设置路障。"

"哎呀呀！"其其一把抓住我，像地下组织找到党组织，"我推倒了垃圾桶。"

"一个扔篱笆，一个推垃圾桶，真是英雄所见略同。"眼镜女笑了，"在哪条路上？"

"不是大马路，而是小弄堂。"

"小到啥程度？"

"小到不能通三轮车，只能推自行车。确切地说，只是把垃圾桶横下来而已。干完这事我出差，刚到家就被抓。进来时和他打了照面。"

"他是谁？"

"他就是推垃圾桶的盟友。因为他揭发了我，所以把他放了。"

"在狭弄把垃圾桶放倒也要坐牢，真是滑天下之大稽！"眼镜女冷笑道。

"嘿嘿！"玉贵一撇嘴，"一对活宝。"

"真是一对活宝！"好几个声音附和道。

"形势险恶，通缉令铺天盖地。大搜查、大逮捕开始了。"其其对我耳语。她的脸色凝重，我的心也很沉重。

铁门开了，众人渴望地看着管教。在这里，提审也是一线希望。其其一将发二将衣，从容而去。

"用水！"外劳动拎来一桶水，每人分到一勺半温不热的水。这水要擦身，要洗脚，水资源堪比上甘岭。由于我没有脸盆，被剥夺了盥洗权。

"提审如何？"其其回来，我赶紧问道。

"承办沉默着点了烟，猛吸一口，半支烟就下去了。他的眼红了，拿烟的手抖个不停……他说北京死了许多人。我看见他眼中的泪光。"

"好人啊……"我想起那位书记员。

"他知道我上有老母，下有稚儿，微薄的退休金养活一家。他去我单位，要求单位保我；他一定要阻止立案。"

"窄巷里卧倒的垃圾桶也立案？"我冷笑道。

"他说，立案的标准不在案子大小，而在承办人的良心。杨浦区法院是市级先进，一点小事就把当事人往死里敲。敲得越重，奖金越多，功绩越大，名气越响。"

"无耻！"我气得浑身发抖。

"他还说……我的情况不同于另外一个人。这女人又是演讲，又是设路障，连局长都知道她的厉害。我要是她承办，想救她也回天无力。他说的就是你啊！"他极其担心地看着我。我的心一沉。

"你要做好思想准备，他们残忍得很。"其其沉痛地说道。

开饭了，又是水煮青菜，远远就闻到一股异味。

"你一定要吃饭。要保持精神不败，先保持体力不透支。"其其告诫我。

"我已经两天没吃饭了。对！我不能让他们先毁了我的健康。报告管教！"

"孙宝强，啥事？"主管教走过来。

"我是回族。"

"我查一下。"她很和蔼。晚上，咖喱牛肉隆重登场。被囚禁的我，过上了共产主义般的生活。

摄像

"呦——！呦——！"吃完饭的锥子眼呻吟着。

"又吃寒梅的饭，吃得像头猪。"大鼻子说道。

"她俩才是猪呢。"锥子眼朝我和其其一眨眼，"卷进这事不是猪是啥？我邻居是公安，学潮发生后拎起电话，逐一给亲属打电话，让他们不许乱说乱动，然后带着毛巾牙刷上单位，说立功的时刻到了。"

"枕戈待旦，蓄势待发，全天候准备。"眼镜女冷笑道。

"前几天经过人民广场，人群沸腾，群情激昂。我老公要冲上台发言，被我一把拽住。下面有警察，上面有录像，还有人包里藏着摄像机。公安、检察、法院、安全局倾巢出动，比蛆还蠕动得厉害。"

"可是蛆并不杀人。"他悲伤地说。

"所以说，参与政治是最大的白痴，好在我有这份清醒。"锥子眼得意地说。

"为了五包奶粉要吃五年官司，你还得意？"玉贵冷笑着。（锥子眼后来果然被判了五年。）

"五包奶粉绝不会吃五年官司。"锥子眼愤怒地说，"除非法官眼睛瞎了。"

"他们要是盲人倒也好了，可惜他们的心……"眼镜女恶狠狠地啐了一口。

"还是你吃官司最合算。"甜妞一脸怨气地说道。

"想知道我的蜜月之行吗？我既做佐罗又做拉兹。不！应该说我先做拉兹后做佐罗。"玉贵兴致勃勃地说。

"又吹！"甜妞白了她一眼。

"结婚后家底全空了，我决定去北京挖金。出了火车站，直奔积水潭医院。老公在门口等，我则挤进去挂号。三分钟后，我挤出人群去买烟。"

"这么快就得手了？"小孟贼羡慕地说。

"我点着烟，美美地吸了一口。前面围了一圈人，一个老婆子坐在地上嚎啕大哭。"

"哭啥？"

"哭钱包被偷呗。她说这是卖粮卖房的钱，刚从甘肃到医院就没了。"玉贵哈哈大笑。

"你又作孽了。"眼镜女冷冷地说道。

"哈哈！有人骂医院黑心，有人骂纠察差劲，有人骂贼狠心。我美美地抽着烟。警察来了，老婆子像见恩人扑过去抱着他的腿：'亲人啊，你要为我做主……'"玉贵说得眉飞色舞。

"警察帮助她了吗？"

"警察说，医院不许聚众闹事。老婆子说，我的钱被千刀万剐的贼偷了。警察说，首都不许撒疯骂人。老婆子说，我活不了了。警察说，不许你在外宾前丢中国的脸。一个老头掏出钱，警察说，医院重地不许募捐。有人骂开了：既不能捉贼，又不许募捐，你还是警察吗？警察说：我管安定团结，我管首都形象。说着把老婆子朝外面推。有个姑娘嚷着：首都就这样对待老百姓？我一看这姑娘立马惊呆了，这不是天上掉下的林妹妹吗？我抓起一把钱塞给老婆子，老婆子跪在地上向我连连磕头……"

"后来呢？"

"既做戏，就把戏做到底。我扶起老婆子，替她擦鼻涕掸灰尘。群众激动地说，女大侠回来了。他妈的！拉兹的我，成了佐罗。"

"既当婊子又立牌坊。"眼镜女冷笑道。

"与其被他人偷，不如被我偷。偷三万，给三千，比'取之于民却不用于民'的税务局好多了。"

"言之有理。"大鼻子一拍大腿，"衙门衙吏堪比毒蛇。"

"你怎么下得了这个手？你偷的是买命的钱。"其其皱着眉头说道。

"医院才是最大的贼。贼偷的是钱，医院又偷钱又取命。"眼镜女说道。

"可是……偷一个甘肃农村老太太治病的钱，于心何忍？"其其悲愤地说。

"你和老婆子是什么关系？"玉贵冷笑道。

"我们素不相识……"

"既然没关系，你管得哪门子闲事？你不偷不抢不诈不骗不是也进来了？我告诉你，你要么不判，要判一定比我重，因为政府最恨的就是你们这种人。"

"政府不恨你？"其其反问道。

"贼，充其量拿百姓钱包，不影响他们统治。而你们这些政治犯却是政府眼中钉，肉中刺，欲除之而后快。"玉贵凶狠地说。

我和其其听了，同时低下了头。中共政府对政治犯的杀伐决断，让魔鬼都闻风而丧。

"听说上海有个一指禅，江湖上赫赫有名。"小蟊贼竖起大拇指。

"一指禅是我师傅。瞧！"玉贵伸出手掌。

"好厉害！好身手！"小蟊贼惊呼道：除了拇指和小指，三个指头竟一般长短。

"金手指是怎么练的？"

"冬练三九，夏练三伏，整整一个八年抗战。"

"这手指是聚宝盆，摇钱树啊。能让我认识一指禅吗？"小蟊贼兴奋地问道。

"师傅被判八年，关在提篮桥。我去看过他，没有一指禅，哪来的吃香喝辣？"

"你师傅还教你什么？"其其冷冷地问道。

"教我吃喝嫖赌，教我床上秘籍。可惜只有一件事没有教。"

"什么事？"小蝨贼兴冲冲地问。

"怎样扔竹篱笆，怎样推倒垃圾桶……"

"哈哈！哈哈哈！"众人乐不可支。

下午进来一个女人，身形瘦弱，神情怯懦，好似一朵苦菜花。

"犯啥事？"小蝨贼轻蔑地问道。

"我叫素素，是翘边户头。"

"啥叫翘边户头？"我问大鼻子。

"就是把合成革说成意大利真皮，把纸板鞋说成水晶鞋；把腈纶衫说成羊毛衫，把尼龙裤说成羊绒裤。翘边是中国一大特色。"

"我……"素素的脸涨得通红。

"甭自卑。三百六十行，行行出状元。"大鼻子安慰道。

"还状元呢，我要劳教了。"素素哭着说，"我这是第三次进来了。"

"为什么老是做翘边户头？"

"我有心脏病，还是高度青光眼。"素素抽噎着说，"我没有工作，我能扛饿，但我女儿饿不起啊。"

"你这么穷，养什么孩子？穷人养孩子就是造孽。"

"咱俩是难姐难妹啊。"锥子眼抹着泪花，有了"同是天涯沦落人"的体己感。

"洗衣服，一人两件。"外劳动站在铁门外说道。

"一星期没换短裤，熏得我受不了了。"大鼻子忙扒下内裤。

"站着的人能洗吗？"林妈小心地问。外劳动迟疑着点点头。于是翻盆的，抖包的闻风起舞，监房成了动感地带。

"你把全身的衣服都脱了吧。"玉贵一脸谄媚地笑着。

"不是说只能洗两件吗？"甜妞问道。

"你不许洗……你不许洗，你只许洗一件。"玉贵指着某甲某乙某丙，淫威大发。锥子眼叹了一口气，重新穿上发馊的衣服。

"美人歇着，衣服包在小奴身上。"玉贵卷起袖子，甜妞惬意地靠在墙上。半小时后，外劳动来收打上洗衣粉的衣服，发现多了一件。

"谁多洗了一件？"外劳动问道。

"是我的！"玉贵音量不高，但极具挑衅性。外劳动一愣，提着筐走了。

"出来！全部出来！"凌厉的尖叫，击得心房一颤一颤。他妈的！就是枪毙，也用不着这么嚎叫。

"双手抱头，朝墙蹲下……走！跟我走！"管教穷凶极恶地嚷着，年轻的脸上满是仇恨。也难怪啊！四九年出生的，哪个不是吃狼奶长大的？在一波接一波的杀戮中，人性早就蜕化成兽性。

院子里，一名警察叉腰站在路中央。

"想设路障？"女管教风情万种地问。

"我不敢。"警察使了个眼色。

"借你豹子胆，谅你也不敢。"管教妩媚地笑了。警察转过头，我一愣。他是我邻居，是学校开红灯的专业户。鸟枪换炮，想不到留级生成了专政机器上的螺丝钉。我赶紧低头，免得他看见。

"快走！快走！"管教叱喝着，半分钟前的柔情蜜意一扫而光。上楼后，依然是抱头下蹲的待遇。

"孙宝强！"尖叫声震得耳膜嗡嗡响。我进屋，还没回过神，一块"聚众扰乱交通秩序"的牌子已挂在脖子上。他妈的！怎么不写上"聚众扰乱交通秩序"的原因呢？

一架黑洞洞的镜头对着我。摄影师探出头，眼珠朝牌子一瞥，又朝我一瞥，随后脑袋钻进黑布里。

存照结束，接着是取手印脚印。操作者神情严峻，动作粗暴，油墨黑，下手重。他妈的！把好端端的公民打成"罪犯"或者逼成"罪犯"，这是共产党半世纪如一日的勾当。我带着二手二脚的油墨，也带着一肚子愤怒走回号子。

新来者进门后自觉地低下头，坐在墙角。

"告诉我，你啥事？"大鼻子循循善诱，如同学校的政治辅导员。

新来者沉默地坐在粪桶上。

睡觉的哨子响了，新来者还坐在粪桶上。屎已拉完，但擦腚纸还没落实。众人同仇敌忾抱成一团拒绝大撒币：不说案情，甭想擦腚。

"晚说不如早说，早说不如现在说。"素素热情地诱导，她也是擦百家纸的孤儿。

"我是……强奸犯。"

"什么？"众人齐刷刷张大嘴，"强奸谁？"

"我……闺女。"后面二字虽很轻，但仍如头上炸响一颗炸弹。

"说说原因吧！"大鼻子如慈母般说道。

"因为……我要拽住我的情夫。"

"你简直不是人！"其极气愤地说。从此新来者就叫她"不是人"。

"提审！"办公室传来一声男中音。

"这么早？"

"还有比这更重要的吗？为了这，停下了所有案子。军令如山，谁敢有半个不字？"

"孙宝强！"我刚出门，手铐'嗒'的一声锁上。冰凉的手铐凉到肺腑，凉到骨髓。干警押着我，七兜八转来到地下室。想不到虹口分局小小的院子里，竟藏匿着如此巨大的，迷宫般的，交叉重叠的地下室。中共的枪杆子和笔杆子一手硬一手软，这可是中共统治的两大法宝。

一扇门迎我而开，里面灯火通明，熙熙攘攘，整一个狂欢节。是该狂欢了，杀的杀了，抓的抓了，清洗的清洗了，换血的换了。不狂欢还等什么？

我一进门，许多人一愣。五秒钟后恢复常态，各司其职继续干活。我被引到椅子上，确切地说被引到被审判的椅子上。椅子前有一横档，人落座后横档放下，铐着的手放在横档上，于是一个地地道道的犯人产生了。

一个扛着摄像机的男人走过来。秃顶男默默地审视我，仿佛在欣赏陷阱中的猎物，眼神满意而狰狞，阴鸷而得意。他逼近一步，鼻腔里的一根鼻毛在婆娑起舞。动态的鼻毛和眼神中的杀气，水乳交融地混成一体。（三十五年后的今天，我都记得这根鼻毛。有段时间我一直百思不得其解：我和秃顶既没杀父之仇，也没夺妻之恨，他为什么这么恨我？后来我才明白，他的基因里烙着杀戮的条形码，血液里流着仇恨的红细胞。"赤化"让他从人蜕化成野兽。）

一个年轻的干警扛着，拖着，夹着落地灯过来。他调节我头上头下，前后左右的灯：顶光侧光，正光逆光，亮光暗光。他娴熟地调整着，认真尽职，以至脸上的疙瘩豆都弥漫着一层水汽。灯五花八门，林林总总。要是把这些灯捐出去，一定可以照亮一百个希望小学。

又进来了一个人。他把两张桌合二为一，铺上雪白的台布，再把杯子放上去。青花瓷精巧细腻，胎薄如壳，宛如宋代御品。

两个干警走过来。一掸衣上灰尘，二整头上警帽，三捋肩上的肩花。神情庄重，威风凛凛，大咳一声，稳稳就座。座椅不像座椅，倒像高跷。中国人讲究位置。有了位置，就能在制高点上摧毁对方；就能横扫"暴民"如卷席。

书记员进来了。这位仁兄绝不能和上次那位相比。他严肃而冷峻，肌肉绷紧，肩膀高耸，活像刑场上的狙击手。又进来一个督察，先扫视房间，测量灯光，检查桌椅，接着颁发指示。秃顶扛着摄像机蓄势待发；调光师手指定在按钮上；书记员手握金笔严肃深沉；主审官冷峻凛然。一切只等一句话：开麦拉，大戏上演。

督察的大手朝下一劈。应是 OK 手势，却被搞成砍头动作。这说明督察吃透共产党的精髓。共产党的精髓只有两个字：杀头。

所有的灯大放异彩，我被照得睁不开眼。"名字？出身？家庭地址？单位？"四只眸子如四道电光火石，死死罩住我。"六月五号煽动了啥？六月六号又干了啥？"程序，熟悉得不能再熟悉；公安，威严得不能再威严。我戴着手铐，迎着刺目的灯，迎着黑黝黝的镜头，迎着虎视眈眈的目光，回答一个个明白得不能再明白的问题。

调光师一丝不苟地调节着灯光，让光源营造出最强烈的政治气氛，烘托"平暴"胜利。他凝神屏息全神贯注，精湛的技术足以问鼎"奥斯卡"摄影奖。

秃顶绷紧发亮的脑门，前后移动，上窜下跳，寻找最佳角度，寻找最佳意境，力争拍出隽永经典的一刻。定格！历史在这里定格！肮脏的历史！耻辱的历史！

书记员握紧钢笔，沙沙而写。时而拧眉，时而蹙眉，时而怒发冲冠，时而痛心疾首。激情呼之欲出，豪情一触即发。记下"暴徒"的罪恶，记下"卫士"的功勋。

主宰者更是强强联手，黄金搭档。一个以掌叩桌，另一个定悲愤不已；一个以袖拂桌，另一个定仰天长啸。看着哼哈二将装模作样的神情，看着伯仲兄狐假虎威的表演，我突然忍俊不禁。我想痛痛快快地笑，酣畅淋漓地笑。笑它个天翻地覆，笑它个天崩地裂——把我和这口活棺材，一起投入烈焰中，烧它个尸骨不留，烧它个梁塌屋亡。

突然我想哭，我想嚎啕大哭，放声大哭。洒一掬清泪，献给纪念碑下的学童，献给履带下的英灵，献给受难者的亲人。长歌当哭，长哭当歌，泪洒苍穹，天地动容。"我自横刀向天笑，去留肝胆两昆仑"。

历史啊，记住这些傀儡；历史啊，记住这些帮凶。历史啊，你不是被掳劫的稚女，想怎么打扮就怎么打扮；历史啊，你不是羔羊，想怎么烹饪就怎么烹饪。你们是一群走兽，只要猎人一声令下，你们就吞噬自己的同类；你们是一群僵尸，早已经把灵魂典当给魔鬼，碎银买醉买春女人。

不知过了多久，灯光终于熄灭。卸下面具的主宰者，头颅如水瓢软软地搭在椅背上；书记员豪情消遁，专心致志挖鼻垢；灯光师猛吸香烟，恨不能把海绵头吸进去。秃顶消失得无影无踪，他已经撒着双蹄，扛着战利品，向主子乞尾请赏了。

我现在都不知道这把戏演了多久。一刻钟还是一小时？一刹那还是一上午？时间的车轮到这里停止了，凝滞了，窒息了，死亡了。

"怎么了？"一进监房，其其就急切地问我。

"上镜头了！"我故作轻松，但眼泪还是不争气地掉了下来。

"凶多吉少！"大鼻子变了脸色。

"不得了了！她上镜头了，她上电视了！"

"这事搞大了！搞大了！"窃语如雨打芭蕉，一滴滴，一颗颗，一锤锤砸在我心上。

星期天下午，一位衣着华丽的黑皮肤女子走进铁门。虽面带忧郁，自有一份凛然；虽肌肉紧绷，皮肤却透着快意。

"又高又瘦，简直是鲁迅笔下的豆腐西施。"林妈摇了摇头。黑西施放下行李，如老僧入定悠然落座。

"啥事进来的？"贾林关切地问。黑西施连眼皮都不抬。

"你拘留还是收容？"大姐大憋不住了。黑西施抬眼一瞥，睥睨众生。

"清高啥？充其量就是弃妇怨妇。"大鼻子冷笑着。黑西施倏地抬头，傲然不见，羞涩的红潮如钱塘江水涌上脸颊。

"你这个伤害犯，绝不比我们高一等。你以为那男人爱你，其实他爱的是钱。可你非要把他当司马相如，演一幕'文君私奔'的闹剧。"大鼻子步步紧逼。

黑西施的脸由红转白，又从白转红，接着泛上青灰。她捂住脸，来个"徐庶进曹营"。

"你可以保持沉默。如果我分析对了，你就点头；我分析错了，你就摇头。"大鼻子和蔼地说道。

黑西施放下手，紧张地望着大鼻子。

"往事不堪回首可又频频回首。浪漫消失激情过，背叛现形骗局落。你现在如何面对你丈夫和孩子？"

"你……"黑西施如遭雷击。

"你这种女人俯拾皆是，还以为自己是朱丽叶。"大鼻子冷笑着。黑西施惊愕地张大了嘴。

"你怎么知道的？"贾林谦逊地问。

"看过《尼罗河上的惨案》吗？波罗靠抽丝剥茧，层层推理，最后画出凶手原貌。"

"何以见得？"眼镜女不耻下问。

"看见这个行李袋了吗？这是世界名牌，五千元一个。"

"妈呀！抵我家十年收入。"锥子眼说道。

"你怎么知道她犯的是伤害罪？"眼镜女带着敬意和好奇。

"眼睛是心灵之窗。她不畏惧不后悔，带着淡然和傲然。说明她报复成功，心愿已遂。"

"有……道理。"贾林连连点头。

"她养尊处优,蛮横骄傲。虽然她有钱,却是祖上留下的海外赞助。"

"凭啥这么说?"

"虽清高孤傲,没有知识女性的气质;虽衣服华丽,没有商人的精悍。所以她的钱不是她自己挣的。"

"是……的。"黑西施羞愧地点了点头。

"丈夫无能她鄙视他,情人倜傥她爱他。当依人小鸟发现受骗后,就变成疯狂的雌枭。我断言她不是泼了稀盐酸,就是一剪刀刺进情人的胸膛。"

"……被你说中了。"黑西施羞愧地点了点头。

"伤了情夫后你自首。你认为看守所关的全是人渣,你才是捍卫爱情的女神。"大鼻子耸了耸鼻。

"你说得对。"黑西施终于低下了头。

一清早,监房就笼罩在愁云惨雾中:今天是黑三角值班。"谁让你坐下的?"黑影悄无声息地窜过来。

"报告陈师傅,主管教让我们坐下的。"寒梅毫无惧色。

"是——嘛——!"声音拖得很长。

"是的!"字虽不多,却有高亢的音量。

"你站起来!"

"我没犯规,为什么要站?"寒梅大声说。

"我看你不顺眼,所以你必须站起来。"黑三角奸笑着。我突然想起鲁迅的话:石头压在植物上,于是石头俨然就是大自然。中国有大石小石,圆石方石,尖石钝石,就连这颗臭气熏天的茅房石,也要来压迫植物。

"我没违反纪律,凭啥罚站?"寒梅没一丝怯怯,没半点诺诺。

"在看守所,我就是纪律,我就是天。"黑三角疯狂地嚷着,"站起来!"

寒梅只得站起来了,但是,她的脊梁挺得很直很直。

他妈的!身披黄袍的罪犯就能强奸法律;手拿武器的奸佞者就能蹂躏人民。人民因为没有枪,所以没有法律,没有权利,没有尊严,没有上帝赋予人的一切。

我横眉怒目,怒发冲冠……但是,我只能沉默。

今天甜妞开庭,回来后甜妞成了苦妞。她倚墙抽泣,哭声不绝于耳。

"什么?判六年?"美丽愤愤不平。"是初犯,又刚过十八,凭什么这么重？"

"沾了国际友人的光呗！根据需要，或下地狱或无罪释放。"大鼻子说。

"报告管教！"甜姐朝门扑去，"我要上诉！我要上诉！！我要上诉！！！"纤纤五指攥住栏杆，满头的发根根竖起。

暮色西下，甜姐从办公室回来，水汪汪的眼睛成了火焰山。看来上诉状的悲苦，比黛玉的诗稿更添几分。

"快喝水。"美丽慈爱地端起杯子。我不解地看着她。有着强烈母爱的她，怎会干出这等不齿的事？

"上诉有希望！一定有希望。"甜姐坚定地点了点头。

"上诉能减刑，除非有靠山。"大鼻子冷笑道。

"管教……管教。"黑西施拉着栏杆哀哀而泣，"我已经四天没有排便了。"

"多喝点水。"周管教和善地说，"思想压力别太大。"

"我儿子……"

"现在想到儿子了？母亲不自尊，能得到儿子的爱吗？"周管教轻轻地说。黑西施的脸涨得通红，颓然退下。

甜姐的万言书还在撰写，虽没竣工，气色倒是一天胜于一天。"只知道她漂亮，想不到她还是个知识分子，还懂英格丽西。妈的！妈的！"玉贵龇着板牙淫笑连连。

"坏就坏在她会说英格丽西，不然能泡上外番？和外番有瓜葛的，全部重判。"大鼻子不客气地说。

"你懂个屁，她上诉了。"

"上诉只是形式。"

"闭上你的臭嘴，不然有你好看。"玉贵摆出一副誓死捍卫的邪乎劲。

甜姐是个刚出校门的雏娃，她凭借自己的青春和美貌从事外贸生意。有一次，她收了定金却没有及时把自己的胴体发出去，于是老外一怒之下投诉了她。老外投诉在中国是一件非常严重的事情。周恩来曾言辞凿凿地说，外交无小事，哪怕是头发丝一样的事也是国家大事。老外在中国的自行车失窃，于是全民动员全市戒严，短短几小时就宣告破案，破案能力不仅是神速还是光速。与此同时，失踪的大学生成千上万，政府却装聋作哑置若罔闻。要知道，中国的摄像头数量已经超过中国总人口的数量，在这个人均一个半摄像头的天罗地网中，成千上万的大学生竟然生不见人，死不见尸。

呜呼！呜呼哉也！

一星期后监狱的万言书杀青。现在的甜姐像老母鸡，屁股下压着一堆蛋，天天等待着新生命的降临。

等啊等，终于等来了钥匙的"叮当"声。甜妞猛地朝铁门扑去。

"咋赤脚？"管教叱道。甜妞赶紧套了两只不同的鞋走了。

"有戏！有好戏！肯定有好戏！"玉贵把指关节揿得咯咯响。上午过去，甜妞没回来。下午过去，还是不见芳容。掌灯时分，小美人神采奕奕回来了。面对询问的眼神，她一律嗤之以鼻。她昂头挺胸，骄傲的公主骄傲了二星期。

"究竟咋回事？"众人纷纷猜测。

"不就是去做张海迪吗？"大鼻子冷笑着，"她现在是'英雄事迹报告团团长'。下工厂，上学校，做演讲，做曲啸。"

"你咋知道？"

"失足青年，悔不当初；金盆洗手，浪子回头；前车之辙，后车可鉴。外邦是共产党在海外的陕甘宁根据地，外男岂能不奉为太上老君？"

"大鼻子，你改行做算命婆吧。"美丽佩服地说道。

"小美女成了小海迪，希望大大的。"玉贵激动得手舞足蹈，"出去后她就是我的人了。"

林妈偷偷地告诉我，甜妞做外贸生意时，年龄还不到十八岁。按照法律，虽然甜妞未能遵守银货两讫，但老外向未成年人买春也是犯法。可甜妞的起诉书居然是诈骗罪，这是严重的罪名倒置。

"判一个小妞来平息老外的投诉，犹如杀一群义和团来平息外交纷争。老黄历，老祖宗，老一套，老灵光了。"大鼻子说。

"报告管教！"黑西施走到门口，"我已经便秘八天了。"

"日子没记错吗？有人把年龄记错，还以为自己是豆蔻少女呢！"管教揶揄着。西施趔趄地回到位置上，身子蜷起，烫头发起，浑然一只闭关的刺猬。

午睡了。今天温度太高，监房热浪滚滚，汗臭阵阵。进来二十天，不但没洗过澡，连头都不能洗。头发粘成一团，一搔，指甲里盛满油垢。头上的臭味，身上的臭味，芳邻的臭味，还有从粪桶里逃逸出来的臭味，形成一个强大的磁场。悬梁刺股算什么？这里才是人间地狱。

大鼻子仰面而躺，鼻子如鼓风机，朝我吹出一股股臭气。这一刻我真想天崩地裂，这一刻我真想火山爆发，这一刻我真想地震海啸。但是，我只能静静地躺着。突然有一片黄映入眼帘，黄黄的纸如幡，这是烧给死者的冥纸。这里怎么会有冥纸？这一定是我的幻觉，因为我快疯了。

我揉揉眼。这不是幻觉，这确实是张纸，一张微微颤动的黄纸。一点点，一滴滴，一小片，一大片，纸在颤动中变了颜色。泪水打湿了黄纸，黄纸下有一个哭泣的灵魂。为负心男的忘义，为痴情女的执着而哭泣：黑西施的身体在黄幡下颤栗抖动。

外劳动拎来一桶饮用水。不论水杯是大是小，人均一杯。丈夫给我带来儿子的水杯，他想用这来化解我对儿子的思念。用心确实良苦，但我的水供应减半再减半。其实从进来那天起，我就直接饮用自来水。我排队领水，是因为其其喝自来水会拉肚子。

"听说'六四'中抓起来的人全部押到青海。"有个声音模糊又清晰。我看看前面，又看看后面，不知声音来自何方。

"如果我能出去，一定替你传话。"声音萦绕在耳边。转过身，我看见一双闪烁的眸子。"但愿你……不会押到青海！"黑西施垂下眼，又恢复了大理石的冷峻。

我感激地看着她。我们从未交流过，也没有说过一句话，但是她知道我的案情，还偷偷地表达了她的同情。要是她这些话被犯人报告给管教，她不死也要蜕一层皮。

五分钟后，黑西施被提审。

"昨晚她坐在粪桶上用手抠肛门，抠得鲜血淋漓也没抠出一颗屎来。"锥子眼说。

"半月不拉屎，也不给一支开塞露。"林妈摇着头说。

"四十年来，政府哪一天把人当人？"眼镜女冷笑道。

"玉贵！快把她的行李拿出来。"黑三角奔过来。原来检察院在提审黑西施时，她昏倒了。十三天不拉一颗屎，能不昏倒吗？

从此，我再也没见到她。听说她家属动用雄厚的外汇，把她捞出去了。在中国，只要不是政治犯，有钱就能买刑期，哪怕是死刑犯。所有的犯人，基本上都是政府的绑票。根据金额大小，决定你的刑期长短。至于政治犯，更是政府和西方世界谈判的筹码。这样的筹码，能带来经济和政治的双重利益。

往昔岁月

睡觉了。躺在地板上，心空荡得能晃出水来。往事像胶片，一点点拉出来。

一九八八年六月六日，上海炼油厂由于液化气阀门失控，引发了一场爆炸，导致几十条人命化为乌有，几十个人被烧成重伤。这场爆炸不仅震惊了上海，也惊动了中央。石油部的调查组火速赶到炼油厂。伤亡者绝大多数是外地民工。他们干最脏的活，睡最简陋的工棚，拿最低的报酬。虽忍辱负重依然逃不过这一劫。

上海炼油厂有五千多名职工，其中包括合同工，非合同工，长工，短工，临时工，外包工以及农民工。农民工中又分为上海农民工和外地农民工。一层一层的金字塔，是老百姓身份的定位，也是中国社会的人口结构图。

石油部的大臣进驻炼油厂后，火灾事故调查开始了。调查面铺得又宽又广，调查点却游移不定。巨大的利益链，是调查组跨不过的天堑；盘根错节的关系网，是调查组躲不过的绊绳。但是，在伟光正的领导下，调查组还是获得了决定性的，无可争辩的胜利。当悲痛而木讷的死难者家属听到亲人的一条命可以换几万元时，全都化悲痛为力量，化木讷为感恩了。他们跪在地上磕头如捣，接受亲人的死亡同时接受施舍，接受恩典。他们中的一些人甚至对夺去亲人的刽子手感激涕零。

善后事宜正有条不紊地进行着：死者骨灰顺利返乡；受伤者情绪也极稳定。美酒高举，焦炭般的尸体如银河般遥不可及；功绩卓著，死者的冤魂如一缕青烟冉冉上升。下一步，就是要寻找一个替罪羊，平息舆情封住口，把不稳定的因素死死地扼杀在萌芽中。

高化公司理直气壮地把"肇事者"名额下放到炼油厂；炼油厂又理直气壮地把"肇事者"名额下放到车间；车间又理直气壮地把"肇事者"名额推到班长身上。班长提出 N 条不服理由，各级领导在 N 条理由前张口结舌。这时，炼油厂党委书记，一个尖嘴猴腮黑心黑肺素有"莲花舌"美称的史老大隆重登场。

"你知道堤内损失堤外补的道理吗？"

"这和这，有因果关系？"班长一脸茫然。

"你蹲牢，工资奖金一分不少；你蹲牢，福利分房一寸不落；刑期实打实折工龄；刑满以后班长照当。"

"可是……那要判几年？"

"三年。"

"法院可不是厂长例会，由不得你一个人定夺。"

"不是例会形式，可以是例会内容。法院还可以根据你的态度，酌情减刑。"

"法院听党委书记的？"

"公检法，工商，税务，学校，金融，企事业单位……九百六十万平方公里内，谁不听书记的？书记是天，书记是地，书记就是涵盖一切统辖一切的宇宙。"

"可是……"

"不要敬酒不吃吃罚酒。"书记沉下脸，"既然党都能把二战功勋彪炳的"民国"，颠覆成苏维埃共和国，难道还不能给你定一个小罪？哈哈哈……"书记的笑声还没有结束，班长已跪下并举起了白旗。

买卖成交，毫无悬念。不久，炼油厂编制上了个台阶。大小官员官升一级，工资升了一级，功勋升了一级。几十个伤员依然躺在病榻上，终身的伤痛一辈子的伤疤；几十个被大火夺去生命的农民兄弟，几十个失去父亲或失去儿子的残破之家。

中共的金字塔依然耸立，不但耸立还撅起。撅得高高的，如大公鸡的尾巴：既然能把秋海棠的国家版图缩小为公鸡的版图，斗天斗地斗人斗银河的中共，还有什么能难倒它？

用法律的名义践踏法律，用法律的名义强奸法律，这就是有特色的中国法律。中国有林林总总的夜总会，却没有一个海德公园；中国有林林总总的媒体，却没有一张非喉舌的报纸。直抒胸臆，那是颠覆罪；掀开黑幕，那是泄密罪。权钱媾和，官匪一家，已到了有恃无恐的地步。

一九八九年六月五日，我在海宁路上演讲时，揭开了这个黑幕，捅了这个毒瘤。安全局头目在奔赴我厂调查时，把录音放给党委书记听，书记听了怒火中烧。

一九九二年我出狱后，乍浦街道老主任冒着六月骄阳酷暑为我落实工作。他不顾年老体弱，亲自去炼油厂落实我的工作，可是遭到党委书记的断然拒绝；一九九七年，在上海市中级人民法院齐院长的过问下，虹口法院为我落实工作的计划也遭到他的拒绝。党委书记敢这么做，一方面缘于他极"左"的本质，另一方面，缘于我在演讲时打到了他们的七寸。

上海炼油厂党委书记史建民，从车间小小的操作员爬到党委书记位置，只用了短短五年的时间。其速度，和太子党的火箭式提升可以相媲美。曾经有个发小朋友提着茅台酒请教秘笈。酒后的他什么都没说，只是傲然地伸出两根手指。

"啥……意思？"

"整和跟。

"哈哈哈……"发友突然醍醐灌顶猛然开窍。"批臭老九时，你整海归人士；反击翻案风时，你大骂邓矮子；批'四人帮'时，江青是妲己；批自由化时，胡耀邦是庆父；批'凡是'时，华国锋是窃国大盗；搞改革开放时，邓矮子成了开国元勋华盛顿；六四镇压后，赵紫阳就是你不共戴天的宿仇……"

"哈哈哈！没有这些铺垫，焉有我的今天？"

"没有变色龙的伎俩，焉有你的红翎子？"

"量小非君子，无度不丈夫。知道托儿所的周所长吗？"

"……你儿子就是她带大的。"

"不要说带大我儿子，就是亲妈我照样整。六四发生后她说要退党……"

"她不就说说而已……难道你也整她？"

"没有！我只是热茶招待，笑脸相迎。"

"然后呢？"

"然后让托儿所的姐妹面对面地对质，让闺蜜的盟友脸对脸地揭发。结果她泪流满面差点跪在我脚下。"

"伤天害理啊……"

"这不叫伤天害理，这叫斗争的多样性，灵活性……"

"六四时，检查科的小子去北京度蜜月，想不到屁股上中了流弹。你不但不给他报销医药费，还让他写检查并下岗。没有经济收入的他只能去做营业员。你在他做营业员时，派人当场拍照留影，然后以违反厂规为由将他开除出厂。"

"这就是石油部著名的《世界经济导报》，不抓住契机焉有我的今天？我不步江首长后尘，谁步？"

"好一个心狠手辣。听说，你还让他付了开除出厂的布告费？"

"枪毙林昭和遇罗克时，政府也向家属索要了一毛五分的子弹费。"

"你……太绝了。"

"我绝？钦本立奄奄一息时，陈至立把开除出党的通知送到他的床榻，眼睁睁看着他咽下最后一口气。和她比，我是小巫见大巫，菜鸟一个。"

"你为什么这么残忍？"发友终于愤怒了。

"整一部共产党的党史，就是整人史和杀人史。我不照党史做，难道照美国的《独立宣言》做？"

"你啊你……你开后门把老婆调进炼油厂也是党史让你干的？那段日子正好在抵制开后门。你不但顶风作案，咋还得了美名？"

"绢子认识吗？"

"她，闻名遐迩。她是党组织培养的市三八红旗手。"

"我封她'三八'，谁知她更'三八'。表决心写血书，忙个不亦乐乎。我说组织想继续提拔你，就怕你家事缠身丈夫有微词。于是，她一次次打报告，要求组织把她的丈夫从炼油厂调出去。"

"于是你让她丈夫调出炼油厂，你趁机把你的婆娘搞进炼油厂。你这是一石二鸟：老婆从纺织厂调到炼油厂，工资奖金翻几番；同时你又为'三八'解忧排难，事迹上了党报。"

　　"光做婊子而没有牌坊的，绝对不是好婊子。"

　　"我百思不得其解：口碑不好的你，怎么能当上书记？"

　　"厂里动员买国库券。我动员七大姑八大姨买了国库券，同时我把这些金额算在我名下，于是我成了为党分忧的'花魁'。"

　　"其二？"

　　"我让堂弟娶了公司一把手的肥女，一把手立马投桃报李，扶我走马上任。"

　　"你堂弟……怎么肯就范？"

　　"他们的蜜月一结束，组织上立马保送堂弟出国进修……我这是一石三鸟。胖女有了丈夫，堂弟有了前途，我有了政绩。"

　　"机关算尽，你不怕步王熙凤的后尘？"

　　"我的词典里没有'善恶有报'。我是恶贯满盈，但我活得滋润。"

　　"你为啥……为啥对打字员孙宝强落井下石？你的文件都是她打的，怎么说也是抬头不见低头见啊？"

　　"福和祸相依相偎；政治事件处理得当就是雄厚的政治资本；政治事件处理不当就是巨大的政治风险。"

　　"那你怎么处理？"

　　"既然邓矮子已经对六四表态，我就绝不会反其道而行之。第一，我先跟公安表态，绝不包庇犯罪分子；第二，我把培养她的党支部一撸到底；第三，我再把厂报编辑部清洗一批。最后通报石油部。"

　　"厂报编辑部怎么得罪你了？"

　　"编辑部就喜欢登她的文章！什么针砭时事，这是对现实不满；什么鞭挞丑恶，这是暴露黑暗；什么言论自由，这是企图翻天；什么为弱势群体发声，这是向党示威。杂文是黑箭，评论是毒草。"

　　"你有点捕风捉影，风声鹤唳。"

　　"前段时期我还在筹划如何整治她，想不到她却自己送上门来。"

　　"可是……你为什么这么恨她？"

　　"有反叛精神的人就是必须铲除的对象。"

　　"她已落难……你就没有一点恻隐之心？"

　　"她在演讲时，把炼油厂爆炸的事昭告天下，连石油部都知道露馅了。整她有一石三鸟之效：让领导放心，让群众噤声，让我晋级。这是炼油厂的'世界经济导报事件’的第二版。”

"第一版是……"

"第一版就是整肃检查科那个小子。"

"我问你，招待所的那个红弟，她怎么和你谈心后就自杀了？她不是最相信组织的吗？"

"她有忧郁症。有忧郁说明心理阴暗，说明对制度有抵触，对党的领导有抵触。"

"人都死了还诋毁？"

"这不是诋毁，而是组织评价。人死了就能脱离组织？没组织结论，追悼会都开不成。"

"你是炼油厂的‘予生予死’的阎罗。"

"这就是做人的极致。啧！啧！啧！吸髓知味啊。"党委书记咂着嘴说。

有很长一段时间，我总是很痛苦。其实，我不是首个受难者，也非最后的殉道者。我的遭遇，是冤海中的一滴，难史中的一页。

一九七八年，新中国成立以来最美好的日子。拨乱反正的春风，轻拂国人的脸颊。饱受摧残的人民，从心底里发出开怀大笑。

一天我上中班，电路突然跳闸。五分钟后检修者来了。他胡子拉碴，肌肉僵硬，孤独如山，压出一脸沧桑，沉默如磬，压弯了脊梁骨。"高仓健式的男人，高仓健式的深沉。"我偷偷对师傅说。

"他在监狱度过了十个春秋。"

"啥罪？"

"没罪！"

"不会吧，判刑时总有罪名。"

"热爱文学就是现行反革命，三个知己就是反革命小集团。"

"这么容易？""易如反掌！小说和生活是一个版本。""啥小说？""《基督山恩仇记》。""啊！太刺激了！"刚读过此书的我，激动地嚷着。

"没罪的人坐牢，与其说刺激，不如说残忍。"

"咋没刺激？报恩时的酣畅，复仇时的淋漓，此乃人生一乐。"我眉飞色舞。

"小说不是生活，外国也不是中国。"师傅苦笑着说。

"故障排除，电路已通。""高仓健"背着包走了。看着他高大而佝偻的背影，我很茫然："机器人的机械，机器人的冷漠。"

"要是机器人就不痛苦了。"

"出狱平反还痛苦啥？往事如烟！他应该感谢春天，庆祝春天！"我叽叽喳喳嚷着。

"你把生活诗意化了。"

"生活本来就如诗如画。"我笑着拿起手套。

"如果诬陷者不但活着，还是顶头上司；如果帮凶不但活着，还官升三级；如果抢妻杀子者不但活着……"

"难道他的仇没报？难道唐太斯没成为基度山？"我惊愕着。

"十年前的唐太斯主任很幸福。但有人觊觎他的妻子，有人觊觎他的位置……"

"一个是费尔南多，一个是腾格拉尔。"我激动地说道。

"还要有个检察官才能置他于死地，于是一封信落到了保卫科长手里。"

"一封信能让他坐牢？"

"不要说信，呼错一句口号也能入狱。"

"这倒是……千真万确。"我想起邻居因写错一个字而入狱的事。

"那是疯狂燃烧的岁月。他在雄壮的国际歌中被押上台。揭发者，批判者，反戈一击者，幡然省悟者，觊觎者一一登场。"

"一场闹剧一场丑剧。"我厌恶地说。

"应该说是一场悲剧。"师傅沉重地说，"当民兵押走他时，他急切地寻找妻子，寻找未出世孩子的母亲。"

"孩子呢？"

"斐尔南在她流掉孩子后娶了她。"

"天哪！她甚至都不如美塞苔丝。她是……"

"她就是仓库的李枝花。"

"啊……"我的手套掉在地上，"……她确实貌美如花，但是我从未见她笑过。"

"费尔南多和美塞苔丝原本是炼油厂的模范夫妻；因为他美貌的妻子，因为他车间主任的头衔，因为他即将成为一个幸福的父亲，于是三个嫉妒的人联手把他送进监狱。一个得到了主任的位置，一个得到垂涎已久的女人，一个人得到……"

"得到什么？"

"得到了快感。"

"哇……"我孩子气地把手套摔在地上。

"腾格拉尔现在是设备科长。"

"可恶的维尔福呢？"

"他现在是保卫处长。"师傅嘴角微微抽搐。

"唐太斯啊，可怜的人啊……但是他毕竟平反了。"我心有不甘。

"他失去了孩子失去了健康失去了父母和妻子，只得到一张撤销原判的判决书。"

"他应当要求赔偿。"我嚷道，"向公检法，向政府要求赔偿。"

"傻孩子！"师傅温柔地看着我，"你独特而简单的思想，早早晚晚一定让你吃亏。"

一九六八年年底，我刚进了三车间就遭到暴风骤雨的洗礼：反革命分子顾福林被判十二年。一九七八年，他平反出狱后回到车间。

国庆节快到了，我在会议室排练节目。顾福林经过时和我聊了几句。谈诗歌的含蓄，合唱的声部，舞蹈的韧性。几分钟，仅仅是几分钟的交谈。

第二天开车间大会。主任拖长声音说："有人谈斯特劳斯，绝不能让革命歌曲变成靡靡之音；有人谈普希金，大庆口号才是时代的诗歌；有人谈邓肯，与人奋斗是舞蹈主题。历史的经验值得注意，有些人也值得注意。"声色俱厉夹枪带棒，杀气腾腾含沙射影。我这才明白，中国的政治运动虽然已经结束，但整人杀人的精髓却完整地保留下来。其实中国的政治运动，从未真正退出历史舞台，充其量只是轮流上岗，劳逸有章；或改变策略外松里紧，以达到封口之效镀金之功。世界在进步，中国政治运动的技巧也在"与时俱进"，它更有隐蔽性、欺骗性，它更具有杀伤力以及永不消失的延续后代株连九族的看不见的杀伤力。

"孙宝强，我看到你文章了。"马先生在班车上冲我嚷着。班车上班一趟下班一趟，分毫不爽，信誉有加：实在比中国的宪法要靠谱。

"你……不是出差了吗？"

"我在北京的《中国石化报》上看到你的文章。"他朝我一笑，但是笑比哭还难看。

我的杂文和时评，经常在厂报刊登，有时还被《高桥石化报》转载。想不到这一次还被《中国石化报》转载。

"你的杂文绝对犀利……"他的话半遮半掩。

"歌功颂德的文章我不写，莺歌燕舞的文章我不写，风花雪月的文章我不写。"我的回答很干脆。

"你的文笔很好，但是……"

"但是什么？"

"你的思想很危险！"

"能否……再说一遍？"

"No！"他一撇嘴，表示话题到此为止。绝对 stop，绝对没有拖泥带水。

马先生虽对我的思想视为洪水猛兽，却对我的行书欣赏有加。他让我在宣纸上写了"制怒"二字，并把条幅压在玻璃台下。每当有人问起条幅出自何方名家时，他总是笑而不答。但是我可以断言，从我被抓的那分钟起，他就把条幅撕碎扔进垃圾箱。

一九九四年，我在黄河路上遇到他。他昂首挺胸，虎着脸，抬着脖子，从我身边呼啸而过，仿佛他从来都不认识我，更没有求我赐过他一条幅。

我感到悲哀。悲哀的不是失去和他寒暄的机会，而是悲哀中国人的骨头为何这么软？这小子长得人高马大，里面却是一副东亚病夫的骨骼。

二零零〇年，偶遇我单位的工会主席。他见我如见麻风病人，避之唯恐不及。以前在单位，我是他工作上的左臂右膀。谈国事政事，同声相求；谈假丑恶，心有灵犀。他需要我为黑板报加图添彩，他需要我为《企业的全面质量管理示范》演讲，（我的《企业的全面质量管理示范》演讲获石油部第一名）。此一时彼一时。此一时的我脑门上被烙上红字，他见我如见鬼一样退避三舍。六四不仅屠杀了有良知的赤子，还屠杀了人心中的"善"。六四如一面照妖镜，不但照出了"斯德哥尔摩症"患者的扭曲，还照出了国人普遍的丑陋。阴暗的心理，扭曲的灵魂，趋利避害的本能，跪舔极权的民族通病一览无遗。

我是老三届。从出生的那刻起，就被打上时代烙印。我有过热血的沸腾，有过疯狂的崇拜，有过对图腾的下跪，有过一切交给党安排的"义举"。最后却发现这是一场大骗局。痛定思痛，我意识到思想独立，言论自由的重要性，意识到唤醒民众，埋葬崇拜的迫切性。"长太息以掩涕兮，哀民生之多艰，苟利国家生死以，岂因祸福避趋之？"一个伤痕累累的民族，还不知道反思反省觉醒站立，这注定是个没有希望的民族，被诅咒的民族。

我不是小妇人，为了媚俗邀宠而风花雪月搔首弄姿；我不是器乐手，吹"盛世"之喇叭奏"明君"之笙歌；我不是御用文人，不会平仄仄平，论证曹雪芹的肚脐眼。我只是有感而发，直抒胸臆。有"朱门酒肉臭"，就有我的愤慨；有"黄钟弃毁，瓦釜雷鸣"，就有我的呐喊。人，不该为五斗米折腰；文人，不该为了一块骨头而折了自己的脊梁骨。两千年前，中国尚有屈子的"天问"，尚有太公的《史记》，难道二十世纪的今天，只有谀词软诗艳曲淫调？那些"秋雨含泪""做鬼幸福"的颂词，是献给窃国者和刽子手的甜点，是文人的耻辱，又是知识界的耻辱。而一百个文人抄写毛泽东"在延安文艺座谈会上的讲话"，更是集耻辱之大成的耻辱，是中华民族的最大耻辱。这一百个人，已经被钉在历史的耻辱柱上。

我宁做丑陋的乌鸦，不做漂亮的鹦鹉；我愿与良心为伍，不与蝇营狗苟者同流。我是个另类，在另类国家做另类者，不但需要勇气付出代价，还要押上亲人的幸福。这代价实在太大，大得我几乎承受不了。三十五年过去了，儿子依然对当年"小暴徒"的待遇悲愤有加；三十五年过去了，丈夫的身体还没有从当年的磨难中恢复。被殃及的亲人，就是谭作人先生所说的"一滴眼泪"。这是受难者家庭沉甸甸的一滴眼泪，也是中国人民沉甸甸的一滴眼泪，确切地说，这也是中华民族沉甸甸的一滴眼泪。全世界的华人，都应该为这一滴眼泪感到羞耻。

风萧萧兮夜漫漫，吾将上下而求索。

第二章 虹口看守所

暴君黑三角

"哐"一声打断我的回忆。昏暗的灯下，站着一对绝色尤物。玉贵从铺上跃起，一个鹞子翻身朝粪桶扑来。项庄舞剑意在沛公：粪桶离美人近，可一睹芳颜。她坐上粪桶，呼吸如抽搐，眸子贼光四溢。

"准备在粪桶上安营扎寨？"甜妞一发声，玉贵撅起屁股赶紧撤。她具有中国淫官的特色：喜新不厌旧，红旗彩旗一起飘。

"姐妹们！朝里挤一挤。"大尤用妇女主任的口吻说道。

"自来熟啊！"大鼻子冷笑道。

"自家姐妹好商量！"小尤笑得像一朵花。

"进来，快进来。"玉贵忙压缩地盘，怜香惜玉也是共产党的胸怀嘛，想当初，中共进城后的第一件事，就是换妻：抛弃糟糠妻，迎娶学生娃。

"快坐！快坐！"玉贵脸上的横肉，破天荒地舒展了。

二尤一将头发，袅袅然施施然坐下。

"姐妹，拘留还是收审？"玉贵笑得开怀，以致露出鲜红的牙床。

"男女交配，当然是拘留。我们坐牢，谁给警察下金蛋？"大尤打了个哈欠。

"我们是警察的衣食父母，细水长流，创收不断。"小尤朝墙一靠，鼾声大起。

外劳动走过来。"快！报饭量了。"玉贵赶紧推醒二尤。

"有没有小笼馒头？"大尤嗲声嗲气地问。

"只有蒸饭，不吃也要吃。"外劳动死死盯着她俩，凶狠无比。

"让劳模为野鸡端汤倒水，难怪要生气。"大鼻子一挤眼，今天外劳动果然是一尊金刚。

铁门开了，甜妞张开双臂奔出去，犹如求解放的白毛女。一刻钟后，走廊上响起她的哭声。"咋了？究竟咋了？"甜妞一进门，美丽就焦急地问。甜妞捂着脸，哭得昏天黑地。

"我早说过，豆腐一碗，一碗豆腐。"大鼻子笃定地说。

"好歹做了半个月曲啸，怎么也要减一点。"美丽很愤怒。外劳动拎来开水，玉贵赶紧把茶杯塞给二尤。二尤讨价还价，要求多打开水。外劳动沉着脸，眼白如死鱼的肚皮。二尤悻悻退下。

"你咋不打水？"外劳动问寒梅。寒梅走了两步摔倒了。挣扎几次还是爬不起来。

"活像一条狗。"玉贵兴高采烈。寒梅一跃，一手抓龙头，一手抵墙壁，身子朝上挪动。手指如葱，泛着青白，在墙上留下一条划痕。

我站起来，准备扶她。从早上五点站到晚上九点，这不是皮鞭，却比皮鞭更伤人；这不是刑具，却比刑具更无道。

"找死啊！"大鼻子一把按住我。我痛心地看着寒梅的腿：小腿大腿一般粗，晶莹的皮肤吹弹可破。

"高度的水肿。站了二十天，铁人也受不了！"林妈摇着头说。

"她究竟犯了什么罪？"

"仅仅因为无证设摊，就有了'妨碍公务罪'。"眼镜女冷笑着，"今天黑三角中班，后面休息，你再不讨饶，又要继续站四天。"

"我不想求她。"寒梅厌恶地说道。

"你的健康是你家唯一的财富。你必须求她。"

"'平暴'已取得重大胜利，承办人咋还不放她？"林妈问。

"'平暴'后要请功领赏，要弹冠相庆，要沐猴而冠，要庆祝庆贺。这是公检法的狂欢节，党中央的嘉年华。"眼镜女冷笑着说道。

"世上咋有这么傻的女人？"贾林感慨道，"吵着闹着要嫁个残疾。"

"一个没有钱的穷鬼，一个没有手臂的残疾人。"玉贵"嘎嘎"地笑着。

"她家不漏雨的地方就是床，床上躺着瘫婆婆；她家冒热气的地方就是锅，锅里熬着苦中药。病的躺床上，残的倚凳上，小的蹲地上，整一个三神庙。"贾林没心没肺地笑着。

"笑啥？承办人看了眼都红。现在是淫妇发迹，圣女遭难。"眼镜女愤愤地说。

离黑三角中班时间的越来越近，我的心在沉重中期待着忐忑着。一阵重重的脚步由远而近。

"……大快人心！大快人心！今天我把骚狐狸打得落花流水。"接着就是"咕嘟咕嘟"的喝水声。

"你们已经离婚，你还死缠着前夫干嘛？"周管教不满地说。

"我活一分钟，就不让他们太平六十秒。"黑三角恶狠狠地说。

"你婆婆死在你手里，你前夫也没有告你。离婚时，他可是净身出户。"

"房子存款是给我，但他命还没有给我……等等。"接着，耗子般的蹑足声过来了。

"干什么？"一声炸雷凭空而起，我的身子猛地一颤。

"我……我头皮痒。"锥子眼吓得一哆嗦。

"我看不是头皮痒而是你骨头痒。站起来！"锥子眼哆哆嗦嗦站起来，脸色如土。

黑三角得意地踱回去。"哈哈！又给我逮住一个。"

"……她们很久很久没洗头了，远远就闻到一股馊味。"周管教淡淡地说。

"猪厩里就该有屎臭味。"黑三角兴奋地说，"……今天我赶到畜生家，畜生赶紧窜进厕所，慌慌张张中还赤着脚。"

"……可惜你不是安娜，你前夫却像郭沫若。"周管教笑着说。

"此话怎讲？"

"郭沫若背叛了安娜和孩子，安娜去找他，他躲进厕所向组织求救。郭沫若还不如陈世美，至少陈世美还知道廉耻，没有向皇上求救。"

"前夫虽不是陈世美，我一样折磨得他生不如死。本以为他对我一贯乖顺，想不到他会反抗，还会离婚。"

"物极必反。哪里有压迫，哪里就有反抗。"周管家淡定得很。

"反抗？他敢反抗？我已经把他家的锅碗瓢盆砸了个稀巴烂，又对着狐狸精就是一顿暴打。"

"私闯民宅，破坏财物，你犯法了！"

"犯法？我先捋头发后自残，谁人见了不心酸。舆论，舆论，谁掌握舆论谁就是赢家。"

"赢……总不能颠倒黑白。"

"我对着围观者拿出一张张收据，说这是给陈世美交的学费。"

"哪来的收据？"

"儿子学校的收据，换个名就是他的罪证。"

"颠倒黑白，倒打一耙，你就不怕报应？"周管教没好气地说。

"报纸电台能干，我为啥不能？我说，在陈世美的淫威下，老母自杀，儿子成了神经病。"

"你尽管编，难道别人会信？"周管教拖长了声音。

"我弟弟的病历被一涂一改，效果立竿见影，群众的义愤被点燃了。"

"我看你前夫……要被你逼出神经病来了。"

"我就是要让他疯，让她疯，让狗男女一起死。"虽隔着一道墙，我还是能感受到黑三角牙缝里发出的嘶嘶声。

"我还控诉他们行凶打人，捋起袖子露出伤疤。"

"……你哪来的伤疤？"

"新伤是五分钟前伪造的，老疤是和小贩打架时留下的。"

"你是造假的行家里手……可怜的受蒙蔽者！"

"先入为主，突出伪证，抓住舆论的主导权，于是谎言不需要重复一百遍而是重复两遍就成了真理。这招灵，比耗子药还灵，难怪党对宣传工作的认识，提到高度的高度，顶峰的顶峰。"

"你这样猖狂，难道就没人管？"周管家愤愤地说。

"骚狐狸打了一一零……"

"看你还诬陷？"周管教得意地说。

"道高一尺，魔高一丈。我把工作证一晃，一一零警察态度大变。"

"什么工作证？"

"虹口分局发给我的临时工作证。我把拇指摁在'临时'上，只露出鲜红大印。"

"你啊……"

"我还拿出了我的党员证。"

"你是党员？……哦！你的所作所为……是党员不假。"

"我要感谢我的闺蜜……"

"她介绍你入党？"

"嘎嘎嘎……她没有介绍我入党，但是她对我说了许多心里话……"

"于是你向党组织汇报了？"周管教紧张地问。

"我不傻。除了口头汇报，还需要实证。我拿了她的日记本……"

"于是你入了党，她被批斗？"

"你也太书生气了。这么厚一本日记，不吃牢饭就是万幸。"

"她坐牢了？"

"我偷她日记不假，但是我也为她仗义执言两肋插刀。"

"怎么个插刀法？"

"没有我的插手，她能从判刑变为劳教？劳教是人民内部矛盾，判刑就是敌我矛盾。"

"你的……马克思主义学得不错。"

"宣传部天天都在讲马克思列宁主义，我为什么不能？我是党员，是组织的红人。可是狗男人抛弃了我，却和劳教的她搞在一起。"

"你……你前夫的妻子是……你的闺蜜？是你告密的牺牲品？"周管教激动地嚷道。

"耻辱！这是双重的耻辱。对我不忠是其一，和我的闺蜜婊子结婚是其二。我恨不得一刀捅了这对狗男女。我要报复！我要报仇！"黑三角失态地尖叫着。

"嘘……轻一点。我要提醒你，杀人要判刑。"周管教冷冷地说。

"所以我不杀人，只用软刀子折磨。明天让儿子去畜生的单位哭诉，把他的面子里子一起撕下来；后天让老婆子去狐狸精的单位，把她的面子里子一起撕下来。"

"哪来的老婆子？"

"一个拾荒婆，特有表演天赋。我给她十元钱她就把一切搞定。没有做不到的事，只有想不到的事。哈哈哈！"狂笑冲天而起，我打了个寒颤。

"你啊你……无所不用其极。"周管教拖长了声音。

"这也是一场政治战。政治战需要无所不用其极。我是党员，深得中国共产党章程的精髓。现在我要去监房看看，抓一个泄一泄我的心头之火。"蹑手蹑脚的耗子声过来了。

我打了个寒颤。

"玉贵出来！"黑三角一声召唤，玉贵弓着背耸着肩出门。她除了有三根手指长得特异，还能做到十天不说一个字，一根手指拎起一粪桶，一口吞下一只月饼，一小时睫毛不眨地看甜妞。能横眉怒目腿脚生风，能谀笑逢迎柔情万种。

一到黑三角值班，三进宫的累犯就成了香饽饽。一让她吃喝（判刑后家属能送食品），二让她活动手脚（看守所没有放风），三让她搞揭发诬陷。她有三重身份：狱霸，卧底，管教协理员。

半小时后，玉贵进来。嘴边不但有若干残渣，还有掩饰不住的得意。她朝眼镜女一瞥，眼镜女打了个寒颤。

"寒梅啊！站的滋味好不好？"黑三角踅过来。

"陈师傅……我错了。"

"你大声点说：你错还是我错？"

"我……错……了！"寒梅费力地咽着唾沫。

"你错在哪？说出来大伙听听。"柔柔的声音，柔柔的语调。

"我不该……"寒梅大口喘气，让她说违心话太痛苦。

"不该什么？"黑三角一脸天真地问。

"给我一个机会吧！"寒梅机械地说，"我实在站不住了。"

"年轻人怎么站不动呢？"声音越发温柔，温柔得让人发颤。

"我的脚肿了。"

"把脚抬起来让我看。呦！真成一双玉腿了。"黑三角矫情地嚷着，"你抬腿，是否让我为你揉揉？"

"你不是说让你看吗？"

"你应该让你的参谋长看。"此话一出，众人变色。

"陈师傅，这里没有参谋长，要罚就罚我一人。"寒梅语气平和，神情落寞。

"好一个大无畏的勇士！"黑三角翘起大拇指，"你只要说出参谋长的名字就OK。"她伸出拇指和食指，想捏一个圆，可惜和阿Q画圆一样，画不圆。

"这里没有参谋长。"

"只要你说出名字，马上坐。"黑三角循循善诱，像清华大学的政治辅导员。

"这里没有参谋长。"寒梅平静地说道。

"是—吗？"黑三角的鼻孔里，透出一缕白烟。"现在，你不需说出她的名字，只要朝她坐的位置努一努嘴。"

"不！"寒梅清澈的眸子里闪动着坚定的光芒。

"你！"二根暴凸的青筋在黑三角的额上跳动。"今天我豁出去了。你只要朝她坐的位置努一下嘴，一下，一下就可以。现在进入倒计时：五，四，三，二，一。"

寒梅一动不动，如一座冰雕。

"有没有参谋长？"黑三角绝望地喊道。

寒梅保持着沉默。

"好！很好！很好！"黑三角倒抽一口冷气，重重吐出五个字。众人大骇！

"既然你这么无畏，那就无畏地站三天。"黑三角前身一倾，双膝一屈，用谢幕的姿势结束了对话。

黑三角走了，许多人沉默着。三天，还要站三天。寒梅固然有超人意志，但毕竟是血肉之躯。我痛苦地看着天花板，我痛苦地攥紧了拳：但是我手上没有枪。

寒梅的晚饭又一次被玉贵瓜分。出卖者瓜分被出卖者的利益，这是中共几十年不变的规则。寒梅的脸青中带灰，灰中呈暗，现在她和锥子眼是一根藤上的两颗苦瓜。

三天过去了。难捱的三天，窒息的三天，煎熬的三天，地狱般的三天……

今天是黑三角上班。我既憎恨她当班，又期盼她上班，因为解铃还需系铃人。

"你真傻！那天你完全可以说出我。"眼镜女责怪道。

"我这辈子还没学会咬人。"寒梅依然淡定。

"我明天就出去，走前求你一事。"眼镜女恳切地说，"你今天一定要求她，不管她怎么羞辱你，你不要考虑自尊。记住！你生在中国，这就意味着你一辈子没有自尊。知道我为啥被拘？因为我为窦娥写过状纸，公安撺掇邻居，设个套把我抓进来。千怪万怪，怪只怪我投胎在中国，这是大不幸啊！"眼镜女仰天长啸如泣如诉，寒梅的眼红了，我的眼也红了。

"我走后你一定要保护自己。这些草纸和肥皂给你。"

"你给……大鼻子吧，她没有家人探视。"

"好吧……"

"敢？你们敢？"一个阴森森的声音响起。

"为啥不敢？我的东西我做主。"眼镜女针锋相对。

"我跟你打赌。"玉贵冷笑着，"敢拿肥皂草纸的人，给我站出来！"一声吆喝，号子里鸦雀无声。

"我敢……"寒梅使劲地说道。

玉贵奸笑着看着大鼻子。大鼻子沮丧地低下头。眼镜女气得浑身发抖。

"站直了！"头顶一声炸雷，我打了个哆嗦。

"你没有脊梁骨吗？"

"报告陈师傅，我有脊梁骨。"寒梅清晰而费力地说，"你让我站三天，三天过去了。"

"已经过了三天？"

"加上以前的二十天，一共二十三天。"

"二十三天？时间过得真快啊……二十加三。"黑三角摇着头，笑着，唠叨着。那份天真，那份忘情，让人想起盼过年的孩子。

"整整二十三天。"寒梅如牙牙学语，含混中带着颤音。

"你说已经二十三天了？"

"是……的！"寒梅紧张地看着她。

"既然这样……"黑三角拖着尾音。那长长的尾音，憋得我透不过气来。

"你就再站十天！"声音陡然提高了八度。

"十天！"所有人惊呆了！寒梅青涩的脸上没有表情，只有眸子一闪一闪，像闪电，像匕首，像火种。

"难道……就没有王法？"其其轻声而愤怒地问道。

"连大墙外都没有，何况大墙内？"大鼻子黯然地摇着头。

午睡了。窗外阳光灿烂。"咚咚！"两声，很沉闷很沉重。"咚咚！"又是两声。我这才发现这不是夏雷，而是寒梅用头撞墙。"别！别！别！"我一连用了三个"别"。寒梅后退两步，猛地朝墙撞去，坚固的墙发出呻吟。

我想站起来拉寒梅，但我不能动。除了同情，我一无所有。令我心酸的是，我的同情没有任何力量。寒梅读懂了我的眼神，默默地低下头。

"啪！啪！啪！"有人鼓掌。"撞得好！有本事把墙撞倒，做个自由身。"黑三角一脸灿烂地站在铁门边。"撞啊！继续撞！别胆怯别害怕。"恶魔走了，带着狞笑走了。

我痛苦地闭上眼睛。

"咯咯！"两声。我睁开眼，只见寒梅眼珠暴凸，脖子粗大，喉咙里发出"呃呃"的怪声。她抬起头想吞下去，又卡住喉咙想吐出来。她抓起杯子，"咕咚咕咚"把水灌进去。窗台上搁着一把有头无尾的塑料梳子。我想跳起来，但一切都晚了！

"你太傻了！"我缓缓地摇着头。

"士可杀，不可辱！"寒梅愤然地说。

"无谓的牺牲。"

"虽然无谓，我还是要反抗。"寒梅惨笑着。

"报告陈师傅，寒梅吞了异物，异物。"玉贵狂叫着，横肉兴奋地挤成一团。黑三角傲慢地走来。

"她竟敢和您叫板。"玉贵恭恭敬敬地把半截梳子递了过去。

"勇敢！有种！真勇敢！真有种！"黑三角冷笑着，用爪子抚摸着梳子。寒梅冷冷地看着她，无一丝畏惧。

"你过来！"黑三角微笑着招手。

"快过去！"我不顾一切地嚷着，"赶快上医院。"寒梅慢慢地走到门口，黑三角抓住她，以老鹰抓小鸡的娴熟动作把她反铐在铁门上。

"先尝尝铁烤肉的滋味，再尝尝胃里的美味。"黑三角双手叉腰。

"您成全她了。"玉贵奸笑道。

"不识相就让她吃辣糊酱，这是她自找的。"小矗贼谀笑着。

"老鼠拖木锨，大的还在后头呢……"黑三角昂首而去。

起床的哨子响了。我惊喜地发现主管教和狱医走来。"快下铐！快去医院！"我默默许愿，心因紧张而狂跳。

"吞下！"狱医钳起一团白色的东西。这不是灵丹妙药，而是一团药水棉花。寒梅吞下棉花，又吞了两调羹麻油，然后，治疗组撤了。

到了晚上，别说梳子，就是一团屎也没下来。雕虫小技宣告流产。

上弦月出来了，默默地照着寒梅。晨曦出来了，无言地照着寒梅。双手反铐，高高挂起她，让我想起受难的耶稣。

外劳动拿来牙刷，玉贵大摇大摆走来，一记勾拳让寒梅呻吟不止。

"干什么！"外劳动发出极其响亮的呵斥。

"她挡着我的光线。"

"不就是拿把牙刷？"

"我就打她，你咋办？"玉贵挑衅道。外劳动默默地垂下眼皮。

"对这种人，就要凶就要狠！"小蟊贼为主子帮腔道。

"管教！有人昏过去了！"隔壁有人在叫，"她在吐白沫……"

管教走过来开了铁门，一番操作后，我透过栏杆，看见昏倒者被像死狗一样，拖出来扔在走廊的水泥地上。

午睡。天实在太热了。窗子不进风，门上又吊串。三十多人挤在一起，人压人窝在狭长的牢房里，如一堆堆蠕动的蛆虫。三十八度的天，不让洗头不让洗澡不让擦身。就是猪，也能在泥水里打个滚；就是狗，也能在河水中扑个腾。我们不是猪狗，却连猪狗的待遇都不如。

热啊热，热得我眼冒金星，身上的异味一阵又一阵，头皮痒得快要燃烧。天哪，这不是地狱，却比地狱还要地狱。我轻轻地爬起来，以工兵扫地雷的小心，到龙头放了一杯水。

"干什么！"一声炸雷，我一个哆嗦，水杯掉在地上。

"很好！很好！"黑三角死死盯着我，我惊恐地看着她。

"你等着，我会好好收拾你的……"她背着手走了。"好一个胆大包天！"

"谁胆大包天？"周管教打了个哈欠。

"孙宝强，就是设路障的。"

"她咋了？"周管教忙问。

"她偷喝自来水，被我当场活逮。这回不让她吃苦头，我就不是人养的。"

"这事……也值得你赌咒发誓？"周管教不满地说道。

"我早想对她下手，苦于一直没有机会。现在她落在我手里……咦！丽娜，你怎么回来了？"

"谁落在你手里？"丽娜管教问道。

"孙宝强落在我手里……嘿嘿！"

"她干啥？"

"她不但不睡觉还偷喝生水，这可是罪上加罪。"

"不就喝几口水……何必上纲上线？"

"这不是水的问题，我要杀鸡儆猴。"

"这是看守所，不是私设的公堂。""哐"一声，丽娜摔门而去。

"那个……孙宝强，你就放了她吧。"周管教淡淡地说。

"你们怎么都为她说话？"黑三角一摔茶杯，寂静，办公室里一片寂静。

我一步一步挪回自己的位置，整个人都软了。我承认，我没有寒梅的勇敢和坚强。没进过虹口看守所的人，无法想象叫天天不应，叫地地不灵，求生生不得，求死死不了的非人生活。这不是看守所，这是奥斯维辛集中营；这不是看守所，这是地狱，十八层的地狱。没有钢铁般的意志，一天都难熬。

"人怎么躺在地上？"走廊上响起了丽娜的声音。

"她昏迷了，所以让她凉快。"黑三角奸笑道。

"既然昏迷了，为啥不叫医生？"

"这里是专政机关，不是慈善机构；这里是看守所，不是敬老院……"黑三角抢白道。

"专政机关也要讲人权，看守所也要守法。"

"人权？人权是什么东西？最近媒体正在大肆批判呢！"黑三角冷笑着。一小时后，昏迷者像死狗一样被拖了出去。

用水了。每个人蹲在反铐的寒梅脚边，从栏杆外接过小半盆温水。拿到温水的喜不自禁：擦啊擦，擦完前身擦后身，擦完上身擦下身，直到温水变得像阴沟水一样浑浊。

我放弃了打水。我不愿在受难者脚下，像狗一样接受温水，然后心安理得地擦啊擦。对付暴政，纵然不能反抗，最起码也要"不合作"。七十年前，圣雄提出的"不合作非暴力"，拉开了印度独立的帷幕。中国现在的境况，还不如七十年前的印度，这是历史大倒退。

夕阳西下，要是夕阳带着我，一起沉入到黑暗中，要是夕阳带着我，一起沉入死亡中，那有多好！那有多好！那有多好！我遐想着，期盼着，祈祷着……

"孙宝强！"一声亲切的呼唤。原来是丽娜管教。她站在门口，"你怎么不用水？"

"我不忍心从被拷着的寒梅身旁接受那一勺温水。我不忍，我不忍……"我哽咽着垂下眼帘。

丽娜沉默着，然后走了。趁用水时的纷乱，我站起来踮起脚，贪恋地朝走廊尽头看。走廊尽头有扇窗，窗的后面就是我的家。炊烟袅袅，倦鸟思归，暮色西下，行人匆匆。我的儿子，你在哪？我的丈夫，你在哪？

　　"孙宝强，你在看什么？"

　　"没……有。"

　　"告诉我，你看到了什么？"丽娜亲切地问。

　　"我什么都看到了……我什么都没有看到。"我含着眼泪。丽娜静静地看着我，眼神亲切，亲切得要融化我的心；眼神忧郁，忧郁得我想沉沉睡去。

　　"我马上要下班了。"脱去警服穿着碎花裙的丽娜，宛如天仙。

　　"你下班了……你能回家……你好幸福啊！"我失神地念叨着。

　　"你也一定能够回家。冬天到了，春天还会远吗？"她轻轻而有力地说道。

　　"真的？"我猛地抬起头。

　　"真的！"她的话，如和煦的春风，抚慰着我因痛苦而缩成一团的心。

受难的维纳斯

　　"今天洗衣服，一人两件！"外劳动说。

　　"我衣服已经发臭了，能洗吗？"寒梅问。

　　"我去问管教。"外劳动走了出去。

　　"她疯了！上了铐还想洗衣服。"小孟贼咋呼道。

　　"她活得不耐烦了！"玉贵恶狠狠地说。

　　"我问了：因为上铐，你不能洗衣服。"外劳动走过来。

　　"我们也要洗。"大尤小尤扭动着杨柳细腰。

　　"洗什么？明天出去凑什么热闹？"外劳动凶狠地说。

　　"别看外劳动没表情，其实她是个好人，她只是隐藏了她的喜怒哀乐。"大鼻子说，"你想啥？"

　　"我真想把寒梅的衣服脱下来洗一洗……"我黯然道。

　　"抛弃你的多愁善感，做个铁石心肠的人。"

　　外劳动在清点衣服时，发现又多了两件。"我多洗两件，咋的？"玉贵一挺胸。

　　"谁多洗了衣服？"丽娜走过来。玉贵赶紧低下头。

　　"是否她让你多洗的？"丽娜问甜妞。甜妞红着脸。"多洗两件衣服，并不算大事。但号子里不许搞特权。不要剥夺别人的权利，也不要放弃自己的权利。"

不要剥夺别人的权利，也不要放弃自己的权利，多么朴素的真理，可真理在哪？

"你站了几天？"丽娜问道。

"五……天。"锥子眼激动得话都说不囫囵。

"因为什么事？"丽娜温和地问道。

"因为我……抓头皮。""坐下吧。""谢谢管教！谢谢管教！"锥子眼急忙鞠了个九十度的躬。

"寒梅，你衣服换了吗？"丽娜问寒梅。

"说是戴铐者不能洗衣服。"

"孙宝强，你帮她洗衣服好吗？"丽娜打开寒梅的手铐。

"好！好！好！"我乐不可支激动万分。

"麻烦你了。"丽娜送给我一个微笑，我的眼泪唰地流了出来：我的尊严回来了。

今天轮到我喂寒梅吃饭。我用水淘饭，用调羹碾碎再喂给她。她嘴里嘴外长满了脓泡，不要说咽饭，就连咽水都极其困难。喂完饭我坐下后，发现一颗饭粘在她嘴边。照规矩，我不能再站起来为她擦嘴。寒梅转过肩，想把唇边的饭蹭掉，但铐子禁锢了她的肩膀。

"这个时候还臭美！"贾林嗤之以鼻。

"你懂啥？"大鼻子大怒道，"她这是在维护自己的尊严。"

"她还有尊严？尊严值几个钱？"小蛮贼轻蔑地说。

"被圈住的一定就是猪？有人虽然没有被圈住，却是精神上的猪。"大鼻子轻蔑地说。趁此机会我快速站起来，冒着风险擦去寒梅嘴边的这颗饭。

寒梅感激地看着我，我赶紧别过头。我不敢看她的眼睛，更不敢看她的腿。她的脚像发酵的馒头，蓬松高耸。皮肤透明，仿佛触手就碎。

丽娜打开铐子，让寒梅上粪桶。铐子一松，寒梅摔倒在地。她挣扎了几次，却爬不起来。

"你扶她吧。"丽娜朝我点点头。我赶紧站起来，我不是扶着寒梅而是架着寒梅上了便桶。寒梅大口喘气，喘得比风箱还厉害。他妈的！有罪判刑，无罪放人。出此下三滥体罚，无耻之至。

"是吴所长吗……"我听到办公室里的声音。是丽娜！是丽娜在给领导打电话。

"寒梅有救了！"我攥住自己的胳臂，在心里大声嚷着。

寒梅的脸呈现出青蛙般的绿色。她头发凌乱，腹部鼓胀。她似笑非笑咧着嘴，似语不语地仰着头：她坐在粪桶上，但已陷入半昏迷的状态。

"好了吗？要不……再等一会儿？"丽娜拿着手铐站在门外，语气和蔼。

"什么……"寒梅迷迷糊糊站起来，又跌在粪桶上。我架起她，把她身体摁在铁门上，又把她僵硬的手，一点点朝后拽，朝上拽。这动作不要说我熟悉，全中国人民都很熟悉，这就是"文革"中著名的"喷气式飞机"。二十年前，同学们摁着老师做这个姿势；今天，我摁着寒梅做这个姿势。这是什么姿势？这是中共发明的姿势，这是延安的姿势，这是整风的姿势，这是历次运动的姿势，这是侮辱人的姿势，这是残害人的姿势，这是灭绝人性的姿势，这是践踏人性的姿势。千言万语一句话，这是万恶的共产党泯灭文明崇尚野蛮的撒旦姿势。

我一次一次地试图把寒梅僵硬的手臂拽进栏杆里以便上铐，但寒梅的关节已经僵硬得不能弯曲，我一屁股蹲在地上。"我受不了了……我实在受不了了！"我的一滴滴热泪，重重地砸到地上。这一刻，我希望天崩地裂，我希望地震海啸；我希望天上的一把大火，把我和这口活棺材一起焚烧；我希望天上的一把大火，把这个人间地狱烧它个屋灰瓦坍一片焦土。

"……别难过……"寒梅扭着麻花般的身子，麻花般的脸。她使劲再使劲把手臂拽进栏杆，拽到高高的栏杆上。"……铐吧！"她大口喘息着。

"你的手……怎么了！"丽娜蹙起眉。寒梅的手腕上有一道鲜红的，皮开肉绽的伤口。

"铐的。"寒梅很平静，"铐子嵌进肉里。"

"谁铐的？""陈师傅。""你为啥不说？""我不想求她。"寒梅疲倦地说。丽娜紧紧咬着嘴唇。片刻，她端来一个盘子。她先用纱布清洗伤口，接着又用纱布包扎。丽娜侧着头，动作很轻很柔，一颗颗汗珠从鬓角滑落。

"如果疼，你就说。"丽娜说道。

"不疼。昨天跳芭蕾才叫疼……"

"芭蕾？"

"陈师傅把我铐在最高一格，我双腿悬空，那不是芭蕾是啥？"寒梅咧嘴一笑。这个笑比哭还难看。

"你……"

"我整天都在品尝芭蕾的滋味。比悬梁刺股厉害，比卧薪尝胆厉害。悬梁刺股不就是屁股上刺一下嘛？卧薪尝胆不就是睡在柴火上嘛？要是让我在柴堆上舒展身子，让腿休息的话……"寒梅喃喃地说着，说着说着睡着了。

伤口扎上橡皮膏后，寒梅醒了。她像个柔顺的孩子，忙把手拽进栏杆。

"如果……没有意外，明天带你上医院。"丽娜僵硬的脸上没有任何表情。

"你要下班？"寒梅惊恐地问。

"今天我上早班，明天我也上早班。"

"你要到明早才来。明天六点……我还要等十五个小时。"寒梅满脸失望。

"明天来……说不定带你上医院。"

"你带我去嘛！我要你带我去医院嘛！"寒梅闭着眼撒着娇，像个任性的孩子。丽娜上了铐，又解了铐，最后她把铐子铐在下一格栏杆。

"啊！今天我不用跳芭蕾了。"寒梅发出满意的叹息。

铁门一开，美丽跟着管教慌慌张张朝外走。

"凶多吉少。"大鼻子悄悄地说，"不是劳教就是妇教。"话音未落，办公室传来一片惊天动地的嚎啕。

"我的妈啊！"甜妞剧烈地颤抖着。如果美丽自由，那她就有希望；美丽如果被关押，那她一定没有希望。

"今天，谁喂我们的千金小姐？"黑三角叉着腰，把身体摆成S形。

"我来吧。"我努力挤出一丝笑容。

"不劳你大驾！"黑三角黑着脸说。

"我来喂。"不是人响亮地说道。

"好！"黑三角挤了挤眼。

"这个调羹咋这么小？"不是人的茅坑还没坐稳就发难了。玉贵马上拿出一把喂河马的调羹。看来女贼和女强奸犯早就有了城下之盟。

不是人铲了一口饭朝寒梅的嘴里塞，寒梅还没有咽下，第二铲又进来了。寒梅知道她歹恶的用意，坚决不求饶。她只是大口喘气，大口吞咽，咽得双眼翻白，青筋暴跳。

我悲伤地闭上了眼。

"你在家要服侍老人，服侍残疾人。现在有人喂你吃喂你喝，多好啊。"黑三角站在铁门外，抖着大腿。

"报告陈师傅，我会好好喂她的。"凶猛的一铲子又进去了。寒梅两颗欲坠不坠的晶体球，在眼眶里打转。天呐！太狠太毒了。

"哈哈哈！"黑三角的鼻翼快意地翕动，"从今天起，喂饭任务全权委托给你。"

"我一定完成组织上交给我的任务。"不是人用党旗下宣誓的口吻说。

此刻的我，恨不得有一把机关枪，突突突他妈的就是一梭子。

半夜，风呼啸着灌进铁门，我被冻醒了，醒在这夜半惊魂时分。

"格格！格格！"什么声音？我睁开眼，扑进眼帘的是一幅静止的画面：双臂朝上，头颅垂胸。在肆虐的寒风中，一头黑发如海藻在海水里上下游荡来回漂浮。这是……这是……这是寒梅。

我逐渐清醒过来。

"格格！格格！"又是两声。这下我听清了，这是上下牙在打战。"况"一声，寒梅惊悸地抬起头，眼神一惊一颤。片刻，又颓然垂下。

"格格！"一次次钻进我的耳膜，拽得我的心生疼。我躺在被窝里都冷，铐着的寒梅就更冷了。她因为冷而牙齿打打颤，我悄悄地爬起来，把外套披在她的肩上。可是肆虐的风，再次掀翻了衣服。

我活了三十九年，第一次领略夏天的风是这么阴冷。这不是风，而是一剐一剐的刀子，打在脸上剐在心里。风啊风，你冰冷冷鬼魅魅邪恶阴毒，是否沾上了北方的腥气？风啊风，你既有恃无恐又如丧考妣，是否沾上了南方的匪气？风啊风，你究竟是冤魂的呐喊还是屠夫的狂欢？风啊风，你究竟是老天爷的愤怒还是刽子手的叫嚣？

我一次次披上衣服，可是风却一次次掀去了衣服。寒梅的鼻涕，透明晶莹的鼻涕在风中摇曳。我的心一动：既然铐子妨碍穿上衣服，可是不妨碍穿裤子，于是我脱下自己的裤子。我突然发现地上有一滩水，寒梅的脚就浸在水里：原来寒梅已经小便失禁。我赶紧把裤子给她套上去，寒梅挣扎着不肯穿，因为她怕连累我。

"就是明天给我上铐，我也要换下你的湿裤子。"我坚持着，她拒绝着。寒风又一次掠过。没有森林的屏障、没有山岭的制约，它肆无忌惮到了极点。我使劲挪动寒梅的脚，可是她的脚却如磐石纹丝不动。

"奇奇……奇奇。"她含糊地叫着。"奇奇，我的好儿子。"寒梅突然抬起头，迷朦的眼里跳出两朵火花，把她青灰的脸映成灿烂的桃花。

"奇奇，妈妈不摆摊了，妈妈决定不摆摊了……你不能死；你奶奶不能死；你爸爸也不能死……要死的人只有一个，那就是妈妈！那就是妈妈！"她说着，斩钉截铁地说着，神情激昂地说着。她的眼神，比冰还冷，比石还硬，比钢铁还要坚硬。

"奇奇！让妈妈抱抱。"寒梅身体朝后一缩又朝前一弹。突然一声惨叫：她被牢牢地箍住了。

"儿子！为啥要夺走我儿子？"她嘶哑地嚷着。"还我儿……还我儿……"

寒梅叫着嚷着呜咽着。眸子从明到淡，从淡到黯；桃花脸从红到白，从白到灰。她垂着头颅举着臂，她举着臂垂着头颅，她就这么在绞刑架上睡着了。

这是什么世道？就是国民党的监狱，也给江姐绣红旗的机会；就是国民党的刑场，也给周文雍和陈铁军举行婚礼的权利。而中国共产党的看守所，关押以践踏尊严为前提；收审以折磨身体为根本，这和奥斯维辛集中营有啥区别？有啥区别？

"奇奇！奇奇！"寒梅突然睁开眼。

"……没有奇奇。"我抹去眼泪，把衣服给她披上。

"我在哪……我这是在哪？"她咧嘴一笑。天呐！这是骨骼痉挛的惨笑，这是五官扭曲的惨笑。惨笑把秀美的脸，活生生劈成两半。

"你丈夫工伤失去手臂……难道组织上不管吗？"

"街道主任答应会管，但前提是做他的情妇。于是我打了他一耳光……"

"那就找……上级领导。"我费力地说。

"我在区委的宣传栏里，发现了主任事迹：抵腐蚀、拒女色……白衬衫红领带，好一个被包装的柳下惠，而我却成了腐蚀他的淫妇。"

"颠倒黑白，指鹿为马就是中国的现状。越是恶棍，出镜率越高；越是流氓，光环越亮，这就是中共媒体干的勾当。"

"于是我去上访，等待我的是棍棒和拳脚。你告诉我，这究竟是啥社会？"她大口大口地喘气。

"这是一个邪恶邪毒的社会。"我沉重地说。

"革命的目的是什么？"她乌黑的眸子死死盯着我。"难道永远在制造悲剧和悲剧连续剧？"

"这是一个有罪的体制。"我坚定地说道。

"一个阳光灿烂的日子，摄像机来了，闪光灯来了，媒体来了，导演来了。我先接过一袋米，再接过一瓶油，再接过一个红包。鞠躬，鞠出九十度的躬；龇牙，龇出上上下下所有的牙……"

"又一出'皇恩浩荡'的丑剧。"

"民政科的老女人，扳着我的身子教我说台词。我挣开她嚷着：不就一石三鸟？一是为狗官塑金身；二是欺骗百姓为之洗脑；三是为中共的政策唱赞歌。这不是扶贫而是一场政治秀。我是贫困，但拒绝接受嗟来食；我是贫困，但拒绝做党的道具。"寒梅斩钉截铁地说。

"好一个不为五斗米折腰的巾帼。"我由衷地赞叹。"你是什么文化？"我热切地问。

"我……只有小学。"她羞涩地说，"因为家里穷，早早辍学去打工……"

"寒梅！你不必羞涩。中国有无数的泰斗，鲜有顶天立地的骨；中国有无数的文豪，鲜有为民请命的喉。科学院士不配给遇罗克提鞋；特级教授不配给林昭磨墨。"我冷笑道。

"难道撑起贫困的家有错？如果错，那安贫守道就有错；难道摆地摊挣钱有错？如果错，那自食其力就有错；如果不抛弃残疾人有错，那忠诚就有错；如果拒绝引诱有错，那坚贞就有错。究竟是我错还是这个社会错？你给我一个答案！答案！答案！"她不能用手摇撼我，只能用眸子死死盯着我。这不是眸子，这是两块燃烧的炭火。看着她膨胀的肚子，看着她水肿的腿，我悲从心来：极权是孕育"冉阿让"的土壤，专政是孕育"沙威"的土壤。这个土壤遏制"冉阿让"的凤凰涅槃，这个土壤绞杀"沙威"的回头是岸。

一阵寒风，她的头发凌乱地飞舞。挺颈怒目，她是不屈不挠的女神；面容憔悴，她是受难的维纳斯。她呼吸急促，眸子通红，胸脯一起一伏。

我摸着她的额头，额头滚烫滚烫。"你发烧了，你不该吞梳子。"

"我应该吞毒药。"她凄凉地说，"我死了，就不用筹措米钱，不用排队抓药，不用受辱还沾一脸粪水，不用……"

"不要说了！"我低吼一声。豆大的泪珠一滴一滴地砸下。

谁之过？谁之罪？

天亮了，黑三角匆匆走过来给寒梅下铐。"把东西拿出来。走！快走！快走！"

"走！快走！快走！快逃出这个魔窟。"我热烈地，殷切地，急迫地在心里说。

寒梅拎着行李转过身，用复杂的目光打量着监房。她眼神迷茫，嘴巴微张，就像个梦游患者。

她的目光和我相遇，于是露出美丽的微笑。我赶紧把眼睛移开：我宁可她阴霾，也不要灿烂；我宁可她哭泣，也不要微笑。一个受尽折磨的人，居然还有这份笑靥。老天爷睁睁眼吧：你给她荆棘，她回报以花蕾；你给她干涸，她回报以绿芽；你给她黑暗，她回报以光明；你给她磨难，她回报以微笑。

"快走！"一声嚎叫打断了她的告别仪式。她走了几步又转过身："我要拿一件重要的东西。"

"你是否留下金子？"黑三角嘲笑道。

"我没有金子也没有银子，但是我要那把断头梳。我要把梳子的事告诉儿子，告诉孙子，告诉我的下一辈，不能让这样的悲剧再重演。"

"你这个反革命！"黑三角的手指戳到寒梅脸上。

"把爪子移开，你这个虐待狂！"

"造反了！不得了了！"黑三角惊惧地嚷道。

"给她梳子，承办人正等在外面呐。"周管教赶过来。

"不！梳子是教育犯人的道具，不但要进劳改局档案室，还要进历史博物馆。"

"不就是半把断梳？"

"这是坚持四项基本原则的问题。"黑三角寒着脸说。

"你是管教还是我是管教？"周管教沉下脸，玉贵只好把梳子塞出栏杆。

"签字！"隔壁办公室传来了男中音。"赶紧回家，你婆婆住院了。"

"好啊！婆媳一起住院有多好？"黑三角奸笑着，"手拉着手，肩并着肩……"

"你胡说些什么？"男中音不耐烦地说道。

"你看她肚子……"

"……既然怀孕，你为啥不说？"承办人一跺脚。

"她不但要住院，还要在肚皮上拉一刀，留下永久性的纪念。"

"到底咋回事？"承办人大怒。

"她对抗政府，自绝于人民，自绝于党。"

"我要知道真实情况。"承办人的声音粗又重。

"她自杀自残，吞下塑料梳子。"黑三角冷笑道。

"难道……没有采取措施？"

"给她吃雪白的棉球；还给她吃了四天的铐子呗！"

"你啊……你真糊涂。你家老的小的病的残的。现在的你，哪来钱去开刀？"

"皇帝不急太监急，你着的哪门子急？"黑三角阴阳怪气地说。

"闭上你的臭嘴。"承办大怒，"寒梅，你为啥不能忍一忍？"

"我……实在熬不下去了。"

"熬得下要熬，熬不下也得熬。哪个老百姓不是这样熬的？"承办人的声音又粗又重。

"她不但要开刀，还要治脚呢。"黑三角拿腔拿调地说，"此小姐喜欢站，一站站出水晶脚。"

"这脚啊……你究竟站了几天？"承办人气呼呼地问。

"不就二十来天嘛……"黑三角拖长了声音。

"太不像话了。"承办员终于咆哮道。

"记住！这里是专政机构，不是慈善机关。"黑三角也咆哮道。门开了，门又关了，脚步一点点远去，远到终于听不到声音了。

"再有两天，就有她的好看。"黑三角咬牙切齿。黑三角，你这个相貌丑陋，家庭破裂的臭女人。你是暴政下的贱民，专政下的恶妇；你心理阴暗，人格扭曲。你是酱缸里打滚的毒蝎，你是党文化豢养的母狼。你和你的主子一样，是永远被钉在耻辱柱上的罪犯。

半年后丈夫到监狱探监。他告诉我：六月底的某一天晚上，家门口有个孕妇拦住了他。

"我是孙宝强的难友，她让我转告你，她很好。"

"你是……"

"我刚刚从虹口看守所出来。"

"她很好？连虹口看守所的门卫都说看守所是地狱。"

"她让你好好带儿子，她说她对不起你，更对不起孩子。"

"对不起我们的是这个政府，这个无耻的政府。请上楼坐坐吧。"

"不！不！不！"丈夫一低头才发现，她的脚下有一堆行李。"你……"

"我上午……从看守所出来。"

"从早上九点到晚上九点，你等了整整十二个小时？"

"邻居说你晚才回来，所以我就等。"

"对不起，对不起。"丈夫向她鞠了一躬。

"我坐在地上打盹时，邻居都不敢和我搭话。天黑时，有个老人给了我一碗水。"

"去吃碗面吧！"丈夫的眼圈红了。

"我要赶紧回家，家在城隍庙。"

"叫辆出租车。"丈夫提起行李说道。

"不！从天潼路转十一路就到家。"见她态度异常坚决，丈夫只能把她送到六十五路车站。

"这孕妇犯了什么罪？"丈夫问道。

"她不是孕妇，她的肚子里装了半把塑料梳子。她和你老婆一样清白。"

"为了遵守一个诺言，她等了一整天。"丈夫敬佩地说，"一诺千金，一诺千金。"

"她是个'富贵不能淫，贫贱不能移，威武不能屈'的女人。"

"难道看守所关这样的人？"丈夫惊讶地问道。

"豺狼当道，安问羔羊？"

杨琼

"臭死了！臭死了！"铁门刚关上，一个走进来的女人就咋呼呼叫起来。她抽动鼻翼，用手作扇，皱起五官，一脸厌恶。犹如一把盐洒入油锅，死气沉沉的监房立马活跃起来。

脚步声传来，有人把她推倒，她瞪起眼正要发难，有人做了个手势，于是她一吐舌就地而坐。黑三角站在门口，监间一片静谧，一片肃杀。几个小时后，直到她下班，大家才松了一口气。

"犯啥事？"锥子眼问话的速度，堪比她有特色的眸子。新来者白她一眼，把眸子移向天花板。瘦骨伶仃的锥子眼，让她倒了说话的胃口。

"要不是她推你一把，你现在罚站了。"大鼻子不满地说，"好歹不识。"

"谢谢！"新来者对锥子眼抱拳作揖，看来是个恩怨分明的爽快人。"我叫杨琼！"

"为啥事进来？"锥子眼继续问道。

"你们先谈，客随主便。"

"什么主人客人，我们都是犯人。"大鼻子没好气地说。

"此话差矣！不经过审判怎能算犯人？我们只是嫌疑犯。"

"有学问。"玉贵乜着眼说。

"本人就是知识分子。"

"学历？"

"中专。"

"非硕士而是破砖（专）。"玉贵的话引来一阵窃笑。

"笑啥？中专也属于知识分子范畴。告诉你们，我还是高干后裔。"杨琼神气地说。

"请问是什么级别的高干？"

"老娘不愿告诉你。"杨琼把头一昂。玉贵陪着笑。在没弄清底细前不轻举妄动，是她的职业特点。

"大家记住了，我非穷人的穷而是琼花的琼。咦！你的手怎么皮开肉绽？"

"没啥。"锥子眼急忙把手朝身后藏，眼睛却朝玉贵瞟。杨琼抓住她的手，正待发声，大鼻子使个眼神，杨琼一挤眼。此时，玉贵一双贼眼正四处搜索。

锥子眼提审后，承办明确表示她判五年。晚上，锥子眼躲在被窝里咬动脉，被我阻止后自杀未遂。现在的当务之急就是掩盖伤口，不然，畏罪自杀的罪名让她吃不了兜着走。

"看她心事重重，是否杀人？"杨琼朝我一努嘴。

"杀人倒不是，就是案子重。今天星期天，她在想儿子。"大鼻子说。

"重到啥程度？"

"暴徒加暴乱，湖南农民运动又来了。"大鼻子冷笑道。

"喂！"琼冲我一扬头，"想不想听我的故事？"

"不！"我还沉浸在对儿子的思念中。

"瞎想啥？"琼白了我一眼，"听听可解闷。"

"她不听我要听。""对！我们听，我们听。"众人七嘴八舌呼应着。

"你发个声音，听还是不听？"琼朝我瞪着一双金鱼般的眼睛。

"想说就说呗。"我再悲伤也不能拂了她的好意。

"知道我咋进来的吗？我是让小婊子咬进来的。"此话一出，举座皆惊！独特的开场白。

"谁是小婊子？"不是人凑过来。

"你是干什么的？"琼一翻眼。

"她是活雷锋：帮助情夫糟蹋亲生女儿，以挽住情夫不让他走。"

"哇！你还是人吗？"琼嚷道。

"咱不说她，接着说小婊子。"大鼻子赶紧调整革命的大方向。

"小婊子真不是玩意，死缠烂打要住在我家，我不肯……"

"为啥后来肯？"玉贵冷冷地问。

"我想让她给我介绍男朋友。"

"为了找男人，引狼入室。"玉贵一翻眼，众人笑了。

"笑什么？我家房子很大，有四间。"琼得意地抖着腿说。

"四间房一共多大？""四间就四间。"

"房产簿上多少？""四十五平方。""四间房一共四十五平方，这不是四间房，而是一间房隔成四小间。"众人先一愣，随即大笑。玉贵得意地把媚眼抛给甜妞。

"你们笑，我不说了。"琼赌气地转过身去。

"不就解个闷。"林妈以长者身份斡旋着，"说了半天，你偷还是抢？"

"非偷也非抢。厂里有堆下脚料，风吹雨淋三五载，有碍观瞻污染环境，我放弃休息运废料。"

"原来是雷锋？"

"从某种程度上来说，是的。"琼摇头晃脑，"就算盗窃俺也不怕。"

"有背景？"

"这还用说！"琼一昂头道。

"你一来就发现你与众不同，这是黄金和沙子的不同。"玉贵恭维道。"不知家父官居何职？"

"总不会小于……八级。"

"他这样至少是……"

"是十六级。"

"不止。"

"那就是三十二级！"琼一拍大腿。

"市级干部六到十级，大学生二十三级。至于三十二级么，不是泥腿子就是叫花子。请问，令尊种地还是讨饭？"玉贵话音未落，众人又笑起来。

"家父是白求恩大夫。"琼的脸红了，"他帮江泽民看过病呢！"

"江贼民是啥东西？"大鼻子问。

"他是我们的总书记。"琼神气地说道。

"总书记？难道是人民选的？"大鼻子冷笑着，"谁知哪里蹦出来的灰孙子。"

"不对！总书记是胡耀邦。"

"不对！总书记是赵紫阳。"

"不对！他们全下来了。"

"他妈的！书记换得这么勤，为啥我的承办不换？"贾林很是愤愤。

"他平暴有功，被邓矮子拉到总书记位置。"琼得意地晃着腿，"不管岳飞还是秦桧，反正家父替他看过病。"

"看过病，盗窃犯就成了英雄？"

"骑驴看唱本——走着瞧！"琼打个响指，"到时不是放我，而是请我出去。"

"令尊在上海还是北京替书记看病？"

"当然上海。"

"据我所知，江某人做过上海益民食品厂厂长。"林妈思索着。

"我以为令尊是御医，却原来是厂医。"玉贵一脸轻蔑。

"我不管，反正家父替他看过病。"琼死死咬住这点不放。

"有人比你家父伟大。"

"谁？"

"你家父接触老江痔疮，他们接触老江粪便，所以掏粪工比你家父伟大。"玉贵话一落，所有的人都笑得人仰马翻。琼一愣，接着也讪讪笑了。

"说了半天，你究竟是怎么进来的？"

"小婊子帮我介绍台巴子，我人毛没见到，她却宽衣解带忙得欢。一对一也罢了，她却是一对三。结果一进局子，就把我咬出来。"

"引狼入室，开门揖盗，活该。"林妈笑了。

"自己找棺材自己睡。"琼对准脸就是两巴掌。大家笑了，我也笑了。

"你笑了，笑了好！笑了好！"她冲我拍着巴掌，"她难受我也难受，我是变着法子让她高兴。"

"你说嘿逗唱只为她？"玉贵拉下脸。

"你气量忒小。我做小丑是可怜她。"

"我不要你可怜。"我生气地说。

"杀人者晋升，仗义者蹲牢，无耻的社会。"琼严肃地说。

"泥菩萨过江还做雷锋？"玉贵冷笑道，"等着坐牢吧！"

"要我坐牢不可能！"琼抖着大腿。

"要不判，除非你是邓公子的二奶。"玉贵撇了撇嘴。

"不做二奶，一样不吃官司。"

"因为有三十六级的家父？"

"我还有哥哥。"琼嚷着，"他在长宁区公安局。"

"当真？"玉贵睁大了眼。

"当真！"

"我走南闯北长宁区特熟。不知你哥在哪部门发财？是否在起诉科？"玉贵眯着眼歪着头。

"不在起诉科。""批捕科？""不在批捕科。""刑侦科？""也不在。""那就在行政科。""咦！你咋知道？""专管痰盂，拖把，饮料，方便面？"

"哎呀！你真神了……"话一出口，失言的琼赶紧捂嘴。

"我以为是哪路神仙，原来家哥是卖冰棍的贩子。"玉贵拖长声音说道，大家笑了，甜妞笑得用手捂着腰。

"你这个三八笑料多，不要让宝贝闪伤腰。"玉贵趁机搂着甜妞的腰。琼先是尴尬，后来索性跟着大家笑个够。唉！真是一个活宝。

开饭了。第一只饭盒传进来，所有的眼睛一亮。一块晶莹透亮、红白相间的肉，躺在发黑的青菜上，如美轮美奂的玉躺在茅草上。大姐大接过饭盒，众人紧咽口水。

看守所规定：一、三、五开荤。大鱼、大肉是荤，肉丁、肉渣也是荤。荤如法律，谁掌握谁说了算。今天这货真价实的荤，把大家乐坏了！菜陆续传来。有的肉轻薄如纸，有的肉骨骼肥大，环肥燕瘦就看运气。最后一只饭盒进来，一块晶莹透亮红白相间的肉，落到杨琼家。

甜妞撅着嘴，她拿到的肉比她嘴还小。玉贵虎着脸，她拿到的肉骨骼肥大。琼接过饭盒闷头大吃。通常情况下，新来者都食欲不佳，可她却像索马里饥民。一阵秋风扫落叶，饭盒里只剩下一块曼妙的五花肉。

琼用筷子夹着肉，迎着光，眯着眼，仔细打量。就是看恐龙化石未必有此认真，就是看周口店猿骨未必有此深情。看着看着，她郑重地把肉夹进我的饭盒。

"谢谢！我有回民菜。"

"既然这样，我不客气了。"琼夹起肉，张开嘴，高举着肉，让肉顺着筷子像滑滑梯一样朝嘴里滑。既然从高到低的滑梯能给孩子带来快乐，从高处滑到喉咙的肉，也能给她带来快乐。就在肉滑到嘴边时，两根手指轻盈地叼起肉，弧线一抛一落到饭盒里：玉贵搞半道打劫，美丽的五花肉是送给甜妞的礼物。

甜妞得意地夹起肉，一道闪电猝不及防，肉直直下坠。就在肉到达地面一瞬间，筷子一俯冲托起肉，又一个鹞子翻身，肉稳稳落进琼的嘴里。

"太精彩了！太戏剧性了！"众人喝彩道。

"嘿嘿！有你的好看。"玉贵气得嘴都歪了。

"老娘不怕你！"琼大口嚼着，肥嘟嘟的油把嘴唇滋润得鲜艳无比。

钥匙一响，贾林被提审。黑三角一努嘴，玉贵出去了。十分钟后，玉贵回来了。

"杨琼，过得怎么样？"黑三角温柔地问。

"报告陈师傅，没怎么样！"

"我问的是你坐得咋样？"黑三角愈发温柔了。

"我做得和别人一模一样。"

"是吗？""是啊！""是吗？""是啊！"问号和感叹号来回拉锯，如同一对敬业的老木匠。

"站起来！"当头一声吼，终于图穷匕首见了。

"凭什么？我没有违反监规。"琼不紧不慢地说道。

"我让你站你就得站。"黑三角撕下伪装，赤膊上阵。

"你应该说出让我站的理由。"琼大声地说。

"君叫臣死，臣就得死。"黑三角抖着腿，活脱脱一原生态流氓。看着她翻手云覆手雨，我就想起中共媒体在六四前前后后的无耻变脸。

美丽的悲剧

走廊上响起惊天动地的哭声，哭声延续到监房，一直延续到黑三角下班。

"贾林，检察院判你盗窃，你为啥不揭发他妹夫受贿的那捆美金？"大鼻子气呼呼地问。

"……他们不受理。"

"老虎不抓，专粘小蚊蝇。这是什么法律？"大鼻子一脸轻蔑。

"家庭暴力警察不管，拿了录像机马上立案。他妹夫和所长是吃喝嫖赌共情妇的盟友。"

"这是中国特色。吃饭吧！"林妈劝道。

"我吃不下。"贾林哭得更厉害了。

"给我！""给我！给我！"几只手一齐伸出来。

"胆子不小啊。"玉贵抛出这话，伸出的手全收了回去。玉贵嘴一努，不是人立刻把饭盒递给甜妞。甜妞不接饭盒，只用纤纤玉指把肉叼进嘴。不是人又把饭盒递给玉贵。玉贵也不接，只用二指把菜送进嘴。

"谁跟我作对谁下地狱，谁做我马仔傍吃傍喝。"玉贵朝琼白了一眼。

"谁说不是呢？"不是人边谀笑边扒饭。呸！不要脸的东西。不是人和玉贵贼，就是媒体和宣传部的关系，就是帮凶和主子的写照，就是狈和狼的媾和。我厌恶地转过头。

"我不活了！"贾林一头朝墙撞去。

"别撞！撞死也白死。"美丽含泪劝告，"你就是窦娥，也没有雪耻的一天。"

"美丽，我佩服你的胸襟。"大鼻子一作揖。生死冤家的一对，此刻解冻了。

"我们都是受害者，何必自相残杀。"美丽悲愤而悲壮。

"你和我不一样。"贾林抽泣着，"第一，劳教是人民内部矛盾；第二，劳教结束能回到单位；第三，你有个完整的家。"

"人民内部矛盾？我还能回原单位？我有完整的家？哈哈！"美丽仰天大笑，龅牙览无余。

"你丈夫海量，原谅你的出轨。而我丈夫，却亲手把我送进监狱。还是你福气好。"

"哈哈！我福气好我福气好……"美丽狂笑，獠牙如丈八长矛般挺出来。

"孙宝强好！"她朝我敬个礼。我一愣。她从不和我说话，何来的敬礼？

"我向你表示歉意。我想用划清界限来逢迎，取悦政府。我实在傻，这是傻之一。"

"傻之二？"

"我以为我的'放荡'能报复丈夫，结果他不但不屑一顾……"

"他有共产党人宽广的胸怀啊！"

"大鼻子你不懂，你们全不会懂。"美丽拽着自己的头发。乱蓬蓬的头发里，不但有一张丑陋的脸，还有一个哭泣的灵魂。

"你是他的垫脚石而已。他的身体根本不属于你，他的灵魂更不属于你。"大鼻子冷笑着。"你以为我傻？我只是难得糊涂而已。"

"我父亲参军时对我妈说：要么我死，你为我守一辈子寡；要么我发，你跟我享一辈子福。五年后父亲进上海，从此，车夫保姆厨师管家一条线运作。"

"毛主席坐中南海和李自成坐金銮殿，没有任何区别。"大鼻子说。

"你们实事求是地说，我这张脸咋样？"美丽认真而痛苦地问。

"脸么……当然不算漂亮。"大鼻子忍着笑，大家也忍着笑。

"我有一张和母亲一模一样的丑脸。丑，不但是幸福之敌，还是母女悲剧的根源。"

"丑陋是坏事，也可变好事；丑陋是压力，也可变动力。丑陋的爱因斯坦发现了相对论；丑陋的安徒生写出了童话；丑陋的柴可夫斯基谱写了《四小天鹅》；落魄的梵高画出了《向日葵》。"极其热情地分析着，"你的淫乱并非丑陋造成的。"

"没前因，哪来后果？没因为，哪来所以？"

"不就是陈世美的现代版？找政府啊，至少共产党还是讲政治影响的。"

"你好天真。"林妈对其其说，"一九五〇年有个红头文件，只要处理好糟糠妻，不发生人命案，原则上可以换妻。"林妈斟酌着。

"革命，革命，革命的宗旨就是分地分房分娘子。"大鼻子很认真地说，"找个有文化的漂亮老婆，一能提高泥腿子的文化；二能提高泥腿子的积极性；三是让更多的泥腿子参加人民民主专政，也就是参政从政。换妻不但是激励机制，还是对革命者的犒劳。"

"可这违反了革命初衷，也违背了革命的诺言。"其其严肃地说。

"奖罚分明，论功行赏；内外有别，特事特办。打江山一为自己的享受，二为子孙后代牟利。'为民谋利'和洪秀全'人均有田'的幌子一模一样。"林妈说。

"你怎么知道得这么清楚？"

"我就是黄脸婆的替代品啊！我老公蹬了乡下婆娘娶了我，他比我大了两轮。"

"大了二十四岁，可以做你父亲了。"

"可我父亲不能给我的，他全给了我。"

"既然你老公是首长，你怎么进来？"

"贸易合同，有纠有纷；暂关二天，早晚出去。"林妈自信地说。

"你的经营合法吗？"

"开玩笑！在中国经商，哪个合法哪个不合法不是凭法律而是凭领导的一句话。没有后台的贸易是走钢丝，有后台的贸易是富可敌国。告诉你们，我赚的钱能买下整个虹口分局。"

"你……是不是林会长？"其其试探地问，"去年在中苏友好大厦联谊会上……"

"是啊，我就是林会长。哎呀，我们不但是难友，还是贸易伙伴。"

"只能算难友……我还没资格成为贸易伙伴。"其其谦虚地说。

"中国贸易，带着批文，带着红头文件，也带着沉重的原罪，比殖民主义'圈地'运动罪恶一千倍。如果论罪行罚，高干子弟全该枪毙，至少枪毙二十次。小孙，知道为什么我为你叠纸垫吗？"

"为了给我叠纸垫，你站了三天，我也内疚了三天。"我真诚地说。

"我非常同情你。有罪者逍遥，没罪者坐牢。寒梅是，你也是。"林妈感慨道。

"我妈就死在你们这批替代品手里。"美丽恶狠狠地说道。

"其实我也是政治的牺牲品。为了让老革命享受革命的成果，被迫嫁给爸爸级、爷爷级的人。"

"可你得到了物质补偿。"

"不错。我住在昆山路上的小花园里，钢窗地板，车夫保姆，也算是人上人了。"林妈自豪地说。

"你们的幸福完全建筑在劳苦大众的痛苦之上。"

"其实你母亲不必痛苦，丈夫已经背叛了她，她只要拿钱走人就是。"林妈真诚地说道。

"我母亲是人，不是钱的俘虏！"美丽冷笑道。

"毛泽东真不如朱元璋。朱元璋再怎么坏也善待原配，可老毛对原配，次原配，准原配，却狗都不如。"其其气愤地说。

"此话怎讲？"

"开慧尚在狱中，他就和贺大侠睡在一炕上；贺大侠尚在病中，他已和江青淫乱成一团。所以你母亲，应该和你父亲拼个鱼死网破。"其其说。

"可是鱼死了网却不破……鱼死了网却不破啊！"美丽失神地念叨着。

"父亲对母亲说：离婚不是你的错，而是老天爷的错。它为什么给你这张丑陋的脸？"

"好一个敢作敢当的共产党人。"大鼻子一拍大腿。

"从此，母亲不吃不喝，只是捧着一面镜子。照镜子，摔镜子，再照镜子，再摔镜子……一个深夜，母亲把我摇醒，她死死地看着我，仿佛我是一面镜子。"

"你的脸就是她的镜子，惨不忍睹的镜子。"大鼻子摇了摇头。

"母亲死死盯着我，盯得我毛骨悚然……直到今天，我还记得那凄楚惶恐，憎恨厌恶的眼神。"

"离了？"

"死了！用一根绳子吊在书房，结束了三十九岁的生命。"

"你父亲的事处理了吗？"

"写份检查换单位，然后继续做官，而且越做越大。全上海都是他的战友，全上海都是清一色的换妻蹬妻派。"

"就这么结束了？"

"组织是结了，但我这辈子结不了。我大闹他的新婚喜宴，我抽后妈的大嘴巴。"文革"中我下乡，他开后门让我进大学，进单位。他给我弄房、弄钱、弄丈夫。"

"他对你这么好，你还恨他？"

"恨！"美丽从牙缝里挤出这个字，"他为我找的男人，毁了我一生。"

"你的淫乱，难道也是你丈夫的错？"其其有些不以为然。

"从妈妈死后我就活在自卑中。我唏嘘于母亲的悲剧，所以决定要改变自己的命运。你懂我的感受吗？你懂我的苦衷吗？"她攥着大鼻子的手，急切地问。

"我懂……但沙漠中没有清泉，只有海市蜃楼。"

"但是他的眼睛，真的比清泉还清澈。"

"既然美帝国主义能武装到牙齿，他也能伪装到眸子。"其其说。

"简爱能创造爱情，我为啥不能？辛普森夫人能创造奇迹，我为啥不能？我是丑，但有思想、有能力，有健康，有文化。除了没有美丽，该有的我都有。"美丽热切地说。

"你不缺美丽，你的名字就叫美丽，但是徒有其名。"大鼻子讥讽道。

"母亲不希望我步她的后尘，所以才为我起了这个名字。可是名字没有给我带来好运……"她闭上眼，眼皮像受惊的鸟不停颤动。"婚后有了儿子后他就再也不碰我一下，仿佛我是个艾滋病人。他从来不骂我也不打我，但是他视我如空气。一个雨氤氲雾朦胧的晚上，插友带我参加某个化妆舞会。我知道只要跟她走，就是氢气球放开绳索，永远回不到原来位置。"

"你和你丈夫沟通了吗？"

"我一遍遍敲门，他只是用沉默回答我。我嚷着：'既有今日，何必当初？'"

"当初如何？"

"秋雨淅沥，他陪我秋风秋雨愁煞人；清明雾浓，他陪我祭奠可怜的母亲；对镜自卑，他聊起残疾的张海迪……于是我以为我找到了精神上的伴侣，找到了真正的知音。"

"白马王子却是水中残花，镜中碎月。"大鼻子冷笑着，"但是，他已经在婚姻中得到了他想要的一切。"

"不！我绝不走母亲的路，成全了他却害死了自己。我绝不殉情，绝不自我牺牲。我要用我的堕落来报复他，羞辱他。我来到化妆舞会，尽情跳着扭着，发泄我愤怒的热量。这时，一个骷髅走过来搂着我，就在我本能要推开他时，母亲绝望的眼神浮了上来。"

"上贼船喽！"

"我不再是他的垫脚石，不再是他老领导的女儿。我是自己感官的主人。我用肉欲麻痹自己。我不要飞蛾扑火，我要玉石俱焚。我肮脏，你们跟我一起肮脏；我无耻，你们跟我一起无耻。你们肮脏的是灵魂，我肮脏的是身子。你们的无耻是犹抱琵琶半遮面，我的无耻是赤裸裸不带一根丝。"

"后来呢？"

"后来我在淫乱时被抓进看守所，他接见我时说的第一句话就是：唉！'市五好家庭'的匾，让你给砸了。"

"绿帽子戴得高风亮节。"大鼻子冷笑道。

"没血性的懦夫。"其其说，"离婚。"

"他不是没血性的懦夫，他是韬光养晦的野心家。他说：'离啥婚？家庭是社会的细胞，维护家庭就是维护安定团结。再说，你也是我的帮教对象。'我冷笑着：'难道你咽得下这口气？'他奸笑着：'既然是道具，我会在乎道具有瑕疵还是全疵？'"

"能屈能伸的阄货。阿门！"林妈划个十字，"他是中国的卡列宁，可你不是中国的安娜·卡列尼娜。"

"盗有道，娟有情，他盗娟不如。我的悲剧在于：我想羞辱他，最后却被他羞辱。现在他还在继续透支道具的价值。他对承办说，资产阶级的自由化，腐蚀了我的妻子。我作为一个人民的公仆，有责任挽救失足妇女……"

"此话……怎么讲？"大鼻子有些不解。

"他以不离婚和我父亲做交易，帮他坐上局长的位置；他以不带走儿子做交易，让所有的房产证上写上他的名字。既捞政治资本，又捞经济资本，黑白通吃，囊括一切。"美丽恶狠狠地说着，本来就不周正的五官抽搐成一团。"这个恶棍……哈哈哈！哈哈哈！"她狂笑着。长长的獠牙上下碰撞，如啮齿的动物在进食。

"两代人的悲剧！两代人的悲剧！"大鼻子长叹一声。"倾巢之下，岂有完卵？"

"我不甘心，我不甘心啊！"美丽拽着自己的头发，拽着乱纷纷的头发。

"应该说，你们母女俩都是体制的牺牲品。"我悲哀地看着她，"人人都在诅咒癌细胞。其实更该诅咒的是孕育癌细胞的母体。独裁极权，就是培养癌细胞的母体。"

狐臭小姐

酷热的下午，走进来一个垂头丧气的女人。

"你因为什么事进来？"锥子眼就急切地问。

"关你啥事？"新来者一反颓丧，不客气地反击道。

"咋……这么臭？"大鼻子嗅着。

"是啊！咋这么臭？"四周有了回应。"难道……猪厩里窜进了一只黄鼠狼？"

"臭是臭……时间一长就不臭了。"狐臭小姐讪讪地解释道。

"大姐啊，我虽身子臭，绝对拎得清。"狐臭飞了个媚眼。

"拎不清，她就是你下场。"玉贵朝站着的琼一努嘴。

"狐臭，什么事进来的？"小蕌贼兴冲冲地问。

"没啥大事，估计就蹲几天。"狐臭很有信心。外劳动拎来热水。"一人一桶？"狐臭兴冲冲地问。

"做你的梦，一房间才一桶。"

"哎呀！我要是一天不洗，没人受得了。"话音未落，浓浓的骚臭已铺天盖地。

打开龙头，清洌的水缓缓流下。我真想一头扑进去，让清洌的水洒在脑袋上。头发虬成一团，头皮痒得锥骨。指甲一搔，白花花的头皮屑，红彤彤的血珠子纷呈毕现。此刻的我，愿意用我的一部分生命，换取冷水洗一次头。我的头情不自禁地朝水凑过去，但是……

我怀疑看守所一定在执行斯大林的命令。为了撬开布哈林的嘴，斯大林下令把他挂在水汀上，日日夜夜地送温暖。烤去身体里的水分，烤去头脑里的思想。当意志坚定的战友被烤成鱼干后，终于招供了"罪行"。嗜血成性的斯大林，先昭告天下再谢罪天下，名正言顺把布哈林处决了。

到了牢房我才明白，刑具不是最高的惩罚。惩罚有许多种，只要动用一条，就能让人匍匐在地跪地求饶。我的罪行在录音机里，我的罪行在录像机里，想听就听，想看就看。既如此，为什么还要不露痕迹地折磨人？朝火里朝死里地折磨人？为什么？？因为这个体制以摧残人为乐，以杀戮人为乐。后来我才知道，在我遭受摧残时，伟大的戈尔巴乔夫在里根先生热烈的召唤下"打开了这扇门，推倒这堵墙。"东欧政变，苏联解体，凶残的共产主义被埋进坟墓。遗憾的是，人类文明的潮流，却被挡在中国的长城外。

晚饭后天气更闷热了，身上的异味清晰可闻呼之欲出。我一直陷于半昏迷的状态。风啊风，你绝对是无耻小人。寒梅被铐时，你用一把把钢刀剐她；闷热恶臭时，你连一丝风的涟漪都不给。谁得势，你抱谁的粗腿；谁失势，你赶紧踩上一脚。中国有无耻的宣传部，分分秒秒地吹捧曾经的杀人放火犯。中宣部无耻，风啊风，你也无耻。

"狐臭，你因为什么事进来？"大姐大威风凛凛地问道。

"没啥事。"狐臭很傲慢。

"啥单位？"

"港务局。"

"既是国营又是大户。"

"我是吊车司机。"狐臭神气地挺起胸。

"这个工作好，不但高高在上，还能指挥吊臂。"大鼻子羡慕地说。

"那当然！"

"吊臂听你指挥，指东不敢往西，指南不敢往北。想装哪条船就装哪条，不就是吊臂歪一歪的事。"

"你……什么意思？"狐臭紧张地问。

"我说这工作好，好到能够犯罪。"

"天哪！谁告诉你的？"狐臭紧张得臭汗都下来了。

"你是……取保候审现在改收容审查……你后面有人在保护你。"

"活神仙啊！"狐臭攥住大鼻子的手，"活神仙，你咋知道的？"

"废话！你拎着行李，说明有备而来；你神态自若，说明有人保你。"

"你咋知道我……吊臂歪一歪？"

"你是仓库保管，那是监守自盗；你是门卫，那是内外接应；你是领导，那是职务侵占；你是吊车司机，当然是吊臂问题。"

"大姐啊，我服你了！"狐臭心悦诚服地作揖，"神仙姐姐，打个卦吧。"

"你吊啥货色？"

"大米白糖。""一包多少？""二百公斤。""吊了几年？""就一年。"

"一年也够你受。二百×二×（三百六十五－十二×四）×零点五……六万多。一千元一年，六万要六十年，你这一辈子就交给提篮桥吧。"

"大姐……你不能开玩笑啊……"狐臭地上下牙开始打架了，"这……这数字咋出来的？"

"二百公斤乘二就是四百斤，四百斤乘上一年减去休息天，再乘以米和糖的价格。"

"你还没扣除节假日的天数。"

"港务局节假日不休息。要是把加班费再加上去……"

"一定吃枪子。"玉贵冷冷地说道。

"妈……啊！"狐臭尖叫一声，捂上耳朵。

"再说，你不可能在八小时里，吊臂就歪一下。要是歪两下，三下，四下呢？"

"这不是吃一次枪子，而是吃十回二十回的枪子了。"锥子眼兴奋地说道。

"不可能……不可能。"狐臭的手如蒸汽泵般来回摆动着。

"哪来的水？"有人嚷着。一滩黄黄的水，从狐臭的胯下流了出来。

"骚狐狸撒骚尿，臭死人了……"小蟊贼恶狠狠地说。

"瞧她这熊样。这泡尿，让她舔了。"

"我擦我擦……"狐臭抖抖豁豁地站起来，摇啊晃啊都站不稳了。

"几句话就吓成这样？"大姐大一脸鄙视。

"她怎么能和你比？你是铁嘴钢牙的江姐，她是马尾串豆腐的沙蟹。"

"我是……自己吓自己。"擦完地板后，狐臭镇静多了，"进来前，水上派出所所长跟我说，进来只是走程序。其实处理结果早内定了。"

"他们用糖精片哄你，口说无凭立字为据。"

"不可能！"狐臭嚷道，"我和你们不一样。你们是擅自偷啊诈啊，我是奉旨行动。他要是不救我，我就豁出去。"狐臭猛地站起来。

"怎么个豁出去法？"

"揭发！"狐臭尖叫一声，话一出口，她也一愣。

"嘘……"

"瞧你这贱样，身上怕是没一两骨头吧？"大姐大冷笑着。她有理由冷笑，她完全有理由冷笑：为了让情夫霸占那笔钱，"情圣"硬在地狱里挺了两年。

"大姐啊……"狐臭把一块肥皂塞过去，"我的事……"

"你的事，不是有他兜着吗？"大鼻子睁开眼说。

"可我还是慌。"

"慌就不要干。他一定捏着你的把柄。"

"唉！"狐臭叹了口气，"我是一步错，步步错。第一步就错在狐臭这颗辐射源上。"

"新鲜！狐臭让你犯罪？"

"初中毕业后，我顶替到港务局工作。港务局的男人没文化，开口闭口就是'狐臭'。起初我觉得这是侮辱，时间一长也就听之任之。到了谈婚论嫁时，只有调戏我的，没有真心追我的。即便有人追，也只是三分钟热度。"

"为什么是三分钟？"

"三分钟后闻到味道，还不落荒而逃？"狐臭肩一耸，大家全笑了。

"我只能草草率率嫁了个男人，他游手好闲酗酒抽烟。看在儿子的份上，我只能打落牙齿往肚里咽。这时师兄向我献殷勤，于是我和他好上了。"

"什么'好上了'，这叫勾搭成奸。"大鼻子一本正经地纠正。

"对！就是勾搭成奸，而且奸情浓厚热烈。"狐臭恬不知耻地舔着嘴唇。"一天晚上，我们在木料场做爱。一束手电筒的强光下被抓了现行。淫乱不算，还在错误的时间和错误的地点做错误的事。第二天师兄辞职走人。后来我才知道……"狐臭苦笑着。

"他是领导的一号卒子，你是领导的二号卒子。"大鼻子冷笑着，"用一号勾引二号，一箭双雕。"

"料事如神啊，你真是半个小神仙。"

"说下去。"

"有一天夜班，头头把我叫到办公室……"

"头头不但强奸了你，还要你把吊臂歪到他指定的船上。你不但为他献出狐臭的身子，还为他敛财。"

"他喜欢我，我又能怎么样？"狐臭一撇嘴，没有受辱倒有受宠若惊。

"吊臂怎么个歪法？"玉贵饶有兴趣地问。

"码头上停着大小、高低、长短形状不一的船。远洋轮下的舢船，像胳肢窝里的小孩。吊车臂一歪，一切 OK。"

"比我搞钱还容易。"玉贵羡慕地说，"警卫和保安呢？"

"有的打瞌睡，有的用公家的热水洗衣服，有的用公家的铁皮打自己的煤油炉子。"

"难道码头上没有灯吗？"

"灯照着大吊车，照着远洋轮。远洋轮里侧旁侧下侧是死角。寒风呼啸，黑咕隆咚，谁吃饱了撑着，躲在旮旯盯着看？吊臂是歪是正，只有天知地知和我知。"

"不是有水上警察吗？"

"他们管水上案子，不管吊臂的正和歪。"

"进进出出的货没有数目？"

"夜深人静，睡意朦胧，谁还一二三四五六七地数得清清楚楚明明白白。"

"收货单位也不清点？"

"船到亚洲非洲拉丁美洲。货一到港就被革命战友瓜分得一干二净，谁找馈赠国的麻烦？万一查的话，也可以打在损耗上。"

"大碗喝酒，大块吃肉：喝中国人民的血，吃中国人民的肉。"大鼻子冷笑着，"为了支援所谓的亚非拉'战友'，饿死了多少同胞啊。"

"天呐！这简直就是撑开口袋装钱啊！"小盂贼摩拳擦掌。

"一包包大米，一包包白糖……"锥子眼喃喃着，"一包二百公斤，够我女儿吃三年五载……"贼亮的眸子一点点暗淡了。

"中国人真可怜。"其其沉重地说，"自己省着抠着饿着死着……"

"解放全人类的任务，落在中国人民身上。我们是世界革命的中心。"大鼻子拍着胸脯说道。

"是世界革命中心还是输送物资中心？中国人饿死几千万，却把粮食无偿送出。"锥子眼说着说着就哭了。

"作孽啊作孽！"林妈双手合十，"……老山前线的战士，就是被中国子弹夺去生命的。"

"这么说，英雄张良的一条腿，也断送在中国子弹上？"锥子眼惊讶地问。

"这叫搬起石头砸自己的脚。不！这叫中国支援的炮弹打中国人。黑幕重重，单说一事。一九五〇年，中国说美帝国主义把战火烧到国门口。其实战争是金日成挑起的。百万大军跨过鸭绿江，三天后首尔失守。彭德怀在占领首尔后停止前进……"

"为什么要停止？"

"战士赤脚在冰天雪地里打仗，死伤无数。再加上没有粮食给养，饿死无数。可毛老头为了向苏联索求原子弹的技术，不惜以血肉之躯作筹码，他说：'我军必须越过三八线。'结果一百万男儿捐躯沙场，一百万妻子做了寡妇，一百万孩子没了父亲，一百万家庭毁于一旦。百万同胞，百万忠魂命丧鸭绿江。"林妈缓缓地摇着头。

"你怎么知道？"

"内参上漏一点，就是冰山一角。"

"狐臭小姐，你可是中国的有功之臣！"大鼻子一掌劈下，狐臭一哆嗦。"你把支援世界革命的货物打劫了，然后支援中国人，让一部分狗官先富起来，这不是功臣是什么？"

"话不能瞎说。本来是盗窃，再加上破坏世界革命这条，我死定了。"狐臭哆嗦得更厉害了。"要说功臣也是头头为大，他是港务局一把手。"狐臭又沮丧又自豪。

"作为情妇的你，一定也捞了许多。"不是人涎着脸。

"师兄做了倒钩内线后，还做了个九品芝麻官。可是我从头到尾，连一个子儿都没捞到。"

"他难道没分赃给你？"

"我问头头要钱，他说替我存着；我让头头离婚，他让我候着；我要换工作，他让我等着。我被头头卖了还替他数钱。"狐臭终于愤怒了。

"头头是用什么方式通知你作案的？"

"公用电话。"

"要给你递纸条吗？"

"要纸条干嘛？一个眼神就够了！"

"傻货！除了让人挣钱让人睡，还知道啥？"玉贵骂道，"公用电话不算证据，纸条才是。"

"我也不想干，可我的把柄攥在他手里啊！"狐臭嘴一瘪，委屈地哭了起来。

"你这傻货，师兄利用你做了七品芝麻官；头头利用你赚钱赚得盆满钵满。你这个傻得不能再傻的……"玉贵指着她大骂，嘴角涌起的一层层泡沫，犹如壮观的钱塘江潮。

半夜，凄厉的尖叫声把我惊醒。

"提篮桥我不去！"贾林扯着嗓子狂叫，"求求你们！我不去提篮桥，不去提篮桥……"寂静的深夜，她的声音带着战栗，带着恐惧，带着不可言喻的绝望。

"提篮桥有狼狗机枪电网，救救我，救救我吧！"声音从胸膛里迸发。这不是人的声音，这是野兽的哀嚎。

"什么……事？"管教披着衣服奔过来。

"报告管教，贾林在说梦话。"

"快摇醒她，快！"管教捂着胸口，上气不接下气地说。她也被尖叫声吓坏了。

"贾林！醒醒！"

"我不去提篮桥！"叫声愈发尖锐。

"啪啪！啪啪！"玉贵连连挥掌打她的脸。

"……为啥……为啥打我？"贾林慢慢恢复了意识。

"你把管教都吵醒了。"

"……我梦见提篮桥了，好可怕啊！"她从铺上跳起来，光脚扑到栏杆上，"管教！我不去提篮桥，打死也不去，打死也不去。"她敞衣披发，魂飞魄散地尖叫着。

"干……嘛？"管教魂飞魄散地尖叫。

"我不去……我不去……"她的身子软软地滑落，头也垂下。我攥住被角，上下牙抖得一塌糊涂。

"再叫，就戴上手铐脚镣伺候你。"管教紧了紧衣服，悻悻而去。

"妈……救救我，救救我！"贾林一把抓住玉贵的手。

"装疯卖傻，我不是你妈，是你姥姥。"玉贵一脚朝贾林胸口蹬去。

提篮桥，提篮桥，上海的渣滓洞；提篮桥，提篮桥，谈虎色变的白公馆。难道我也要五花大绑地上提篮桥？心如鼓，咚咚地跳；心如锣，不停地敲。我裹紧被子，依然颤抖不止。

"臭死了！臭死人了！"不是人嚷着。

"又有什么事？"管教披着衣服，脸色铁青地走过来。

"狐臭熏得我小便失禁，我的被褥全搞湿了。"小蟊贼气愤地说。

"全体肃静！谁发出声音谁就上铐。"管教扔下这句话，气呼呼地走了。天哪！本已恶臭熏天的监房，现在更臭了。

吃完早饭，百无聊赖地坐着。窗外传来"滴滴答答"的雨声。古人云"闲愁最苦"，其实，失去自由的闲愁更苦。

终于有了脚步声。每一颗期盼的心都提到了嗓子眼。每个人都想听到自己的名字：哪怕被拖出去审讯，也比无望地蹲着强。门一开，狐臭一个箭步窜了出去。

"我的律师还不来？还不来？"贾林双眼呆滞，口中喃喃。自检察院提审后，她神志基本没清醒过。她不是一个劲地哭，就是一个劲地唠叨，要不就是疯疯癫癫痴痴迷迷。骂她，她如树桩；踹她，她如石雕。几天时间，活蹦乱跳的人就变成了疯子。我突然想到了延安的王实味。

"把东西拿出来！"管教打开门，素素激动得手足无措。素素的丈夫是个残疾人，而她又是高度青光眼和心脏病患者。没有工作的他们苦苦挣扎在生存线上。为了挣几个买米的钱，素素跟在别人后面做"翘边模子"，就是在买家买东西时帮卖家说一些好话或者谎话。上次提审时说要送她去劳教所，她听后哭得上气不接下气，差点昏厥。今天让她提着行李出来，应该是放她回家。放她走，不是政府对她网开一面，而是怕她的青光眼和严重的心脏病给劳教所带来麻烦。当局需要的是能产生利润创造外汇的犯人，而不是一个时不时犯病的病号。

到了澳洲后我才知道，澳洲政府是如何对待残疾人的。残疾人不是春晚逗乐讪笑的对象；不是政府帮困扶难政治秀的道具；不是如狼似虎城管绞杀追捕的目标。他们是人，是堂堂正正的人。闻名遐迩的悉尼歌剧院有一条特殊的通道。这条通道不对达官贵人开放，不对公仆高官开放，这条畅通无阻的 VIP 通道，仅仅对残疾人开放。每当我看着澳洲残疾人驾驶着残疾车一脸幸福地驶进这条金钱和权力都买不到的特殊通道时，我就被震撼，深深地震撼。这就是文明，这就是人权，这就是人性，这就是公平，这就是我们梦寐以求孜孜以求的人生目标：尊严无价。

狐臭黑着脸回来，一看就知道在劫难逃。这时一个黑影踱过来。这是一个高又瘦，架着金丝眼镜的女人。她是检察院长驻看守所的代表。她站在门口，打量着，搜索着，探究着，猜测着，镜片后的眸子充满狐疑。这是一个无情的女人，黑三角施暴时她眼皮不抬；病号扔地上她牙缝不吱；寒梅日夜被反铐时，她欣赏有加；一监房的恶臭气，她眉不皱半点。一个比铁还冷比石头还硬的女人，能有什么爱心？一个比蛇还狐疑比蝎子还阴毒的女人，能有什么胸怀？充其量，她只是专政机器上的一个丑陋的螺丝钉。

"我要揭发！"狐臭尖叫着扑向铁门。

"很好！"狐疑眼双手倒背，一颔首。

傍晚，提审的大姐大回来了。她脸上的肌肉绷得紧紧的，原本就不精致的五官挪了位。她阴沉沉的，一个字都没有说。半夜时分，她突然发出一声惊天动地的尖叫，一双脚把地铺蹬得地动山摇。管教赤着脚冲过来，脸色刷白。大姐大像疯子一样继续尖叫，地铺被蹬得咣啷咣啷响。管教沉下脸，拖来了哗啦啦的手铐脚镣，这才制止了她进一步的疯狂。虽然行动上的疯狂被制止了，但她眸子里的疯狂着实吓人——这不是眼睛，这是一座袅袅冒烟，蠢蠢欲动的火山。

大鼻子告诉我，大姐大是累犯，缓刑期间继续诈骗，实属罪上加罪。检察院已起诉她，但她把生死置之度外，唯一担心的是赃款是否还在情夫手里。这一点，她倒和裸官一致：只要金钱转移，俺就把牢底坐穿也心甘情愿，坐得大义凛然。

锥子眼偷偷告诉我，她追打公婆的一幕，绝对是那一地段最"靓丽"的风景线：年迈的公婆在前面踉踉跄跄地逃着，她高举扫把在后面不紧不慢地追着；公婆的魂飞魄散和她的傲然凶残，就像两条平行而绝不交叉的风景带。

到提篮桥后，我一直没有见到她。我出狱后，听说她费尽周折终于投奔了在澳洲的妹妹。啊呀呀！最美丽的国家接纳了最丑陋的人，难道澳洲移民局只是一个摆设？一个屡战屡败的屡犯，竟然流窜到文明的国家，这是多大的讽刺。

门开了，进来一个货真价实的扁平脸。说她的脸扁平，此话完全没有水分，绝对不是中共统计局的报表。

"什么事进来？"锥子眼对这个问题的反应迅速，和她那双眸子一样，有着异曲同工之妙。

锥子眼话音未落，扁平脸上的泪水已如泉涌。

"又是贼，老贼也。"玉贵轻蔑地说，颇有五十步笑百步的不屑。

"你……咋知道？"扁平脸诧异地睁开了眼。

"写在你脸上呢！"

"真的？"扁平脸忙用手摸脸。于是众人笑了：好一个针尖当棒槌的傻瓜。

"你偷了单位什么东西？"玉贵大大咧咧地问。

"你……？"扁平脸又惊诧了，"……诸葛亮？"

"你这种人，卖淫无人要，诈骗无人信，杀人无贼胆，贪污无职位，扒窃手脚慢。除了偷一些单位的边角料，还有啥招？"玉贵对甜妞打了个响指。

"……你说得对，骂得好。一念之差，毁了我一生清白。"扁平脸用手捂住脸。

"你这双手，确实是劳动人民的手啊！"

"你怎么知道？"扁平脸又感到惊诧。

"屁话！大茧套小茧，厚茧叠薄茧，茧子压茧子，茧茧磨茧茧……"

"唧唧复唧唧，木兰当户织。不闻机杼声，唯闻女叹息……"甜妞琅琅上口地念着。

"哦，我的妈……啊！"玉贵忍不住亲了甜妞一口，"我可爱死你了，小美人。不但懂英语还懂法语……"

"这不是法文，这是《木兰从军》。"林妈纠正道。

"关你这条老狗什么事？"玉贵破口大骂。

"你怎么能出口伤人？"

"我伤人怎么了？你现在不是林会长，你和我一样都是犯人。"玉贵双手叉腰，活脱脱一个女匪徒。"我是贼，偷老百姓的钱；你是骗子，骗老百姓的钱。"

"你偷的是老百姓的血汗钱；我做的是企业对企业的贸易。同样关在看守所，但你要把一年的刑期一天不落地服完……"

"难道你不是要把牢底坐穿？"玉贵冷笑道。

"我就是有罪，也是大罪轻判，小罪释放。我就是杀人越货进了监狱，等待我的还有减刑，还有保外就医，还有假释，还有无数的真的假的，大的小的，轻的重的，明的暗的各种释放……"

"凭什么？"玉贵咬牙切齿地问道。

"因为你是赤贫，没有靠山，而我是权贵，有靠山。"

"你的靠山……就是你的死老头子？"

"他不是死老头子，他是领导，他是首长，他是老红军，他是老革命。他要保我，他的老领导也要保我，他的老战友也要保我，他首长的首长，战友的战友也要保我……"

"凭什么？"

"因为江山是他们打下来的，所以他们要坐稳江山，恩泽妻女孙辈。一荣俱荣，一损俱损，他们是利益链上的环扣，必须一环扣一环，一扣接一扣。"

"你这个死老婆子说得这么玄……结果还不是蹲在这里。"

"我蹲在这里是体验生活。我敢打赌，不出一周我就能昂首挺胸走出看守所。"林妈说。

突然，走廊上响起钥匙的哗哗声，玉贵和林妈于是停止了口舌之争，老老实实地坐在地板上。

"林凤娇，出来！"

林妈猛地站起来。"林老……您的行李也拿出来，行李太重我来拿吧。"黑三角满脸是笑，谄媚地笑着，讨好地笑着，巴结地笑着，无耻地笑着，灰孙子王八蛋地笑着。

"您的首长和车夫都在等您呢……小心点，我来拿行李。"铁门咣啷一声关上了。林妈临走前，对我点了点头。

监房陷入死一般的沉寂。在死一般的沉寂中，有什么东西在腐烂，在发酵，在霉变，在癌变，散发着无以复加的恶臭。

今天是周末，又是一个没有希望的日子。

一清早，扁平脸哭丧着脸靠在墙上。

"你这双劳动人民的手，却原来也是一双贼手。"锥子眼鄙夷地说。

"我十五岁进纺织厂。三十五年里，组织给了我许多荣誉：先进女工，模范红旗，全国三八红旗手。本来我就要光荣退休，可一时糊涂……"

"就你一时糊涂？"锥子眼愤愤地说，"我当车工二十年，哪一天不是勤勤恳恳？不为女儿的奶粉，我怎会上贼船？你究竟偷了啥？"

"就装了一麻袋碎货，千真万确一麻袋啊！"扁平脸痛心疾首抽了自己一耳光。

狐臭一进门，臭味就如打开的魔盒，源源不断地释放，熏得人睁不开眼。

"我抢了跑道，我抢了跑道。"她神气活现地说。

"你有希望了。"锥子眼羡慕地说道。

"不过另一个检察官说不能算。听他的意思，好像有人抢在我前面。"

"一定是你师兄。你只是第二跑道。第二跑道的价值等于零。"大鼻子说。

"不管怎样，我坦白了，揭发了，赢在了起跑线上。"

"上月也有个盗窃犯在第二跑道作案，结果还是被判了十年。"

"真……的？"狐臭立马晴转多云。

"头头已经抛弃你了，不然你只是关在水上派出所。"大鼻子分析着。

"真的吗……"狐臭急得哭了起来。

"瞧你这熊样！"锥子眼鄙夷地说。

"熊是熊，我还留着一条路。"狐臭擦了把眼泪。

"自古华山一条道，难道你能开辟第二条路？"

"我真的留了一条道。"狐臭嘻嘻一笑。大家一愣，变脸也没这么快吧。

"我有新情况。"狐臭一脸运筹帷幄。

"什么新情况？"

"新情况不要太多：你们怎么撺掇我，怎么怂恿我，怎么做我的智囊团，怎么做我的良师益友，不都是新情况吗？"

"你这个不要脸的婊子！"

"我啥时说过我要脸？"狐臭笑靥如花。

"好心当成驴肝肺，我们是帮你。"大鼻子悻悻地说。

"感谢德高望重的教唆犯老师！"狐臭脆生生地说。

"我可没说什么。"其其极厌恶地说道。

"你没说？你就世界革命的中心发表宏论，你就支援亚非拉发表见解，你还把内参的消息捅出来。中国真可怜，自己省着饿着死着……"狐臭模仿着其其的口吻。

"你！"其其一下变了脸色。政治问题加上反动言论，这可是雪上加霜。

"你连狗都不如，狗还知道好歹。"大鼻子气呼呼地说。

"为我出谋划策是假，教唆发泄是真。难道我不知道你的狼子野心？"

"你这个骚货！"

"骚就骚，就怕你骚了也没人要。你是三进宫。不但教唆初犯反审讯，还发表很多敏感话题。"狐臭抖着二郎腿说。

"我可没说什么。"锥子眼努力把苦瓜脸挤成笑脸。

"把盗窃说成是为了女儿生存，抹黑社会是法院最痛恨的罪行。"

"我……我向你道歉行不行？"锥子眼急得眼泪都下来了。

"瞧你这熊样！"狐臭鄙夷地说。锥子眼苦笑，六月的债还得真快。

"不都急巴巴地要做狗头军师吗？怎么一个个全没了精神？"不是人挺起胸。"宁说黄事不谈国事，宁说荤话不说敏感话，这是我的原则。"

"为了得到情夫，宁可强奸女儿。"大鼻子冷笑道。

"我宁可做强奸犯也不做政治犯；共产党最恨的不是强奸犯而是政治犯。不信咱打赌，看强奸犯判得重还是政治犯判得重。"不是人一昂头。

"人渣！"

"只要活得潇洒，管它人渣人宝。"狐臭拍着不是人的肩膀。

"对！不管白猫还是黑猫，捉住老鼠就是好猫。这是中国特色，也是中国国粹。"

"哈哈！"狐臭冷笑着，"狗头军师们，知不知道欲擒故纵？"

"狐臭，果然真人不露相。我问你，那二泡臭烘烘的尿也是苦肉计？"小孟贼一副礼贤下士的模样。

"没有小插曲，哪来主旋律？"狐臭淡淡一笑，"真以为我傻吗？"狐臭昂起头。"我怎么可能去咬我姘头？把他咬进来，谁救我？我在里面一小时，他在外面志忑六十分钟。姑奶奶笃笃定定等待他来捞我。"

"你这么自信，公检法是你姘头开的？"其其恨恨地问。

"公检法是共产党开的，但金砖能敲开公检法大门。记住！只要不是政治犯，没有捞不出去的犯人。就是死刑犯，也能起死回生。"狐臭成竹在胸。

半夜，我被"窸窣"声惊醒，一个大头影罩在我头上。扁平脸穿红裤，踮着脚，仰着头，双臂朝上再朝上，俨然嫦娥奔月的造型。

我一骨碌坐起，她惊慌地倒在我身上。

"你从哪弄来的铁丝？"

"藏在鞋底带来的。"

"绑在手上，然后用铁丝导电？"

"我只有这一条路可走。"

"你以为够着灯就能触电？十个人试过，十个人都失败了。接着是手铐脚镣一起上。"

"我真不想活了……"扁平脸抱头呻吟。玉贵一骨碌爬起来。我拽住扁平脸摁下去。玉贵朝粪桶走来。我一动不动，压住扁平脸，俨然烈火中的邱少云。

玉贵坐上便桶，眼珠子骨碌碌转个不停。雷达发射电波，电波反弹回来，一截铁丝即将进入玉贵的眼睛。我伸出手臂挡住铁丝，最大限度地掩盖了事故，保护了扁平脸。

大鼻子

大鼻子朝粪桶走去，又停在我面前。"有手纸……吗？"

"大鼻子，你咋潦倒到这地步？"不是人砸着嘴，"我女儿不认我，难道你的女儿也不认你？"

鼻子浑身一颤，我给她的手纸撒在地上。

"你妈真不是个玩意，你有钱时她吃香喝辣，你落难时连草纸都不给，天下怎有这样的妈？"大姐大摇着头。

"我现在最担心……我女儿步我后尘，尤其是大女儿。"坐在马桶上的她捂着脸。

"难道小女儿不是爱的延续？爱的结晶？爱的象征？"不是人奸笑着。

"不是！不是！不是！"大鼻子"突突"地打出一梭子弹。

"大女儿的爸爸抛弃了你？"其其小心翼翼地问。

"没有！"

"打肿脸充胖子，抛弃就是抛弃。"

"放屁！他永远不会抛弃我，我也永远不会抛弃他。"

"可他怎么不给你送日用品呢？"

"因为……他死了。"大鼻子低下头，"他甚至没留下一个坟。清明时，我只能到旷野给他烧纸，烧厚厚的纸。"

"伟大的悼念！"锥子眼叹息着。

"一生坎坷，命运多舛，男人无数，只爱一个。"她咬住嘴唇，一滴血沁出，又一滴血。鲜红的血珠绽放在乌唇上。

"……一九六五年我初中毕业，由于街道频施压力，我只得落户崇明。十八岁的姑娘如花似玉，我参加农场小分队，花旦青衣，说噱逗唱。为了能长期留在小分队，我挖空心思和书记拉关系。他人前一本正经，人后不时刮我鼻子。"

"你的鼻子就是被他刮大的？"锥子眼涎着脸，大鼻子瞪了她一眼。

"一个寒风呼啸的晚上，我怀着激动的心情朝值班室走去。书记找我谈心，说明我离党更近了一步。入党能提干，提干能不下田，提干能永远留在小分队，这可是我朝思暮想的目标。'你对党是真感情还是假感情？'"书记摊开我的思想汇报。

"没有党就没有我的今天，没有党就没有我的明天。"我庄重地说。

"今天是什么？明天是什么？"

"今天是文艺骨干，明天是党的人。"

"要是今晚让你成为党的人呢？"

"我愿意接受考验，不论短期还是长期。"书记一把抱住我，我尖叫着冲出值班室……我的信念第一次遭到打击。

"想不到你还有刚烈的一面。"其其轻声说。

"无论娼盗，都不是娘胎里带来的，而是后天形成的。"大鼻子坚决地说。"第二天，我被请出了小分队；第三天，专案组查了我的成分；第四天，开会批斗我。"

"充其量能批斗出什么内容？"其其轻蔑地问。

"啥都可以批，甚至我的鼻子：为啥长了一只俄国佬的鼻子？这说明你妈里通外国，和老毛子睡觉，你就是修正主义狗崽子加私生子。"大鼻子一耸肩，大家都笑了。

"荒诞不已！"

"家里三代红，找不到批判对象，就抬出我表姨。天地良心，她到台湾时我还没出世，我都不知她长啥样。有人说，你们有反攻大陆的心灵感应。有人说，心灵感应是迷信。于是两派在台下大辩论，倒把我晾在了一边。于是书记给我安了个'挑动群众斗群众'的罪名。"

"你还有哪些罪名？"其其笑了。

"一声不吭是狼子野心；哼着小调是猖狂进攻；拼命干活是图谋不轨……"

"不干活呢？"

"消极怠工对抗政府。后来我实在受不了折磨，于是决定投降：你不就是要我的肉吗，给你就是。"

"你啊你……"其其摇了摇头。

"与其受众人蹂躏，不如受一人糟蹋。这样，至少白天我还有尊严。"大鼻子苦笑着说。"我钦佩寒梅，但我做不了寒梅，也不愿做寒梅。社会如此卑鄙无耻，为何我要独善其身？人人都在苟且，为何我不能曲线？"

"你倒是坦然。"

"我这人好吃懒做，唯一的优点就是不说谎。我实话实说：卖身除了第一次痛苦，以后一点也不痛苦。因为每次在床上，都有好消息等我。先是政审通过，后是重回小分队；接着评三八涨工资；再接着就是组织敞开胸怀，热烈拥抱回头浪子。哈哈哈！一个肉身，拯救了我整个生活。"

"应该说，肉体的堕落必然引发灵魂的堕落。"其其认真地说。

"那天我正在旷野上练嗓，书记让我晚上去值班室。这个风高月黑的夜晚，成了我一生中的噩梦。"大鼻子费力地说道。

"晚上我一进办公室，他就写了'外出巡逻'的牌子挂上，接着反锁大门，从窗口跳进来。他让我提供特殊服务，以缓解他的压力，激发他的斗志。我不肯，他拿出入党申请表让我填……"

"权色交易，银货两讫。"

"填完入党申请书后，我全心全意为书记服务。门突然被撞开，一群人冲进来。我吓得晕过去，恍惚中有什么东西戳在脸上。睁开眼，是一张熟悉的脸：这是母亲般的书记，这是父亲般的情夫。"

"究竟是母亲般的书记，还是慈父般的情夫？"

"白天是慈母般的书记，晚上是慈父般的情夫，这叫角色转换。"大鼻子恶狠狠地说。"典型的二面派。"其其说。

"他岂止是二面派，他还是个人渣。人渣书记说：'我代表组织找她谈话，想不到破鞋把我拉下水……'当时就是海啸，我的震惊也不会这么强烈。脑子里乱哄哄只跳出两个字：卑鄙。场长冷笑道：难道'外出巡逻'的牌子也是她挂的？门是她锁的？你这个书记放任她而不管？"

"问得好！"

"他说：'牌子是上次值班时挂的。'场长摘下牌子：'难道牌子上的糨糊，一个星期都不干？'书记说：'……是她逼我干的。'场长说：'除非她用枪顶着你。可惜她没枪，你的档中央倒有一支枪。'书记嚷着：'我有她的防扩散材料。'场长说：'你还是先把你的档中央遮起来。'于是书记才穿上裤子。其实他穿和不穿都一样，他就是一个衣冠禽兽。"

"你告他强奸，告他诬陷。"其其扬起了眉毛。

"第二天，我挂着破鞋游街，走遍农场每条水沟，踏遍农场每条田埂。鞋上的汗臭闻不到，头发被扯不觉得的疼，因为我的心已经死了。"

"难道淫棍没和你一起游斗？"

"没有！他交了检查后继续担任书记。"

"不对啊，场长不是他的冤家对头吗？"

"他们是相互利用的盟友，就像江青与林彪。"

"与其用新手，不如用个有把柄可以捏在手里的旧友。"其其感慨道，"是朋友还是敌人，要根据政治的需要。柳亚子曾是毛主席的好朋友，后来呢？"

"我真傻！我还一直等待场长公正的判决。可是，洪洞县里没好人。"

"你抱怨啥？你脚上有鞋，头上还有帽子，比刘少奇幸福多了。"锥子眼说。

"刘少奇是'毛主席万岁'的始作俑者。他死有余辜，死得其所。"大鼻子冷笑着。

87

"错！毛泽东在一九五〇年的五一节，自己加上'毛主席万岁'的口号。他是自己崇拜自己的始作俑者。其实最奸佞的是邓矮子。'文革'后清算毛泽东，他说：停！拔出萝卜带出泥，不能让清算掘了党的祖坟。搁置！钓鱼岛搁置，疆土线搁置，海域线搁置，老毛的评价搁置，'文革'的评价搁置，历次运动的评价搁置。奸贼虽然平反了若干个历史问题，但只是为了维持共产党的统治。"其其轻声说道。

"可是他的问题并没有得到平反。"大鼻子愤怒地说。

"轻一点。你的话让玉贵汇报上去罪加一等。诈骗加现行反革命。"其其压低声音说道。

"我想知道，谁是你大女儿的父亲？"锥子轻声问道。

大鼻子伸出手，腕上有一条红蚯蚓般的疤痕。"我跳过河，喝过药，上过吊，割过腕。后来我遇到了他，他是监督我的王副。"

那天我正在田里割稻。落日给田野涂上一层金色，就在我沉浸在夕阳美景时，书记突然窜过来一把捏住我的下巴："你瘦了，黑了，但是更性感了。你要知道，我走的是丢卒保车这盘棋，没有我的保驾你就会生不如死。你保护我过关，我保证你的肉体永远属于我……'他话音未落，我出手就是两记耳光。"

"打得好！他太坏了，卖了你还让你替他数钱。"锥子眼说道。

"这是共产党的老套数，迫害了你还要你感恩戴德。"大鼻子冷笑道。

"你打了他，太痛快了。"一辈子忍气吞声的锥子眼笑道。

"……他拽住我的头发，把我摁在地上，大靴子狠狠地踩在我脸上。王副走过来嚷着：'要文斗不要武斗，要文斗不要武斗。'畜生说：'破鞋勾引我，我要对她采取革命的专政。'王副沉默着，沉默着。躺在地上的我，看见他的拳头攥得死死的……"

"难道王副什么都不说？"锥子眼很失望。

"他什么都明白，但什么都不能说，什么都不能说……我们不但要忍受侮辱，还要忍受谎言。"

"从呱呱坠地的那一分钟起，我们就生活在谎言中，一直到死，一直到命丧黄泉"其其压低声音愤怒地说。

"当时我只有一个念头，我要是人体炸弹那该多好。这样，我就和淫贼同归于尽。哈哈！哈哈！"她干笑着，鼻翼边的皱纹无奈地扩展，悲惨地延伸。我忧郁地看着她，看似肮脏的她，灵魂曾经是干净的。

"后来呢？"锥子眼急切地问。

"……王副在监管我的过程中，一点一点爱上了我。他为我挡住呼啸的皮鞭，他为我擦去头上的墨汁，他为我的伤口敷药，他为我拿下脖子上的那双臭烘烘的破鞋……我含着眼泪看着他，他也含着眼泪看着我。这一刻，我知道什么叫心有灵犀，什么叫灵魂的沟通，什么叫精神上的默契，什么叫……"说到这里，她用手捂住了脸。

我沉默着，在沉默中祝福他们的爱；其其也沉默着，在沉默中祈祷他们的爱；锥子眼也沉默着，在沉默中羡慕他们的爱……

"你们终于恋爱了……"

"我是新生的婴儿，他是爆芽的柳，我们的爱，不带一丝一毫的肉欲。"大鼻子放下捂着脸的手。"我们结婚了，我们结合了，我们终于生活在一起了。"她笑了，皱纹舒展，五官舒展，肌肉舒展，她的脸如向日葵，对着太阳绽放。

我静静地看着她，她的笑容不带谄媚，脸庞不带风尘。

"后来呢？"锥子眼问道。

"往事不堪回首……往事不堪回首"她蹙着眉，呼吸急促。

"如果你痛苦……那就不要说了。说来说去，又是一个悲剧。"我平静地说。

"我要说，我要说。"大鼻子激动地说，"我要说是因为我不能忘记过去，不能忘记他。"

"说吧，说吧，你的悲剧不是你个人的悲剧，全中国有多少这样的悲剧……"其其说道。

"……一九七〇年的国庆节。这一天，农场场部通知他值班，但我没让他去。隐隐约约中，我总觉得我们的幸福来得太突然，太容易。黑暗中，仿佛有一双觊觎我们的眼睛。他说，既然场部让我值班，我就去吧。值班一次有贰元五角的津贴，可以为女儿买包奶粉。他走后，抱着孩子的我一直忐忑不安。突然一阵喧哗，接着一群人涌进家门，掘地三尺要找发报机。"

"发报机？难道他是零零七？"

"他犯了一个致命的错误。仓库着火时他去救火，正播放'美国之音'的半导体在抽屉里没有关，结果被书记当场发现。因收听敌台，他被判刑十五年。"

"仅仅因为这，判十五年？"锥子眼很惊讶。

"我的邻居因收听敌台被判八年，他就住在虹口区天潼路上。"我认真地说，"出狱后他的房子已被充公，他只能在公厕旁搭了一间铁皮小屋。又因为没有工作，没有买米的钱，无奈之下又做了政府的卧底。这是悲剧连续剧，这是双重的悲剧。"

"他是被诬陷的林冲。"大鼻子摇着头说，"值班是书记安排的，火也是书记放的。书记说：'你睡我的女人，我就让你生不如死去坐牢。'"

"好一个林冲遭难……可没有梁山可去。"其其一声叹息。

"三个月后，我把女儿绑在身上，踏上了西去的火车。四天三夜的火车，外加三十里的土路。有车就搭，无车就走。最后一里路，我是在漫天大雪中手脚并用爬到监狱的。"

"见到他吗？"

"他因为越狱，半月前被打死。千里奔波，却连一面都没有见到。嘿嘿！嘿嘿！"她怪里怪气地笑着。

"你去他的墓地看看吧。"

"刘少奇都没墓，越狱犯哪来的墓？"其其不耐烦地说。

"太可怜了！"锥子眼抹着泪。

"莫斯科不相信眼泪！"大鼻子大吼一声，"我背着女儿四天三夜回到崇明，先立牌位焚香祭祀，接着上二癞子家。他是个出名的泼皮老光棍，一身皮癣一头瘌痢。我说，我和你结婚，为你留后代，但我只要一件东西。"

"什么东西？"

"我只要书记那条作恶的根。二癞子先是一愣，接着和我一击掌：'一诺千金，买卖成交。'半个月后，二癞子刀起根落，为我报仇雪恨。从此，我抱着女儿跟他浪迹天涯。我女扮男装下过窑，摆过摊，卖过耗子药。我遵守诺言，为他生了个女儿。"

"他砍了书记的根，难道公安不管？"

"不追捕，我们咋浪迹天涯？'四人帮'倒台后风声渐松。当我们再次潜回崇明时，书记老贼已死。"

"咋死的！"

"他姓刁。每天被人刁书记长，刁书记短地叫，这不是羞辱他吗？整天被美妞包围，却不能雄风再振，这不是折磨他吗？于是他吃了安眠药，结束了凌迟。"

"善恶有报。"

"不！我不信这话。我信的是枪杆子里出政权。我宁可相信暴力，也不相信法律。法律是婊子，谁有权就和谁睡。"

"至理名言。"

"一九八五年，二癞子生癌，整整三个月我衣不解带。他拉不出屎，我一点点替他挖；我用卖血卖淫的钱给他打度冷丁。死前，他拉着我的手，说我是个侠肝义胆敢爱敢恨的好女人。厚葬他后，我把女儿送到母亲家，按照自己的生活方式开始生活。"

"什么样的生活？"

"正因为我像寒梅一样生活过，所以我绝不做第二个寒梅。"

"……听说城隍庙一带的老百姓都服你，有纠纷不找警察而找你。"

"这就是我的生活。"她自豪地说，"白道不白，黑道不黑；白道吃了原告吃被告，黑道讲究规则，做事留有余地。我的宗旨是：劫富济贫，骗官不骗民。"

"你成了梁山好汉？"

"白道是索命夺魂道，隔三岔五一严打，屈死鬼的血染红了狗官的红翎子。我邻居是炊事员，有次他开玩笑地对一个来买馒头的姑娘说：'我的肉包子卖完了，你可以把你的两只肉包子卖给我。'姑娘哭着去了保卫科，一星期后，炊事员被送去劳教。"

"啥罪名？"

"猥亵妇女罪。调戏妇女是流氓，流氓当然上白茅岭农场。他的一生，因这句话而毁了。前年我看见他，他已经没了人的模样。工作丢了，老婆走了，老娘死了，他还活着，但心已经死了，死得透透的。"

"啥叫……没了人的模样？"锥子眼问道。

"鲁迅的《祝福》看过没？除了眼珠子间或一转，整一个死人。"其其说。"大鼻子，还是聊聊你的黑道小说吧。"

"黑道很简单。张三把李四打伤，我出面调解，张三赔钱给李四。李四养伤，张三平安。这叫皆大欢喜。"

"这事白道也能处理。"

"白道，张三坐牢为监狱创外汇，李四无钱看病养伤。这叫两败俱伤。"

"那白道为什么不像你一样处理？"

"白道的政绩，功勋，奖金依赖于抓人判人杀人。他们是制造悲剧的推手。抓得越多，爬得越高。马路罚款有指标，警署抓人有指标，右派有指标，反革命有指标。来个严打，指标更上一层楼。"

"严打是邓小平矮子的发明。媒体还说，严打后全国形势一片大好。"锥子眼轻声轻语。

"除了中国，没一个国家搞严打。法律就是法律，该判几年就判几年。严打，这也是中国对世界的贡献。"其其冷笑道。

"还有，张三李四一起盗窃。出事后我让张三顶罪，让李四安顿好张三的家，再接济狱中的张三。做好善后，安抚家属，降低危害，减少后遗症。这职责相当于族长和祠长。"

外劳动走来递进一个包裹。

"是我的？谁送的？"大鼻子先是一愣，随后一喜，接着是一连串疑问。

"我也不知道。"外劳动垂下眼帘，"大概是……邻居送的。"

大鼻子打开包裹，里面有肥皂草纸，还有若干短裤袜子。"义薄云天的好人啊。"大鼻子唏嘘道。

"诈骗犯成了多愁善感的林妹妹！"锥子眼笑道。

"诈骗犯？谁把我逼成诈骗犯的？"大鼻子愤怒地问。"再说，我诈的是富人，从不诈穷人，有时还倒贴穷人。干这一行，要有情有义有凶狠。你不狠没人怕，你不仁没人信。要铮铮铁骨，也要柔情似水；要心狠手辣，也要怜穷扶弱。硬不悚，软不压，强不跪，弱不欺。一言九鼎，一诺千金。胯下辱能忍，脑袋掉了碗大的疤。"

"我知道你是江湖及时雨，这次为什么被抓？"其其小心地问。

"因为我得罪了公安局局长。一九八六年严打期间，一名贩毒犯被枪毙，留下水汪汪的小寡妇。小寡妇要求我为她报仇，但因为事情棘手，我拒绝了。小寡妇上吊前写信给我：局长设下圈套让那个男人上钩。男人死后，钱和色都落入了局长手中，他还因反毒有功坐上了头把交椅。"

"你是怎么报仇的？"

"我先和局长老婆的姐妹拉上关系，接着放风说有人卖翡翠。局长老婆赶到宾馆，开门后没见翡翠，却看见男人和女人在肉搏。婆娘大怒，操起台灯一顿打。从此，任凭吃药打针，局长雄风不振，彻底阳痿。"

"上次刹书记的根，这次废局长的根，你真歹毒！"锥子眼低声说道。

"他们的根，就是妇女头上的五指山。我的职责是推翻淫威，解放妇女。一个月后，帮助捉奸的姐妹被劳教三年。任凭刑具镣铐，硬是没把我供出来。我把三万元给她家属，趁拘捕令没下，跟阿诈里远走高飞。"

"可是你一回上海，还是被抓了。"锥子眼遗憾地说。

"我不后悔。"大鼻子坚决地说，"三年一瞌睡，五年毛毛雨，十年八年快来西。我又不是第一次进号子，哪里黄土不埋人？"

"轻一点，玉贵的眼睛朝这里瞅。"其其小声提醒道。

"伸头一刀，缩头也一刀，小打小闹没意思。这次搞了一百万。"

"这么多？"锥子眼惊讶地问道。

"这里面有学问，有三个要点和四个步骤。"

"还有四项基本原则？"我笑道。

"四项原则是百姓的紧箍咒，却是太子党的上方宝剑。"大鼻子冷笑着，"三要点指包装。第一是礼仪举止，一颦一笑有大家风范；第二是跳拉丁舞唱意大利歌剧，举手投足有贵妇气质；第三……"

"教ABC？"

"教我'斯巴西巴'，把我装扮成俄罗斯贵妇。"

"为什么是俄罗斯贵妇，而不是英格兰贵妇？"

"黄山飞来峰的大鼻子，只能装俄罗斯贵妇啊。英格兰贵妇，有这么庞大的鼻子吗？"锥子眼笑道。

"他们还教我怎样使用刀叉，怎样喝汤不发出声音，怎样拖着裙裾来个大旋转。"

"这和诈骗有什么关系？"

"连西餐都不会吃，还能是俄罗斯贵妇？我去美容院漂牙，染发，剪指甲……"

"应该削去你的大鼻子。"锥子眼说。

"说你嫩就是嫩。一身赘肉一口黄牙的我，最值钱的就是鼻子。没有大鼻子，怎么伪装成沙皇后裔？"

"说说你的四个步骤。"

"第一，伪造身份，声称我出生在哈尔滨，衣锦还乡来投资；第二，首长接见，报纸头版媒体热炒；第三，文件。"

"什么文件？"

"有批文，担保，信用证，产证，公证，工商执照。文件越多，谈判的筹码越大，成功的概率越高。我一般不说话，只在签合同时，甩几句'哈得勒索'就行。雪球越滚越大，牛皮越吹越鼓，最后说我是尼古拉沙皇的公主。"

"成功了？"

"没成功怎有失败？狗官鞍前马后，媒体阿谀奉承，我过着一掷千金的生活。啧！啧！"大鼻子有滋有味地咂着嘴。

"批斗时的屈辱，丈夫的冤屈，流浪时的饥寒全忘了？"其其翻了个白眼。

"与其说是你报复社会，不如说社会报复你：放过幕后主谋，却把道具抓起来；保护真正的红色后代，却网住赝品的沙皇后裔。"

"所以我死不瞑目。"大鼻子使劲揉着鼻子说道。

"记住！没靠山千万不要作案。确切地说，太子党只需要你的鼻子。你是'成也鼻子，败也鼻子'。"其极认真地说。

"我不信他们就不管我！"大鼻子涨红了脸，似乎在挣扎。

"上面有精神：此案不扩大不追查，迅速办成翻不了案的铁案。"大姐大突然转过身，"你死定了。"

"你怎么知道的？"大鼻子打了个哆嗦。

"拎粪桶出去时听管教说的。都内定了，你还在乐观？傻货。"

"傻货……就傻货！十年八年后老娘接着干，而且干大的，狠的。哈哈！"大鼻子努力牵动着笑纹，"不管怎样，我穿过绫罗绸缎，吃过山珍海味，坐牢也值！可小孙呢？"她对我笑着，嘴角又露出我所熟悉的、无所顾忌的风尘味。

"你的价值观不等于我的价值观，你的人生观也不等于我的人生观。"我坚定地说道。

贼卧底

铁门一开，一个女人雄赳赳气昂昂闯进来。大家全愣了：就是蛹化蝶，也有破茧的过程；就是石成金，也有点金的过程。可贾林竟在半小时里，从白毛女变成了娘子军吴清华。

"太好了……太好了！"贾林使劲搓着手，"不一样就是不一样！"她双手一劈，颇有列宁的风采。"李国机知道不？他是上海滩……不，应该说中国数一数二的大律师。"

"在中国，名律师就是御用律师。有骨气的律师早被封杀了。"其其说。

"你这个现世宝。刚才涕泪四下，现在又神气了。我不要上提篮桥……我不要上提篮桥。妈救我，妈救我啊……"不是人惟妙惟肖的模仿引来了大家的笑声。

"你们笑吧，反正我要从地狱到天堂了。"贾林搓着手，搓出一团火花，"律师和我说了，不是释放就是缓刑。"

"你上天堂？离婚后女儿归男人，你净身出户还能上天堂？"大鼻子冷冷地说。

"你怎么知道？"贾林慌张地问。

"你因为漂亮，从车间调到厂部，专陪有权的上级领导。舞场上，你打了老首长一巴掌，结果又被调回流水线。"

"……老娘凭什么被他吃豆腐？"

"派出所所长是你男人的狐朋狗党。他想占你便宜，结果你大闹衙门，搞得鸡飞狗跳。"

"老娘凭什么被他调戏？"

"姐夫摸你屁股，你破口大骂，惊动八方，围观者人山人海，弄堂成了大世界。"

"老娘凭什么被他侮辱？"

"你纵有魔鬼身材天使脸，还是成了单位的二百五，家里的十三点。"

"这点，我也不明白啊！"贾林哭丧着脸，"人人都说我漂亮，可漂亮没给我带来好运。难道真的是红颜祸水？"

"带来厄运的，是你的性格——性格决定命运。"

"我认为给你带来厄运的，不是性格而是国情。"其其郑重地说，"直率耿直，作风正派，宁折不弯的美德，竟成了你的罪过，这是个笑贫不笑娼的社会。畸形的社会，孕育畸形的道德观和世界观。"

"是啊！要是我父亲请不到李国机，我的牢就坐定了。"

"出去后你要学会察言观色，见风使舵。"

"不！你要利用自身优势，利用你的脸和身材。记住，浪费资源就是浪费银子。"小蛊贼幽怨地说。

"死光了，死光光，都死光光了。"站着的杨琼嘟囔道。

"你说谁死光光？"小蛊贼恶狠狠地问。

"我说我家人死光了，和你有什么关系？"琼顶撞道。

管教拿着钥匙走过来，叫了名字。小蛊贼赶紧站起来，她面色红一阵白一阵，既忐忑不安，又兴奋异常。出门时，她朝玉贵挤了挤眼。

"今天她开庭，神情怪异，定有蹊跷。"大鼻子沉吟道。

走廊上响起脚步声。"你家人咋还不来救你？"黑三角扭着腰肢站在门口，琼白了她一眼。

"你过来！"黑三角温柔地说。琼走到门口，"咔嚓"一声被铐住了。

"为啥铐我？"琼高声抗议道。

"因为你发出了声音。"

"我是人，当然要发声。"

"不许你发出声音。"

"我有我的人权！"琼大吼一声。晴天里的一个霹雳，把大家打懵了，黑三角僵硬地站着：从未有人犯敢大胆地喊出"人权"二字。

"我是人，我有自己的人权。"琼毫无惧色地嚷着。

"外劳动……外劳动……快！快！快！"

"你——说——啥？"外劳动慢吞吞地走来，动作比平时慢了三拍。

"脚镣……脚镣……"黑三角咆哮着。小碎步重新响起，比来时更拖沓，更缓慢。"快！快！快！"

十分钟后，走廊上响起"哗哗"声。黑三角抢过脚镣冲进铁门，"这就是你的人权！"金属的撞击声冰冷而沉重。

"打倒法西斯！"石破天惊的吼叫冲天而起，铿锵有力。

"你！"黑三角像诈尸样跳起来。

"打倒法西斯！"声音高亢有力，如匕首穿透厚厚的高墙。这一刻，我的心里乐开了花。

"造反了！造反了！造反了！外劳动……外劳动！"黑三角惊悸地嚷着，"快！快！快！"

"你——说——啥？"外劳动依然慢吞吞地走过来。

"我要武装带！我要武装带！"分贝达到极限，震得耳膜嗡嗡响。小碎步拖拖沓沓，慢慢去了。黑三角仰着头，凶狠地看着琼。琼也仰着头，从容地看着她。监房一片肃静，只有沉重的呼吸声。

小碎步终于过来了，黑三角拽过武装带，咬牙切齿地扎在琼的胸口。"呼哧……呼哧……"琼的呼吸急促，像风箱一般。

"快……快帮我一把！"黑三角吼道。

"不是已经扣上了吗？"

"不！我要扣到最后一个扣子里。使劲啊……你的力气呢……再使劲，再使劲！”

“呼哧……呼哧。”琼的喘息声如火车头呼啸而来。

“好了……终于好了。”黑三角重重呼出一口气，“你不是要人权吗？这就是你的人权！”

“呼哧……呼哧。”喘息更沉重了。黑三角欣赏着琼。她要品尝虐待带来的快感，她要咀嚼权力带来的滋味。中国除了受虐者，就是施虐者，中间还有一批为施虐者加油呐喊的“稳奴才”。

小碎步急速地走了。五分钟后，就在黑三角双手叉腰欣赏琼的痛苦时，小碎步又来了。这一次的小碎步不拖沓，不迟疑，它如一面鼓，带着强烈的节奏。

“啥事？”黑三角不耐烦地扬起粗眉。在最惬意的一刻，她不许有人打扰，她要细细品味虐待带来的快感。

外劳动凑近她耳朵。“……什么……真的？”黑三角的声音虚飘飘的。外劳动没表情，但眼睛熠熠发亮。

“那就……撤！”黑三角恼怒地跺着脚。外劳动进了铁门，解下了武装带的扣子，武装带如被斩首的蟒蛇般掉在地上。接着，外劳动又解下了脚镣。

“咱……走着瞧！”黑三角拖着脚镣落荒而逃。外劳动拍拍手站在门外，一双眸子亮晶晶的，宛如流星。

“不露痕迹的好人啊！”大鼻子感叹道。

中国政府不是说中国监狱没有刑具吗？那武装带是什么？如果说，手铐脚镣是制约罪犯的必要武器，那让人窒息的武装带是什么？它除了折磨人，它除了窒息人，它还有什么功能？

如果有罪，该判则判，该杀则杀，要这个杀人不见血的劳什子干嘛？这条粗大的武装带，带着腥臭，带着残忍，带着说不清的冤屈，带着说不完的秘密，经年累月担任着杀戮的职责。这条武装带，是“文革”的延续，是中共搞刑讯逼供的道具，是中共搞冤假错案的工具。

“报告管教，粪桶满了！”

“你怎么知道满了？”周管教走过来问道。

“我坐下去时，屁股碰到了粪水。”锥子眼怯生生地说。

“拎出来。”周管教皱了皱眉。

“报告管教，我来拎。”大鼻子响亮地说。管教打量着她：粗壮的身子，结实的胳膊，外加一不怕苦二不怕死的神情，看来非她莫属。

铁门一开，铐在铁门上的琼，跟着铁门移动莲步。大鼻子拎着粪桶脚下生风，仿佛拎着一桶金子。

我羡慕地看着她的背影。出了铁门是走廊，走廊的外面是院子。院里有清风，有清辉，有虫的呢喃，有花的芬芳。在清风和清辉下，挽一缕清风，戏一只小虫，那该多好？高高的院子后面就是武昌路上我的家。家里有一盏台灯，台灯下有颗小脑袋。小脑袋是睡意朦胧做功课，还是泪光盈盈想妈妈？小脑袋是缠着爸爸说故事，还是在灯光下整理书包……我和小脑袋的距离触手可及近在咫尺，但我只能思念他而不能拥抱他。儿子在银河的这一边，我在银河的那一边。我想他，我想他，刻骨铭心的思念如决堤的洪水，排山倒海，一泻千里，浩浩荡荡直奔大海。

"你干吗？"锥子眼推推我，"……眼神直勾勾的，怪吓人的。"

午睡了。梦中，一条蟒蛇般的武装带缠住我，死死缠住我的胸口。我醒来后发现内衣裤都湿透了。武装带，助纣为虐的武装带，杀人不见血的武装带，以折磨人为乐趣的武装带。中国人啊中国人，什么时候能站起来，推倒头上的大山，冲破中共的淫威，像一个正常人一样有尊严地活着。

"对这个判决满意吗？"走廊上响起了脚步声。

"满意！不要太满意哦！"

"记住，跟共产党走就有好果子吃。"

"这话是真理，绝对真理！"小蝥贼一脸喜色地进来。黑三角下班后，锥子眼问她判了几年。

"吃了三个月，还有三个月。"小蝥贼笑着，露出一口黄牙。

"检察院不是说，这次要判得你心痛肉痛吗？"锥子眼愤怒地问。

"上海检察院有啥用……我有南京公安局的保驾护航。"小蝥贼眉飞色舞地说，我愤怒地看着她。一个贼，一个真正的贼，一个从南京行窃到上海的贼，一个偷了若干只钱包的贼只判半年，这是什么狗屁法律？

"官司有各种各样的吃法。有人吃潇洒官司，有人吃冤枉官司，有人吃服帖官司，有人吃愤怒官司。"小蝥贼倚着墙，抖着腿。

"先要求引渡，后希望南京警方介入，来头不小啊。"大鼻子淡淡地说，"在看守所你是眼线；在外面你是卧底。"

"你有本事你也干这行啊！"小蝥贼把腿抖得沙沙响。

"要不是卧底，惯贼能判半年？"其其也很生气。

"贼咋了？贼就是比你吃香。你是政府重点打击的对象，我是政府团结利用的对象。"

"看来看去，就是一副贼骨头。"其其厌恶地说道。

"正因为我像娄阿鼠，所以适合做卧底。四月份学生闹得欢，我卧底做得也欢。盯牢这个监视那个，忙得不亦乐乎。"

"盯牢贼骨头？"其其冷笑道。

"放屁！我监视的是红顶教授。谁进他家，他进了谁家；谁和他联系，他又和谁联系。他们说了什么，他们做了什么……除了不知道屎是圆的还是方的，别的全门清。"

"从此你大胆行窃，因为法律保护你。警匪一家。"其其说。

"你有本事你也去当卧底啊，免得把垃圾桶一推就蹲大狱。"小蟊贼冷笑着。其其一愣，她被这话噎住，更被这个明明白白的事实噎住了。

"可你还是进来了。"锥子眼不服气地说。

"我是上海警察抓的，不是南京条子抓的。既然我不能倒批文，那就抓钱包。我血管里的血也是热的。"

"你有资格谈血性吗？"

"不要跟我谈血性。中国人没血性，知识分子也没血性。"小蟊贼轻蔑地说，"那些牛鬼蛇神平反后，哪一个不是好了伤疤忘了疼。对门教授楼，灯火辉煌亮得很。忙啥？忙孩子出国，忙出书评等级。为了名，和仇家言欢；为了利，和恩人反目。血性！中国人哪来的血性？"

"你不要……一概而论。"其其有气无力地说。

"其实就是不监视红顶文人，他们也成不了气候。不就是涂几笔，诌几句，呼几声，跺几脚？一遇风吹草动，立马逃进外国人的大使馆……"小蟊贼说道。

"一遇风吹草动，立马成了楚楚动人的含羞草。"玉贵撇了撇嘴。

"既然这样……你这个卧底还有什么意义？"

"小脚老太能干啥？秃顶老头能干啥？这不是干这个干那个的问题。问题是政府需要震慑，心理上的震慑，灵魂上的震慑。这是炫耀，制高点上的炫耀，权力的炫耀。无论是南京的老百姓还是上海的老百姓，他们信的就是这个。"

监房里一片沉默。沉默源于一个窃贼说出了一个真理。这个真理并非来自大师，名人，首长或领袖，而是来自一个小蟊贼。

"娄阿鼠……有道理。"锥子眼翻着白眼说道。

"娄阿鼠名正言顺地偷钱包，不像假仁假义的假教授。学生们都死了，你们还活着干嘛？高谈阔论，整一个清谈俱乐部的主任；纸上谈兵，百无一用就是教授。我知道我卑鄙，但有谁不卑鄙？既然伪君子满山遍野，凭啥让我金盆洗手？"小蟊贼双眼炯炯，没有羞愧，只有气壮。

"欢迎小蟊贼担任政治辅导员一职。啪啪啪！"玉贵的肥手有节奏地拍着。

"闲时摸摸钱包，忙时做做卧底，关键时有人保有人帮，这样的美事何乐而不为？"小蟊贼骄傲地抬起头。

"行窃加卧底，半是罪人半是功勋……"黑暗中有人冒出这句话。

一清早，老天爷就耷拉着一张苦瓜脸。这几天期末考试，不知患多动症的儿子是升级还是留级？留级还是升级？我是一块忧郁的云，忧郁得能挤出水分；我是一块海绵，里面浸透了对儿子的愧疚。

"孙宝强！"主管教亲切地打开铁门，我跟着她走进办公室。

"……我知道你情绪波动……你是个母亲，我也是个母亲。你想哭，就哭个够吧！"主管教温柔地说。

控制不住的悲愤一泻千里，一泻万里。我捂着脸哭了很久很久，她也陪着我坐了很久很久。

我终于擦干了眼泪，面对面看着她。她忧郁地看着我，欲言又止。很久很久她才吐出一句话："你不要太难过，你的案子还没结。"

案子不结就说明已经升级，他们果然下毒手了。我的心沉入黑暗的深渊。

不是人

"今天提审时，承办说想办法放我出去。"其其一进铁门就轻声告诉我。

"太好了，太好了。"我既为她庆幸，又为自己难过。

"承办说：'北京杀人的事我们都知道，但我们又能怎么样呢？人在江湖身不由己……'他不停地叹息，不停地摇头，不停地抽烟，不停地用钢笔敲桌子。"

"好人啊！虽是好人，却回天无力。"我伤感地说。

"中国人的命运，怎么就像中药店里的揩台布，揩来揩去都是苦？"

"十亿人的命运，就掌握在一小撮人手里。"我黯然道。

"把脚挪过去，你这贱货！"贾林一脚踢过去。

"在这儿的全是贱货！"不是人愤愤地说。

"在情欲的主宰下，你成了魔鬼。用科学家的话来说，你是个基因有缺陷的载体。"大鼻子讥讽道。

"你在背诵《哈姆雷特》的台词。"甜妞说。

"不得了了小乖乖，你怎么知道的这么多？"玉贵一脸淫笑。

"有缺陷的基因比正常的基因活得更有刺激。"不是人舔着肥厚的嘴唇。

"活着仅仅是为了性刺激？"

"笑话。没有性刺激，人活着干嘛？"她咄咄逼人地问道。

二十五年前，她怀孕的消息给母校带来了一次巨大的冲击波。学校要求她指认孩子的父亲，她一口气列出了一长串人名。然而，这些被指认的男生都拒绝承认是孩子的父亲。由于当时没有DNA技术，学校无法处理一二三四五六七，于是只能把孕妇请出去。

孩子的外公赤膊上阵，暴打一顿后结束了胚胎分裂，也结束了外公的身份。于是她在街道办事处再三再四再五的诱导下，唱着"咱们新疆好地方"，来到天山脚下。

她很快发现，即使自己是伊索寓言中的狐狸，也不会有葡萄落在头上；即使自己是阿凡提，也不会有牛奶滴进嘴里。弯着腰耕耘，垂着头收获，忙死忙活一个月，还吃不上一顿烤羊肉。歌声依旧，可是没了红色的旋律；青春依旧，可是没了憧憬的色彩。歌声是嘶哑的民谣，青春是破旧的外套。吱呀吱呀的老破车，载着她在蛮荒里煎熬。荒漠的风，吹干点点泪痕，吹不走欲望的冲动。

"怎么办？我该怎么办？"她的嚎叫，和着凄厉的北风在戈壁上翻滚。她失眠，消瘦，烦躁，憔悴。夜深时分，金点子破土而出。

老团长半辈子戎马生涯半辈子枪林弹雨。要不是文盲，早窜到中南海的金銮殿上了。年过半百的他，一身油不拉叽的军装，一脸整不平的胡子，说父辈英雄，也可以说爷辈英雄。白天，英雄领导大军向戈壁滩要粮食；晚上，爷爷服侍病快快的老伴。革命一生，竟没落下一男半女。今后红旗谁来扛，成了他最大的心病。

她积极向组织靠拢，不久就入了团。尽管她使出了全力，但由于她有过一个加强班性伴侣的记录，党的大门没有为她开启。

常规出牌行不通，那就重新洗牌重新出牌。现在她不上办公室谈思想，而是上了干打垒的小泥屋。进屋后，先收拾屋子，又把老婆子一丝不挂地抱进澡盆。搓啊揉啊洗啊冲啊，比文物专家对待千年古尸还细致，还周到。老婆子泪眼婆娑直嚷嚷：我的好闺女啊！

"我妈死了，您就做我妈。"她将活蹦乱跳的亲妈送入阴间，找了个干妈。老婆子晚年得女，激动得心花怒放。

几天后她又来了。这次是剪发，捶背，外加剪指甲，另外还把陈年鸡眼一一挖出。老婆子褪下戒指送给她，干女儿搂住老婆子，老婆子搂住干女儿，好一幕戈壁滩上的"革命自有后来人"，简直是革命样板戏《红灯记》的续集。

　　"你怎么老往我家跑？"老团长毕竟是老团长，档案上的一二三四五六七总在他眼前晃动。

　　"我认干妈，又没认干爹。"一句话呛得老团长无语。现在老婆子已离不开干女儿，就如鱼儿离不开水，瓜儿离不开秧。他赶她走，就是抽老婆子的命根子。

　　一个月后，老婆子犯病。干女儿先把她送进医院，又把自己收拾得鲜亮整洁。烫一壶老酒，烧几道菜，再把炕烧得热气腾腾。

　　晚上，又饥又渴的老团长回到家。"老婆子呢？"

　　"她哮喘发了住进医院，一切的一切我已安顿好。你就喝一口酒暖暖身子吧。"看她一脸纯真像个学生娃，老团长端起酒杯一饮而尽。

　　"再敬老革命一杯酒！"

　　"不！不！不！空腹易醉。"老团长革命警惕性蛮高的。她虽属于再教育，一个加强班总不是小数字。

　　"再来一杯……难道我会吃了你？"

　　"笑话！我这个老军人还怕你这个小丫头。"三杯酒下肚，血液流速加快，热炕温暖了他的五脏六腑。

　　她脱了外衣，酥胸半露，媚眼频送。老团长闷头吃菜，克制自己不理这个茬。

　　既然迂回不行，那就直奔主题。她继续脱，一直脱到赤身裸体。老团长依然硬撑着，眼皮不抬，非礼勿视。"吱溜"一声，一条竹叶青钻进老团长的怀里。于是"革命的老爷爷，怀里搂着下一代。"

　　"不……行！"老团长挣扎着。

　　"理解要执行，不理解也要执行。""不行……"老团长还在挣扎。但他的嘴被火辣辣的吻堵上去，虽然他奋力抵抗，终因体力不支，英勇地倒在敌人的枪口下。

　　"……你害惨我了。"暴风骤雨后，老团长用被子捂着脸说道。

　　"革命图个啥？"

　　"……图翻身，求解放。"

　　"自己没翻身，怎么解放全人类？"

　　"……咋没翻身？"

　　"翻身？住的泥巴屋，吃的面疙瘩，没半男一女，连造爱都是鸡肋。"

"……啥叫鸡肋？"

"不搞憋得难受，搞了无滋无味。"

"……好一个加强班的班长……可我一辈子的英名就这么毁了。"

"英名是假，享受是真。说，味道怎么样？"老英雄沉默着，随后拍了拍手。

"好你个老革命！你以为在开人大，政协的会议？啥话不说，提案不议，一个劲就知道拍手。"

老英雄还是沉默着，但却死死地搂着她，就如搂着自己的一大堆功勋章。

两周后，她盘起头发，穿上白大褂，成为队里的白衣天使小护士。下班后沿着小河散步，胯扭得有节奏有张力。老团长躲在暗处，看得欲火焚身。

"他娘的！革命了一辈子却栽在她身上。开会想，梦里想，二十四小时里倒有二十五小时想这事。我是中魔还是中邪？"老团长左右开弓，扇了自己若干个巴掌。睡觉时，又把《毛泽东选集》一本本压在枕头上。

有了软鞋，怎肯光脚；有了鸦片，不抽草烟。老团长的欲望如喷薄的太阳冉冉升起。虽然又在枕头上加了精选的毛主席语录，但是，白搭。

"咋不上我家了？"现在不是她缠着他谈心，而是他缠着她谈心了。

"我想去场部医院。"

"这不属于我的职权范围。"

"那我的身体，也不在你的职权范围内。"她扭着胯走了。老团长这辈子没求过组织，为了她，只能破例一次。

场部医院挤满了皇亲国戚。没有文凭再加上与众不同的档案，她被分配到医院洗厕所。每天她举着拖把权当黛玉葬花，但心情比黛玉沮丧一百倍。

形势不乐观，赶紧找靠山。

紧赶慢赶，没找到下一个猎物。灰溜溜的她只能吃回头草。她把这次幽会安排在一望无际的棉花地。摇曳的青纱帐、厚实的黄土地，再加上花木兰的英姿、杨排风的武艺，让老团长的灵魂再次出窍。

"休了她娶我。"

"不！她十八岁跟我，我不能在她四十八岁时蹬了她。"老团长沉下脸。

"我明天就把私生子打掉。"

"你……"

"你什么意思？你不要娃，我就打了他。"

"等我。"一颗离膛的炮弹射出，数分钟后又射回来。老团长单腿跪地，献上一条红色的哈达。不！是献上一本红色的存折。

"……天呐！六位数。"她亲着存折，也亲着他胡子拉碴的脸。几天后，她去看望干妈。

"闺女，你干爸去场部开会了，听说要颁奖。闺女，你给我吃的什么？"

"夺命糕……吃完好上路。"

"这东西果然好吃，你自己也吃一块。"老婆把糕塞进她嘴里，她发出猛烈的干呕。

"闺女，你怎么了？"

"干妈，我没有病，我这是有……孩子了。"

"……是哪一个畜生，哪一个畜生欺负了你？我要让团长，也就是你的干爹收拾他。"

"不可以。"

"为什么不可以？"

"因为这可是干爹的骨肉，共产主义的接班人……你摸一摸，摸摸孩子的腿。"老婆子还没摸到腿，人就昏了过去。

"干妈醒醒！干妈醒醒！"她一声声地呼唤，一口口喷水，直到把昏迷的老婆子喷成了落汤鸡。

"……闺女，你刚才是说胡话……"

"这是你家的存折，现在是我儿子的营养费。干妈，你要升级做姥姥了。"

"……我不想活了。咚！"老婆子从床上滚了下来。

"别别别！你老了，老得没了牙，老得走不动路，老得像一具木乃伊。我们要养老送终。走自己的路，让别人去说吧……"她把滚下床的老婆子扶上床，又掖了掖被角。

103

月上柳梢，老团长进门就挨了一脚。老团长抬头一看，老伴上吊已气绝身亡。老婆子不识字，没留下遗嘱，只是拳头攥紧，眼睛睁大，舌头拖得式长。

老团长攥着婆娘的脚，小小的脚无声无息躺在宽大的手掌中。老团长的泪，如断线的珍珠一串串朝下淌。这一辈子谁都不欠，就欠这两只小脚。他想用自己的一生去还，想不到老伴却自尽身亡。我上不欠天下不亏地，但我却欠了你一身债，想不到前债未清命案又添，我这个罪人怎一个恨字了得？

他的泪一滴滴地砸在小脚上，一滴又一滴……

不是人也来吊丧，披麻带孝哭得欢。葬礼隆重，可惜扳不开攥紧的拳，合不上睁大的眼。人们扼腕叹息：老太太有好老伴也有好闺女，怎么就想不开？

老团长从头到尾始终沉默，除了抽烟还是抽烟，将自己裹在浓得化不开的烟雾中。三个月后，他在众人的诧异中结婚。

第二章 虹口看守所

"我不能让他痛苦终身，我要帮他战胜孤独，让老革命有个幸福晚年。"她是祥林嫂，见人就抹泪，逢人就诉苦。

"可他可以做你的……"

"不管是爸爸还是爷爷，革命的红旗一定要扛下去，革命自有后来者。"她的口号，她的壮举如蒲公英种子，在戈壁滩上飘洒。有好事者发表了篇"柔肩担道义，黑发陪白发"的通讯，登上党媒的头版头条，于是他们的爱情故事，比《一千零一夜》还要闻名遐迩。医院闻风而动，准备让她火线入党，幸亏书记看了档案，这才避免了假穆桂英的出山，不过"杰出青年"的桂冠，还是责无旁贷地戴到了她头上。

老团长依然沉默，除了抽烟就是看她的肚子。"你……没有孩子？"有一天他终于忍不住问道。

"当初判断失误，现在虚怀以待。"她麻利地说，"别说生一个，生一个加强排都行。"

"她……究竟怎么死的？"老革命愤怒地问。

"你问我，我还要问你呢？要不是你走漏风声，干妈怎么会死？我的干妈……你怎么就扔下我不管了？"她一拍大腿，嚎啕大哭起来。

老团长现在完全变了，不是沉默寡言就是大发雷霆。他既离不开她，又憎恨她；既恨她，又离不开她。夜晚的沉沦中，他是肉欲的俘虏；白天的晨曦中，他是良心的法官。

老婆子每天清晨准时出现在他的梦中。"我对不起你，但我并没有杀你；我对不起你，但我并没有杀你。"他一遍遍地对她说，同时也对自己说。

又过了九个月。九个月后，他终于盼来了女儿。久违的笑容重新挂在他脸上。但是，就连傻瓜都看得出来，丫头是医院院长骨模里浇出来的一块砖。

这次事情搞大了。

"既然不爱我，为什么和我结婚？"老团长厉声问道。

"你的工资，能让我吃香喝辣；你的地位，能让我满足虚荣；你的庇护，能让我逢凶化吉。这三点，就是'三个代表'。纵观整个中国，'三个代表'最大。我承认我给你戴绿帽，但是你也可以给我戴红帽啊？"她笑嘻嘻地说。

对啊！她能玩弄男人，我为什么不能玩弄女人？城里的女孩玩弄乡下人，乡下人一样可以玩弄城里的女孩。邪恶的种子一旦破土就迅速成长。心理扭曲的老团长，利用提干、上学、入党、招工等机会，猥亵奸污了一大批女青年。现在，他的一腔怨毒，终于有了发泄口。

作恶终有惩罚时。一个宫外孕的女青年，终于揭露了这个秘密。调查结果显示，N名少女惨遭蹂躏。为了给党组织镀金，为了给法律镀银，为了给场部镀铜，于是老团长被押赴刑场。老团长上断头台时，比法国皇后上断头台时还要隆重，还要有仪式感。万头攒动十屋九空，十里泥地倾巢出动。

行刑前，法官装模作样验明正身后，问老团长还有什么话要说。他沉吟片刻，吐出一句话："老子断送在婊子手里。"

第二天，医院就把调令单扔给她，让不是人重回棉花地。她凝视着院长熟悉的签名，挑灯夜战，挥笔而就，第二天就寄出一封揭发信。一个月后，医院院长被押上警车。

第三天，她没有再回棉花地，而是领着女儿，重新杀回十里洋场。

返沪后，她频频出没于色情场所，终于找到了这辈子最酷爱的工作。由于她的先天不足后天失调，长相猥琐的她在一般情况下，台巴子和港巴子绝对傍不上，但傍傍温巴子，乡巴子还是绰绰有余。

她很珍惜这份工作，敬业精神可圈可点。为了最大限度地发掘身体资源，她把女儿扔给父母，风雨兼程日以继夜，全年出勤从不懈怠。虽和西施有天壤之别；虽和嫩伢有珠黄之嫌，但巧能补拙勤能补缺。业务上的精益求精，态度上的恭敬有加，还是让她在江湖上有了张思德的美名。江湖上都知道新疆女不但有刀子样的嘴，还有刀子样的功夫。

可是乐极生悲。就在她为了提高回头率而放弃戴"劳什子"时，不幸患上花柳病。治病期间，她泪湿衣襟，人比黄花瘦。

半年后重整河山，果然发现重整河山的是"待后生"。不是"后生"的她，急出几许皱纹；她怨，怨出几缕白发。她咒，咒出黄脸糟妇；她骂，骂出满嘴白沫。

在与中共与时俱进的肝胆相照中，她从夜总会小姐，沦落为街头游击队员。

游击队的经营方式虽灵活多变，但致命点是客源不稳定。为了"维稳"，不但要打一枪换个地方，还要面对下午有客晚上没客的惶恐。现在最大的苦恼是"维稳不力"带来的严重后果：不是她不能满足客人的需求，而是客人不能满足她的需求。她不差钱也不缺钱：虽没有杜十娘的百宝箱，好歹也有自己的樟木箱。

她开始流窜于农贸市场。屠羊贩猪的，运送泔水的，卖花生米的，收旧货的，统统收在麾下。主要矛盾解决了，但次要矛盾又出现了。肉膻气，油腻气，脚癣气，掩耳掩鼻也就过去；零钞，硬币，破币，换一换也不贬值。问题是每每在革命关键时刻，贩夫的压寨夫人抡了大刀冲过来。这时的客人，不但按捺不住河东，还在她英勇厮杀时，调转枪口反戈一击。收入打水漂是小事，脸上留下赤橙黄绿青蓝紫，不但影响了买卖，还让她的声誉大减。

不行！一定要从宏观上调整战略。她马上草拟了"国八条"和"限购令"，一定要找个价廉物美的长期客户。没钱不要紧，要紧的是青黄不接时能打个牙祭。计划容易，实施起来有点难，有洁癖的嫌她脏，喜刺激的嫌她老，阔佬嫌她丑，肾亏的非对手。虽任重道远，她唱着"下定决心不怕牺牲……"的语录歌，终在末流舞厅邂逅一男。更让她欣喜的是，此男比她年轻一轮，真正是"天上掉下个宝弟弟"。

几个月后，宝弟弟露出了秃尾巴。此男不但没有收入，还是劣迹斑斑的刑释犯。抽烟酗酒是他的嗜好，寻花问柳是他的擅长。美男本着与时俱进的精神，准备结束在一棵老树上吊死的局面。万般无奈中，她一边借鉴改革总设计师邓矮子的"搁置方案"，一边打开樟木箱，掏出老团长的体己钱让他享受。当樟木箱空空如也时，美男又一次打起背包，准备浪迹天涯。

"只要不是太阳月亮，什么都可以答应你。"不屈不挠的她，誓将"维稳"进行到底。

"真的？"

"真的。"

"我想……我只想要你的女儿。"

"……她只有十五岁。"

"不要十五难道要五十一岁？共产党不是提出与时俱进与世界接轨吗？我也与时俱进与世界接轨：我明明白白就是小萝莉迷。"

"你……你他妈的是不是人？"

"我……他妈的就不是人，怎么样？"

不是人咬牙沉思再沉思，最后点了点头：要革命就要有牺牲，死人的事是经常发生的。再说，这也不是死人，不就是提早实践的男欢女爱吗！再说，"实践论"还是老毛的传世佳作。

她点头后，轮到渣男发懵：你是母亲还是魔鬼？

"不管老猫雏猫，能逮住老鼠的就是好猫。"不是人一甩头发，绝对有江姐的大无畏。

一个阳光灿烂的日子，她领着女儿奔赴商场，先添置性感内衣，再购买化妆品。到家后让女儿焚香沐浴。女儿吵着要做功课，她含泪再三规劝："你马上要做世上最有意思的功课了。"

民宅里有个老公安，连日破案疲倦困乏，头碰枕头酣睡如泥。"咕咕！

咕咕！"鸽子般短促的叫声惊醒了他。他的嗅觉，是戎马生涯对战场的了解，是黄芪者对草药的了解。

老公安从床上一跃而起，侧耳细听，什么声音都没有。既不是月黑风高，又不是荒山野郊，没必要风声鹤唳。他躺下去继续睡。突然，隔壁又传来一个怪异的单音节。一个……两个。老公安一跃而起跳出门，又一个飞毛腿蹬开隔壁的门。门一开，久经沙场的他也愣了：女学生被绑在床上，身上压着施暴的男人。一个徐娘正摁住学生的手脚协助施暴。老公安使劲揉揉眼，就是江河倒流天地合一，他也不相信自己的眼睛。

"是她要求我……强奸她女儿的。"渣男跪在地上求饶。

"啪啪！啪啪！"老公安对准徐娘就是一顿耳光。这辈子见过很多强奸犯，没见过摁住自己女儿让人强奸的。"咔嚓"一声，老公安咬断了学生的绳索。绳索有拇指粗，就是用剪刀剪，也要费点功夫，可是他居然一口咬断：不是他有钢牙铁齿，而是愤怒迸发出巨大的力量。

审讯时承办人问："为什么要给女儿买内衣和化妆品？"

"我要把女儿打扮得像一朵花，然后献给他。"

"究竟为了啥？"

"为了更好地控制他。"不是人舔着厚厚的嘴唇。女承办人放下笔径直上去，"啪啪！啪啪！"给了四记耳光。

后来，不是人被判了五年；林妈已经被老爷子捞出去；狐臭也被港务局的情夫捞出去；甜妞被判五年；锥子眼和扁平脸各判五年；大鼻子判了七年。有钱的出钱，有力的出力，有权的出权，没钱没权没路子的只能蹲大狱。

逮捕

"贾林出来!"管教吆喝着。贾林的脸,在这一刻大放异彩。如果判缓刑,她就可以马上回家。回家,回家,我什么时候能回家?

贾林刚出门,铁门关上,管教就让我出门。我怀着极其忐忑的心情进了办公室。

"坐吧!"承办人极和蔼地说。这一刻我突然产生幻觉:是不是要放我回家?后来我才明白,在对猎物下手前,屠夫一般不会呵斥猎物。

又是千篇一律的一问一答,千篇一律的例行公事。承办人抽出一张纸,然后推过来。他面无表情地说:"签名。"我拿起笔签了名。

承办人沉吟了两秒,突然用极其尖锐的口吻说:"现在我宣布:你被逮捕了。"

我的血"轰"地一下子冲涌脑门,大脑瞬间一片空白。突然,地板剧烈地摇晃起来,所有的灯突然熄灭。黑暗笼罩了一切。一秒,二秒,三秒,四秒,五秒,六秒,七秒,八秒后,地板突然停止了摇晃,灯,猛地亮了。

我是个彻底的无神论者,从来不相信上帝。但就是这八秒,却让我对无神论产生了动摇……

"这是逮捕证,签字!"承办人的声音干巴巴的,干得榨不出一丝一毫的水分。我一动不动,一动不动。我的灵魂离开了躯体,冉冉地上升再上升。

"孙宝强!孙宝强!!孙宝强!!!"他叫着,一声比一声高亢,一声比一声尖锐。

我依然一动不动。

"孙宝强!"他站起来吼道。

"什……么?"很久很久,我的灵魂一点点下沉,重新坠落到麻木的躯壳里。

"签字!"他恶狠狠地说道。

我用麻木而机械的手,无意识地签了名。

他快速从我的手下抽回逮捕证,塞进包里就朝外冲。我呆呆地看着匆匆而去的背影。他要去汇报,向组织汇报;他要去请功,向领导请功。对了,他还要去报丧，向我的亲人报丧。一个人的痛苦太小，要让痛苦呈几何级的递增。要让我忠厚的丈夫，年迈的公婆，幼小的儿子，一起陷入巨大的痛苦中。你不是为广场的母亲们叫冤吗？那你先做一个痛苦的母亲；你不是为死去学生娃叫屈吗？那你先听听自己儿子的哭声。你不是抗议屠杀吗？那就让你的家庭陷入万劫不复中。让潘朵拉盒子释放的恶魔，攻城掠地穿堂入室，让老人沁出老泪，让稚儿涌出清泪，让耿直的中年人，套上沉重的枷锁。

　　我被押回监房。迎着众人询问的目光，我漠然地把头上仰：苍天啊苍天，你看到了吗？你看到人间丑恶的一幕了吗？你看到了没有？
　　我的头上没有苍天，只有一块肮脏的天花板。它肮脏，是目睹太多眼泪；它肮脏，是目睹了太多罪恶。
　　"孙宝强！孙宝强！"恍惚中有人叫我。铁门外站着管教丽娜，她手上拿着一包东西。
　　"这是你丈夫送来的，你要……想开点。"她把香皂放在我的手掌里，猝然离去。
　　香皂，香皂，丈夫送来了香皂。这么说，丈夫就在我的身边？我抬起头寻找，目光所到之处，不是森森的铁窗，就是冷冷的铁门。
　　丈夫，丈夫，你在哪里？好一个咫尺天涯，阴阳两隔……

　　"瞿瞿"，午睡的哨子响了。我坐在水斗旁，怀抱着香皂，风化了，入定了。香皂把我带到一九八九年六月一日的四川路百货商店。
　　今天是儿童节，我从拮据的生活费里挤出钱为儿子买玩具。买好玩具后，我从一旁的货架上拿起一块香皂，这是进口的力士香皂。香皂散发出的香气淡雅内敛，我使劲嗅着。
　　"喜欢就买吧。"丈夫掏出钱来。
　　"不，太贵了，太贵了。"我放下香皂，拉着丈夫就走。临走时又看了一眼：这辈子，我没用过一次力士香皂。
　　在我被捕的这一刻，丈夫送来我喜欢的香皂。他不能和我说话，只能用香皂传达他的情愫，他的思念，他的关爱，他的鼓励——此时无声胜有声。
　　黑三角过来了，她瞪大眼，死死盯着我。我紧紧抱着香皂，失去了对她的恐惧。她的脸沉下去：这是对她的挑战，挑战竟来自刚逮捕的要犯。
　　"哼！我要不收拾你，我就不姓陈。"她气呼呼地返回办公室。
　　"……怎么了？"周管教问道。
　　"她不但不睡觉，看到我还不害怕。不往死里整她，我就不是人！"

"谁啊？"

"孙宝强这个歹徒。"

"……不睡就不睡，她被逮捕了。"

"政府不逮捕她逮捕谁？"

"你懂啥？她不是坏人。"周管教不耐烦地嚷道。

"不是坏人难道是好人？"黑三角的分贝提高了。

"别说了！"周管教一拍桌子，办公室顿时鸦雀无声。

"我犯了什么罪？我到底犯了什么罪？"我想啊想，只觉得脑袋快要爆炸。

只许屠夫大开杀戒，不许抗暴者发出呐喊，这是什么世道？只许州官放火，不许百姓点灯？这是什么世道？这是什么世道？

……与其被你们逮捕判刑，不如自己结束自己的生命。士可杀不可辱！宁为玉碎，不为瓦全！我激动地站起来。

铁门森森地看着我，虽固若金汤但没有棱角，无法磕碎我的脑袋；晾衣绳同情地看着我，虽能挂起衣服，却无法吊起我的头颅；头顶有盏灯，虽有电源但够不着。我绝望地打量着四周，猛然意识到，"死"对于我来说，是奢侈。

我沮丧地垂下头。突然，一道闪电凌空劈下。对！我的灵感告诉我，我的直觉告诉我，我的潜意识告诉我，一定是这样的。在这个世上，能明白我心迹的非丈夫莫属——与其让我活着受辱，不如让我绝尘而去。

我再一次激动地站起来。

且慢！且慢！我强迫自己冷静再冷静。竖起耳朵，耳朵是天线；睁大眼睛，眼睛是雷达。天线接收异样的声音，雷达接收异样的波段。探测，接收，再探测，结果是一切正常：从犯人到管教，全部都在午睡。

我松了一口气，张开手掌。洁白的香皂静静地躺着。它不知道我的过去，也不知道它今天的使命……我心如刀割又心如止水。哀，莫大于心死。

眼前出现一双眸子，眸子中有愤怒有恸哀。二十三年前，黄校长从本溪中学的六楼跳下来，红红的血，白白的浆流了一地。她的眸子，她黑白分明的眸子直直地瞪着天。生命虽已结束，但眸子依然是二团火，二团不熄灭的火。

那时我只有十五岁，年轻的心受到极其强烈的震撼。很久很久，我都不能忘记那双眸子。后的今天，这双眸子热烈地召唤我。我在心里呐喊着：黄校长，你的学生步你的后尘来了。

我举起香皂。香皂里有通往天堂的毒药，有通往天堂的钥匙。我从上到下，从左到右地看，可是不见一丝缝隙。我并不失望：丈夫做事很仔细，不打无准备之仗是他的风格。

我很有信心地揉揉眼，开始第二轮的搜索。我转动香皂，从右到左，从下到上，香皂依然毫无破绽。

不！肯定有一道缝，比特洛伊木马的机关还隐蔽。暗缝不需咒语，只要揿准按钮，藏在香皂中的毒药，就会像导弹一样弹出。我的眼睛紧贴香皂，转啊，挪啊，按啊，揿啊。眼花了，颈酸了，臂麻了，背僵了，香皂依然浑然一体。

暗缝，你在哪？毒药，你在哪？我一边哭一边找，一边找一边哭。突然，起床哨子尖利地叫起来。哨声如钢锯，把我的心锯成两半。在极度的疼痛中，我知道我不但活着，还不能选择"死"。

时隔三十五年的今天，想起这件事依然痛彻肺腑。没经历过牢狱，无法体会这种锥心的痛苦。巴金的言不由衷，胡风的思维紊乱，王实味的疯癫，张志新的错乱，一次次证实痛苦对意志的巨大摧残。只有身临其境才能明白，人的承受力，其实很有限很有限。

晚饭送来了，和午饭一样，又被牢头瓜分了。闷热中，晚霞消失，夜幕落下。

"管教，我要小便。"铐在门上的琼嚷道。

"让一让！让一让！"卸下镣铐的琼，陪着笑脸朝里走。

"眼瞎了，粪桶在门口。"玉贵恶狠狠地说道。

"帮忙拿个手纸。"琼赔陪笑，从腿与腿的间隙走到水斗旁的包裹前。

"贱货！"不是人狠狠踢了琼一脚，琼没有反击，只是撅着屁股在包里翻找。

"贱货！"玉贵一掌击去。琼还是不反击，依然撅着屁股继续在包里翻。半晌，她终于站起来，微笑着朝外走。一挥手，一道黑影扑来，我本能地闭上眼。

有团东西贴在我脸上。

我睁开眼：这是一块崭新的手帕，上面有明显的折痕。琼一挤眼，满意地坐上粪桶。我的心一颤：拿手纸是假，掏手帕是真。

为什么送我手帕？

除了这，我不能给你任何安慰。

我不要你安慰。任何安慰都不起作用。这是我最喜欢的新手帕，送给你是希望你哭，让泪水宣泄你的痛苦。琼殷殷地看着我，朝我点头，朝我摇头，又朝我点头，又朝我摇头——她不能和我说话，她只能用眼神来抚慰我。

我的心一热：你已经上铐，还要冒着风险送手帕。这是何等的大爱啊！管教走过来，琼从粪桶边站起来，乖乖地把手伸出去。上铐后，她得意地冲我一笑。

我含着眼泪把手帕摊平：上面印着中山陵的陵墓。陵墓上方写着"民主，民权、民生"六个大字。刚健遒劲，力透纸背。

一九二四年一月，孙中山接受共产党人的建议，在中国国民党第一次全国代表大会上，对三民主义重新作了解释，"民主，民权，民生"的旧三民主义，演变成"联俄，联共，扶助农工"的新三民主义，提出反对帝国主义、反对封建主义的纲领，这是第一次国内革命战争时期，共产党和国民党合作的政治基础。

从"旧"三民主义到"新"三民主义，这不是人类的进步而是人类的倒退；这不是历史的进步而是历史的倒退。中山先生，您是为苍生造福还是为民族造孽？您应该是庆幸还是遗恨？美国总统林肯一八六三年十一月十九日，在葛底斯堡提出"民有、民治、民享"的纲领性口号。"民有"说明政府属于人民所有，而不是人民属于政府所有；"民治"说明政府一切行事，包括运用或不运用政治权力时，是人民(或其公选的代表)，而不是官员来执行；"民享"说明政府以人民目的为目的，而不是人民以政府的目的为目的。人民愿意"享"这个政府就"享"；不愿"享"的话，政府无权要求人民去"享"，否则就违反了"以人民的目的为目的"的原则。林肯的葛底斯堡演说只有两分钟，而掌声却持续了十分钟。演讲稿后来译成中文，虽然只有四百个字，但这是历史的里程碑，全人类的里程碑。

半个世纪过去了，不要说"民有、民治、民享"，就连"民主，民权、民生"都做不到。中山先生，九泉下的您能瞑目吗？我猛地把手帕朝脸上一盖：泪尽了，只剩下一颗绝望的心。

"不好，她疯了！"

"疯了！疯了。"有人轻声说道。

"我和你换个位置。"其其对锥子眼说。锥子眼死死盯着对方，以为耳朵出了错。

"出事的话，我全部承担。"其其坚定地说。

"可是我还是逃不了干系。"锥子眼依然拒绝。

"难道你就看着她疯？"其其生气了，于是锥子眼不情愿地挪了窝。

"一个推垃圾桶，一个扔竹篱笆，不但为伍还成了芳邻。"不是人撇着薄薄的刀子嘴。四周一片寂静，并没有她期待的讪笑。

"你想哭就哭。"其其攥住我的手，恳切地说，我一动不动。

"我实在受不了了，你还是哭吧。"其其提高声音，我依然不动。

"我实在受不了了……"她哽咽着。我看着她，一双噙满泪珠的眼睛，一双充满关爱的眼睛。如干柴碰到烈火，如弃儿遇到母亲，我终于石破天惊地哭了起来。

突然，所有的人一起石破天惊地哭起来。有人边哭边撞墙，有人边哭边击脸，有人边哭边磕头，有人边哭边顿足。哭爹叫妈声声凄，呼儿唤女字字血，雨打芭蕉音不绝，飞流直下三千尺。

管教赤脚散发地冲过来。她手摇铁门："反了！反了！"哭声如刹不住的车头，轰隆隆朝她压去。

"你们不要命了？你们不要命了？"她挥舞着电警棍，哭声如刹不住的车身，急剧地朝她压了过去。

"再哭！再哭就刑具伺候！"电警棍伸进栏杆里上下挥舞，于是哭声中有了逗号。

"停止哭泣！"她咆哮着，凌乱的头发如一根根竖起的钢筋。终于，哭声由重到轻，由强转弱，渐渐，式式，点点，滴滴，<u>丝丝</u>，从雷霆万钧渐渐转为气若游丝……

"全体犯人面壁而站！"管教咆哮着。"说！谁让你们一起哭的？"雀斑脸上满是杀气。全体人犯一起嚎啕大哭，这是她管教生涯中的第一次，也是虹口看守所的第一次。这是零的突破，这也是反抗的标志。

"说！谁指使你们一起哭的？"刑具"哐铛"拖过来。没人回答，只有沉重的呼吸。

"三分钟内不说，休怪我不客气。三分钟……两分钟……五十秒……一秒。我再问一遍，谁指使你们一起哭的？"

"是我！"我平静地说。刀出鞘弓上弦，大不了手铐脚镣一起上。早已将生死置之度外的我，绝不让人代我受过。

"不！是我叫她哭的，我怕她憋在心里憋坏了。"其其急忙解释道。

"是我的事，要罚就罚我。"我淡然地说。我不是英雄，既没有刘胡兰的胆略，也没有江雪芹的气概。但是有一点，那就是敢作敢当。

管教沉吟着。

"是我让她哭的，要罚就罚我。"其其嚷着，我扑哧一笑。所有人都愣了：孙女士受刺激太深，神经上有点小毛病。

其实不是我神经出毛病，而是我想起一个人，他就是小说《红岩》里的许云峰。为了掩护战友，许云峰勇敢站出来。对我们这一代受蒙蔽的人来说，许云峰就是"伟光正"的代表。今天，一个推垃圾桶的歹徒，为了保护扔竹篱笆的暴徒，竟做了另一个"许云峰"。殊途同归的"英雄"，实在让我啼笑皆非。

"你咋这样笑？"其其不顾危险一把攥住我。我依然发出"哧哧"的笑。

"你装什么疯，卖什么傻？"管教勃然大怒。

"要罚就罚我。"我停止笑，一脸正色。

"不！是我让她哭的，要罚就罚我。"其其也一脸正色。

"你们？"管教扬起眉毛。看守所天天上演人揭发人，人残杀人的一幕。现在却出现反其道而行之的一幕，这让她怎么不诧异？

管教向前一步，刑具发出"哗啦啦"的金属声。监房一片肃杀，沉寂中，能听到"咚咚"的心跳。

"全体坐下！不许再发出一点声音。"三分钟后，管教慢慢地说。

"真……的？""真的……吗？"一片纷杂的口吃声。

"叫你们坐就坐，啰嗦啥！"

"谢谢管教！谢谢管教！"大赦后的犯人喜出望外，这简直就是世界第八大奇迹。

"出来！"管教打开铁门，我来到办公室。

"坐吧！"管教指指板凳。板凳很矮，是侏儒的专用品。我屈腿而坐，人仿佛被锯了一截。我的头痛得要爆炸，整个人进入虚脱状态。

"……你的事我知道了，唉！"一声沉重的叹息，一个凶神恶煞的雀斑婆变成了慈祥的老奶奶。

"你第一天进来时，就是我搜身的。"她缓缓地说。我苦笑道："太有缘了。"

"我知道你是个好同志……"她又叹了一口气，语气中满是同情。"可是好同志为啥要扔篱笆？扔篱笆就是搞破坏，搞破坏就是歹徒，歹徒就是五一六分子。"

"五一六分子早就平反了。"虽然头疼得厉害，我还是说了一句。

"平反？谁平反的？谁决定的？"

"……共产党决定的。"

"不可能！当初搞这案子时，我日日夜夜没休息。"

"……你白忙活了。"

"怎么会平反呢？怎么会？"衰老的脸上，又露出凶狠的神态。

"不信就去查。"

"……既然平反，就让它平反，反正平反的事多了去了。有错必纠是党的作风。右派平反了，五一六平反了，走资派平反了，说不定下次你也平反……不！不！你的事和他们不一样，你的事是政治问题。"

"……平反的全是政治上的事。"

"不！性质不一样。即使是政治问题，性质也不一样。"

"怎么不一样？"我斗胆问道。

"六四是帝修反联合起来搞我们的事，五一六则是内部问题，这绝对不能同日而语。西方列强亡我之心不死，联合国亡我之心不死啊！"

"你的联合国指八国联军还是十六国联军？"我实在忍不住了。

"你能记着这点，说明你还有爱国之心。圆明园的耻辱不能忘，虎门烧鸦片不能忘，这全是联合国主义侵略者干的。"她咬牙切齿地说。

"那时候根本就没有联合国。"我冷笑着说，"再说，中国现在也加入了联合国。"

"什么时候加入？什么时候？联合国是帝修反的大本营，你又造谣。"

"……中国已经冲进了帝修反的大本营。"我冷淡地说。

"大本营……当然，能冲进大本营，说明我们已经站起来了。子不嫌母丑，儿不嫌家贫；树高千丈，叶落归根。我们一定要爱国，五十六个民族也爱国。党中央在四月份已经有了英明结论，说他们是暴徒。"

"据我所知，领导人在五月份接见学生时，还说学生的行动是爱国行动。"

"是吗？有这事？"她忙摘下眼镜使劲擦。

"不信你看报。"

"你让我看五月的报？哈哈！你太小看我了。"她得意地笑着，"知道你为什么犯罪吗？"

"不知道。"我老老实实地说。

"犯罪在于你没有政治头脑，你的头脑是一团浆糊。过期报纸能看吗？"

"过期报纸是毒草？"

"话也不能这么说……今天我来帮你洗脑。我们跟党走，就要了解政治形势。要了解政治形势，就要天天看报。一看党报，二看当天出炉的，最新鲜的报。"

"是不是买面包，隔夜的不要买？"

"对了！"她兴奋地一拍手，"有句话叫孺子可教。可惜你不是孺子，是……罪犯。"后面二字她说得很轻，"你要知道，报纸和报纸级别不一样，报纸的早上和晚上不一样，这里有个甄别、对比、检验、分析的过程。"

"要是晨报和晚报有出入，是相信晨报还是相信晚报？"

"当然相信晚报。记住，不管啥内容，不管对错，总之一定要跟着最后出来的报纸。"

"甭管面包是什么馅，反正要买最后出炉的？"

"对！这是立足的法宝。要是你早点掌握，那就绝不会进来。"她惋惜地说道。

"美国法律，还是二百年前杰克逊制定的。请问这法律是早上还是晚上制定的？"

"美国是什么？美国是老牌的法西斯主义。"

"法西斯指的是希特勒。"

"管他是西特勒还是东特勒。总之，除了《人民日报》《解放日报》，别的玩意一律不看。"

"书都不看？"

"不看！今天封资修，明天大毒草，为了省心省脑，一概拒绝。"

"搞独家经营一家买卖？"

"对！非礼勿视，非礼勿听。有了这准则，任何政治运动都不能伤害我。"说到这，她神采飞扬，"你知道吗？参加这次暴乱的，全是打砸抢分子，是二进宫三进宫的坏人。"

"据我所知，参加学潮的全是学生和教授。"

"你别管东管西，只管听上面的。说暴徒就暴徒，说暴乱就暴乱。"

"中国怎么有这么多暴徒？中国怎么有这么多暴乱？"我冷冷地问。

"树欲静而风不止嘛！反华……"

"世上怎么有这么多反华势力？"她被我问得一噎，马上调转口吻："……咱不谈别的，就谈谈你的罪。知道你犯的罪吗？扔竹篱笆，这是大罪要罪。"

"是不是杀头的罪？"我气愤地问。

"咋不是？你的犯罪给民族丢脸，给敌人帮忙。你受党教育多年，竟滑到罪恶的深渊。痛心啊，疾首啊……"她滔滔不绝地说，一如黄河之水天上来，奔流到海不回头。

"我的罪孽真大，比杀人放火贪污腐败还厉害。"我叹了一口气。

"好！能认罪就好。毛主席说，活到老学到老。我虽五十多岁却从不犯罪。"

"因为你一直看最新鲜的党报。"

"对！关键时一定要紧跟党中央毛主席……不！应该是华主席。"

"现在不是华主席了。"我懒洋洋地说。

"不是说'他办事，主席放心'吗？"

"是'放心'地下来了。"

"为啥要下来，我看他蛮忠厚的嘛！不……不！他下来很正常，党要吐故纳新。那现在是谁……"她皱着眉思索。

我没回答，也懒得回答。

"……我知道了。"她响亮地一击掌，"是邓小平。对！邓主席啊邓主席……"她充满感情地呼唤着。

"不是他。"

"又不是？"她有些失望，"那是谁呢？让我想想。"她眯着眼开动脑筋，"咦！你看我这脑子。是胡……"她气恼地拍拍脑门。

"胡耀邦？"

"就是！我没有说错吧！"她得意地看着我。

"胡耀邦下台了。"

"……又下台了？怎么搞的，老是下台上台的。那现在是谁……陈孙胡王张三李四赵五。对喽！赵一主一席。"她一拍手，有了老顽童的神采。

"赵主席又被刷下来了。"

"……是吗？是吗？？是吗？？？"她的眼睁得很大，连雀斑都扩张了几倍。

"是的。"我沉重地说。

"当然，能上能下是党的一贯作风，要以不变应万变，紧跟最新的党中央。"

"什么叫最新的党中央？"

"报上提得最多，出镜率最高的就是最新的党中央。报纸咋说你咋说，电台咋唱你咋唱。别的一概不管，一管就把自己管到了大牢。记着，任何情况下都要和上面保持一致。"说到这，她头发一甩挺起胸，酷似《红灯记》里的李玉和。

又不需要她上刑场，豪迈之气从何而来？我纳闷地看着她。

"关键时要紧跟党，紧跟……党的主席。管他姓毛姓邓姓华姓赵，紧跟不会错。无需思索只需执行。理解要执行，不理解也要执行，这才是共产党人深邃宽广的胸怀。"

我愣愣地看着她。声音抑扬，念白顿挫，好一个枯木逢春的佘太君；身板挺直，气概昂然，好一个风华正茂的穆桂英。

"虽运动不断，但我的政治小舟从不翻船。不需要知道世界史，不需要了解中国史，上面刮风我下雨，上面咳嗽我感冒，上面颤动我摇晃，上面不动我不动。这就是我不犯错的原因，这就是我久经沙场而不翻车的真谛……"她干瘪的胸脯起起伏伏；她枯槁的脸，布满红晕。

她咳嗽一声。"现在谈谈你的问题。你的性质非常严重。在历史的紧急关头，你的屁股究竟坐到哪一边？"她的脸一沉，师长般的教诲消失，取而代之的是一股杀气。

"我……"

"党组织含辛茹苦培养你，你却在紧急关头背叛背离。你在演讲时说，你绝不加入无耻的共产党。你说过没？说过没？"她的手威风凛凛地举起来对准我。

"我说过。"

"你胆子果然不小。"她冲到我面前，指如匕首戳过来，"孙宝强啊孙宝强，说这话可要掉脑袋的。政府没杀你，这是给你第二次生命。你要知恩图报啊……"

"难道我还要感谢政府逮捕我？"我气愤地问。

"逮捕！那是政府在挽救你。"

"难道投入大牢才是唯一的挽救？我上有八旬公婆，下有患多动症的儿子，难道让老的小的一起遭难，才是最大的挽救？"

"你有罪，当然要受到法律的制裁。"

"我杀人放火，我抢劫偷窃，我十恶不赦，我死有余辜……"我气得噎住了。

"……当然，话也不能这么说，你的问题是……上了方鬼子的当。"

"方励之？"

"对！就是这个点阴风放鬼火的坏家伙。他是民族败类，帝国主义的狗腿子。"她端起杯子猛灌一气。

"方鬼子咋又变成狗腿子了？"

"你想想，九百六十万平方公里他不去，偏偏跑到美国大使馆，这不是美帝国主义的狗腿子吗——？"她的"吗"拖了足足有四拍。

"因为政府要抓他嘛！"

"抓他不假，可他为啥不向政府投降？如果他投降，政府一定会宽大处理的。"

"政府不是说学生是爱国行为,绝不秋后算账吗——？"我的这一声"吗"也拖足四拍。

"这话是刚出炉的报纸说的吗？"她轻声柔气地问。

"这……"我一愣。

"教了你半天，还是油盐不进。"她遗憾地摇着头，"早上的面包放到晚上还不变质？"

"政策毕竟不是面包。"

"那个方鬼子，绝不是好东西。啥名不能叫，偏叫方离子。方离子能不离间党和人民的关系吗？"

"他是鼓励的励，不是离间的离。"

"别这个那个！"她尖叫着打断我的话，"看来，你反动立场还没转变，辜负了我对你一片苦口婆心。这再次说明阶级斗争的严峻性……"她的嘴唇快速翻动，神情亢奋，就像跳"忠字舞"的红卫兵。

我颓然低下头：你是人，还是学舌鹦鹉？你是人，还是专政机器上的螺丝钉？我摇摇头，悲从中来。

"你摇什么头？"正在布道的传教士生气地说。

"我就是觉得悲哀。"

"悲哀？"

"是的！极其悲哀。"我老老实实地说。

"回监房去！"气愤的传教士放弃了布道，押我回监，不过免除一切惩罚。

新难友

天蓝得耀眼，我身轻如燕地翱翔。一幢巍峨的建筑吸引了我，我落在总统套房的窗外。套房里有一对男女，清一色的黄皮肤黑头发。看到同胞，我有了"他乡遇故知"的激动。

男子打开考克箱。天哪！一箱子花花绿绿的钞票，扎得眼都花了。"零钱随身带，这是存折。瑞典，美国，澳洲，南非……"

"你当我是土著？"某女士很气愤。

"我是根据世界地图来存钱的。东西南北中，欧亚南美洲。世界上每个角落都有我们的阿里巴巴山洞，我要骄傲地对儿孙说：父辈进行了历史性的，空前绝后的，无法想象的资金转移。"

"媒体上全是你们的声音，卧室里也搞一言堂。"女人生气地说。

"这是护照。先到澳洲买农场，再去阿根廷买矿山，曼哈顿的公寓也可以买。南非的钻石也不错。"

"买买买！我要的是人，一个活生生的男人。"

"急啥？男人总是你的，捞几把再走。"

"我怕……"

"性质都定了。死的死，关的关，不成气候的窜出去。我承认中国肮脏，但干净的国家能捞钱吗？父辈打江山，不就为了子孙后代？"

"我妈说，做人要凭良心。"

"良心？鱼死网破时还谈良心？你妈幼稚，我爸绝不幼稚。拿东西快走。"

"我要你一起走。已经捞了这么多，还要捞？"

"公司挂个名，协会挂个衔，批文转个手，地皮转个户。你老公不是肉指，而是点石成金的魔指。哈哈哈！"

"你这个腐败的太子党！"我气愤地撞破玻璃，飞进房间。

"你是什么人？从哪来的？"男子惊讶地问道。

"你这个社会蛀虫，你这个窃国大盗，你这个罪犯！"

"我是法律惩治的对象？"男子狂笑着。"告诉你，六四屠城就是在我家餐桌上决定的。十三亿人的命运，掌握在老爷子手里。"

"作恶多端，你就不怕报应？"

"马克思主义者从来不相信轮回报应。保卫！保卫！"一声吆喝后，两个武装到牙齿的马弁冲进来，刺刀闪着寒光扑向我。

悲愤的我，一蹬腿朝窗外飞去。

天依然湛蓝湛蓝，但我的心很沉重，我要找个地方歇一歇。

前面是丘陵。褐色的丘陵上不见一棵树，一朵花，甚至没有一丛荆棘。这是啥地方？荒凉、蛮夷、萧杀、凋零。不能说凋零，凋零说明这里曾经茂盛过。

一道红光闪过，一缕白烟腾起。难道是刀耕火种式的烧荒？我收了翅膀踱过去，丘陵上凸起一座坟包，坟包前有一炷香。一个憔悴的老太在烧纸。

"儿啊，你走后你爹也走了。儿啊，都说你考到北京是朝廷状元。你死了连个尸骨都没有……"老太哭啊哭的，晕了过去。

"老太太，您醒醒，您醒醒！"我摇着她的肩膀。老太面色青灰，嘴上满是燎泡。水！水！我踮脚张望，远处芳草萋萋，别墅连片。

"给我一杯水，老太太昏过去了。"我对岗亭里的警察说。警察拿出一张通缉令对照端详着。

"你是谁？她是谁？你们是什么关系？她昏倒后政审了没？"

"她在祭奠儿子时昏厥，难道这也是监控范围？"

"监控不分性别不分老少。如果需要，瞎子也要监控，死人也要监控。林昭的衣冠冢上就安装了好几台摄像机。老太祭奠的坟上有碑吗？"

"没有！里面甚至没有尸体。"我愤怒地说道。

"啊呀！这正是组织需要的情报。"他欣喜地拿起电话。别墅里窜出若干个身影。好家伙！一身剽悍一身杀气，手里还举着机关枪。

"快抓住她。"警察拦着我。

"你这条看门狗！"我一脚蹬去，密集的子弹在身后呼啸而来。

天依然湛蓝，湛蓝中有蹂躏的一片黄。这是沉沉的秋麦，还是灿灿的向日葵？我飞过去。天呐，黄河，是黄河决堤啦！恶浪扑天，墙摧屋倒。母携儿挣扎，爷抱孙扑腾。一浪打来，老妪沉溺，稚儿消失。我一头扎下水，想用羸弱的肩膀救起生灵。浪花打湿我的翅膀。我不能飞了。不行！不行！我要发 SOS 给党中央，集全国之力抢救灾民。

快飞！快飞！前面灯火辉煌，弦乐齐鸣，筵席如云，美女如云。

"快！快！快！黄河决堤了！"

"不许喧哗，我们在开庆功会。"一个戴眼镜的男人站起来。我认识他，他坐主席台的时间，比他蹲茅房的时间还长。

"什么事？"一个女人皱着眉。她剪着江姐发型，频频出现在 CCTV 的屏幕上，比蚂蟥还黏人，比红头苍蝇还扰民。

"这个傻女人竟调动我们去抗洪。哈哈哈！"

"难道你们不是人民公仆？"我怒吼道。

"寻衅滋事，咆哮公堂，胡言乱语，扰乱人心。现在我宣布：你被刑事拘留了。"女人的话音刚落，会场就响起了热烈的掌声："全体一致通过陈市长对歹徒的处理决定。"

"一群人渣，无耻之尤！呸！"我一蹬脚，离开群魔乱舞的阿房宫。

天依然湛蓝，可是翅膀沉重得扇不起来。有个黑影跟踪我，任我俯冲旋转，始终不离不弃。

"你是什么东西？"既然逃不掉，干脆面对面。

"我是导弹，接到命令要炸了你。"

"谁的命令？"

"国安部！"

"罪名？"

"一，私闯首长卧室并行凶；二，和暴徒家属搞串联；三，大闹庆功会场；四，酝酿新的暴动。"

"我问你：你怎么知道我的行踪？"

"这是受计算机控制的导弹，具有红外线功能，能自动追踪。"

"这么说，我就是不发 SOS，中央也知道水灾？"

"水灾事小，庆功事大。九百六十万平方公里上的一举一动，逃不过控制室的屏幕。我不是宝钢的旧货。我的尖端，绝不比山姆大叔的差。我的身价是一万所希望小学。"

"民脂民膏就搞这？'攘外必先安内'？"

"没有'攘外'只有'安内'。"

"你应该把炮口转到东海：没见小日本登上钓鱼岛？"

"登就登，只要不登金銮殿。内紧外松是国策。砰！砰！"一发发炮弹射过来，我一个跟头摔下……

我醒了。我醒在黢黢铁窗晕晕灯光，满地蚂蚁满室臭味的监房。

一阵杂乱的脚步，带着慌张带着诡谲。接着"咣"，推进一个人。

"不许说一个字，不许发半点声音。"沉重的鼻息威胁着。

"听见没？"声音倏地提高八度。

"听见了！"一个从容而镇定的声音。脚步远去，窗外传来发动机的轰鸣。

"不是一部，而是二部发动机。"大鼻子轻轻地说，"押一个人，竟用二辆车，她一定是个朝廷钦犯。"

我打量着钦犯：齐耳短发，面容恬静。虽光线昏暗，还是能看到黑白分明的眸子。

八点一过，新难友就被提审。从进来到提审，只隔四小时。中午她回来，既没有涕泪滂沱，也没有重重忧虑。她淡淡地出去，淡淡地进来，如一幅宁静的山水画。

有人呻吟，她放下饭盒，叫管教。

"她肚子疼，要你说？你以为她是你的学生？你以为你是普渡众生的菩萨？"管教的话又尖又呛。

狱医过来，她递进来一颗药。新难友把自己的水给病人，让他把药吞了。晚上，牢头狱霸瓜分了病人的饭，她又把自己的饭给了病人。

晚饭来了，又是千篇一律的水煮青菜。青菜成枯草，耷拉着飘在黑水中。能把碧绿的青菜煮到这程度实属不易。青菜不但没油，还没盐。

大家取出板缝处藏着的酱菜。新难友没有酱菜，只能努力地咽饭。

病人已经痊愈。她掏出酱菜大口地吃饭。当她发现新难友的为难时，她顿住了。

好了！她马上要分酱菜给新难友了。既然她能接受新难友的帮助，当然也会回馈帮助。可是病人一转身，却用背对着新难友：她不愿做施主，虽然昨天她还是被施者。

呜呼！呜呼！中国人翻脸果然比翻书快。

我觑准位置，把一块牛肉准确地扔进新难友的饭盒。

"你一定因'政治'进来。"大鼻子轻声说，"她扔篱笆，她推垃圾桶。"

"难道这也要进来？"新难友惊讶地问道。

"不但进来，扔篱笆的还被逮捕了。"新难友一愣，直直地看着我。她一把抓住我的手。她的手绵软而有力，冰凉而温暖。

大鼻子侧过身子，用硕大的身躯掩护我们。

"我是西安大学的老师，屠杀后组织了声援团。当局逮捕了负责人。我刚逃到上海，就被乔装的警察抓到了乔装的警车里。"

"无所不用其极，抓政治犯不惜血本。我也被一个电话骗上车。"我悲愤地说。

"不可思议！不可思议！不可思议！"她一连说了三遍，"实在太无耻了！"

"外面形势如何？"其其轻声问道。

"黑云压城城欲摧。"

"山雨呢？疾风呢？舆论呢？人心呢？"我攥住她的手，死死地攥住。

"死伤有之，囚禁有之，流亡有之，投降有之。"她叹了一口气，"我就是负责人告密的结果。"

"为人师表，如此不堪一击。世界舆论呢？"

"全线封锁封杀，一丝风也透不进。有的软禁，有的撤职，有的写检查，有的作交代。"

"有的反戈一击。"我冷笑道。

"真没想到……真没想到。"她不停地摇着头，"知识分子的败类真不少，一进去全成了甫志高。"

"没有司马迁，没有文天祥，没有甘地，甚至没有……"激愤的我噎住了，"难道这么不堪一击？难道这么不堪一击？"我抓着她的手忘情地喊道。

"嘘！"大鼻子以掩护人的身份，阻止了我的愤怒。

"难道这么多人的心都是假的？"

"有血有肉不假，但血肉岂能和钢铁抗衡？况且学生已经付出惨重的代价。"

"这个民族究竟……怎么了？"我抱着头发出呻吟。

凄厉的警笛声打破了夜的宁静。警笛呼啸而来，脚步声杀气腾腾。

"就是你！就是你！"蛮横的声音带着压倒一切的气势。新难友"霍"地站起。

"干嘛这么急？"管教嘀咕道。

"乘这趟特快，那里等着审她。"

"究竟啥事？"

"声援学生。"

"杀气腾腾，我还以为是杀人犯呢。"管教不满地说。

"在中国，还有比政治案更大的案子吗？"一个粗重的声音问道。

新难友刚出门口，一副手铐"哒"地铐上来。

"快走！快走！快走！"纷乱的脚步朝外冲去。几秒钟后，汽车绝尘而去。停在外面的汽车，连引擎都没熄。

她匆忙地来，匆忙地走；她夜幕下来，夜幕下走。夜幕，掩盖着一个个肮脏的秘密。她走了，我的心更空了。

今天，主管给琼卸下镣铐，又让甜妞和隔壁监房的水水换监房。心爱的女人走了，玉贵气得大喘气，鼻息如烟不绝于缕。

外劳动宣布现在可以洗头。天呐！终于等到这一天。洗完头，仿佛刮去一层油垢，洗去一层疥藓，人顿时轻松起来。

"你就是篱笆犯？"水水对我一笑。水水是上海滩上著名人物，她勾结情夫倒卖冰箱，名声遐迩轰动朝野。她和上菱冰箱厂厂长薛尚礼的风流事，绝对可写半本《金粉世家》。

"逮捕你的晚上，我印象特深。整个号子排山倒海地哭，震耳欲聋。老官司说，这是看守所的空前绝后。我以为你一定会铐镣加身，可你却没受一点惩罚，这说明管教非常同情你。"

"同情有什么用？"我淡淡地说。

"以前干啥？"

"炼油厂打字员。"

"上海炼油厂是军管单位，打字员是重要岗位。从此，他们再也不会让你打字了。"

"不打就不打。"我装作不在乎，心却实实在在"咯噔"一下。

"共产党讲究因人而异。知道啥叫档案？细到某年某月拿过谁的针，全到小舅子泰山的三弟做啥事。一点瑕疵就是一辈子阴影，一次口误就是一生的失败。有人全天候监控；有人只使用不提拔；有人终其一生封顶不升；有人还在婴儿已是第三梯队。"

"无耻的档案！"

"档案是看不见，摸不着的凶手。它是出生时的胎记，一辈子的幽灵。档案大而广，广而细，细而全，全而多。有一二三四五六七，有 ABC-DEFG……"

"说好听是档案，其实就是盖世太保的统治。"

"档案就是党史，运动史，斗争史，杀戮史。档案比我们年龄还大。"

"一九四九年前已是怪胎畸种，现在更是无法无天的妖孽。"我气愤地说，

"延安整风初成雏形，到北京后更成气候。"

"康生就管档案。"

"总不会让磊落的彭德怀去管。"

"彭德怀固然有磊落的一面，但他整起对手来，也心狠手辣。"

"今天是掌握绞肉机的主人，明天是绞肉机的原料——既是受害者，又是施暴者。"说到这，我们相视一笑。

"你对档案怎么知道得这么清楚？"

"我听薛厂长说的。档案是好人的七寸，八旗的资本，百姓的生死簿，党棍的护身符。档案把平等的人分成三六九等。"

"难怪这次游行中，有'取消户籍，取消档案'的标语。"

"咋可能取消？苏联老大哥传下的法宝，要世世代代用下去。这是一块垫在龙椅下的基石。还有一块是……"

"没有人民的军队，哪来极权的特权？"

"你不傻嘛！既不傻，为啥干傻事？"她惋惜地看着我。

"你不傻，不也一样进来。"既然无法解释，我只能阿Q了。"投机倒把，久仰！"

"你都知道？"

"全上海都知道。"

"这么轰动？"她紧张地问。

"可以和《上海滩》相媲美，基本达到了家喻户晓的程度。"

"天呐！"她喃喃道。

我打量着这个传奇式的女人。她约三十多岁，脸部保养得极好，几乎看不到皱纹。她是单眼皮，眼睛不大，甚至有点眯。但别小看这双眯眼，正是它把薛厂长的魂勾走了。

"你不要把我想象成那种人。"她支支吾吾着，"报上咋说？"

"老生常谈。不就是党和政府如何英明，一举擒获投机倒把分子。据我所知，这不是组织的功劳，而是后院起火。你弟要离婚，弟媳去揭发。城门失火，殃及了你这条鱼。"

"你千万别信报纸。"

"当然，除了日期。因为天气预报都造假。"我厌恶地说，"时刻听中央指示，天天过着愚人节。"

"你很有思想嘛！"

"没思想就不会进来。其实我们是天敌。"

"你说啥？"她吃惊地看着我，"你是这里唯一能和我沟通的人。"

"你因腐败坐牢，我因反腐坐牢。这世界太滑稽了！"我伤感地说。

"这不叫滑稽，叫殊途同归。"

"好一个殊途同归！"悲愤的泪水模糊了我的双眼。

"你早认识我，绝不会犯低级错误。低级在以一时之快，授人以柄。你应该把愤怒藏起来。"

"就如藏好你的赃款？"我讥讽道，"我应该敢怒而不敢言？"

"这是最高的行动准则。为了仗义执言，不但失去自由，还给孩子留下一辈子的阴影。"

"……别说了！"我呻吟道。

"唉！年过不惑再谈信仰，就是傻大姐啊！"

"可以不谈信仰，但总有是非善恶。如果在屠杀前都不吭声，岂非行尸走肉？"

"覆巢之下岂有完卵？"水水叹了口气，"薛厂长现在啥都不信，只信我们的爱。"她幸福地眯起眼，"上公车时，我先他后，因为他要推我一把；下公车时他先我后……"

"然后递给你一双温暖的手。"

"是啊！"她幸福地笑了，"筷子掉地，他先用手绢擦，然后放在自己的嘴里泯一下。"

"用他的唾沫为你消毒。好一个绅士！"

"举不胜举的小事，让我感动一辈子。"小眯眼里，闪出两道幸福的光芒。

"好一个旷世之爱！是否还惊天地，泣鬼神？"

"你说得真好！"她扭怩着，"我有出头日，定聘你做秘书。检察院提审时，就喜欢和我唠家常，特别喜欢听我们之间的……感情。"她顿了一下，把"爱情"换成"感情"。

"下一本世界名著的主角，非你莫属！"我冷笑着。

"虽然我们被关在楼上楼下，但思念穿过厚厚的水泥板。在所有痛苦中，相思之苦最折磨人。"

"拆了墙是一家，不拆墙也是一家。"我模仿《红灯记》里的台词，"相会，是寄托；不相会，更是寄托。"

"你说得真好！"

"是吗？"我嘴里打着哈哈却悲从中来：在儿子最需要母亲时，我却在听一个滥到家的言情小说。

"从相识到相爱，我们经历了很长时间。"

"比入党考验期还长？"

"对！我们相爱，但绝不破坏家庭。我爱人是他的好朋友……"

"他爱人是你的闺中蜜。"

"我做棉袄，一人一件。"

"他买衣服，一人一套。"

"你！"她吃惊地看着我，她从我脸上看到了"轻蔑"二字。

"这叫婊子牌坊全都要。"

"你不能这么说。"她的脸红了。

"如果你们没有性关系，那就是柏拉图的'精神恋爱'。可你们不但有，还有金钱来往，这就是典型的情色交易。我估计两家都是'五好家庭'。"

"你啊你，什么都知道，又什么都不知道……我们两家年年被评为'五好家庭'。我知道你鄙视我。可是他本来也是热血青年。但是运动让他厌恶，官场让他寒心。正因为此，我们先进行原始的积累，然后远离官场是非地。"

"这是撤退前的掠夺，这是逃亡前的搜刮。我恨你们盘剥民脂民膏，瓜分人民利益。"

"嘿嘿！"她冷笑着，"我不盘剥，只有人来盘剥。你没看过公仆们发言时啥嘴脸，批条子时又是啥嘴脸。丑恶超出我的想象，也激发我的勇气。我毅然下海，从他们手里抢走一杯羹。"

"你为什么不揭发？"

"你以为我也会犯像你这样的低级错误？"

"不揭发，还是保护伞；一揭发，就置之死地而后快。"

"你现在不幼稚了。"她为我迅速成熟而高兴。

"你逮捕了吗？"

"我和他同一天被捕。不怕，毕竟是经济案子。"

"经济案难道不是刑事案件？"

"经济案子一般不会往死里整。"水水轻松地说，"检察院说，台上不轻判，因为要堵住老百姓的嘴。"

"台下呢？"

"另有操作。"

"挖地道让你们越狱？"

"你真蠢！"现在轮到她对我轻蔑了，"监狱空间大了，减刑，保外就医，上诉，假释等。"

"这些都有条件。"

"但是可以创造条件啊！惊天案可融成小小案，小小案可膨胀成惊天案。尺度在谁手，谁就是赢家。只有想不到的黑暗，没有办不到的龌龊。"

"这社会太黑暗了!"我愤怒地说。

"出去后准备干啥?"

"我不知道要判几年。"我无精打采地说。

"我出去后继续干,要干就干大的。"她一脸意气风发,"要是不进来,工厂已经生产了。我管财务,他负责销售,我儿子搞外勤,他儿子搞生产。我们的企业一定蓬蓬勃勃兴旺发达。"

"分工明确,配合默契,把国家的肉,拖到情夫情妇的锅里。"

"不管谁的肉,拖到自家锅里就是好狗。今后你有困难可以找我。"她豪爽地说,"出狱后,你找东方大酒店的水某,她是我妹。"

慧和父亲

"看见没?"锥子眼说,"管教又把慧慧叫出去了。"

"管教让她打扫卫生冲厕所,能活动手脚就是大赦。"水水羡慕地说。

"她究竟怎么了?"

"和她的父亲一切起贩卖假粮票,她父亲绝对是天才,检察院都这么说。"

"可怜的孩子!"大鼻子叹道,她一定想起了自己的女儿。

"和她在一起,还不知谁可怜谁!"水水冷笑着说,"她智商很高,你以后会领教的。"

门开了,一少女低头羞怯,胜过水莲花的娇羞,估计石头见了也动容。

"你啥事啊?"锥子眼问道。

"号子里不许谈案情。"他对人有礼貌。

"这么小的孩子能有啥事?"大鼻子爱怜交加地说道。

"政府绝不会乱抓人。既然判了,说明我有罪。"慧的话,和她的年龄绝对不相符。

"究竟什么事?"大鼻子还想继续播撒母爱。

"遵守纪律,别谈案情。"笑靥如花,但花中藏个软钉子。

睡觉的哨子响了,众人一拥而上。虽局面混乱,依然遵循强者扩张,弱者紧缩的原则。

"狐臭你过去,慧慧你过来!"玉贵已经从管教的态度上,嗅到她该拉什么屎。

"不用，年轻轻的挤一挤没关系。"慧不卑不亢。

"都是犯人，凭啥让她？"狐臭一边挪被，一边醋海生波。慧大度一笑，缩小了自己的地盘。

"怎么还不打水？"茫然中，我看见一双黑葡萄般的眸子。"你又想儿子了？"

"……没有！"我掩饰道。

"其实世上最伟大的不是爱情，而是父母之爱。"慧认真地说。

"这话，不像你这个年龄说的。"我疲倦地说。

"……我的苦难从落地就开始了。每一分钟，都是苦难的见证。"她疲倦地说，"出事那天，我死活要跟父亲一起去，我要用行动来证明我对他的爱，虽然我已经有了不祥的预感。"她果断地说，

"女儿不但是幸福的分享者，更是痛苦的同盟者。"我叹了一口气，"快乐的分享是'倍'的快乐；苦难的分担是'商'的苦难。可你这样做，不是苦难的一分为二，而是双倍的殉葬。"

"我愿意！"慧一扬头，"能陪着父亲坐牢，是我一生中最大的幸福。"

"你的幸福观很畸形。"我有些心酸。

"那天，我死活要跟着父亲去。下了十六铺码头，父亲让我躲在茶叶店，自己去兜生意。我踮着脚注视父亲的一举一动。突然，有人朝父亲扑去，我尖叫着冲过去。父亲拼命嚷着：'不要过来！不要过来！'凄惨的声音至今还在耳边。"慧仰起头不让泪水滴下，但硕大的泪珠还是缓缓流出眼眶。

"……你真的不该冲出去。"

"你以为我不知道？"慧慧恶狠狠地说。"四个大汉摁住父亲。父亲还是吼着跳着：'你快走……你快走……'当看到我冲过来时，他昏倒了。"她捂住脸，但泪珠还是从指缝中渗下来。

"无谓的牺牲啊！"我叹了一口气。

"我不后悔，我绝不后悔。"慧一甩眼泪。"我根本不怕坐牢，我只怕……只怕父亲会死。进看守所后，父亲自杀了三次。管教只得让我们见面，让我做他的思想工作。我向他保证，我一定好好地为他活着，他也一定好好地为我活着。父亲大哭，长跪不起……"

"不要说了！"我用手掩住脸。我不能冷静地听她叙说残忍的事实。

"抓我那天我刚满十八。这是命，这个命是自找的。"她咧着嘴，一副老气横秋的样子。但睫毛在颤抖，如秋蝉薄薄的翼。

"几年？"

"二年。"

"出去后你二十岁。"

"出去后我二十六岁。父亲被判八年。他一天不出来，我一天不是自由身。"

"早生一千年，你一定是代父从军的花木兰。"

"花木兰算什么？如果能代父服刑，哪怕一辈子我也愿意。"她抿着嘴，神情坚定，"我恨！恨这个社会！"

是谁，让美丽的花季少女变成仇恨的巫婆？

吃饭时，她把仅有的一块鸡蛋扔进我的饭盒。我要扔回去，她用眼神阻止了我。这一口鸡蛋，我咽得比糠还费劲。

"这么多年我习惯了：稀的捞到弟妹的碗里，干的塞到父母的嘴里。"她微笑着说道。

"还读书吗？"

"不！八岁起我就挣钱。暑卖西瓜寒卖狗肉，不冷不热卖螺蛳。贩蔬菜运水果，钓龙虾逮黄鳝。有时还废物利用化废为宝。"

"怎么个化废为宝？"我虚心探讨。

"用银漆刷带鱼，用红料涂鱼鳃，用墨汁给墨鱼披黑褂，用蜡笔给黄鱼穿龙袍。水产么要膨胀，蔬菜么要发绿。称死鱼时手指一抠鳃，死鱼就昂起身子。"

"你很有金点子。"我想起水水说的话。

"上称时三部曲：马甲袋先装水，大鱼换小鱼，最后是小指拨称。结算时一扣零头，二叫大妈，三是掳一把。三部曲下来，死人骨头都能当牛骨卖。"慧笑得很灿烂。

"你啊你。"我摇着头，美丽的姑娘却是个不法奸商。

"为了节省成本，我溜进医院偷石膏，偷针管。石膏做豆腐，针管注水卖牛肉！"

"这也太坑人了。"我厌恶地说。

"我知道你厌恶，但你不能怪我。"

"那怪谁？"

"要怪就怪这个社会。我问你，一百元对你来说是什么概念？"

"……能买一百斤大米，能买三十本杂志，能买一套衣服。"

"在我眼里，一百元能买一条命，而且是我最爱的人的命。"慧慧严肃地说，"为了一百元，父亲爬上五十米的烟囱。看着他佝着背，赤着脚，瘸着腿，拎着油漆桶爬上去刷标语时，我的心碎了。"她怒目圆睁，眦眦欲裂，青筋暴跳，五官扭曲。

我被她的表情震慑住了。

"你在听吗？"她愤怒地问。

"在……听。为了区区一百元，至于吗？"

"妹妹高烧时，就是缺了区区一百元，生生烧成一个傻子。你这是饱汉不知饿汉饥，站着说话不腰疼。"她恼怒地看着我，"在这个世上，我憎恨领袖，崇拜父亲。春节时，父亲为人写春联，农闲时，父亲挖鳝摸鱼虾。他编剧本，写小品，吹拉弹唱，能歌善舞。农村的红白喜事来请他，县剧团的客串来找他。"

"我绝对相信：能造出假粮票并流通的，绝非平庸之辈。可是，他为什么不进县剧团？"

"因为他是狗崽子。可红后代，红大腕，红歌星，红柱子不及他一小指。"慧冷笑着，"父亲上台从不用麦克风，一亮嗓，三五里外都能听见。镇上的标语，大队的宣传全让父亲包了。有一次他画了虾贴墙上，小孩爬上板凳把嘴贴上去。"

"齐白石有此弟子，九泉之下可以瞑目了。"我钦佩地说。

"弟妹老嚷着要吃肉。父亲随手画了张假粮票，赶集时真的换到一条肉。弟妹嚷着要上学，父亲一狠心造了假粮票，想不到……就这么栽了。"

"你崇拜父亲的才华，就好好读书。"

"其实我父亲才应该读书。他虽只读了两年书，但上知天文下知地理。乘凉时，给娃娃背《三字经》；空闲时，给我们讲《三国》。校长不知道的字都来讨教他。你知道父亲的学识从哪来吗？"

"不知道。"我老老实实地回答。

"他是收破烂时，从捡到的书里学习的。他和我们谈发明 X 光的居里夫人，谈分田给奴隶的俄国大胡子，谈不得志而自杀的画家，谈写童话的安徒生。"

"果然渊博，连外国的人和事都了然于胸。从文豪的托尔斯泰，从画家的梵高，从丹麦的安徒生……"我惊诧并敬佩着。

"你看我身上的衣服。"她骄傲地挺起胸。标准的土蓝布，但穿在她的身上却美不胜收。"布是父亲织的，颜色是父亲染的，衣服是父亲裁的，就连纽扣都是父亲缝的。"我仔细一瞅，无论裁剪色彩还是做工，绝对可以和上海的"朋街"媲美。

"你母亲为什么不缝扣子？"我终于找到了一个问题。

"母亲是瞎子……但是父亲对母亲很好，甚至对讨饭的乞丐都很好。村里人都说父亲是好人。可是好人为啥进监狱？"黑葡萄般的眸子死死盯在我脸上。

我想和她说法国的冉阿壤和沙威；我想和她说冉阿壤的凤凰涅槃，我想和她说忏悔反省的沙威……但是我什么都没说，只是叹了一口气。

"我的父亲……我的父亲……"她充满感情，喋喋不休地谈着她的父亲。她有理由憎恨领袖，因为领袖让孩子不能上学；她有理由崇拜父亲，因为为了让孩子上学，父亲牺牲了自由。

晚饭时，水水扔给我一截鱼尾巴。虽然我不喜欢搞"吃"的互通有无，但还是回赠了一块牛肉。

"我最恨她。"洗饭盒时慧凑近我，"我和水水誓不两立。要是她不腐败，我家就不会穷；不穷就不会造假粮票，不造粮票就不会蹲牢。我恨她！我恨她！我恨她。"慧的眼里蓄满了仇恨。

"你应该恨这个体制。"

"我不知道啥叫体制，我只知道恨恨恨！"慧咬牙切齿。一朵原本美丽的莲花，过早地沾上了淤泥。

"沙沙！"门外传来慧慧的扫地声。慧判刑后被关在看守所，看守所没有放风，扫地是变相的放风，也是管教对她的恩赐。

慧一进来，管教就站在门口发飙："要是你们再说话，休怪我不客气。不要以为自己是经济案子，就把尾巴翘上天。"

水水一听，缩着身体，同时也缩着脑袋。

"吃着碗里，不要瞅着锅里。不要把民族政策来搞交易。"管教的眼睛落在我身上。天呐！这不是说我吗？我朝慧一瞟，她正痛苦地皱着眉：这管教也忒没水平，就是现炒现卖，也要转个弯啊。

主管教官站在门口，"凡叫到名字的全部出来。脸朝墙手抱头，蹲下！"

"蹲下！蹲下！"裂帛般的尖叫，炸在脑门上。琼贼头狗脑朝我做鬼脸，真是"少年不识愁滋味"。

管教押着一群俘虏朝院子走去，拐了几个弯，沿着布满铁锈的楼梯上了四楼。空旷的屋子朝西朝北，火红的太阳直直照射进来。屋顶呈锥形朝四周倾斜，宛如钟楼怪人卡西摩多的栖身处。屋子里满是蛛网和灰尘，铁窗高高在上，遥不可及。

"打扫卫生！"管教一声吆喝，众人挥着拖把扫帚涌上去。一团团蘑菇云冲天起，一只只蜘蛛死光光。个个是下山猛虎，人人是腾云蛟龙。须臾，房间旧貌换新颜，我们却成了泥潭里滚出来的猴。我正想把灰抖一下，但一声吆喝只得赶紧下楼。

卸下卡车上的纸箱然后搬上楼，纸箱四四方方沉沉实实。两个月的折磨，使我虚弱不堪。空手上楼尚且喘息不已，要扛重家伙实在力不从心。但是……没有但是，我咬牙搬着箱子，抖簌簌地上楼。

搬完箱子，泥猴又成了落汤猴。气还没有喘均匀，又来了最高指示：每人日产量一百盒。

箱子里装的是市场上最紧俏的"强手棋"。先分棋盘后包装。八小时里完成一百盒，也就是说五分钟做一盒。从分割、码放到包装，中间有十道工序，时间紧迫，极其紧迫。

太阳下山了，管教用手帕捂着鼻子登记产量。当我报出产量时，管教的白眼，如绽放的棉花卷上来。我赧颜而退。

第二天，我使出浑身解数，连上厕所的时间都省下来拼命干。我不是为看守所创造利润，我只想保护自己仅剩的尊严。尽管如此，收工时还是遭到冷嘲热讽。

连着几天，花魁是慧，榜眼是玉贵，水水是殿后的冠军。她不但被训责，还收获白眼若干。

"完成产量的加荤，没完成的割荤。"管教锁上工具箱，押着犯人下楼。

蜿蜒的队伍，如一条气息奄奄的白蛇。多日苦干，不能洗澡。衣服上，手臂上，纵横交错印着白花花的盐花。不要说管教掩鼻，自己都能嗅到强烈的臭气。

我的身子粘成一团，要做成粘板，苍蝇的密度绝对可观。我多想洗个澡，哪怕冷水，哪怕脏水，哪怕是苏州河水。可这卑微的要求，竟是一个梦。

这天，干得筋疲力尽的我，从明亮的院子走进走廊，猛觉眼前一黑。铁门上，赫然反铐着两个人，两个肩并肩肉靠肉的大活人。我敢打赌，世界上没有任何一幅画，能比这更触目惊心，更毛骨悚然，更魂飞魄散。我没下过地狱，但我知道，地狱也绝不会比这里更悲惨。

铁门开了，我像一条蜷缩的狗，侧身挤入；我又像一条发臭发馊的狗，巴巴地坐在地上。外劳动来了，每人侧身蹲在粪桶边（反铐者把门堵了）接受一勺不冷不热的水。用这水擦身洗屁股，直到水又黑又腻。

这是肉体虐待，也是精神虐待。这一刻，我完全理解了为何有许多英雄好汉在狱中选择了自杀。

太阳还没升起，人犯就拔寨开营，直扑四楼。

"为啥这么早？"A管教打着哈欠问。

"对方催货催得很紧。"

"昨天不是超额完成了吗？"

"抓紧做下一批。六四后国际制裁，不要说看守所揽不到活，许多工厂都开不了工。"

"这些帝国主义反动派，打倒他们！"A管教气愤地说。

"'打'了五十年，也没有损失人家一毫毛。搞不过他们，搞百姓一搞一个准。"

"无耻的反华势力。"

"是无耻！但首长都把儿子孙子灰孙子送到反华势力的怀抱里。"B管教冷笑着。

"……老揽不到活咋办？没活就没利润，没利润日子就不滋润。"

"好在这次平暴成功后，上级发了许多钱。"B管教终于有了笑容。

"应该发！应该大大地发钱。稳定上海是公检法的功劳。公检法不下手，哪有好形势？"

"唉……说我们是人民警察，还不如说是专人民政的警察。"

"人民是啥东西？呸！"A管教一撇嘴。

我低头干活，没有一秒钟的喘息。皮肤上冒出无数泉眼，汗水叮咚；胸如风箱，喘息阵阵。一阵金星扑来，我头晕目眩。我知道自己脱水了。墙角有一只保温桶，但里面没有一滴水。我拧开水龙头，"咕嘟咕嘟"灌了一气。

快干！脑子里盘旋着这两个字。我不能在报产量时，再次遭到管教羞辱。水水也在玩命干，她连落在眼角的头发都不撩，只是不停地甩头发。

"孙宝强多少？"

"九十。"

管教的白眼又上来了，不过只有三分之一。

"玉贵多少？"

"一百三十"于是管教不但颔首，还有微笑。

"慧慧多少？"

"一百五十"于是管教大笑，以致露出了牙床。

"水水多少？"

"七十。"

"咋老是完不成？割晕！割晕！"管教凶狠异常，水水诺诺退下，脸红得像个熟虾。

小蛊贼雄赳赳气昂昂地报上数字，赢来管教的一片喝彩。这些扒手手脚果然了得，十分了得。想想也是，没有鬼斧神工的手技，没有巧夺天工的拳腿，怎么能偷钱包？

"大家听好了。"管教一边发放工具一边说，"从明天起，每天产量提高到一百三十。"

"啊！"众人倒吸一口凉气。

"既然有人能做到一百五十，产量就应该朝上提。老规矩：完成加荤，没完成割荤。不但割荤还割用水。"管教斩钉截铁地说——这就是说，在四十度酷暑中劳动一天的人，甚至不许用冷水擦一下身子。

这是看守所没有痕迹的体罚；这是看守所没有体罚的体罚；这样的体罚不动刑具；但这样的体罚就是精神上的凌迟，肉体上的折磨。

"外劳动！"管教打了个哈欠。"今天洗澡水热不热？我要好好洗个澡，坐了一天真受不了。"

他妈的！她十指不沾阳春水地坐在通风口都受不了，我们干一天连个冷水澡都不给。就是牛，也能跳进河里浸一浸身子，就是猪也能在泥水里打个滚吧！

晚饭来了，没完成产量的果然割荤。这点倒是"君子一言，驷马难追"。琼端起水煮萝卜，呼哧呼哧吃得欢。她今天没过线，被狠狠训了一通，但一点都不影响她的食欲。

"慧啊，为了能加荤，你死命干啊！"琼贪婪地看着红烧肉。

"为了荤？我有过半年吃糠半年咽菜的记录。物质上的匮乏休想打倒我。"慧浓眉一扬。

"那为啥害我们？你产量高，我们跟着倒霉。"

"哈哈！"慧发出银铃般的大笑，"佛争一炷香，人争一口气。我恨！我恨城里人！我恨她！我就是要提高产量，拖死她！累死她，报复她！"她的眼睛直勾勾盯着水水。水水紧皱双眉，脸色晦暗，无力地倚在墙上。

"你要体现自己的价值，就报复我们？"我很生气。

"老天爷没给我城市户口，但我绝不比城里人差。"黑眸子一闪一闪，"我要让她累得趴下，像条死狗一样地趴下。如果我愿意，我一天可以干三百盒，甚至五百盒。"慧咬牙切齿地说。

我相信，只要给她一个支点，一条杠杆，她一定能撬起地球。

公判大会

"孙宝强！"管教一声叫唤，我赶紧下楼。远远看见一个警察站在拐角处。我和他在两米处相遇。他看着我，静静地看着。羚羊般的眼里淌着雾气，雾气里蓄满荒芜也蓄满了悲凉。

"你就是孙宝强？"

"嗯！"我一咬牙。

"你……不要害怕。"他咽了一口唾沫，"没啥大事……你不要害怕。"他语无伦次地低下头。

"你，能否换一件衣服？"他突然抬起头，用祈求的口吻说道。

"换衣服？"

"对！换一件有领子的衣服。你能不能换？"他继续用祈求的口吻。我进了监房，匆忙中换了别人的衣服。后来我才知道，把羊送上祭坛时，一定要把羊毛梳理一遍。

丽娜荷枪实弹，一身戎装站在门口。虽极英武，极英姿飒爽，却是满脸的冷漠。她押着我走向囚车。冷漠中有淡淡的鄙视，有压抑的悲愤。

车上有两个押警，还有两个谈笑风生的年轻人。"全球性的经济制裁开始了。"A青年兴奋地说。

"通缉名单中，大部分人逃脱了魔爪——正义的力量伸出了手。"

"邪恶的力量来自军队。屠城，杀戮，大开杀戒。"

"世界舆论依然不能制止暴行：三十八军军长已被判无期。"B青年摇着头。

"屠杀，通缉，逮捕，公判，坐牢。"

"除了这，还有什么？"B青年冷笑着。我激动地听着，听着久违的天籁之音。押警也听着，竟没有阻止。

警车开了。不是警铃大作，而是悄悄地，迅速地滑向滚滚车流。驾驶员一按开关："中央人民广播电台现在开始播音……"

果然数字翔实，内容生动。列举落网学生一二三四五，欢庆平暴胜利ABCDE。讴歌屠城有方，赞美屠夫伟大。从古到今，哪个民族有此功绩？从南到北，哪个国家有此盛典？电台喋喋聒噪：秦桧小儿你算啥？培尔老弟你算啥？

"你也因为六四进来？"B青年问，我点点头。押警漠然地看着窗外。

"你不要难过，也不要悲伤。历史不是笔直向前，而是迂回地，呈波浪形地朝前发展。"

"他是铜管厂的团委书记，事迹上过报。"A青年补充道。记忆的闸门打开：青年报有篇文章，赞扬一个锐意进取的团委书记。想不到今天和他同坐一辆囚车。

"你们因为什么事？"我费力地问。

"他因抗议，放了一只汽车轮胎的气；我因为成立了工人声援团。"

"是……嘛。"我无语地摇着头。

"你有孩子吗？"B青年问道。

"……有。"我的眼泪不争气地涌了出来。

"不要沮丧。总有一天，历史会还原它的本来面目。"他语重心长地说。

"我们没有上山下乡过，所以判刑譬如一次插队，譬如人生的体验，譬如被疯狗咬一口。"A青年笑着说。好豁达的人生观，好磊落的价值观，好勇敢的年轻人。我偷偷地擦去了泪花。

车"嘎"地一声停下。这个大院我很熟悉，这是虹口邮电俱乐部。

"你不要害怕。"押警站在我面前，神情里有抱歉还有不安。我漠然又紧张，虚脱又亢奋，疲倦又激动，无奈又愤怒。

"请你配合一下，请你无论如何……不要哭！"押警斟酌着，推敲着，像老师嘱咐学生，像慈父关照孩子。

我面无表情，思维凝固。

"请你……无论如何不要哭。"他再次强调这一点。

我不哭！我不哭！我就是哭，也绝不在会场哭。我就是哭，也绝不在帮凶，奴才，助纣为虐者面前哭。

A青年第一个被押走，下面轮到我了。"你出来吧！"丽娜为我上了铐，动作很轻很温柔。

我钻出囚车，偌大的院子里，停满了警车、囚车、轿车、面包车，还有数不清的自行车。一滴雨打在我脸上。什么时候下雨了？齐刷刷的雨，密密麻麻的雨，如千支万支箭，直直地射向地面，溅起一团团灰，溅起一团团尘，把地面砸成一个个坑。

"老天爷，你哭了！你终于哭了，你终于哭了！老天爷，除了哭，你还有什么？"

"除了哭，我一无所有！"从天空的深处，传来沉重的叹息。

我咬着牙，一挺身走进公判会场。鲜红的横幅高高挂起，雪白的台布铺在桌上。红如鲜血，白如尸布。挺胸昂头的领导，正襟危坐的法官，全副武装的警察，好一个人模狗样，好一派狗模人样。道具有了，舞台有了，灯光有了，观众有了，下面就是打锣开场。

第三章 审判

黑压压的人，密密麻麻的人，装满了整个礼堂。他们是谁？

他们是一群猴子，一群被当局驱赶来的猴子，一群被当局驱赶来参观的猴子而已。参观什么？参观杀鸡的过程，体验杀鸡的氛围，咀嚼杀鸡的血腥，反刍杀鸡的恐惧。这就叫杀一儆百！这就叫杀鸡儆猴！

四十年了，杀鸡儆猴的把戏一耍就是四十年，滴血的屠刀一举就是四十年。何时何日是终结？难道永远没有终结？难道要永远？难道……难道……永远永远？

"当猴子成了醒狮，惨剧才会收场，悲剧才会结束。"从礼堂的最深处，传来悲怆悲凉的声音。

突然有一首诗跳出来："有一句话说出来就是祸，这话叫我今天怎么说。你不信铁树开花吗，那么有一句话你听着。等火山忍不住了缄默，不要发抖，伸舌头顿脚，等到青天里的一声霹雳，爆一声：咱们的中国！有一句话能点得着火，别看五千年没有说破。你猜得透火山的沉默，说不定突然着了魔，突然青天里一个霹雳，爆一声！咱们的中国！"

我脑子里什么都没有，我只是在等待这一声霹雳，我在苦苦地等待这一声霹雳。为了这一声霹雳，我等了四十年。为了这一声霹雳，人民等了一世纪。霹雳！霹雳！你在哪里？你究竟在哪里？

"……被告人孙宝强于一九八九年六月五日下午，在市四川北路海宁路小花园处，向群众传播谣言，进行煽动。次日上午十时许，被告人孙宝强又窜至本市天潼路长治路口继续传播谣言，并在其煽动下，与他人一同将堆放在人行道上的三十余块竹篱笆搬至天潼路长治路南侧道路中间，设置路障，堵塞交通。

以上犯罪事实，有证人证言为证，证据确凿，被告人亦供认不讳。

本庭确认，被告人孙宝强聚众设置路障，堵塞交通，情节严重，已构成聚众扰乱交通秩序罪。依照《中华人民共和国刑法》第一百五十九条之规定，判处有期徒刑三年。

一九八九年八月二十二日。"

判决书读完，下面是一片巨大的嘈杂声。这是猴子的呓语，还是醒狮的低吼？这是醒狮的低吼，还是猴子的呓语？

公判大会结束，我被押进囚车。一进囚车，丽娜马上给我解铐。她在尽最大努力来减少我的痛苦。

A青年被判两年，我被判三年，B青年被判四年。

囚车缓缓开动，满载而归得胜还朝。下雨了，下雨了。老天爷下雨了。

淅淅沥沥的雨，你飘得这样忧郁，你埋葬谁？纷纷扬扬的雨，你飘得这样迟滞，你悼念谁？囚车动了。它开得那么缓慢，那么沉重，那么悲伤。它仿佛是一辆灵车，在作最后的告别——告别了谁？谁又在告别？

一颗冰凉的雨珠打在我脸上。老天爷，我知道你有眼睛，你有眼睛。六四屠城时，你泪如泉涌；今天公判，你潸然泪下。人在做，你在看！你在看！可是，你除了泪水，还有什么？还有什么？？还有什么？？？

囚车外，四川路上人流熙熙人流攘攘。有举家天伦的，有情侣依偎的，有乐不可支的，有横眉怒目的。小市民猥琐萎顿，大盖帽吆五喝六；官商脑满肠肥；公仆趾高气扬。购物的叽叽喳喳锱铢必较，傍富的搔首弄姿媚态毕现。美女如云，豪车如云。上海好一派繁华，好一派盛世，好一个东方的巴黎。好一个"暖风熏得游人醉，直把杭州作汴州"；好一个"商女不知亡国恨，隔岸犹唱后庭花"；好一个沦陷区里的温柔乡销魂地。呜呼！呜呼！

回到看守所时已是万家灯火，刚下警车，劈面就看见其其。

"我出去了！我出去啦！"她兴奋地喊道。

"太好了！太好了！"我喃喃着。被捕的，被放的，竟在同一天同一个时间，真是戏剧性的一幕。

"轩轩。"她轻轻吐出这两个字。她在暗示我，她会去看我儿子。目送着她的背影，我沉浸在无边的黑暗中。

管教打开门朝我招手。下楼后七拐八弯，来到熟悉的地下室。在这里，曾上演"三堂会审"的一幕。

我走进门，丈夫就站在我面前。他一动不动，静静地看着我。我也一动不动，静静地看着他。我的泪水一滴又一滴，重重地砸在地上。他朝我走来，近在咫尺，近到可以感受到他的呼吸。

这不是梦！这不是梦！

我掩面大哭。他静静地站着，静静地听着我孩子般的嚎啕。我使劲地哭，哭得上气不接下气。丈夫把宽厚而温暖的手放在我的肩膀上。我浑身一颤。我多想……我多想扑进他的怀抱，吻一吻他胡子拉碴的脸，吻一吻他忧郁的眼睛……我抬起泪眼，没看到忧郁的眼睛，只看到一双平静的眼睛。眼里没有怨艾，没有恐惧，只有清澈的平静。我凝视着，久久地凝视。时间一分一秒过去，我们没有说一个字，但是却读懂了对方，也鼓励了对方。在这无声的时间里，我们说完了一辈子要说的海誓山盟。

门开了，指导员闪了进来。

"孙宝强！你要坚强，要相信历史！"声音高亢有力，"抓紧时间，我在外面候着！"他闪出门为我们望风。

"妈妈！"一个男孩朝我扑来。我的儿子！我朝思暮想的儿子！我把儿子紧紧搂在怀中。三个月不见，儿子长高了，也长胖了。

"你……好吗？"我摩挲着儿子的黑发。

"还不把画拿出来？"丈夫抢着说。儿子从怀里掏出画，画得不错，但是……

"他已经升级了！"丈夫一眼看穿了我的心思。

"安慰我？"我努力挤出一丝笑容。

"我已经升级了！"儿子大声嚷着，我的心一下子轻松了。"妈！老师对我可好呢！"儿子仰起亮晶晶的眼睛。

"怎么个好法？"

"汪老师为我辅导功课，李老师给我馒头吃，张老师还给我三支铅笔，气死你们，气死你们。"儿子叽叽喳喳地说。

"气死谁？"

"气死我的同学。他们不跟我玩，还骂我打我。"

"轩轩！"丈夫急忙制止道。

"我到军军家，被他妈赶出来。妈！啥叫'暴徒'？"儿子仰起黑黝黝的眼睛看着我，我的心一阵绞痛。

"轩轩！"丈夫忙朝儿子使眼色。

"妈妈，他们说你是'暴徒'。"儿子不理会丈夫，继续追问。

"妈妈……你是不是'暴徒'？"

"妈妈……不是。"

"不是'暴徒'，警察为啥抓你？你为什么被关在这里？"儿子不依不饶地问。

"轩轩！"丈夫一掌抡来。儿子捂着脸哭了。我把儿子搂在怀里，泪水一滴滴落在他的头发上。

"轩轩！"丈夫羞愧地搓着双手，"说说转学的事。"

"妈，我不转学了。"儿子抬起泪眼说道。

"为什么要转学？"

"你姐姐要求转学，由她们来照顾轩轩。这三年是他生长发育的关键期。"

"可老师不让我转，因为老师喜欢我呗！"儿子洋洋得意地说。我悲喜交集。悲的是儿子被烙上红字，喜的是还有好老师。

门开了，指导员闪进门；指导员又闪出门，门又关上。我缓缓地站起来，我不能拖累恩公。我的脚步缓缓移动着，眼睛却停在儿子身上。

相见难，别时更难！

儿子追上来，一把抱住我的大腿："妈，咱回家。"

"儿子！妈不能跟你们回家！"我擦去儿子脸上的泪水，"妈要过三年才能回家。"

"老师说你不是坏人，不是坏人为啥不能回家？"儿子拽住我。

"你和爸爸先回家。"我掰开儿子的手，但他攥得更紧了，我使劲推开他。

"哇！"儿子嚎啕大哭。

门开了，又关上。我知道，时间多一秒，指导员的风险就多一分，箭在弦上不得不发。我搂住儿子亲了亲，甩开儿子朝门走去。儿子追上来，他的脚被拖住，哭声被捂住。

"儿子！爸爸和你等，等它三个三百六十五天。"

我捂着脸，夺门而出。

半夜，又下雨了。淅淅沥沥的雨，一滴一滴打在我心上。一声声雁过，一阵阵风急。梧桐更兼细雨，到天明点点滴滴。这次第，怎一个"恨"字了得！

后来丈夫告诉我，其其出去后没去我家，而是在一年后才去。看来，淫威不但是平民头上的达摩克利斯剑，也是同仁头上的利剑。正因为利剑一剑封喉，所以红朝能苟安至今。

第四章 押往提蓝桥

狐假虎威

每个人的心中都有渴望。莘莘学子渴望读 MBA；碌碌市民渴望中大彩；病人渴望有健康；流浪者渴望有个家。没有渴望的花，无异于秸秆；没有渴望的鹏，无异于家鸡。胚胎的渴望，是崭新的生命；茧子的渴望，是斑斓的化蝶。无论植物还是动物，无论低等藻类还是万物之灵，都有活生生的渴望。一九八九年岁末，我也有一个渴望：快快把我押到提蓝桥。

西北风钻进每一个缝隙，同时还发出"呜呜"的恫吓。曾人满为患的监房空旷阴森。小偷押去劳教，卖淫送往妇教，拘留期满打道回府，现在只剩下已决和未决犯。半夜时分，我被隔壁的声音惊醒。

"怎么把这号人送进来？"黑三角不满地说道。

"你没有指标，我有指标。"男中音气呼呼地说，"现在是凌晨两点，就算这个月的指标。"

"人我收下，伙食费咋办？你不能只完成指标不问经济。"周管教说。

"既要完成抓人指标，又要银子垫底，你以为我是神兵天将？"

"从哪弄到她的？"

"当然是垃圾桶旁。签字！"急促的关门声后，黑三角把人推进来。这女人黑色衣服黑色脸，活脱脱一个现代版的卖炭婆。

一坐下，卖炭婆就开展灭四害活动。她脱下衣服找虱子，逮一个吃一个，逮两个吃一双。正"吧嗒吧嗒"吃得欢，黑三角走过来。卖炭婆倒也识相，吱溜一声钻进我被窝。锉刀般的脚抵住我后背，指甲嵌进我的肌肤。

鼾声微起，鼾声渐起，鼾声大作。卖炭婆鼾声响了一夜，我拥被而坐，一夜无眠。

起床的哨子响了。一池塘的蛤蟆跳起，只有她不动。推推她，翻个身继续睡。再推她，翻个身还是睡。最后众人一齐发功，才把她从热被窝揪出来。出了被窝她不高兴，对着墙"啪啪"就是两脚。

二脚蹬完，她开始揉眼屎，揉着揉着瞅见粪桶，于是趋前一步宽衣解带。

"快！我不行了！"锥子眼拎着裤子催促她，她屁股一挪，让自己坐得更舒服。

"快！"锥子眼急得褪下裤子，双脚轮流踩啊踩。卖炭婆眼皮一搭，假寐起来。

"起来！"一声炸雷，卖炭婆惊慌地睁开眼，两道凶光罩住她。她不情愿地撅起屁股撤退。

"拉屎还是撒尿？"大姐大喝道。卖炭婆睬也不睬，一屁股坐在地上。

"骨头发痒？"大姐大抓住她领口。

"拉屎。"

"拉屎还不擦？"大姐大把她的头往墙上撞。

"算了！算了！"大鼻子扔出草纸，这才平息了纷争。

早饭送来了。卖炭妇捧着饭盒，秋风扫落叶般迅速吃完，吃完后，她拿着饭盒逐一乞讨。一圈讨下来，她的肚子鼓胀如球。

吃饱喝足的她，靠在墙上美美地睡觉。囚禁生活对她来说，是补充热量和睡眠。整整一星期，她不停地吃，不停地睡，身心得到最大的调整。黑三角开了门，她依然头靠墙壁酣睡不醒。

"滚！老母猪再吃，就把看守所吃穷了。"

"快走！"大鼻子推醒她。她站起来，磨磨蹭蹭，慢慢吞吞。走到门口还回首，显然对白吃白住的地方很有感情。

"我的外套呢？"锥子眼第一个发现了异常，"上马桶时我脱下来的。"

"天哪！我的裤子也不见了。"

"不可能，她又不是隐形人。"

"这是啥？"锥子眼揉了揉眼，地上躺着一堆破衣烂衫。卖炭婆硬是在众目睽睽下，来了个狸猫换太子。

"我的鞋呢？"卖淫女尖叫一声。那双刚在中国登陆的阿迪达斯旅游鞋不见了，两只裂皮断带的塑料鞋，赫然躺在门口。

"我的鞋啊！"卖淫女痛心地捂着胸口。那双阿迪达斯，是她一星期的接客收入。

天又阴又冷。尽管我穿上了所有的衣服，依然挡不住阵阵寒意。

"管教，我啥时候上提篮桥？"

"应该快了。"

"我三个月没来月经了。"

"这是内分泌失调。"丽娜怜悯地看着我。我默默回到冰冷的地板上。

终于等到这一天。我站在明媚的阳光下，一辆蓝白相间的漂亮囚车在恭候我。

"你就是孙宝强？"押警问道。

我机械地点着头。

"唉……！"他长叹了一口气，这口气绵长而悠远。"到了那里好好改造，争取减刑。"他黯然低下头，黯然转过身。

在明媚的阳光下，我感受着同胞的同情，也感受着同胞的无奈。

我和甜妞上了车，囚车朝长阳路驶去，朝令人谈虎色变的"远东第一大监狱"驶去。囚车停在门口，等待铁门开启。

一群人"哗"地围上来。"女的！有两个女的！"尖叫声中有抑制不住的兴奋。他们指点着，议论着，脸上有掩饰不住的鄙视。我想起我曾经有过的爱憎：对五花大绑者的唾弃，对囚禁者的鄙夷，对麦克风的信赖，对大红花的崇拜。四十年来，我被红色文化熏陶浸淫，现在的他们，就是我的昨天。

一重的铁门打开，一个熙熙攘攘的大厅敞开了胸怀。我要在这里履行手续：取手印脚印，挂囚牌拍尊容。虽然这套程序在看守所走过，但本着多多益善的原则，还要再走一遍。

一辆铲车装着行李，队长（注：监狱里统称管教为"队长"）押着我和甜妞向女监走去。

一幢又一幢房子，同样高度，同样门窗，同样外墙，完全是一个模子里浇铸出来。水泥甬道，干净得不见纸屑枯叶，四周安静得没一丝声息。好一个死水微澜，好一个阴森的坟场。

进楼上楼。楼梯干净，楼层安静。突然，我看见栏杆上压着一张一张的脸，一层一层的脸。无数只眼睛，无数只鼻子，无数只头颅，如一池塘密密匝匝的蝌蚪。我倒吸了一口凉气。

"就是她？"

"疯子，第三个女疯子。"蚊子般的嗡嗡声在耳边萦绕。"队长来了！"有人嚷着。刷一下，所有的眼睛，所有的头颅都不见了。一池塘的蝌蚪，消失得无影无踪。死一样的寂静，悄无声息地涌上来。

一直到五楼，我才恍然大悟，她们观赏的"疯子"原来就是我。

一个大统间，方方正正，没桌也没凳。靠墙有一排台阶，酷似母校的音乐室。台阶上放着盥洗盆。牙刷朝着一个方向，毛巾叠得大小一样。一群人席地而坐，规矩有序，很有美国西点军校的严谨。

硕大的粪桶倚门而立，宛如黄山迎客松般热情。房间四角各有一个正方形玩意，上面覆盖着草席。说它是蒙古包却不圆，说它是马厩却没有栏杆，说它是鸡窝又嫌太高，说它是窑洞又缺乏弧度。这个怪物的特点是长和宽，宽和高完全一致，和谐达到了不能再和谐的地步。

这是啥玩意？就在我沉浸在课题研究时，三条深邃的皱纹扑进我的眼帘。三条有特色的皱纹，和虎头山的大寨田有一拼。

"跟我走！"凶狠的声音打断了我对激情年代的回忆。一个又黑又瘦的女人把囚衣和番号摔给我。"五三一，你要老老实实接受改造。"她的手臂在半空中挥舞，如同小泽征尔的指挥棒。

我冷冷地看着她胸前的番号，上面写着她的罪名：贪污受贿。她警觉地手一挥，于是番号牌转了个面，露出了她的刑期：三年。"穿囚衣戴番号！"她对我嚷着，声音中透着浓重的川沙口音。

我默默地穿上囚服，戴上番号，于是一个货真价实的犯人诞生了。

"别错了！"她眼露凶光朝我嚷着。天呐！这哪里是眼，这分明是悬崖上露出来的一条石缝。好一个"一线天"。

"不许别左边！"她再次嚷着。我很诧异，她哪来这么大力气？她哪来这么大仇恨？我认识她还不到五分钟。

"把所有行李都打开！"她一甩头，比黑天鹅还骄傲。"……不得了了！"她尖叫一声。

"咋了？"一个老太拎着桶狂奔过来。

"不得了了！她不但有食品还有书，我要汇报，我要汇报。"她尖叫着朝办公室冲去。

"……按照规定，看守所不许带书籍和食品。"老太太和蔼地对我说。

我沉默着。从进看守所那天起，指导员和政委就尽其所能来帮助我。有一次，我借盆给月经中的琼用水（她的水盆被没收），结果被罚站三天。那天晚上，我站在墙边，高墙外传来《人鬼情未了》的歌声。优美而激昂的旋律打动了我的心，也打湿了我的眼，我沉浸在绝不屈服的悲愤之中。

一个高大的男人走过铁门。"孙宝强，你为什么罚站？"

"因为我……借盆给她人。"

"哦……"他匆匆走了，就如他匆匆地来。在看守所关了半年，他从未进过女监，我也从未见到过他。

"你认识政委？"大鼻子偷偷地问。

"不认识啊。"

"他就是看守所的政委。他从不到女监，他一定有备而来。"大鼻子信誓旦旦地说。果然，第二天我的罚站就被取消了。三十五年过去了，我一直对虹口看守所的政委和指导员，对主管教和丽娜管教，怀着深深的敬意和真挚的感谢。

几分钟后，一线天沮丧地回来。从看守所带来东西，这不是犯人的责任，而是看守所的责任。监狱还没蠢到要和看守所对簿公堂的地步。

"砰！"她把我的被褥摔在地上。请功没得赏，一腔恼怒撒在我身上，"滚！快滚！"她叱着，叫着。我抱着被褥，拖着行李走进大通间。

一个女人优雅地坐在台阶上，屁股下垫着棉垫。她的腮有规律地鼓动，如同进食的蛤蟆。

"肉脯硬，让外劳动放在水车上烘一烘？"一线天弯下身，殷勤地问。

"不用！"女人硬邦邦地说。

"快转监狱了吧？"

"这是走程序。"

"你真幸福！以后我有难，能否帮我？"一线天谄媚地笑道。

"我要洗脸。"女人冷冷地说道。

"外劳动打热水！"一线天拿着盆窜出去。

"他妈的！行贿犯是这里的香饽饽。转狱是假，释放是真。"瘦姑娘气愤地说，"昨天家属把出狱的衣服都送来了，连接风的酒店都定好了。"

"嘘！你不要命了？"有人做了个噤声的手势。

我正在整理被褥，一条黑影窜过来。"新难友，我和你犯一样的罪。"她身材小巧，右颊上有一块鸡蛋大小的淤青，"我判五年，你判几年？"

"四四一，你在和谁说话？"一线天闪了过来。

"谁说话了？"

"不要脸的货，说了还赖。"一线天骂着，脸上的三条沟壑随着骂声一起舞动。

"你出口伤人？"

"对你这种人就是不客气！五三一，她和你说啥？"一线天把脸转向我，"究竟说啥？"黑黑的手指戳到我脸上。

"干嘛？"我退后一步。要是自由身，我一定把黑爪子打下去。

"五三一，快回答组长的问题。"瘦姑娘拉着我说。

"我没和五三一说话。"四四一插嘴道。

"你和新犯人说话，扣两分。"

"凭啥？"四四一结结巴巴地问。

"凭监规纪律，凭你们说的防扩散材料。这个月的接见，在梦中进行吧。"一线天冷笑道。

四四一的脸刷地白了。"我没说话！我没说话！"她开始捶胸顿足。

"五三一，你现在已站在十字路口。是靠拢政府还是搞攻守同盟？"一线天双手抱胸，咄咄逼人。

"五三一，我没和你说话是不是？你说啊！你说啊！"四四一的嘴唇哆嗦得厉害。

"是反戈一击还是结党同盟？"一线天娴熟地问。她浑身上下，完美地保留了红卫兵的模式。

"五三一！"四四一声音颤抖，"我没说话是不是？我没说话是不是？"看着四四一的懦弱，看着她的熊样，我悲从心来。我悲哀她在淫威前，竟没有半点傲骨。

"五三一！"四四一死死地盯着我，目光中满是乞求。

"五三一，再给你最后一个机会：她说话了吗？"黑色的爪子再次伸过来。

黑爪是导火线，点燃了雷管。逃匿的勇气，一点一点从我的丹田涌出。我挥手打掉了黑爪。我冷冷地，极其鄙视地看着她，看着这个外貌和内心丑陋达到高度统一的她。

"她没有和我说过话，更没说过防扩散的话。"我斩钉截铁地说。

"好！有种！有种！"现在黑手指不是戳到我脑门，而是翘起来了。又一个"黑三角"。中国果然是盛产"黑三角"的肥土沃壤。

"五三一，四四一真没和你说话？"老太太惊慌地挤进来。

"五三一，现在你改口还来得及，我等着你。"一线天松了一口气，山魈般的脸松弛下来。

"我说过的话，绝不反悔。"我昂起头。

"好！好！"一线天推开人群朝外冲。这时，我看到四四一感激的眼神。这样的眼神让我悲哀，更让我恶心。

"排队！点名！"从办公室出来的一线天神气极了。当年希特勒把地球仪踩在脚下的霸气，也绝不会超过她。

"快！快！快！"她训斥着，挥舞着，推搡着。要是手里有鞭子，她就是活脱脱的纳粹党卫军。

惊弓之鸟在秃鹫的指挥下，排成一列。肃静！高度的肃静！

良久，一个女人倒背双手慢慢踱过来。远看，是"曲项向天歌"的绿鹅，近看，是两只黑黝黝的鼻洞。说鼻洞还不如说是小煤窑：此刻，鼻孔正冒出一缕缕的白烟。

"立正！稍息！向泥看齐！向俺看齐！"一线天挺起凹胸。"报素！报告队长！俺小组共有犯人三十名，出列三十名。报告完别，请戴队长指示。"

她双手抵胸冲出队伍，汇报完毕还敬个礼。

　　这动作不伦不类，要多滑稽就有多滑稽，要多怪异有多怪异。比耍猴的多了猥琐，比卖淫的少了风情，比乞丐多了奴气，比无赖少了霸气。

　　"咳！咳！"小煤窑一点点朝下移。咳嗽，是首长发言的前奏，是香客膜拜的序幕。

　　"现在全国形势一片大好，国际形势一片大好。今天的新收犯一进来，就搅得小组人仰马翻。队长强调：新犯人不许和老犯人说话；不许传播小道消息；不许散布反革命谣言。一经发现，严惩不贷！"

　　我的头"嗡"地大了。看守所固然是地狱，但管教对我的案情多有不忍和同情。指导员和政委甚至冒着很大的政治风险，偷偷安排我和丈夫孩子见面。在押到监狱时，还通知家属送来了书和食物。

　　都说提篮桥是文明监狱，但进监仅半个时辰，"莫须有"的棍子已劈头盖脸打来。

　　"监狱犯人分三六九等，不怕队长只怕组长，因为牢头能置人于死地。"我想起大鼻子的嘱咐。

　　队长慢慢地走到队伍前，我终于看到了她的尊容：硕大的金鱼眼雄踞脸上，眼里不但有水泡，还有气泡，此刻就有一股气流朝外涌。凸现的眼珠，不但有惊人的傲慢，还有惊人的愚昧。这双眼让我想起《青春之歌》里的叛徒余永泽。估计她不会做叛徒，因为最无耻的叛徒，也曾经有过信仰。而这个水泡眼，永远不会有信仰。

　　"队长，我们一定执行您的指示。"一线天恭恭敬敬鞠了一躬。"戴队长的指示听到没？我们要把指示记在脑子里，溶进血液中，落实在行动上。这里是人民政府的天下，谁敢动，就叫她死无葬身之地！"一线天冷笑连连。

　　她的冷笑如蛆附骨，久久地粘在我脸上。

　　"明天把会议记录交上来。"小煤窑气呼呼地走了。

　　"明天我一定把记录交给您！戴队长，请！"一线天弯下腰，做了个优雅的手势。

　　今天晚上新收组看电视。一声令下，翘首者冲出大大通。我打开包裹，翻阅水彩画册和素描。抚摸着画册，痉挛的心一点点地松弛。画册唤起美好的记忆，也唤起我对新生活的渴望。

　　"这是你丈夫送的？"

　　"哦！"我手抚画册，感受丈夫那颗细腻的心。

　　"这画册只能欣赏，不能临摹。"

"干嘛？"一声咆哮把我惊醒。四四一和一线天一左一右站在我身边。"顶风作案，顶风作案。"一线天正嚷着，四四一已经矫健地朝外窜去。我敢打赌，兔子也没她跑得快。

"什么作案不作案。"我悻悻地放下画册。

"五三一，侬又作啥？"老太太急急忙忙跑进来。

"四四一蹑手蹑脚地进来，我悄悄地尾随，果然一逮二。"一线天眉飞色舞。

"侬忙了一天也该看电视了，今晚电视老好看的。"老太朝我使个眼色，拉着一线天出去。我拿着矮凳去看电视，四四一又凑过来。

"没有金刚钻，不揽瓷器活。"我嘀咕着，把小凳往前挪。

"瞿瞿！"凄厉的哨音把我惊醒。这是啥地方？我在哪？说来惭愧，已关了半年的我，依然不能适应囚禁生活。每次醒来，总有身在何处的茫然。在心态调整和角色转换上，我一直是弱者。

"咚！"一地铺的人鲤鱼打挺。穿衣，叠被，盥洗，上粪桶。一刻钟后，所有人蹲着，趴着，缩头，弓肩，活像一群夹着尾巴的狗：监狱有规定，队长开门时，所有的犯人必须蹲下来。

监狱的规矩林林总总，最令人难以忍受的就是搜监。有一次干完活回到监房，迎接我的不是洗半个冷水澡，而是监房里的一片狼藉。所有的衣物被褥撒在地上，内衣上印着一个个龌龊的脚印，甚至月经带上也有黑黑的鞋印。满地的狼藉，就像祥林嫂被狼掏空了内脏的儿子。

以执法的名义进行搜查。搜查粗暴粗鲁，残忍变态，把人的尊严践踏殆尽。我当即嚎啕大哭。

"……你一定要适应角色的转换。"大鼻子恳切地说道。

"不要说我不是罪犯，就是罪犯也有罪犯的尊严。我已失去自由，但灵魂不能再受伤害。"我哭着说着，说着哭着。期间有管教走过来，也有管教走过去，但是我没有受到一丁点的处罚。

中国老百姓要承受罄竹难书的纪律，规章，规定，制度。可领导人呢？领导人的财产公开制度，已经讨论了半个多世纪，至今仍未实施。这是反华势力的渗透，还是领导人与"普世价值"抗衡？这是人民的公仆，还是人民的敌人？

关进小号

　　早上，行贿犯穿上新衣，摆好造型，照了照镜子。队长走过来说："快！车子等在下边。"行贿犯款款站起，捋了捋秀发，嫣然一笑，昂然而去。

　　有罪地走了，无辜者身陷囹圄，这就是中国的法律。说戏子，没有说噱逗唱；说强盗，没有游戏规则；说婊子，甚至不换内裤；说土匪，它连土匪都不如：土匪尚且知道盗亦有道。

　　中共作恶，明目张胆肆无忌惮，无恶不作没有底线。因为有恃无恐的后面，他们有坦克有大炮还有臭名远扬的达姆弹。

　　达姆弹是被世界禁止的一种子弹。但是在八九屠城时，中共用的就是这种惨绝人寰的子弹。中共养了几百万的军队，但是从未收复过一寸土地。豢养的几百万的雄兵，干的就是屠杀老百姓的勾当。从中国疆域秋海棠的版图，压缩到大公鸡的版图，中共厥功至伟，功不可没。

　　早饭来了，又是一百年不变的食谱。我从台阶上拿起杯子，"啊"了一声。

　　"怎么了？"

　　"没……什么。"我忙掩饰。老太掀开杯盖，满满一缸花生酱不见了，只有缸底的残留物，证实它的存在，一如化石证实恐龙的存在。

　　"真没了！真没了！"老太惊诧得合不拢嘴。

　　"啥东西没了？"四四一挤进来。

　　"没什么！"我忙把缸子往身后藏。三年都判了，还在乎这缸花生酱？

　　"真不要脸！外面偷不算，还偷到里面来。"四四一骂开了。

　　"轮胎你骂谁？"一女人问，露出一口参差的犬牙。

　　"偷偷偷！到死不忘一个偷，春蚕到死丝方尽。"四四一越骂越来劲。

　　"你究竟骂谁？"犬牙笑着问道。

　　"我骂贼。"亢奋的四四一和昨天的熊样判若两人。

　　"指桑骂槐？"犬牙的眼风瞟到门口。门口躺着一个枯槁的老妇人，额角绑着毛巾，俨然是月婆的造型。

　　"轮胎你说谁？"月婆接收到犬牙的眼风，躺不住了。

　　"不要脸！呸！不要脸。"四四一骂声不绝。

　　"她让你别对号入座。"犬牙一挤眼。

　　"你嘴巴干净点，当心吃拳头！"月婆从半躺变成半坐。

　　"我嘴巴很干净，就怕有人手脚不干净。"四四一强硬地说。

　　"现在我教你怎么个干净法！"月婆如美洲豹一跃而起，"啪啪"两声清脆悦耳。

"你打人？"四四一跳半人高，"大家都看见了：为了维护纪律，我放弃了自卫反击。"

"你是违纪的魁首，她是护纪的楷模。"犬牙的头，如风信子来来回回地转。我心一动：昨夜犬牙就睡在我身边，朦胧中她频频起床，频频踩到我。

"算了！"我赶紧打圆场，宁可物质损失，也不中鬼子的奸计。

"那就是你半夜吃了再诬陷。"犬牙叵测地看着我。

"就算……是吧！"我使劲咽下唾沫，也咽下屎盆子。

"不可能！花生酱朝喉咙倒都倒不进，稠着呢！"四四一不屈不挠地补了一句。

"你是说被她偷了！"犬牙朝月婆一努嘴。

"偷不偷，这是秃子头上的虱子。"四四一绝对是大义凛然。月婆敏捷地跳起来，又是两记清脆的耳光。

"……我和你拼了。"四四一如咆哮的狮子撞过去，就在身体与身体亲密接触的一瞬间，她猛地停下。

"打啊！打啊！"犬牙压低声音急切地呼唤。

"到时你一定要为我作证：为了纪律我忍辱负重。"四四一神情悲愤，潸然泪下。

"我可以为你们作证。"犬牙奸笑着说。我遗憾地看着四四一。

"开会！开会！"一线天喜气洋洋，像配股的股民，像分红的股东，"今天小组发生打架群殴事件。"

"不是打架群殴，而是她打我。"四四一纠正道。

"全组三十个人，她不打张三李四，怎么就偏偏打你？"一线天歪着头问道。

"她打我四记耳光，我没还她一指头，大家有目共睹。"四四一自信地说。

"我没看见她打你，有谁看见的就站出来说。"一线天朝左右一扫，四周一片寂静。

"犬牙！你说要为我作证。"四四一急切地说道。

"我可以作证人。"犬牙站起来，四四一报以亲切微笑，"我看到打架……不过不是单打而是双打。大家说是不？"

下面一片沉默。

"是还是不是？"一线天瞪着眼，"你们是瞎了还是聋了？"

"组长，我们眼睛不好，说单就单，说双就双。""是啊，随你咋说。"大家七嘴八舌。

"这么说就是双打。"一线天的手朝下一劈。四四一的脸青了。她环顾四周,嘴唇张开闭上,闭上又张开,最后形成半张半合的状态。

"确实是她打了四四一四个耳光。"我缓缓站起来说。我知道一开口就是祸,但我绝不能指鹿为马。

"你看见了?"一线天挤出一个笑容。

"我看见。"

"可我看见的却是另外一回事。"一线天收起笑容,"我看见你一进小组,小组就不太平。"

"现在的问题是单打还是双打?"我坚持不让她搞扩大化。

"昨天传播谣言订同盟,今天无事生非血口喷人。"

"昨天你检查东西时,有没有看到花生酱?"

"我不……记得。"

"你不是看到花生酱后直奔办公室的吗?"

"有情况当然汇报,何况这么大一缸花生酱……咦!"她赶紧捂住嘴。

"花生酱有目共睹,被偷也有目共睹,所以不存在血口喷人。"我提高声音说道。

"贼怎么不偷我,专门偷你?"

"不追查窃贼反而诬陷被窃者,这是哪家的道理?"

"这是……这就是无产阶级专政的道理。"一线天嚷道。

"你胸前别着番号而不是勋章。"我冷笑道。

"犯人和犯人有质的区别,有政治上的区别。"她嚎叫着,"没有花生酱,小组不会斗殴。"

"吃饭噎死人,这是米的责任;轮胎压死人,这是橡胶树的责任;打劫银行,这是人民币的责任。"我冷笑道。

"队长来了。"一线天兴奋地嚷着。朝天鼻大摇大摆走来。一线天先鞠躬,接着跑到办公室,先搬太师椅后再取保温杯。朝天鼻大模大样坐下。虽看不见水泡眼在翻泡,但脸上全是蛮横。

她低头朝我一瞥。极轻蔑,极鄙视的一瞥,我的心被刺了一下。你鄙视我,我还鄙视你呢!你是啥,不就是专政机器上的一颗螺丝钉?刚出校门的你,眸子里只有仇恨没有清澈,脸上只有蛮横没有和蔼?小小年纪,哪来这么大仇恨?是谁喂你狼奶不喂你人食?是谁教你仇恨不教你做人?

"会开得怎样?"

"报告队长,小组发生违纪,犯人都很痛心,一致要求对肇事者绳之以法。请队长指示。"一线天垂下手,垂下脸,也垂下了三道沟壑。

"二人写检查，扣二分并停止接见。"

"她打我四记耳光，我没动一根手指。"四四一嚷着。

"侬敢抗旨？"一线天也嚷道。

"为啥不问谁打谁？这里有没有公正？"四四一激动无比。

"扣五分。"朝天鼻边说边站起来。

"扣五分？这个月和下个月的接见全泡汤了。好狠毒啊！"四四一凄楚地嚷道。

半夜我被惊醒，沉重的脚步来来去去，大家披衣而起。"队长……队长拿钥匙去了。"

"不许说话。"一线天一发飙，全体噤声，一如宣传部和媒体的关系。

沉重的脚步声响起，间或有开铁门的声音，间或还有队长的说话声……

天终于亮了。

"……听说四四一昨晚自杀。""是自杀未遂。""遗书都写了，一封给丈夫，一封给监狱。"

"啥遗书不遗书，我关心的是她的死法？"犬牙凑上去，"她怎么个死法？""……先把自己的脚捆住，然后用橡皮膏把鼻子捂上，嘴里塞二块手帕。快断气时，没绑住的手发出了动静。"

"为啥不把这只手绑上去？"犬牙着急地问。

"一只手已绑，要绑另一只，除非她是三只手。"有人白了她一眼。

"要不是这只手，她就见阎王了。"犬牙一跺脚。

"五三一，走！"一线天像个癫蛤蟆，一蹦一跳，一窜一跃。

"到哪？"犬牙狞笑着问。

"总不会到月亮上喝桂花酒。"她抖着肩，比蛤蟆还神气，"从今天起，三人关小监。"

"凭啥关我小监？"四四一涨红了脸。

"凭你的自杀，凭你的反改造。"

"我没自杀，为啥关我小号？"一二零气愤地说。

"这，难道还需我解释？"一线天傲慢地昂起头。

"住哪间？"我风一样卷起铺盖。到小间后，我把铺盖一摔。

"每天抄四遍监规纪律。"一线天厉喝一声，"仔细抄，反复抄。不许少一个字，不许少一个标点符号。"

"四遍太多。"四四一嚷着，"我年纪大了，来不及。"

"求你和队长说说，能否减半？"一二零乞求道。

"我没纸也没笔。"我冷着脸。

"没有可以借，然后让家里带。"一线天狞笑着。让家里带？我心一沉。丈夫要留学澳洲，存款借款已经兑成澳元寄出去，现在家里一贫如洗。

"要带多少？"我瓮声瓮气地问。

"先带四十个本子，二十支圆珠笔。"

"这么多？"

"一天四遍，十天就是四十遍。还有一星期一次的认罪书，一月一次的忏悔书，还有季度，半年，年底的认罪书。还有月度总结，季度总结，年度总结，监狱总结。还有政治学习，形势学习，英雄人物演讲学习……"一线天的嘴唇上下开合，露出两排尖牙，活像食人鲨。我要是有一支矛，一定对准鱼嘴戳去，戳得它皮开肉绽，戳得它嗷嗷直叫，戳得它生不如死，让它尝尝什么叫逼上梁山——我微笑着陷入了遐思。

"五三一！"一声炸雷，矛消失了。"我再次警告你，不许传播谣言，不许散布防扩散材料。"

"哈哈！"我冷笑着，"'文革'已经结束，难道还有谣言，还有防扩散？"

小号三点三平方米。要装马桶，要装三个人的被褥，还要装三个写字的人。小号没窗。我坐在地上，眼睛贴本子，鼻子对着笔。为了最大限度地减少本子，我把字写成小一号的蚂蚁。监狱里有一句使用率最高的话：把心向政府靠拢。说来惭愧，我的心绝不向政府靠拢，眼睛却向本子靠拢。

北宋的赵佶发明了"瘦金体"，在被女真人囚禁的日子里，他靠书写"瘦金体"打发时光。我在囚禁中也发明了"瘦孙体"。不求铁画银钩，只求笔锋狭窄；不求曲金断玉，只求字体侏儒——我不能再挤占儿子的文具钱。

"五三一出来！"随着叫唤，我进了办公室，朝天鼻朝矮凳一指。我一屁股坐下，带着我的鄙视：不就是一只病猫，披了一张虎皮而已？

"五三一，反省后你对自己的罪行有了什么认识？"

"认识么……当然有。"

"那就谈谈。"她翘起二郎腿，一支笔在手里滴溜溜地转，眼里满是戏谑和嘲讽。她要看孩子如何被玩弄于股掌之间。

"你有罪吗——？"她拖长尾音。

"当然！"我不假思索地说，"我错在相信谣言，相信军队真的会屠杀……"

"……不说这个。"她一挥手，"说说……你是怎样犯罪的？"

"我把竹篱笆从马路的一边拖到马路当中。我十恶不赦，天理难容。虽没杀人，比杀人厉害；虽没放火，比放火严重。不！我的罪比杀人放火更深重啊！"我一句一句拖长了声音。

"……谈谈……别的。"小煤窑憋不住了，偷偷冒出一缕白烟。

"请问，别的是什么呢？"

"感受！你现在的感受。"

"我当然有……感受。我要感谢政府感谢党，扔篱笆只判三年而不是无期徒刑。这是党的从轻发落，这是法院的网开一面，这是最高形式的教育和挽救……"

"不谈这个。"小煤窑又冒烟了。

"队长，你想知道我犯罪的真正原因吗？"我温柔地问。

"说！"她迫切地倾下身子。

"因为我是个母亲，我有个九岁的儿子。母亲只要听到孩子出事，一定会奋不顾身赴汤蹈火在所不惜……"

"不要说了！"她大吼一声。我立马闭嘴，还把两条腿并直。小煤窑死死盯着我。

"队长，我说错了吗？"我一脸天真一脸无辜地问。

"不谈这个……从今天起，你要牢牢记下四四一和一二零所说的每句话。一般情况交给组长，重大情况直接交我。注意！你和那二人不同，你没有前科，又是组织重点培养的对象。关于这点，队长会区别对待区别处理。"

"感谢队长的挽救。"我口对鼻，鼻对心，心对腹，腹部对着脚趾头。

"好！认清形势识时务也。"小煤窑站起来，为自己立竿见影的改造艺术喝彩。

"放屁！放你的狗臭屁！"我在肚子里咒骂着，打道回府，继续去写我的"瘦孙体"。

相煎何急

今天洗衣服。我缩着手臂侧着身，活脱脱一长臂猿。其实我很想做周口店人，他们想怒就怒，想吼就吼，不用表忠心，不用写检查。从猿到人，不是历史的进步，而是历史的倒退。

月婆来打水，脸色灰青。虽不到三十岁，却已是第三次坐牢。父死母嫁，当拖油瓶的她以偷窃为生。恋爱后她金盆洗手，却被线人控告偷钱。

前两次入狱她认罪，这一次她无论如何也不认。虽鸣堂击鼓法庭呼冤，七年判决还是下来了。在上诉驳回，申诉无门后，她吞下不锈钢调羹。现调羹被取出，但肚皮上留下一道醒目的伤痕。

"五三一。"她亲切地向我打招呼。

"没人要的烂货。"四四一低声骂道，"继父，母亲，男人，没一个要她。"

老太拖来一只箩筐，我们把上好肥皂粉的衣服递给她。

老太因婆媳不和，导致婆母轻生。刑期二年的她，还有两个月就要出狱。她慈祥，善良，能帮人处就帮人，得饶人处且饶人。"做人门槛精点……"她对我使了个眼色。

一位老妪走来，脚步趔趄，动作迟缓。她放下水盆，抖抖嗦嗦地蹲下。突然，她抬起头，眼神如刀，掠过一道寒光。瘪嘴微张，左颊有一块醒目的青胎。我心一悚，又一动。

"进去！不许靠近铁门。"她对我大吼。我诧异：人在门里，不靠近铁门只能钻粪桶。

"你们要夹着尾巴改造。"她呵斥着，一口浓重的浦东口音。难道是她？一道电光闪过。

"你丈夫是……上海炼油厂的？"

"你怎么知道的？"她猛地站起，攥紧老拳向我逼来，"你还知道啥？"

"我只知道……他死了。"

"我警告你，敢透露一个字，休怪我不客气。"她的手戳进栏杆，我一个后仰，脚踩到水盆，水流了一地。

她端起盆，悄无声息地走了。走得敏捷，走得迅速，和刚才的颠顸判若两人。地板上有一滩造型诡谲的水，就像她的脸。

当年的杀人案，曾是炼油厂最大的号外。随着时间流逝，风波成涟漪，沉入了泥沼。我从未见过青胎女，怎能在瞬间，从历史的泥沼中拾起？对此，我始终百思不得其解。

十五年前，我在润滑脂工段上班。班长干活认真，热情助人，我对这位工人阶级老大哥充满敬意。

有一天上中班时，我发现班长没有来，还发现三三两两的人围在一起偷偷议论。

"今天班长怎么没来？"

"他……恐怕不会来了。"老工人意味深长地说道。

"他病了？"

"身体没病，脑子有病。"

"是脑膜炎还是脑瘤？"我急切地问。

"……他把他的丈母娘杀了。谁让他娶个坏娘子呢？"老工人惋惜地说。

班长的络腮胡蓬勃兴旺，个子却不蓬勃兴旺。鉴于此，他走工农联盟之路，娶了个农村女。青胎女的老子是刘文彩式的人物，新中国成立前去了台湾，留下一妻一女，让她们在一波一波的政治斗争里苟且偷生。

青胎女的娘是个菩萨心肠，曾在雪地里抱回一个弃婴。养女长大后出嫁，隔三差五来看娘。见娘新伤加老伤，全身都是伤，禁不住热泪盈眶。老伤是革命造反派的杰作，新伤是亲闺女的"礼物"。养女看后化悲痛为力量，除了嘘寒问暖，还三天两头地喂药端汤。

一天晚上，络腮胡正写批判稿，青胎女一拍桌子："我家的金器，被老东西送人了！"

"哪来金货？都抄了十次家了。"

"外鬼抄，瞎抄；家贼拿，真拿。把老东西干了，堵塞流通渠道，防止金货外流。"

"……怎么干？"络腮胡子问。

"还没有干，你抖个啥？"青胎女白他一眼。

"我……我……"

"不用刀，不用枪，给她盖得暖和点就是。"青胎女抓起枕头摔过去，然后摔门而去。

157

太阳升起来了，男人戴着红袖章，抓革命促生产去了；太阳落山了，女人戴着草帽，从田头学大寨回来了。月亮出来了，夫妻俩翻箱倒柜，掘地三尺，把粪坑搅得臭味四溢，还是不见金子的踪影。

养女回家，惊讶于残垣断壁，更惊诧于被窝里的尸体。警车来了，案子破了，但判决迟迟下不来。青胎女说是络腮胡杀人，络腮胡说是青胎女杀人。双方咬定青山不放松，案子一拖就是三年。

三年后，青胎女被判死缓，络腮胡被判十三年。这期间，炼油厂承担了络腮胡两个儿子的生活费。不久，三车间的造反队金队长被撤职查办，原来他贪污了孩子的生活费。

十年后，络腮胡出狱了，但他从未去探视青胎女。除夕夜，他从拖拉机上摔下来。临死前，他喊着仇人的名字，而仇人正是青胎女。

青胎女被叫进办公室，队长东拉西扯地问了几句，然后把络腮胡的事轻描淡写地告诉了她。不出队长意料，她闻言色变。

"人死……不能复生，你想哭就哭吧。"

"我为啥要哭？为啥要哭？哈哈！哈哈！哈哈！"她狂笑不止。狱医赶过来，把镇静药塞进她的嘴里，她依然含着药片狂笑不止。

"要不……"队长犹豫着。大悲大恸最容易造成精神的崩溃。

"我要喝酒，我要喝酒……"青胎女眉飞色舞手舞足蹈，"老天有眼！老天有眼！"

"胡说啥？"队长大喝一声。青胎女如断线的木偶，不动了。

"还喝酒吗？"狱医问。

"喝酒违反监规纪律。"青胎女冷静地说道。

"你说老天有眼？"

"不要宣传迷信，我只信政府，不信老天。"

"可你明明说过。"狱医嚷道。

"不要破坏改造的大好形势，不要破坏犯人的改造情绪。"青胎女严肃地说。

"我知道这事对你打击很大……"队长缓缓说道。

"我能控制情绪，化悲痛为力量。谢谢队长的教诲。"青胎女鞠了一躬，走了。

"老畜生死了……老畜生死了……"半夜，尖叫声撕破了监狱的沉默，也撕破了夜的帷幕。

"你醒醒，不要说梦话。"难友推醒她。

"谁说梦话？你有情绪找政府，不许破坏监规纪律。"她口齿伶俐思维敏捷，倒嚷得对方傻了眼。第二天一早，她交了思想汇报，汇报同监房的犯人不安心改造，梦里说胡话等问题。

"开会！四四一、一二零，五三一出来。"一线天一边叫，一边用脚踢栏杆。看来不是"狱警传似狼嚎"，而是"狱霸传似狼嚎"。接下来一句倒是真的：我迈步出监……

"开会的内容是认罪伏法。人人从思想深处挖掘犯罪根源。"一线天巡视会场，如农奴主巡视庄园。

"我先说。"一个嘶哑而尖锐的声音跳出来，是青胎女。

"同犯们：文盲犯，老年犯都抢着发言，这说明改造的形势大好！"一线天的胳膊笔直伸出去，酷似党卫军动作。众人面面相觑，又面面掩笑。

"下面，有请老年犯发言。"一线天用报幕员的口吻，拉开斗争会的帷幕。

"改造多年，我深深感谢共产党，感谢监狱长，感谢大队长，感谢中队长……”随着她点头如鸡啄米，下面有了窃笑。

"小诸葛，我警告你，不要把聪明用在反动立场上。"一线天一捶桌，笑声消失。

"现在，我认识到人民政府多么地爱人民啊！"一个"啊"字吊得高高，拉得长长。就像在北京龙潭湖湖畔自尽的世乒冠军容国团——身子被吊得老高，舌头被伸得老长。

"人民政府一贯爱人民啊！"嘶哑的声音带着歇斯底里的嚎叫。由于嚎叫嘶哑而尖锐，很多人不禁打了个寒颤。"但是，'树欲静而风不止'啊！"说到这，干瘪的脑袋遗憾地转动着，转出一腔赤诚，转出一腔悲愤。

"现在，有一小撮反革命分子，竟向伟大的党、敬爱的毛主席发动了进攻。"

"错……现在不是毛主席了。"小诸葛憋不住了。

"那谁是主席？"青胎女紧张地问道。

"……主席的称呼跳过去。"一线天斟酌着说道。

"反革命分子向……发动进攻。她们放毒，造谣，杀害子弟兵。前天，我组也来了反革命。她是黑甲鱼剖肚心不死，芭蕉叶枯根不烂。关在小号还朝铁门挤，想钻出铁门搞暴乱。我们能放过她吗？"青胎女举起手臂。

"不能！""当然不能！"会场热烈地回应道。

"我们要把她批臭、批烂，再踏上一只脚，让她永世不得翻身！"她再次举起手臂，不过这次不是一只，而是一双。

"说得好！说得对！"一线天率先鼓掌，于是掌声响起。"同犯们，在大是大非问题上，我们一定要和党中央保持一致。下面谁发言？"

"我发言！""我表态！""我献决心书！"众人争先恐后嚷着，会场气氛达到白炽化。

"穷凶极恶的暴徒。""反革命女匪首。""丧心病狂的造谣者！""投靠帝国主义的汉奸。"谴责和声讨，咒骂和愤慨，唾沫和石头，一齐朝我扑来。我这只"过街老鼠"，终于淹没在人民战争的汪洋大海里。

大会开成了一个团结的大会，胜利的大会，一如党代会，团代会，青代会，妇代会，人民代表大会一样载入史册。十亿中国人五十六个民族紧密地团结在某核心周围，高唱凯歌，奔向共产主义！乌拉！乌拉！

靶子重回小号时有人呼唤我，原来是水水，她已经被押到监狱。水水公判时，前有摩托开道，后有囚车压阵，场面恢宏，万人空巷。

"孙宝强，我判六年，薛尚礼判八年。你好吗？"

"好!"我言不由衷。打掉牙齿往肚里咽,是我一贯的风格。

"快进小号。"老太朝我使个眼色。我回过头,无数双警惕的眼睛炯炯地看着我。现在我是监狱首恶,恶中之魁。我如耗子般"吱"地窜进小号。

"五三一,你福气好,比我少判一年。"一二零带着妒意说,"你看我的判决书。"

一二零是著名的上海光新路烧火车事件的犯人。她的判决书上写着:"……衬衫领子第二颗纽扣敞开。六月x号在现场,情绪激动;六月x日在现场,挥动手臂。充分暴露她反对社会主义,仇视人民政府的阴暗心态……"尽管"文革"语言的重重叠叠,依然勾勒不出她的犯罪事实。

平心而论,除了大而无当,笼而统之的论点,根本就没有犯罪论据。一丝都没有,一点都没有。这与其说是判决书,不如说是"梁效"的社论。

"我好冤啊,他们说我有前科。什么是前科?三年前,保卫科长公报私仇,硬把我送去劳教。通过申诉我讨回了公道,可他们还说我有前科。"她拿出了"撤销劳动教养"的裁定书,上面有鲜红的公章。

这一刻,我被深深震撼了。白纸黑字,黑字白纸,小葱拌豆腐,一清二白。把这两张纸拿到天涯海角,都证明她是无罪之人。如果说我是"杨乃武与小白菜"里的小白菜,她就是货真价实的窦娥。

四四一没拿出判决书,却说出她的案情。她在六月四日学生汽车放轮胎气时,主动请缨回家取工具。工具拿来,放了五只轮胎的气,于是法院判她五年。

"天呐!一只一年,就是造金轮胎也没有这么贵啊!"她惊呼一声。

天真冷啊!西北风呼呼地刮进来,一个劲地朝骨髓里钻。栏杆外是水斗,除了放水,兼有漏水,渗水,滴水的功能。如果一星期不擦地,开个青苔店没问题。

小号除了栏杆,其余三面是墙。墙很厚重,估计十个手榴弹也奈何不了它。问题是厚重的墙一点也不御寒,阴冷如幽灵长驱直入,把我的骨头搅得周天寒彻。

我把所有能加的衣服全加了,还是冷得瑟瑟发抖。我翻开包裹,把最后一条短裤套上去。现在我可以自豪地申请吉尼斯纪录:我已经套上五条短裤。

四四一也感冒了,清水鼻涕流个不停。流就流吧,问题是不但妨碍抄写进度,还影响抄写质量,一旦被退前功尽弃。擦不净的滴答,抹不净的滴答。四四一一怒之下,卷起草纸塞进鼻孔。望着鼻孔外两根又长又白的"溜弹炮",我笑了。

"笑什么？"

"想起一篇文章，谈的是堵塞和疏通。"

"啥文章？"

"燕山夜话。"外面一声呼唤，四四一扔了笔朝外冲，她带着两管榴弹炮去见朝天鼻。

瘦姑娘拎来热水。她是川沙一家商店的职工，星期六快下班时，朋友来买录音机，走时约定三天后付款。

星期一刚上班，店长就关门盘货，然后以遭窃报案。三天后，朋友把款子拿来，但生米已煮成熟饭：公安局已经立案。三个月后，她因盗窃罪被判一年半。

这期间，全体川沙人都知道店长在报复她，报复因性骚扰而遭到的拒绝的她。这期间，她申辩过自杀过上诉过。但法律现在变脸了，不再是人尽可夫的婊子，而是刀枪不入的金刚模子。

"你快出去了，好幸福啊！"一二零对瘦姑娘说。

"幸福在哪？就是出去也非自由身。从判决的那一刻起，脸上就烙下抹不掉的金印。"

"不就一年半？"一二零一撇嘴，"有啥了不起的。"

"哪怕一天，也证明你有罪。"瘦姑娘神情极其黯然。

"我不管，四年后我照样潇洒。"一二零满不在乎地说。四四一容光焕发地从办公室走过来，朝一二零使了个眼神。下午，一二零也被叫到办公室，回来也容光焕发，也朝四四一使了个眼神。从这天起，她们有了默契，有了心照不宣，有了甜蜜的小秘密，有了组织的重托。

我知道，朝天鼻的策反成功了，她最擅长的就是这种把戏，这种下三滥的把戏。在她身上，完美地烙下了共匪的特色；在四四一和一二零的身上，也完美地烙下了国粹：人斗人，人咬人，人揭发人，人监视人。

马上能写家信了。在信里附上接见单，然后扳着手指算日子。不经过牢狱之灾的人，无法理解"家书抵万金"的涵义——它是沙漠里的清泉，它是长夜里的灯火，它是绝望时的希望，它是苦难中的一抹亮色。

七个月了，终于能提笔给亲人写信了，我有千言万语要倾诉。我一遍遍打腹稿，一遍遍地构思：既要通过安检门，又要说出心里话，难度太高太高。

一声呼唤，中断了我的构思，原来是再次觐见朝天鼻。

"上次谈的问题，考虑得怎么样了？"

"……啥问题？"

"就是揭发和监视的问题。"

"哪有问题……除了写就是抄，人都成了冰棍。"

"你不揭发别人，但别人会揭发你。"朝天鼻得意地抖着腿，抖得稀里哗啦。"揭发你有恶毒攻击的现行。"

"什么现行？"

"'燕山液化'是啥？液化气不疏通而堵塞是啥意思？"水泡眼恶狠狠地瞪着我。

"哦！"我一悚：四四一出卖了我。

"是否要用液化气制造一场大爆炸？"

"不是'液化气'，是邓拓写的《燕山夜话》，'文革'后已经正名了。"

"放肆！你以为你在演讲？告诉你，你的反动言论举不胜举。'大监狱里套小监狱'说过没有？"

"……说过。提篮桥是大监狱，现在又关小号，这不是大监狱里套小监狱吗？"

"你能言善辩，才思敏捷，好得很！"她冷笑着，"这个月停止接见。"

"理由是什么？"我愤怒地问道。

"理由是和新犯人说话。"

"你是说……"我知道她说的是水水。

"还有什么话要说吗？"她眯着眼，高兴地说，"你不靠拢政府，自然有人靠拢政府。现在停你一个月，再不老实停你三年。你信不？"

我恶狠狠地看着她。我还有什么不相信的？事实已一次次打破不相信的底线。要是现在说月亮是方的，雪是黑的，我也信。颠倒黑白算什么？指鹿为马算什么？

一进小号，就看见两双目光炯炯，神采奕奕的眼睛。这是同胞的眼睛，又是异类的眼睛；这是犯人的眼睛，又是卧底的眼睛。丑陋的中国人，丑陋在精神；"东亚病夫"，病在灵魂。几乎所有中国人都擅长"窝里斗"，酷爱"小报告"。眼睛盯着政治晴雨表，手里攥住利益铁算盘；时兴恃强凌弱，风靡落井投石。锱铢必较，睚眦必报。没有劫富济贫侠义风，没有敢作敢当一身胆。对权贵，脱靴磨墨摇尾乞怜；对同仁，披荆斩棘内战正酣。二双高度戒备的眼睛，让冰窖样的小号更冷了。

"五三一，队长和你说啥？"四四一关切地问道。

"是啊，和我们说说。"一二零附议道。

"没啥可说的。"

"难道没有……"四四一探究地盯着我。

"难道她的话是最高最新指示，要我一句句背诵？"我冷笑着。

"我……没打你小报告。"四四一心虚了。

"打了又如何？不就是三个三百六十五天？"我转过身。

"对！我们再咋的，也比你少吃官司。四四一，队长咋说你有前科？"一二零兴高采烈地问。

"不是前科是立功：我和婆婆打架被拘十五天，但拘到一星期就提前释放了。"

"难怪队长让我向你学习再学习，原来你的特长就是抢跑道搞揭发？"

"有抢不抢猪头三。告诉你，抢跑道是最佳捷径，也是两点间最短的直线。"四四一兴奋地说。"本来我还想……"一二零一声咳嗽，四四一忙捂嘴。二人迅速交换眼神，又会心一笑。

"听说你的接见被取消了？"用水时，瘦姑娘轻轻地问。我点点头。"你应该去求队长，她是刀子嘴豆腐心。"

"不！"我咬紧牙关。

"没有接见就没有冬衣，没有冬衣可不行啊！天天坐在潮湿的地上，肯定会得关节炎。"

"我的关节……已经开始疼了。"

"不要因为三年，毁了一辈子的健康。"

"我……"憋了许久的泪，终于滑落。

"现在一月底，二月份更冷，你绝对受不了。"她担忧地看着我，"你去求队长吧！"

"不！"我一甩眼泪。

"你们说啥？"四四一凑过来。

"我啥也没说。"瘦姑娘拎着桶跑了，我打赌，她跑得比兔子还快。

接见的日子到了，广播里叫着一个个番号，犯人喜气洋洋下楼，又神采飞扬上楼。接见是充电器，是核燃料；是心灵的抚慰，是绝望中的希望小苗。

我用草纸紧塞耳朵，奋笔疾书抄写监规家法。几天后姐姐来信：你究竟犯了什么罪，被停止接见？全家因紧张而惊恐，精神都快崩溃了。

丈夫也来信了：我已经把羽绒衣裤送到监狱；我和儿子等待着下个月的会见。

一个月后，我终于结束了大监狱套小监狱的生活，被分到了二中队。不过，一大包冬衣始终没有收到。

第五章 溃烂的红苹果

施虐者与受虐者

一个漂亮的队长，从水泡眼手里引渡了我。她微笑着对我说："希望你能适应这里的环境。"两个月了，水泡眼的高压激起我的愤怒和抵抗，眼腺早已干涸。但她的微笑，却让我眼睛湿润了。恍惚中，丽娜管教又回来了。

"我是四五一，打开你的行李。"学习组长和蔼地说。她肤色白净，声音柔和，举手投足一派儒雅，"……就这点衣服？你的冬衣呢？"

"家里已经送来了，但是我没有拿到。"

"我帮你问一下，这两天太冷了。"她一招手，一个浓眉大眼的姑娘笑着把我的行李拎进小监，一位老妪起身让位，送我一个微笑。天呐！短短的五分钟里，我竟收获四次微笑。

"你睡里面还是外面？"姑娘问道。

"我看你还是睡里边好。"老妪急忙说道。

"为啥一定要她睡里边？"姑娘脸上挂满了笑容。

"我这是为你好。"老妪把披着的头发一捋，露出长长的獠牙，"你晚上蹬被，我为你盖。"

"可我要和五三一睡这一头。"姑娘苹果般的脸上露出孩子般的任性。

"求你了，你睡里边。"老妪朝我鞠个躬。我也忙鞠躬：来而不往非礼也！

"啪！"一记重重的巴掌。"不要脸的娼妇，你就不给自己留面子。"

"打死我也要和你睡一头。"老妪蜡黄的脸上沁出一层汗珠。

"啪！"又一记更重的耳光。我扔下行李走出去。睡里边还是睡外边，悉听尊便。

走廊的长桌上围着一圈人。劳动组长称了一盆棉纱给我。我一瞥番号：三八八，诈骗犯判七年。

劳动大姐托着蒸饭格上楼，老远就发出火车头般的"呼哧"声。她扔下饭格又拎来一桶菜。三八八只瞥了一眼，就痛苦地闭上眼。

"怎么顿顿水煮青菜？"有人轻声抱怨道。

"以后怕是青菜也没得吃了。九大队利润是负数，连男监也歇了。"劳动大姐用勺子敲打着盆子，"没活就没利润，没利润就只能吃猪食。"

下午五点。"收工。"三八八一敲桌，排队交公粮的队伍立马形成。小苹果交完后撒腿就跑。放水，擦地，倒水，放水。身手敏捷，动作利索。十分钟后，所有人全进了小监。

小号面积三点三平方米，墙壁干燥，地板干燥。虽然我仍穿着单衣，但不再冷得发抖。

"盗窃罪，两年。快上新生组了。"小苹果兴致勃勃地介绍自己。（新生组指快出狱的犯人组）

"你几岁？"我看着那张年轻的脸，不禁为她感到惋惜。

"十八刚过十七天。"虽然老妪的脸上还留着巴掌印，但她依然抢先回答，不甘落后。

"你男人和你离了吗？"小苹果把我的番号牌子转过来。

"为啥要离？"

"离婚是普遍现象，不离是特殊现象。"她老气横秋地说，"三年一瞌睡，五年毛毛雨，七年八年快来西，十年以上算官司。只要有大帐，活得不要太潇洒哦！譬如一次旅游，一次插队，一次体验生活，一次拍电影。"

这话很熟悉，我想起公判时 A 青年说过的话。这话那话，似曾相识但含义不同。

"你的事……我们都知道了。"小苹果大大咧咧地说。

"监狱不是不允许谈论案情吗？"

"傻事还需广播？"小苹果大笑，我也苦笑：一个可以做我女儿的人，居然说我傻。

菜来了，黑色的青菜上有两条小黄鱼。小苹果拈起鱼往嘴里送，眼睛还没眨一下，鱼已经下肚。老妪把黄鱼夹进茶杯，然后用舌头舔手指，呣巴呣巴舔得欢。舔完后闷头扒饭，像拾荒婆在扒废品。

"老母猪！吃点猪食嚼点泔水声音还这么响？"小苹果蹬了她一脚。

"是我不好。"老妪抱歉地说。嚼饭声消失了，但另一个"格格"的怪音出现了。老妪站起来，伸颈昂头摇晃身体，想让饭流进胃里。但干饭没有流动性，所以填鸭的表情显得极为痛苦。

"你让她说话吧。"我对小苹果说。

"老母猪嚼吧……"小苹果一挥手。

"叭叭叭叭"声响起，接着是长长的透气声。"我是假牙……"老妪感激地看着我。

"土豆烧牛肉的味道好吗？"小苹果问。我知道她的"醉翁之意"，但我不喜欢你来我往这一套，所以没有接话。

"我这里给你留着呢！"老妪掀开茶杯，小苹果拈起黄鱼送进嘴里。

"别噎着。"老妪高举水杯献上哈达。小苹果咕嘟咕嘟喝下水。"小手油腻，擦吧。"老妪掏出一块雪白的手帕。看到手帕，我就想起杨琼赠我的手帕，想起宏伟的中山陵，想起孙中山"联俄，联共，扶助农工"的悲剧性政策。

"这手帕，我藏了一年没舍得用。"老妪笑着，像完成了多年的夙愿。

"还有几块？"小苹果问。"没有了，没有了。"老妪急忙用胳膊挡住包裹，如孔乙己护住"不多也"的茴香豆。小苹果一把抓住老妪，把油腻的手擦在她的衣襟上。

"五三一，如果她自己用手帕，挖我的心也愿意。"老妪拍着干瘪的胸脯，"可是她……送人啊！"声音凄怆，像临终的告别。

"说下去！"小苹果鼓励道。"说就说！小白脸坑蒙拐骗，她是标准的白眼狼。""啪！"一记火辣辣的耳光下来，老妪勇敢地承受，而小苹果却揉着手。

"打了老脸不要紧，但不能扭了嫩手腕。"老妪抓过她的手，痛心地抚摸。小苹果微笑着蹬出一脚，老妪一声惨叫。

"收碗！"外劳动嚷着。老妪侧着身，偷偷把碗里的鱼骨塞进嘴里。

"我要喝水。"小苹果倚在墙上，半搭着眼皮。老妪赶紧咽下鱼骨，解开棉袄。一只水罐吊在老妪颈上，躺在老妪温暖的胸口。老妪打开水罐，递上水罐，小苹果呷完后推回去，老妪拧紧盖子，再把水罐吊在自己的颈上，然后再扣上棉袄扣。二人一送一接，一推一收，动作娴熟，配合默契，俨然是抽大烟和烧大烟的一幅素描。

"水还是热的。"小苹果咂着嘴说道。

"姑奶奶，水一秒钟都没离开我的胸口，绳子牢牢拴着了！"她炫耀地拉了拉绳子。

"你喝过水吗？"小苹果乜着眼。

"打死也不喝，热茶是给姑奶奶准备的。"

"五三一，你看她贱不贱？"小苹果问道。

"贱！"我不假思索地说，"就是太监服侍皇帝也没这么贱。"

"哈哈哈！哈哈哈！"小苹果放肆地笑着，老妪也陪着笑，不过是尴尬的笑。

睡觉的哨子响了。"五三一，你还是睡里边吧。"老妪的眼里，充满羚羊般的凄切。小号只有三点三平方米，要放粪桶，还要放包裹。所以靠铁门并排睡两个人，另一个人睡在放粪桶的里侧。

"五三一，你睡外面。"小苹果坚持道。

"我求你了。"老妪泪光盈盈，"她晚上会蹬被子，一蹬被子就着凉，一着凉就感冒。"

"要你这个老娼妇管！"小苹果勃然大怒。

"我怎能不管？你蹬被子，是要我的命啊！"

"铛！"小苹果抄起茶杯，老妪头上新添了一个小凸包。我拿起被褥朝粪桶走去。

今天的劳役是拆纱。六四屠杀后，出口订单锐减，一贯财源滚滚的女监，现在只能以拆纱为生。我坐在工场间正"嘶嘶"地拉纱，眼前突然闪过一道白光。我定睛一瞧，这不是闪电，而是一颗花白的脑袋。

老妪由于完不成产量，只能蹲在小号拆纱。此刻的她侧身贴着栏杆，头颅一进一出，身体一伸一缩，既像出洞前的耗子，又像在攀爬的壁虎。她睁大浑浊的双眼，全方位地扫视工场间：比排地雷的工兵还谨慎，比听声纳的雷达兵还专注。小号虽然能禁锢她的身体，但不能禁锢她的感情。她的全部感情，都浓缩在一个点上。

此刻的小苹果坐在一个小白脸身边，含嗔带情，俏目鲜腮。小白脸宽阔的肩膀，时不时和她的粉肩来个小碰撞。老妪痛心地浏览着这一幕。此刻，她的眼里不但有幽怨，更有痛彻心扉的妒忌。我被她如此丰沛，如此丰盈的眼神震撼了。

"你真坏！"小苹果半嗔半醉地飞了个眼波。

"男人不坏，女人不爱。"小白脸恬不知耻地说道。

"干活！"三八八叱道。于是小苹果垂下眼帘，小白脸偷偷把自己的腿靠过去。

吃午饭了。小苹果一进小号，抄起鞋就是"噼噼啪啪"一顿猛抽。

"啥声音？"

"组长，我在拍地板上的灰。"小苹果娇滴滴地说。三八八一走，她立即高举起软底鞋猛抽老妪。装了消音器的手枪降低了分贝，现在，只能从打人者和被打者共同沉重的喘息中，了解鞋的分量。

"还看嘛？"

"打死也要看。"老妪脖子一拧，有刘胡兰的不屈。小苹果扔了鞋，五指朝她的眼睛抠去。

"适可而止。"我一把打落梅阴风的铁砂掌。

"还看？"小苹果怒目而视。

"人在，眸子在；眸子在，视线在。"老妪神色坚毅，宁死不屈。我退出三八线，重新端起了碗。

四五六拿着单子从办公室走来，工场间顿时沸腾了，比毛主席接见红卫兵还热潮涌动。四五六逐一派发接见单。发到的人乐不可支，没发到的人脸色阴沉。

一张发灰、发暗的接见单终于躺在我手上，这是亲人相见的通行证。

"五三一，你知道她为谁坐牢？"小苹果朝老妪一努嘴，"她为她男人和他的姘头坐牢。她偷了一箱羊毛衫给男人的姘头，判刑后，男人连张草纸都不给她。"

"……他毕竟是我男人嘛！"

"男人早蹬了你，你就是衣服脱光光男人也不上你……"从小苹果娇嫩的嘴唇里，蹦出一串串下流话。

"打住！"我沉下脸。骂乏了的小苹果朝后一仰，老妪忙推过包裹垫在她身后。小苹果翘起二郎腿，二指下意识地晃动，这是抽烟的动作。

"……你知道我几岁吗？"老妪问道。

"大概六十岁。"

"我今年三十五。"老妪苦笑道。

"我眼力不行！"我连忙安慰她。

"我知道自己是卡西莫多。"

"卡西莫多也有一颗善良的心。"

"我是丑，却是烈士后代。进单位后我努力学习……"

"对，知识能改变命运。"

"单位的书记给我介绍了一个最可爱的人，可惜他在黑龙江工作。"

"可爱的人把你当跳板，到上海后露出狐狸尾巴……这种故事屡见不鲜。"我笑道。

"老娼妇，给你糖精当奶糖。"小苹果抖着脚，"你没脑子？"

"我……我有过犹豫，但书记一句话打消了我的顾虑：'婚事由组织定，今后有事找组织。'"

"他不操你，也找组织？"小苹果恶狠狠地说。

"那时我非常相信组织，我真的很傻很天真！"老妪一脸懊悔。

"不要自责，历史的局限性不能由个人承担，你只是重蹈覆辙而已。"我再次安慰她。

"精辟之至。"老妪激动地说，"这是个塑造图腾的年代。相信每一句语录，相信书记的每一句话。"

"你为啥不去告他？为啥不去揍那个小婊子？"小苹果问道。

"忍一忍……海阔天高。"

"忍到和小婊子以姐妹相称，忍到给奸夫淫妇让床，忍到给狗男女买壮阳药……"

"我想感动他们，我想曲线救国……"幽暗的灯光照着她，一簇黄黄的、没光泽的头发搭在脑门上，使她的丑陋更增添了悲剧色彩。

"五三一，她一进看守所，男人就送来离婚书。她不但同意，还拿出一笔钱馈赠……"

"馈赠？"

"这笔款子是她妈临死前委托她保管的。因为她弟弟是戆大，生活不能自理。为了讨好奸夫淫妇，她进贡了自己弟弟的活命钱，牺牲了戆大的利益。你说，世界上哪有这样的姐姐……"说到激动处，老妪又挨了小苹果的一顿老拳。

"这是真的吗？"我认真地问道。

"我想和他们搞好关系……我知道我很丑陋。"

"哀其不幸，怒其不争。"

"我相信……中庸之道，我想感化他们。"

"中庸不等于奴才，你比奴才还奴才。"我冷冷地说道。

今天是星期天，也是洗衣服的日子。

"五三一，你洗几件衣服？"

"一件。"

"你把余下指标给我。"小苹果高兴地说。我摇着头，中国是指标大国。肃反有指标，粮食有指标，反右有指标，牛鬼蛇神有指标，就连洗衣服也有指标。

老妪朝衣服上打肥皂，头发披在耳边，让一往无前的獠牙更显锐利。

"老东西，洗干净点！"小苹果把腿搁在墙上。

"你就放一百二十个心吧！"老妪一甩头发，汗津津的脸上满是谄媚的笑容。

"五三一，这声音像什么？"小苹果抖着脚，朽烂的地板发出阵阵呻吟。

"耗子叫。""再猜。""锯木头。""再猜。""总不会是圆舞曲。""你仔细听,至少可以望梅止渴。"她暧昧地笑着。

"笑什么?"我把草席盖在正方形的蒙古包上。

"这是造爱声。你现在是否感到失魂落魄,灵魂出窍?"

"你这么小,就这么下流?"我冷冷地看着她。

"食色,性也!"她一字一顿,"这是伟人的语录。"天呐!墙里墙外都在打着鲁迅的旗号。

我正在构思家信的内容,小苹果进来了。她眼如深潭波光潋滟,脸如桃花娇羞可人,身上仿佛带着二百二十伏的电流。

"回来了!"老妪激动地迎上去。小苹果推开她,直扑蒙古包,片刻便擒获一罐午餐肉。

"这是我的。"老妪一把抢过午餐肉,"你知道吗?小白脸爱的不是你,而是物质!物质!"老妪声音高亢,神情坚毅,完全符合老布尔什维克的形象。

"亲爱的老宝贝,给你一个香吻。"小苹果俯下身。

"天呐!"红晕爬上脸颊,老妪被电流击中,她的头一点点垂下去……

"嚓!"小苹果抢过罐头奔出去,只剩下呆若木鸡的老妪,只剩下头颅下垂的老妪。天呐!小苹果果然是个奇女子。她不但有毛老头的谋略,还有诱敌深入的计策。先是温言暖语,卸下对方的戒备,接着是觑准七寸,攻其不备。

外面传来浪笑,一声比一声响,一声比一声脆,这是午餐肉带来的能量。老妪踅到门口,肌肉紧绷,双手下垂,侧身贴墙,身躯不动,如"钟馗嫁妹"里的耗子精。

时间到,进监房。小苹果一进来就挥鞋而上。一个打得呼哧呼哧,一个被打得呼哧呼哧。二人如签了生死协定,一概不发声音。

我侧过身,拒绝目睹。暴力的影像投在墙上,像二十世纪三十年代无声的黑白电影。

"下次还看不看?"小苹果终于打累了。

"有眼就看。"老妪百折不挠,越挫越勇。

"扎瞎你的眼。"小苹果举起竹针,踮起脚尖;老妪迎针而上,毫无惧色。小苹果扔了针,抄起一本书就朝她的脑袋砸去。一连砸了 N 下,脑袋却如合金钢般岿然不动。小苹果大口喘气,东张西望,猛地把书扔进马桶。老妪猿臂一探,随手捞出。可惜功亏一篑,书的下半部还是湿了:这是一本《绒线编织大法》。

"快用水冲一下，然后平摊晾干！"我指挥老妪采取紧急处理法。正处理到一半，老妪突然竖起了招风耳。

"有情况……"她把招风耳贴到墙上。

"又怎么了？"

"有信号！"

"SOS？"我冷笑道。

"色胆包天呐！色胆包天呐！"她对着墙捶了几拳。

"这里是渣滓洞。一号二号，你是江姐，我是许云峰。"我笑着说道。

"咚咚咚！"小苹果对着墙壁就是三拳。"咚咚咚！"三拳传过来。好！这是监狱的回音壁，这是监狱的爱情墙。

"不得了了……"老妪捏紧老拳，一副痛心疾首。

"又怎么啦？"我笑得直不起腰来。

"敲三下啊！敲一下是问好，敲两下是有事，敲三下就是……"

"芝麻开门。"我使劲憋住笑。

"不！敲三下就是英语'我爱你'。这问题严重，这问题严重，这说明……"老妪严肃得不能再严肃，认真得不能再认真。

"这说明你的骨头又痒了。"小苹果卷起袖子伸出手，一场战争迫在眉睫。

"难道你忘了你妈的嘱咐？"老妪话一出口，小苹果颓然地垂下头。

"用水！用水！"贾母敲着水车。老妪抄起两只脸盆，弯腰弓背朝外冲。罗圈腿愈发罗圈，人也愈发佝偻。不就是一盆水？为了水宁可折了自己的脊梁骨，这不但是她的思维方式，还是中国人的思维方式。

"下一个！"贾母关上了水龙头。

"再加一点！"半蹲的老妪发出热切的恳求。

"滚！"贾母威风凛凛地喝道。

"阿奶！这只脸盆是我的。"小苹果奶声奶气地摇着腰肢走来。

"晓得了！"龙头打开，热水飞流，溅起一道白练。小苹果端着大盆，凯旋而归。老妪端着小盆，踯躅奋脑。主仆对照，极其鲜明。

热水里漫出一团白雾，小苹果在雾里忙得不亦乐乎。一声口哨传来，贵妃出浴的她，一整衣衫飘出门。老妪正跟到门口，小苹果杀个回马枪。一阵"大珠小珠落玉盘"的暴打后，小苹果哼着小调重新出门。老妪一手捂脸，一手端着主子的脏水直奔水斗。

"我的书怎么湿了？"大清早，猥琐女就嚷开了。

"对不起！"老妪朝她手里塞了一块香皂。

"不行！"猥琐女五指攥着肥皂，嘴里兀自嚷着："湿书我不要！"她把书扔进来。我翻到书的末页，价格一元五角，蓝章上盖着"五折处理"。

"书是你捡来的，这香皂要四元。"老妪陪着笑。

"烫金书不要，羊皮书不要，我只要一模一样的书。"猥琐女蛮横地说。

"我真的一无所有了。"老妪苦笑着说。

"你是无产阶级，有人是资产阶级。"她的眼睛落在我包裹上，我抽出一叠草纸和两块肥皂扔给她。

"早这样，不就得了！"猥琐女拾起东西，大笑着离去。

痛说家史

今天是接见日。小苹果连换了三套衣服，老妪用复杂的眼神瞅着她。这眼神让我想起卡西莫多看爱斯梅拉达的眼神。

"穿得再好，外面也罩囚衣，害我三次整理蒙古包。"我不满地说道。

"接见路上有货真价实的男人。我把领子敞开，露一点是一点。"

"一片苦心，苍天可鉴！"我冷冷地说道。

"没这片苦心，活着有啥意思？"小苹果出门时扫了老妪一眼，眼里有鄙视更有炫耀。老妪痛苦地扯着满头的枯发。

我的心，如欢快的鼓；我的心，如欣喜的锣。排队，下楼，走过长长的甬道。等待，放行！再等待，再放行！我终于站在了铁丝网前。

"妹妹！"一个身影扑上来，却被铁丝网弹了回去。提篮桥的网，是世上最坚韧的铁丝网。

是大姐。才八个月，已面容枯槁，人比黄花瘦。"你究竟犯了什么，被停止接见？"她慌慌张张地问。

"因为和犯人说了几句话。"

"就为了这？提篮桥是先进监狱，难道没有法？"大姐激愤地嚷着。管教咳嗽一声，表示他的警告。

"收不到接见信，全家急坏了，怕你想不开……上星期来打听，他们不理睬。我坚持要找监狱长，他们才叫出了队长。戴队长说你严重违纪。我们问严重到什么程度，她不说。"

"她根本就没有理由。"

"你好吗？"丈夫微笑地看着我，"为什么要想不开？你应该昂首挺胸，因为你根本没有罪。"我俩相视一笑。

"妹妹你要想开啊，杨浦区定海路爱国二村的大毛说了几句话就判了七年，比你还冤。"

"是……吗？"

"至少你在演讲时抨击了政府，至少你还带领群众设路障抗议。他只是杀了一条狗，弄了一手血。然后他说：这是北京的血，这是学生的血。有人汇报居委会，居委会打电话给警察，警察乐不可支，因为立功的机会到了！一贯先进的杨浦法院，以最快速度判他七年。可怜老的老，小的小，残的残，病的病……"说到这，姐姐哭了。

"这是什么世道！"丈夫攥起拳头，我无言以对。

"我家隔壁邻居阿昆的老师也被判了。从丈母娘家吃饭回来，路上遇到学生设路障，他把孩子交给老婆，自己卷起袖子帮忙，结果被密探一路跟踪到他家，被判三年。"

"又一个'扰乱交通秩序罪'。"我冷笑道。

"上个月他被押到大西北，孩子只有六个月。作孽啊作孽，我们也怕你被押到大西北。"

"我来时，许多人让我捎话给你，让你一定要挺住！挺住！"丈夫郑重地说。

"儿子……好吗？"我努力挤出笑。这是堵在我胸口最沉重的石头。

"老师对他很好，但……"姐姐欲言又止，欲止又言，"他变得孤僻，又硬又冷……像一块冰。"

我的心一阵绞痛，五脏六腑在痛，浑身骨骼在痛，痛彻骨髓的痛，窒息绝望的痛……

"我们离婚吧！"我大声嚷着。

"你说，我会和你离婚吗？"丈夫反问道。

"我一定要和你离婚。"我坚决地说。

"我们可是一条战壕的战友，心心相印血脉相连。不过啊，你在里面我在外边。"丈夫爽朗地笑，逗得我也破涕为笑。

"今天总算收下你的冬衣，真比孟姜女送寒衣还难呐。"大姐感慨着，"上月，门卫同情你而收下羽绒衣。想不到二天后，戴队长让我们把羽绒衣拿回去。她说，没接见就不能送衣服。我说，接见被取消，冬天不会取消。瞧她那无耻的嘴脸，我气不打一处来！同是公安，看守所的所长和指导员多好啊！看她也是个学生，怎么就坏成这样？"大姐愤愤地说。

"被洗脑换脑了。"丈夫说道。

"今天零下一度，你穿什么？"姐姐问道。

"把所有的，能穿的全穿上了。"虽然我冷得发抖，但我还是硬挺起胸膛。

"你冷吗？"大姐关切地问。

"不……"我咬紧牙关。

哨子声如鬼魅般尖利地响起，接见结束了。真想让时间在这里凝固，在这里定格。但是……我只能走了。我一步一回头，一步三回首。就在我最后回眸时，我看见丈夫的外套上有一道被撕开的口子。口子很长很长，像一颗被划破的心。

夜色如帷，黑暗吞噬了一切。我呆呆地看着栏杆外，虽然什么也看不见。

"今天你丈夫……提离婚了吗？"小苹果小心翼翼地问。

"他说：'我和你是一条战壕的战友，你在里面我在外边。'"我一字一字地说。

"可是他……怎么解决……自己的生理需求？"

"人和动物最大的共同点是都有本能；人和动物最大的区别是人有思想。不要整天想着那件事。我们是人，是有善恶是非的人，不是发情的猫，不是发情的狗。在正义前，在暴虐前，在受苦受难的孩子面前，这不值一提。"我暴怒地说。

"你怎么了？"

"我……对不起我儿子！"我捂住脸。小苹果默默地把手帕递给我。

"我能理解母亲对孩子的感情。"小苹果缓缓地说，"我母亲虽然死了，但我一直记着她。我出生在天山脚下，父母都是农村小学的老师。有一次我翻家里的钱，翻出老畜生当年的奖状。那奖状让我开了眼：优秀教师，先进党员，学习毛主席著作积极分子，政治辅导员。这畜生能辅导学生，这不是羊群里跳进一头狼吗？"

老妪吃吃地笑了。"你咋这么说你父亲？"我诧异道。

"当我捧着这堆奖状时，我就立下毒誓，只要我活一天，就要折磨老畜生二十四小时。我是他的克星，我是他头上的紧箍咒。"

她顿了顿，接着往下说："我十岁时，母亲患了类风湿关节炎，回上海住在外婆家。钱包一天天瘪下去，病情一天比一天严重。父亲搂着我，除了叹息就是叹息。他身上烟草味没了，他把几十年的烟戒了。几天后，父亲从脚手架上摔下来，工人们把他送到家，凑了些钱走了。外婆和舅舅冷着脸，再也不搭理我们。

有一次半夜醒来，我看见父亲跪在母亲的脚下。母亲在哭，父亲也在哭。

二人哭成一对泪人。几个月后，我开始上学，母亲重新看病。父亲的背直了，头发油了，他买下隔壁房子又请了保姆照顾母亲。从此，家里没了指桑骂槐声，只有"哗哗"的洗牌声。母亲衣服光鲜但没有笑容，她甚至比以前更忧郁。

那天是外公七十大寿，父亲让秘书送来一堆礼品。外公对母亲说："把保险箱里的宝贝给我，让我看一看唐伯虎的真迹。"母亲说："……画没有了，让孩子的爸爸拿走了。为了工程招标，他用唐伯虎的画做了敲门砖。"一小时后，舅舅押着父亲回家。父亲说："画给了发工程的区长，区长给了他情妇，情妇把画卖到了香港，画是无论如何追不回来了……"外公的眼朝上一翻，没有再翻回来。

外公大殓后，父亲基本不回家，整天和一群女人鬼混，就是送钱，也让女秘书送到家。一个寒冷的冬天，我醒来后发现母亲不在我身边……原来母亲用一瓶安眠药结束了生命。母亲在遗书上写着："我欠我父亲一条命，你欠我一条命。要我宽恕，除非你善待女儿。"说到这，小苹果哭了。

"后来呢？"现在轮到我把手帕递过去。

"父亲给外婆买了金器，给舅舅买了车子。钱果然是个好东西，他悄悄地摆平了一切。"

"这就像历次的党代会：用武装到牙齿的军队做后盾，达到高度的统一。"我感慨道。

"十三岁的我，发誓要为母亲报仇……"

"你打算怎么报仇？"

"第一步逃学旷课；第二步结交野男人；第三步恭喜他做外公。他逼我说出孩子的父亲是谁。我说，孩子有几十个父亲，我咋知道哪一个？他一掌打来……可是他打的不是我，而是他自己。他边打边说'报应啊报应'。"

"……他终于后悔了。"

"后悔？三个月后，他给我找了个后妈。"小苹果冷笑着说，"新妈是土地规划局长的小姨，她带着局长的'种子'嫁过来。后妈一进门，工程就一个接一个地送上门。"

"权色交易，钱货两讫。"

"孩子满月大摆筵席。局长称老畜生为'孩子他爹'，老畜生私下称局长为'孩子他爹'。我大声嚷着：究竟谁是孩子他爹？客人听了全偷着笑。我说：奶奶的！让全上海男人都做孩子他爹吧！"

"痛快！"

"真爹一来，假爹让贤，让床。趁他们不注意时，我躲进床底下。当床摇啊摇到外婆桥时，我打着手电照在床上，然后哼着小调，倒背双手踱出门。”

“你吓着局长大人了。”

“一周后父亲回家。睡觉前，他端着竹竿冲进卧室，对着床底大扫荡。搜索完毕，他和娃的妈上床。当床摇啊摇摇到外婆桥时，我从窗帘后钻出，打着手电照在床上，然后哼着小调，倒背双手蹽出门。”

“你又把父亲大人吓着了。”

“几天后，父亲找来工匠，把所有的门锁都换了，还给他的卧室换了最高级的门锁，里里外外一番大搜查。我躲在被窝里装睡觉。半夜，我掐算好时间后，点燃了鞭炮。劈里啪啦声震得狗男女冲出门，我又把点着的高升扔过去。当裸男裸女瘫成一堆时，我哼着小调，倒背双手蹽出门。”

“打这以后呢？”

“打这以后，局长大人不行了。后妈给他打电话。他说：‘呦！我阳痿了，正喝汤药呢！’”

“哈哈哈！”

“打这以后，父亲也阳痿了，后妈吵着要和他离婚。”

“你这么闹，你父亲就不管吗？”

“当然管。有一天他抡着皮鞭冲上来，我说：‘你手上有两条人命，一个是外公，一个是我妈……’他当即扔了皮鞭瘫在地上。第二天，他把我送回外婆家。外婆家除了‘哗哗’的洗牌声还是‘哗哗’的洗牌声，老娘一怒之下落草为寇，半年后进了少教所。”

“少教二年，她只蹲一年半。”老妪急忙补充道。

“《少年犯》这部电影看过没？”

“我看了，很感人……”

“我跳四人舞。”小苹果骄傲地说，“电影拍完我减刑半年回家。导演再三让我别再进来……”

“可你辜负了他们的期望。”

“我也想重新生活，可欲望是释放的魔鬼，一旦逃出，再也不肯回到瓶子里；仇恨也是释放的魔鬼，一旦生根，再也拔不了根除不了孽。”

“我理解你的仇恨，但这是制度之恶，体制之恶，你要克制自己本能的欲望……”

“你以为我没克制？告诉你，跳群舞的四只小天鹅全部回炉了；一年后，男女主角也相继回炉了。不是我们不想金盆洗手，而是这个社会太肮脏。再说，大人搞的，难道我们搞不得？”小苹果咄咄逼人地看着我，很有阿 Q “和尚摸得，我摸不得”的遗风。

"我们犯罪，黑推手就是这个社会。"小苹果气愤地说，"只擦地而不关龙头，地能干吗？只选种而不改良土壤，谷子能好吗？"

"话很精辟，也点到源头……但内因毕竟是变化的根本。"

"但外因能诱导内因。出少教所后，我在母亲的墓前发誓一定要做个好人。可是回家一打开电视，就把我的誓言全推翻了。"

"看到了什么？"

"……阳痿分子坐在台上作报告，他已经从局长升到副市长；副区长加妇联主任就是阳痿分子的小姨我的后妈；那个手上有两条人命的老畜生，则成了什么行业的董事长。人渣登台，吆五喝六。清白母亲，命赴黄泉，这世界公正吗？"她冲我嚷着。

"这个社会确实不公平。但是……你可以去揭发他们。"

"你可以去揭发他们。"小苹果模仿着我的口气，"瞧你那天真样！四十岁比十四岁还天真，难怪你要坐牢。"

"你……"我脸红了。

"有一次，我看见老畜生把存折放进花盆，然后覆土种花。三月后，我因淫乱被抓，于是我抢了跑道揭发了这件事。想不到老畜生买通公检法，安然过关继续做他的董事长和人大代表。现在，请问你还有什么金点子吗？"她嘲弄地问我。

"没有金点子。"我老老实实地说。

"五三一！看看你干的好事！"贾母怒斥道。

"我干了啥坏事？"我站起来冷冷地问。虽然知道她是女监的重量级人物，但我不怵。

"别人的桶把手朝里放，你的桶把手朝外放，你想把队长绊倒？"杀人犯一开口就上纲上线。

"我的桶和别人放的没什么两样。"

"别人的桶，把手朝里；你的桶，把手朝外。"

"拎手垂在桶边，朝里朝外全不占一寸地方。"

"就是不占空间，也不许朝外放。"贾母强硬地说。我转过身把脊梁背对着她。这几天她对我横挑鼻子竖挑眼，现在又公然无事生非。

"把手转过来！"她威风凛凛地说道。

"要是所有桶的把手都转过来，我也转。"

"我就是盯着你一个人，怎么样？"她双手叉腰，无赖到极点。我拿起杯子喝水。我惹不起你，但绝不顺从你。

"阿奶！给她点颜色瞧瞧。"

“杀她个下马威！”

“整死她！”群众的呼声很热烈，犯人的情绪很高涨。

“阿奶！谁惹你生气了？”小苹果甜甜地笑着，手却在包裹里摸索。

“五三一不知好歹，太不懂规矩了。”

“五三一刚刚来，她还不懂规矩，现在全凭阿奶指教她了。五三一早把东西准备好了。”小苹果把东西塞出栏杆。

贾母的手真的很大，虚怀若谷严阵以待。东西一到，手心如蚌壳马上关闭。

“五三一，今天拎手我给你转过来，下次你可要注意。”她嚷着，说着，笑着，颠颠而去，丝毫也不掩饰她赤裸裸的索贿。

“为什么用我的名义给她进贡？”我生气地说，“不要把你的观点强加给我。”

“如果你想每月接见，你就一定要进贡。”小苹果坚决地说，“她吃了二十年官司，是队长的红人，一句话顶一万句呢！”

“发明‘一句顶一万句’的人已经摔死了。”

“发明人死了，但是话没死，仍是真理。”

“凭什么队长相信她？”

“二十年了，她把心，肺，灵魂都交给政府。难道政府不信她，而信你这个朝廷钦犯？”

“二十年的浸淫，二十年的潜移默化。”

“她是队长的眼线，监狱的摄像头。收起你的清高，弯下你的脊梁。这不是人类的天堂，而是爬行类动物的地狱。你的致命伤就是天真，天真到想用呐喊和国家机器抗衡。”

“你……”她一语中的，我被她击中了。

“以后你要学着点！”她生气地说，“让十八岁的人来教育三十八岁的人，惭愧不惭愧？”

“……刚才你给她什么了？”

“尼龙袜。记住，袜子的保质期是七天，一星期后继续进贡。她讲究细水长流，一点一点地索取。她还喜欢局部索取。”

“什么叫局部索贿？”

“如果你的菜是荷包蛋加青菜，那就进贡荷包蛋；如果是牛肉烧土豆，就进贡牛肉。进贡不但讲究含金量，还讲究天时地利人和。有个蠢货进贡有洞的袜子，结果被罚洗澡；还有个蠢货在公开场合进贡，结果被停止接见。”

“难道队长不管吗？”

“只要改造的局面稳定，一切都可以忽略不计。就像干部，只要坚持四项狗屁原则，吃喝嫖赌忽略不计。这叫保住大节，忽略小疵。监狱里可怕的不是索贿，而是陷阱。陷阱是圈套，就是垫底的替死鬼。"

"是……吗？"

"外婆家隔壁有个青年，不抽烟不喝酒，吃糠咽菜，一心赚钱为姐治病。终于等到这一天，可押金还差三百。情急之下，他偷了一只阀门去卖。钱没到手却判了四年，押到军工路上的扳手厂。

父母来信说，姐姐因为见不到弟弟，不肯去医院。他知道，如果姐姐再不进行手术，肿瘤就会扩散。晚上，他辗转难眠。一位老犯人对他说："你姐姐如果不做手术，你坐牢就白费了。只要出去的时间不超过二十四小时，就不算越狱。比起姐姐的命，得个监狱处分也值啊！"在老犯人的循循善诱下，他决定铤而走险。就在他实施越狱时，早有准备的狱警一举擒获了他。队长晋升了，老犯人减去余刑，而他加刑三年。"

"天呐！"

"加刑的第二天，他把脑袋放在冲床下，一按开关，脑浆迸溅，一命呜呼。父母知道后，也相继去世，姐姐也成了精神病患者，一见年轻人，就冲上去叫'弟弟'。知道这事的，赶紧绕开她，不知道这事的，肆意调戏侮辱她。不久，她姐姐就死在车轮下。祥林嫂的悲剧，能在鲁镇上传播，能在全世界传播。而他的悲剧，他一家的悲剧，却湮没在时间的灰尘中。风吹过来又吹过去，吹来吹去，全是国际国内的一片大好形势。一个人，一个家，就这么无声无息毁了。"

小苹果说完，小号里是死一样的寂静，囚灯在冷风中晃动，囚灯无语，我亦无语。

外松内紧

我正在洗衣服，突然手不动了，因为我听到"方励之"这个名字。广播里说，方励之已从美国大使馆直接去了美国。我竖起耳朵还想听个真切，但广播已结束。

麻木的心如盆里的皂沫，一点点地膨胀，心被抽得生疼生。方励之，你扔下我们走了，走到一个自由的世界。现在，满世界都知道共产党放了方励之。但满世界肯定不知道，监狱里多了一个孙宝强。

"五三一，队长叫。"我放下手里的活，麻木地走进办公室，双脚沉重得仿佛戴上脚镣。

"早上广播听了吗？"张队长笑容可掬。

"……听了一点。"

"你对方励之赴美，有什么看法？"

"这……"

"有什么想法就说。"张队长很干脆。

"方励之去美国，一是美国政府施压的结果；二是中国政府掩人耳目的手法，它通过释放方励之，平息世界舆论对它的谴责。"我扬起脖子，一吐为快。

张队长惊讶地看着我，我也惊讶地看着她，为自己不计后果的大胆感到惊讶。

"你啊……"队长摇着头，眼里除了遗憾还有怜悯。我受不了她的怜悯，我宁可她凶狠，这样会激起我的斗志。

"你要振作起来，要相信队长……"说到这她停住了，省略号里有许多潜台词。

我冷漠着，沉默着。

"你还想说什么？"队长竟然征求我的意见。

"内外有别，内紧外松。"我脱口而出，"对著名人士和一般人士，对学生领袖和普通工人，实行内外有别，内紧外松的政策。"

"这……既是外交上的需要，也是政策上的需要。"张队长委婉地说。这话模棱两可，既可咀嚼，又不失分寸；既点明观点，又不留把柄，果然睿智。

"前几天你听广播了吗？"

"您是指王丹被判五年的事吗？"

"有啥想法？"

"……当然有。对外橄榄枝，对内铁大棒，对外从轻发落，对内严惩不贷。双重标准是一贯的伎俩。"

"你还有什么想法？"

"就是有，又有什么用？"我突然感到深深的索然。

"振作精神，好好改造！"张队长送给我一个春天般的微笑，这微笑是奢侈品，只能保存不能使用。我迈着比刚才更沉重的脚步，走出办公室。

"张队长和你说什么？"午饭时，小苹果急切地冲进来问道。

"她问我有什么想法？""你实话实说？""是啊！""你又犯傻了。""不说是三年，说了也是三年。既然如此，为啥不说？""你不考虑减刑？""我的减刑不取决于队长，也不取决于我，而取决于上面。"

"有一分希望就要十分努力。"小苹果急切地说。我感激地拍拍她的肩膀。

"你应该跪下来求队长。你上有公婆，下有儿子。你已认罪伏法，也已后悔忏悔……"老妪急切地说。

"啪！"一记响亮的耳光，打断了老妪的絮叨。"这一记耳光，我为五三一而打。"

"为什么？"老妪捂着脸，"难道是因为我……丑？"

"你是丑，但这不是我讨厌你的原因。"

"那是什么？"干枯的手伸过来，她在等待最后的判决。

"我看不起你！我看不起你！你是寄生植物，你是无脊椎动物，你是一条让我恶心的蛆！"说着，小苹果一脚蹬过去。

老妪四仰八叉地躺在地板上。她侧着眼睛，死死地盯着小苹果。她在寻找最后的温情，最后的慰藉，最后的爱。小苹果铁青着脸。于是老妪把眼睛转向我。我冷冷地看着她，懒得拉她起来。

在中国，有多少这样的寄生植物，有多少这样的软体动物。他们需要吃，需要喝，需要本能，需要别人的爱，甚至也需要爱别人。他们唯一不需要的，就是挺直的脊梁骨。

"赶快把纱交上来！"三八八把箩筐朝地上一扔。进组多天，我从未见她笑过，她的脸永远是一块铁板。"从今天起打毛衣，完不成三割！"

"三割就是割接见，割荤，割洗澡。"小苹果解释道。

"五三一，一斤四两毛线。照这个式样打，既不能紧也不能松。绒线一斤四两，成品毛衣也要一斤四两，上下误差在三十克以内。"

"什么时候交货？"

"开什么玩笑？一天一件。"

"可我连……毛衣针都没有。"我嗫嚅着。

"这里是专政机关，不是慈善机关。"三八八硬邦邦地说道。

"那……我让家里带。"

"今天的活要等到下个月干？"三八八冷笑着，"再说，下月的接见还不知道在哪儿呢？你就等着三割吧。"

"拿去。"一副竹针递到我手上。送针的雷锋，就是"绒线编织大法"的主人，猥琐女。

"快打吧。咦？你怎么起老掉牙的头？我教你。"猥琐女手把手做起示范，动作娴熟，态度热情。我想，一定是上次给她的肥皂和草纸感动了她。

我站在门边，就着走廊上的囚灯织毛衣。起风了，囚灯在风中摇晃，昏黄的灯光飘忽闪烁。我揉揉眼，努力把漏掉的一针补上去。

"五三一，你就是不睡觉也完不成劳役。"小苹果抖着腿说，"上啥山砍啥柴，实在没柴搂堆草也行。"

"完不成就三割，三割就意味着谁都能把她踩在地上。"老妪忧心忡忡。

"上有政策，下有对策，车到山前必有路。拍电影时，导演给我安排饮食；提审时，检察官给我搞吃搞喝。"

"又吹……"我低下头，检查花纹是否对齐。

"我对导演说：'导演，你长得好像我爸爸。我爸爸从工地上摔下来死了，我好想他……'导演一听，立马说：'别抹眼泪了，走，跟我去饭店。'我对提审我的女检察官说：'阿姨！你长得真像我妈。我妈被我爸逼死了……呦！胃好疼好疼，我已经四十八小时没吃饭了……'结果检察官真的去给我买吴淞路上的茶叶蛋。"

"你的聪明，都用在阴谋诡计上。"

"在少教所，卖淫的学诈骗，诈骗的学盗窃，盗窃的学卖淫，取长补短互通有无，互授犯罪经验，交叉感染飞速成长。你知道我咋进来的吗？"

"牌子上写着'盗窃'。"

"其实我不是盗窃，而是诈骗，确切地说是色相诈骗，而且诈的是美国鬼子。话说当年我逃出外婆家，来到美琪大戏院。有个男人请我吃饭，吃完后带我回家，然后跟我睡觉。他天天给我一百元，把半岁的儿子交给我照顾。他问我从哪里来？我说我是浪迹天涯的吉普赛女郎。半年后他玩腻了我，就让他朋友来嫖我。他妈的！与其我让你做人情，不如自己做自己的人情。我给孩子喂了安眠药……"

"孩子是无辜的。"

"我也是无辜的。"小苹果理直气壮地说道。

"我们几个姐妹钓到一个老外。他答应给姐妹一人一百美金，结帐时却少了一个零。姐妹们决定让他尝尝红小兵的厉害，于是就在他肉体得到快感时，取走他的钱包。想不到老色鬼居然报警了。"

"有国际友人这个高度，你们怎能不落网？"

"审讯我的是两个小毛警，他们对副题的关心远远超过主题。我窥准这点，让他们听得眼睛发红眉毛发绿，喉结上下来回滚动。"

"你谈什么？"

"我谈黄带的内容。他们听了津津有味，问我带子的主人是谁？我说地址不详，不过可以带你们去。一要人少，二要便衣，三要把车子停在城隍庙的外面。"

"他们都听你的？"

　　"言听计从。我带着他们在迷宫里转。城隍庙是著名的棚户区，拐几个弯就找不到北。当转到一个小胡同时，我撒腿就跑，几个转弯把他们甩下了。正好一辆十一路电车过来，我一个箭步窜上，稳稳落座，凭窗眺望。能耍弄警察，这是十七年生涯中最值得纪念的日子。'请你把票拿出来。'一个查票员站在我面前，我一摸脑袋懵了。查票员把我带到终点站，坚持让我说出地址，我只得说出外婆家的地址。他把电话打到外婆家所在的派出所。电话一通，就听里面狂呼乱喊：'抓住她！抓住她！'我赶紧朝门口冲，却和一个人撞个满怀。等我爬起来，大门已锁上。'想不到你这个黄毛丫头，还是一号通缉犯？'查票员冷笑着。两名警察奔进来，一进门就给我上了手铐。他们抱住查票员，又握手又搂抱，就差接吻。查票员也激动啊，为公安破案，涨一级工资可是板上钉钉。警民一家，六只大手紧紧握在一起。"

　　"芝麻落进针眼里，无巧不成书。你的运道实在霉。"老妪唏嘘着。

　　"十一路终点站设在城隍庙。棚户区里摇扇的，光膀的，赤脚的，溜达的随处可见。当两个男人押着一个姑娘走来时，电影《带手铐的旅客》的一幕上演了。'满世界贪官不抓，却抓一个小姑娘。'有个老爷爷无比愤慨。'这闺女和我饿死的闺女一般大。'有个老妇人唏嘘抹泪。'凭啥给小孩戴手铐？'有人大吼大叫。我马上嘴一扁，呜呜哇哇哭开了。"

　　"'了不得啊！这女孩冤大着呢。''一定要问个青红皂白。'人流像洪水般围上来。我用带铐的手抹了把泪，又朝父老乡亲点点头。'还不快跑？'有人嚷着。我一个百米冲刺，箭一样射出，人墙闪开一条缝。我一过去，人墙马上合拢闭严，就如神话世界里的一幕。我跑啊跑，就在最后冲刺取得决定性的胜利时……"说到这，她捂住了脸。

　　"怎么了？"

　　"天绝我也！天绝我也！"小苹果仰天悲鸣。

　　"警察从前面包抄过来？"

　　"包围圈还没形成。"

　　"跑不动了？"

　　"不！""那是什么？""就在我即将完成胜利大逃亡时，我摔在一块香蕉皮上，啊！"她悲伤地嚎叫着。

　　"又一次活捉生擒？"

　　"人助我，天不助我也！天不助我也！"小苹果头朝后仰，用头拼命撞墙。

　　"不要啊！"老妪一把将她搂在怀里。

　　"啪！啪！"这回不是头撞墙，而是清脆的掌声。老妪捂着脸退到角落。掌声迅速地来，又迅速地走。若不是老妪脸上的红印，我一定以为是做梦。

"一块香蕉皮，一块千刀万剐的香蕉皮。人助我，天不助我也！"小苹果嘶哑地嚷着，"五三一，为什么二度逃跑二度流产？"

我摇摇头。

"难道这是天意？这是报应？"两颗黑黑的瞳仁一闪一闪，"你相信因果关系吗？"

"不！"我坚决地说，"刽子手逍遥法外，好人屡遭不幸，我绝不相信报应。"

"你知道我们偷了多少钱吗？告诉你，一共五十美金，还不到五百人民币。按照法律，一千元才判一年。可因为这五十美金，主犯判了六年，其余判了四年、三年。最可恨的是那个嫖客，他嫖娼未成年的少女，居然没受到一点惩罚。警察把钱包还给他时，还代表政府向他赔礼道歉。要知道，他嫖的是未满十八岁的少女。走遍全世界，他都应该受到惩罚。这社会公平吗？公平吗？"两颗黑葡萄般的眸子，死死盯着我。

"在中国，没有'公平'二字。"

"五三一，你认为我还会进来吗？"红扑扑的脸凑近我，鲜活的身子靠近我，我想起琼瑶笔下的白雪公主。

"我不愿你再进来！"

"要我说真话吗？""当然。""那我告诉你，我会进来，而且一定会进来。因为霉菌已经腐蚀了我的身体，腐蚀了我的灵魂。我看上去是一只娇嫩欲滴的苹果，其实里面已经全部蛀空霉烂。"

"应该说，中国社会就像一只娇嫩欲滴的苹果，里面已经全部蛀空霉烂。"我加了备注。

我头也不抬地打毛衣，恨不能变成千手观音。好了！两天两夜的风雨兼程，毛衣总算竣工。我把最后一根线头挑进领口，喜滋滋去交货。

"超重一两，重打！"三八八的话如晴天霹雳。

"什……么？"我结结巴巴地问道。

"拆了重打！"三八八把毛衣一摔。天呐！花头样式，长短尺寸全符合要求，不就多了五十克。就是孪生姐妹也有前后之分，就是一窝崽也有毫厘之差，难道毛衣要在天平上称？

"不是有三十克的误差吗？"我晕头转向地问。

"她看你不顺眼，你死定了！"小苹果朝我使个眼色。我强打精神拆毛衣。一针针拆，一行行拆。拆下的毛线卷卷的，要是重打的话质量肯定不过关。怎么办？怎么办？

"收工！"三八八嚷着。收工？收工就是收了工场间的活，重新拿到小号干。

"我去放水擦地，你趁天黑前把花样排好。"小苹果一跃而起。

天黑了。我站在栏杆前，就着走廊上的萤火灯开始编织。手酸得抬不起来，眼酸得看不清，我还是直挺挺地站着。完成劳役，一为我的尊严，二为能见儿子。我已嘱咐丈夫下次接见时把儿子带来，我想他都快想疯了。黎明时，我倚在墙上睡着了。

"五三一，我的针。"嘶哑的声音将我唤醒。

"什么？"

"我的针，你还我针！"猥琐女隔着栏杆嚷道，"上次借你的针，现在收回。"

"可……针在毛衣上啊。"

"把针抽下。"

"你不是说你有许多针吗？"

"我是说过，但我现在要了。"她蛮横地说道。

"你试试。"老妪递来两副针。

"太细了……这又太粗了。"我比划着说。

"还针！"猥琐女一脸得意，"这块骨头现在卡在我喉咙里。"

"……能不能缓缓，我让家里带。"我低声下气地求她。

"立刻！马上！"她蹦出四个字。我只得一点点地褪下针。

"什么事？"小苹果端着粥走过来。

"五三一想赖我针。"猥琐女出言不逊。

"不是她想赖你的针，而是你看中她的小麻球吧！"小苹果冷笑道。

"还是你聪明，好东西早该孝敬我了。"猥琐女咧着大嘴走了。

"天呐！我还以为遇到雷锋呢！"我自嘲道，"原来搞……讹诈。"

"记住！雷锋已死，你现在生活在虎狼群中。"

"赶快写信让家里捎针。"想起黄世仁的逼债，我顿感紧迫。

"写信一月一次，而且要在能接见的前提下。你这个月有资格接见吗？"小苹果冷冷地问道。

"没针完不成劳役，完不成劳役就停止接见，停止接见就没有针，没有针更完不成劳役，这不是恶性循环吗？"我焦急地说。

"这就是你说的马太效应。穷的愈穷，富的愈富。有的人没有针，有的人却拥有很多针。"

"……难道队长没想到这个问题？"

"穷的愈穷，富的愈富，这是国策，也是监狱的潜规则。你以为减刑者都是身手不凡？"

"不是说劳动积分制吗？"

"也就骗骗你这榆木疙瘩。"小苹果把粥倒进嘴里。

"针要是不进来，她再要针咋办？"我急得连粥都喝不下。

"送完小麻球，再送肥皂草纸，再送衣服鞋袜，一直送下去——就如行贿者先送钱，后送色，最后把老婆送出去一样。"

"针和书是出狱者扔下的，她就用这些来骗吃骗喝。"老妪愤愤地说。

"队长不管她？"

"每个角落都有蟑螂，每条缝隙都有蛆虫。队长就是杀虫剂，也斩不尽杀不绝。再说，队长的职责不是杀蟑螂蛆虫，她们的职责是维护改造的稳定。"

下午开中队会，隔壁组的一位老年犯人认真听讲，认真记录。虽穿着囚衣，举手投足间却流露出别样的气质。

"傻货！"小苹果恶狠狠地说，"她就是大名鼎鼎的王秀珍，每次开会极认真，可惜好学生也被判了十七年。"

"本来我也憎恨'四人帮'爪牙，现在我明白他们是政治上的牺牲品，毁掉他们的是运动，是体制。"

"五十步笑一百步。"小苹果乜我一眼，"我羡慕她。一没劳役指标，二是二人一间，最重要的是还能吃小灶，小灶，你知道小灶吗？"

会议结束后，我被张队长叫到办公室。

"进组半个月，劳役完成得咋样？"张队长笑眯眯地问。我很羞愧。重打的毛衣虽然分量达标，但三八八一会说手势紧，一会说不平整，横挑鼻子竖挑眼。毛衣就像法律，掌握在谁手里，谁就是主宰者。毛衣，正面临第三次重打的命运。

"你的手怎么了？"张队长惊讶地问。我十指粗大，手背高耸，手腕上缠满伤筋膏，如同发酵过度的馒头。

"没事。"我把衣袖遮在手背上。

"肿的厉害……一开始打毛衣全是这样，劳役关是一道坎。"

"我努力越过这个坎吧。"我平静地说。

"这里打毛衣，要具备冯秋萍这样的水平，因为毛衣是出口的。"张队长掏出一封信，"我看了你丈夫的信，他是个好人，好人啊！"

第五章 溃烂的红苹果

我把开口的信捂在胸口，冲进办公室冲进小号，落坐在马桶。

"五三一！"三八八嚷道。

"我……上厕所。"我藏好信，赶紧跑出去。

"别人交了第二件第三件，你的第一件呢？"她冷笑着，"记住，在这里完不成劳役，你就没有发言的资格。"她把剪刀使劲一摔，我诺诺退下。

收工后，我拿出信。这是九个月来收到的第二封家信。信的第一句就是："亲爱的宝强，不知道这封信能否到你手上？"

信纸里掉下一张卡片，这是一张发黄的硬纸板，上面有两行遒劲的黑字："唯有肝胆相照，才能风雨同舟；唯有情真意切，才能天长地久。摘自《新民晚报》三言两语。"

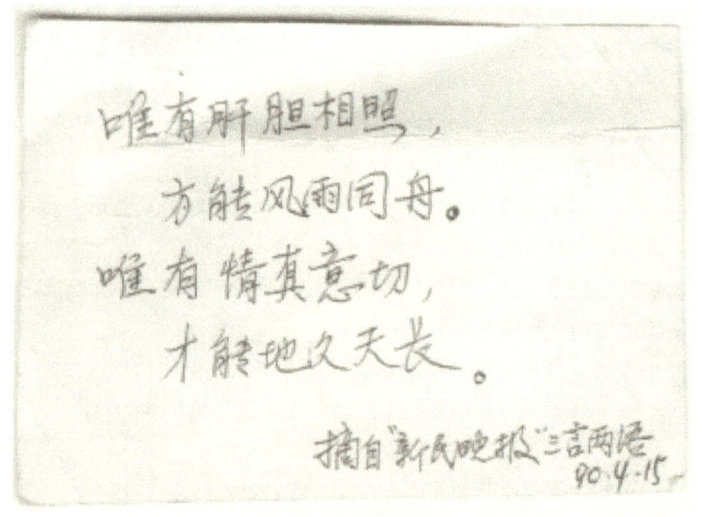

"用党报来隐喻，借代，影射，传递，这办法高！"老妪兴奋地说。我翻转卡片："钻石只能在大地暗处才能找到；真理唯有在思想深处方能发现。——V·雨果。摘自四月十四日《新民晚报》。"

"纵是层层检查，道道设防，名人名言畅通无阻。"老妪翘起拇指。小苹果夺过信："儿子虽然离开母亲，依然有许多爱。爱来自我们，还来自老师。虽然你在里边我在外边，但我们心心相印。我绝不会在你最困难的时候，去寻找那些不属于我的东西。记住！你的身后，永远有一棵大树。"小苹果高声朗读着。

"人生得一知己，足矣！"老妪黯然神伤。

第六章 红楼炼狱

演出与黑板报

我眼圈黑黑，酷似大熊猫。大熊猫现在忧虑重重：劳役完不成，这个月的接见泡汤。

"为了庆祝三八妇女节，九大队将组织一场文艺汇演。愿意参加者向组长报名。"喇叭里播出通知后，小组里一片欢腾。

"我报名！""我也报名！"四五六拿着本子挨户统计。半圈下来，本子已密匝匝一片。牙齿漏风的报名朗诵，五短身材的要求跳舞，五音不全的要求独唱，说话结巴的要求演讲，连话也说不囫囵的，也要来段刘德华的成名曲。是啊！整天猫在巴掌大的地方，舒展四肢是梦想，翻身打滚是理想，有个舞剑弄棒的机会，谁肯放过？

"五三一，你呢？"四五六问道。

"我连劳役都完不成。"我心事重重地推辞道。

"她要么唱歌，要么演讲。"小苹果怂恿道。

"不！"我连忙摆手。

"重在参与。"四五六拿着本子离开了。

"上次替我行贿，这次替我报名，越俎代庖让我做监狱的轿夫和喇叭？"我愤怒地说。

"你照过镜子吗？"小苹果问道。

"没兴趣，也没时间。"

"才九个月，你的脸就又肿又青。再二十七个月，你就是楼兰女尸。告诉你，三年后等待你的不是凯旋门，而是一顶刑释分子的帽子。三年后，你要生存，你要抚养儿子，你要照顾家庭。你没有工作，没有劳保，没有医保，要是再没有健康，你和死人有什么区别？"小苹果嚷道。

"这……"我黯然。虽然白天我逃避这个问题，但夜深人静时，这个问号一次次地浮现。

"上个月，减刑出狱的小李去世了。"

"什么病？"

"减刑的前提是健康透支，减刑的副产品是寿命缩短。减刑是犯人的榨油机，但是贪官例外。你知道监狱的再犯率是多少吗？"

"多少？""百分之三十。""这么多？""监狱不是天堂，没必要往这里挤。可出去后，没健康，没工作，没劳保，让人怎么活？有个回炉者冲朱队长嚷道：'你以为我愿意回炉？为了活命我才去偷。政府为啥不给我们一条活路？为什么？为什么？'朱队长听了只有沉默。"

"朱队长，明智啊！"我感慨道。

"我希望你也明智。越俎代庖？换别人，我踩一脚还来不及呢！"

"可是……"我还是本能地抗拒着。

"藏起你的喜怒哀乐，埋葬你的思想信仰，你要像狗一样活下去！"小苹果断然道，"唱一次歌，可以顶你五件毛衣。"

"像狗一样地活下去！"我喃喃着，这是电影《芙蓉镇》里的一句台词。我原以为，这话和"文革"一样，已经被埋进了历史的尘埃。

"你啊你，整天生活在幻想里，莫名其妙的幻想毁了你。"

"不！我对我做的事，无怨无悔。"

"唱什么歌？"四五六站在门外亲切地问。我犹豫了。一九八九年六月五日、六日的演讲，让我嗓子嘶哑。再加上后面一连串的打击，现在的我，几乎失声。

"你就唱《党啊，亲爱的妈妈》吧！"四五六意味深长地说。

"不！绝不！"我尖声嚷着。

"那你唱什么？"

"要不……我就唱《长江之歌》吧！"

"我看你唱《党啊，亲爱的妈妈》。"小苹果斩钉截铁地说。看来，她一定要当我的经纪人。

"我也觉得你唱这首歌好。"四五六说得婉转，眼神却在透露某种信息。

"要么不唱，要么就唱《长江之歌》。"我坚持道。

"好吧，你出来试唱。"

南边走廊已经成了排演厅。一个喉结突出的人正在练声，我怀疑她有性别倒错；一个丰腴的妇人在大劈叉，我担心她要滑倒。

"停！一个一个地来。"劳积会田主任拍着手，一名女犯背着手风琴走来。

"我先唱。"喉结者毛遂自荐。"啥调？""不是跳是独唱。""问你什么调？"风琴手不耐烦了。

"啥调不知道，反正我能唱。"歌手昂起头说道。

"跟我的琴走。"琴手一拉琴键，音乐声起。独唱者唱了几句，众人笑弯了腰。这走调不是走一条马路，走的是南辕北辙。

"我的琴跟你走。"琴手只得妥协。此女唱的是华仔的歌，声如破瓦，音如裂帛，唱着扭着，扭着唱着，活像跳大神的巫婆。"爱啊啊啊……"她还陶醉在歌声中，琴手已罢工。

"咦！我没结束，你怎么结束了？"

"下一个。"琴手面无表情地说道。

"不是规定二选一吗？还有一个是国粹。"

"国粹？"

"黄梅戏难道不是国粹？我唱《天仙配》。"

"伴奏。"老田手一挥，看来她懂得国粹的意义。

"没法伴奏。"琴手"啪"地合上了琴盖。

"那就清唱，清唱能显示真水平。"老田说道。

"好！"独唱者胸一挺，双脚呈丁字形摆开。真是过手便酸，"天仙配"到她嘴里，就像鸡和鸭在调情，怎么听都有股浊味。唱着唱着又转起来，她穿了件上窄下宽，呈放射状的灯笼衫，缀着亮晶晶的珠片，本就肥腴的她，真像点燃的灯笼在风中吱溜溜转。

一个浓眉大眼的队长走来，冷眼一瞥，嘴角露出一丝鄙视。

"她就是大名鼎鼎的朱中队长。"有人凑近我，原来是大鼻子。

"啥时来的？"我惊喜地问。

"两个月前。一直没机会和你搭话。我判七年，他判无期。"

"这么重？"

"主角不判，就判小喽啰。"大鼻子生气地说，"他妈的！出去后拣大的狠的干。"

"下一个！"

"来了。"大鼻子"嗖"地跳出去，"我唱邓丽君的'甜蜜蜜'，要求伴奏。"

"这歌能不能唱？"琴手咨询掌握政策的田主任。

"在监狱唱这歌，这说明改造的英明。"老田一挤眼。

"明白！"琴手会意地拉开琴。

刚才还咬牙切齿的大鼻子，现在完全沉浸在甜蜜中，她"甜啊蜜啊"地唱开了，声音绵软无骨，表情暧昧甜腻，唱到最后一句"梦见的就是你"时，她做了个黑虎掏心的动作。

"我唱得不错吧？"唱完后，她兴奋地问我。

"不错，不错。"我敷衍着。接下来的试唱，不是香港就是台湾清一色的情歌。平心而论，歌手嗓子无大碍，只是油滑轻佻，怎么也有腻腻之嫌。

"完了吗？"琴手懒洋洋地问。

"还有一个……《长江之歌》。"老田看着手上的纸。

"'长江之歌'！"琴手鄙夷地扬起眉，不自量力已经够多了，怎么又冒出个更不自量力的？

"谁唱？"

"我。"

"什么调？"她眼皮也不抬。

"原调。"她的手按在琴键上不动。

"试试吧！"我尽量说得委婉。她猛地打开风箱，激昂的旋律，夹着风雨，挟着闪电，由远而近呼啸而来。琴声卷着海的怒涛，山的呼唤，一泻千里浩浩荡荡。

我挺直胸膛，打开腔体，一股豪气从丹田处扶摇直上。头腔，ISI咽腔，胸腔，汇成一股强大的气流。气息统一，声区统一，位置统一，音色统一。声音在回旋，碰撞，共鸣。我讴歌着我的爱，我控诉着我的恨，长歌当哭，长哭当歌。

当最高一个音符爬上喜马拉雅山，攀上珠穆朗玛峰时，呐喊如冲出轨道的行星，灵魂如挣脱藩篱的精灵，飘逸上升，倔强上升。高音停留着，盘旋着，激荡着，呼啸着，如大鹏展翅雄鹰翱翔。

一片寂静，一片深深的寂静。所有人沉浸在震撼中。"大气磅礴，淋漓酣畅！"琴手把风箱一收，缓缓吐出八个字。

四五六静静看着我，眸子晶莹透亮。在亮晶晶的眸子里，我找到了知音。我悄悄抹去眼角的泪花。

"再来一首！"琴手来了热情。

"要不就唱……《深深的海洋》。"

"这……行吗？"老田警觉地问。

"这是世界名曲。"琴手说。手指滑过琴键，一串漂亮的音符倾泻而出。低沉悠远的旋律，宛如天籁之音朝我飘来。深沉而妩媚，哀怨而优雅的前奏响起后，我唱着海一样深的思念，海一样阔的挚爱；我唱着浪的苦苦追求，浪的悲愤悲泣。当我唱到"啊！别了欢乐别了青春"时，四五六倏地奔进小号，用毛巾捂住了脸。在她肩膀不断的耸动中，我唱完了这首歌。

"排队！排队！"四五六扬着手站在楼梯口。长龙逶迤，朝一个地方游去。威严而压抑的礼堂，张开大口吞噬着一条条长龙。

干练的樊大队长走到舞台中央："今天是'三八妇女节'。监狱组织文艺活动，希望女犯们认真改造，早日回归社会。下面由×××演讲。"

一瘸一拐的女犯上了台，对队长鞠躬后开始演讲。她感情真挚，神色庄重，稿子也写得很有文采。我被她的虔诚打动，一点点进入角色。她因组织舞会而被警方取缔，正逢严打，于是舞会组织者以流氓罪被判七年。她一谢法院给她第二次生命；二谢队长给她崭新灵魂；三谢提篮桥是凤凰涅槃。说千道万，诉不尽党的大恩德；说万道千，数不尽舞会的十大罪状。

不就一家庭舞会，何至于要判七年？冤假错案板上钉钉，罪无可赦。问题是，无耻的冤假错案，竟演变成一场感恩会，救赎会，庆功会，这才是更大的悲哀。政府在制造窦娥时，还在精神上强奸了窦娥，这是双重的罪恶。

可怜的女犯，你的演讲出于挣政治分的需要，还是人性的扭曲？你已被屈打，还要自扣屎盆子；你已伤痕累累，还要往伤口上撒盐：你这是自取其辱。在中国，有多少迫害就有多少感恩；有多少镇压就有多少匍匐。有右派风烛残年的感恩，有反革命苟延残喘的感恩，有妻离子散家破人亡后的匍匐，有肉体受虐灵魂下跪的匍匐。

我不忍地捂上眼睛。

"五三一上。"四五六推我一把。我茫然地走上去，茫然地面对黑压压的人群。风琴手一按琴键，熟悉而激越的旋律暴风雨般响起。我一挺胸，在激越而高昂的旋律中，放开嗓子敞开心扉。

"今天开始做电容器，一天七十五只。领工具！"三八八沉着脸。

"不要说电容器，就是做导弹我也不会输。"五三七朝我横了横眼。

五三七又名二殡，不是嫔妃的"嫔"，而是殡仪馆的"殡"。她因争风吃醋，杀人未遂被判五年。在二奶和三奶的拳击赛中，情夫为了讨好三奶，把二奶送进了看守所。

承办问她："你满世界追杀她，真准备杀人？"

不杀她誓不为人！

真准备杀她？

恨不得大卸八块。

既然你有大卸八块的勇气，那就以杀人未遂起诉。于是，一把菜刀闹革命的她，从殡仪馆来到监狱。现在，殡仪馆馆长可以和三奶高枕无忧钻被窝了。

我组生活组长的位置一直空缺着。在空缺周围，游荡着几十双饥饿的眼睛。鉴于二殡特殊甚至有点滑稽的案情，鉴于二殡出色甚至是优秀的劳役，她成了组长的不二人选。

"在这里，最硬的就是劳役。生活掇不出，只能踩在脚下。"二殡又横我一眼，发表了准就职宣言。

"二殡说得对！没本事别想在这混。"老三毛气势汹汹地嚷着。她是个老诈骗犯，有着四进宫的光辉历史，虽年过六旬，仍斗志高昂。

"老三毛，你啥时和二殡勾搭上了？上个月还像一对斗得死去活来的蟋蟀。"蓬头垢面的二百五用标准的江北话问。

二百五是半文盲，本来在残疾人的大本营工作。由于顶撞领导，失去了三个月工资。一怒之下，她拿了厂长的钱包，结果以盗窃罪判三年。只许州官放火，不许百姓点灯，这就是"中共特色"。

二百五被关进囚笼后，坚决不低头。她不但大闹法庭，还大闹提篮桥。其实，从公检法到管教都知道她冤，但谁都不想做包公，也做不了包公。二百五三天一大闹，一天一小闹，不但小组的红旗飞了，连"稳定"也被她闹走了。张队长一次次找她谈心，最后坚冰融化刀枪入库。

"二百五，你发啥声音？"三八八一横眼。这几天，她的气老是不顺。

"路见不平拿把刀。"二百五也横她一眼。

"你忘了自己对张队长的承诺？"

"不敢忘。"二百五做了个鬼脸。

"凭这只翻司想在这撑世面，做梦！"老三毛横我一眼。"翻司就是脸。"她补充了一句。

"侬迪只翻司最灵，可惜不是人脸是妖脸。"二百五"呸"了一声，于是大家笑了。

"队长让你去。"贾母走过来说。二殡一听，撒腿就朝办公室跑去。

"看样子，殡仪馆的货色要爬上去了。"二百五冷笑着说。

"人家二殡就是有本事，她的活做得不要太好哦！"老三毛正说着，二殡一脸灿烂走来，笑容从鼻梁朝四面八方呈放射状。

"从今天开始，她担任生活组长。"四五六郑重宣布。二殡和三八八相视一笑。

"我早就看出，你就是这块料。"老三毛凑上去。

"以后还跟我斗吗？"二殡得意地问。

"中美合作已经翻开新一页！"老三谄笑着。

"臭不要脸的老三毛！"二百五啐了一口。

"组长，你看她啊……"老三毛摇着身子晃着脑袋，嗲声嗲气地撒着娇。

"老掉渣了还发嗲！"二百五又啐了一口。

我分到一个铁架和一大堆零件。"做一只电容器要一百四十四道工序，只要一道工序不规范，产品就要返工。大家看我怎么做。"厂方代表把零件朝铁架放，拿着镊子开始示范。

第一天小组返工率是百分之一百；第二天是百分之九十；第三天是百分之七十。当山一样的电容器退回时，一个女孩哭了。她就是上海武进路建设银行楼上著名的杀人纵火犯。

她外婆因看不惯她小小年纪就结交男友而发生争执，她猛地推了外婆一把，外婆跌地后一命呜呼。惊慌失措的她，索性一不做二不休，点燃了家中的火后与情郎一同逃亡。一周后，她被缉拿归案。罪名是杀人放火，被判死刑，缓期二年执行。

"你不要哭，别人不急你急啥？"二殡一边安慰她，一边拿眼横我。

"我是死缓啊。"女孩抽泣着说。

"有人只是银样镴枪头。"

"谁是银枪蜡烛头？"老三毛明知故问，现在她是二殡的黄金搭档兼盟友。

"五三一，要是你能减刑，我就从这里爬出去。"憋不住的二殡自己跳出来捅破了这层窗户纸。

"我从来没有说过我会减刑。"我冷冷地说。

"你减刑，我就从这爬出去。"二殡尖叫着。我低头干活：咱惹不起，还躲不起吗？

二殡年龄和我相仿，饱经风霜的脸上有一双沧桑老眼，还有一双粗砺而灵巧的手。既非腐败分子，又非养尊处优的太子婆，何以这么恨我？我百思不得其解。

"新来者都要吃老三毛这一棒，这叫杀威棒。"老妪说道。

"我成了林冲。"我苦笑着说，"我没得罪她们啊。"

"学习组长对你好，引起了劳动组长三八八的嫉恨，于是二殡和老三毛联手来整你。"

"爬得高跌得重。一个月后二殡肯定下来。"小苹果大口扒着饭。

"我也搞不懂：四五六一直看不起二殡，怎么肯让她做生活组长？"老妪不解地问。

"这叫帮倒忙。让老鼠钻进油缸会是什么结果？"

"当然是喝得饱饱的。"

"接下来呢？"

"接下来……"老妪思索着。

"接下来就是被油涨死，你这个蠢货。"小苹果恶狠狠地说。

一阵寒风吹啊吹，一直吹到我的骨髓里。家里已经送来羽绒衣，我为什么到现在还没有拿到？收工进小号的我，又冷又饿。我弓着背，眯着眼，徒手穿零件（监狱规定，工具不能进小号）。本来一点五视力的我，已被折磨成昏眼浊眸，面对薄如蝉翼的膜片，实在力不从心。

"五三一，你会写粉笔字吗？"四五六走来，我忙把电容器藏在身后。

"当然。"

"会画画吗？"

"我……临摹过。"

"你出来写黑板报。"

"不！"我一口拒绝。先唱歌，再出黑板报，后面还不知要干什么。

"赶紧用黑板报的分数来抵你的劳役分：涂满一块黑板报抵三件毛衣，抵二百只电容器。"小苹果对我压低了声音。

"不！"我瞪了她一眼。

"收起你的迂腐！"小苹果狠狠把我推出铁门。

我在黑板的左上角画了报头，又用魏碑写了标题，然后抄稿。稿子题目是：监狱是所大学校。作者把监狱写成蓬莱仙境，把法官写成观音菩萨，把公安写成天兵天将，一言以蔽之：判刑，是最大的教育挽救；坐牢，是最大的灵魂升华。只有监狱，才能造就民族精英，科技人才，杰出巾帼，中华栋梁。我忍着恶心抄完了它。

下一篇稿子的题目是"人类灵魂的工程师"，立意和前篇有异曲同工之妙。字如螃蟹不算，还不时出现象形文字。"感谢"后面的一竖二捺三撇，琢磨半天也不明白是哪国文字。

"一竖二捺三撇表示树枝。"四五六一眼识破了文字的密码。

"感谢树枝干嘛？"

"队长不是橄榄绿吗？符号代表树枝，树枝代表橄榄绿，也代表政府队长。"

"幽默，高度幽默，黑色幽默。"

"写稿人是半文盲。一半揣摩一半用象形文字，这说明她靠拢政府的决心。"

"那是！那是！"既然四五六把问题提到政治的高度，我就当最高指示来执行。

回到小监已是掌灯时分。"好兆头！好兆头！"小苹果兴冲冲地说，"恭喜你获此殊荣。要知道，只有嫡系部队的嫡系人，才有资格出黑板报。"

"我已妥协，但身不由己。"我叹了口气。

"你真傻！要不是张队长在后面撑你，你死定了。"

"张队长……"

"你和四五六无亲无故。她为什么帮你？为什么？为什么？揣摩这个单词知道不知道？"小苹果的手指笔直地戳过来。

"揣摩……"我一拍脑袋，想起我和张队长的谈话。想起我对方励之，王丹的评价；想起丈夫写的卡片；想起张队长所说的每一句话。

我如梦初醒，醍醐灌顶。

"啊……我的胃好疼！"她的眼睛朝我的杯子扫去。

"要吃荷包蛋可以，但不许用行骗的手法。"我生气地说。

"职业病人已经病入膏肓。"她笑着举起荷包蛋，"接下来，你该投稿了。投稿的行情是：小组录用零点一分，中队录用零点二分，大队录用零点三分，监狱录用零点四分。"

"完不成劳役，都走这捷径？"

"你做梦！人人都想当官，朝中没人怎么当官？这叫什么？这叫'功夫在诗外'。说来说去是你的运气好，遇到了张队长这么好的人。因为她同情你的案子，所以你才有此福气。"

我突然想到那个泡泡眼小煤窑的戴队长——一个恶毒的女人。

我长长地舒了一口气。

"明白这个道理就好。"小苹果咂着嘴，就像我的良师益友，"明天就投稿？"

"不！"我厌恶地说道。

与狼共伍

"你的脸怎么肿得像个馒头？"老妪惊讶地问道。

"我好难受……"刚爬起来的我，又摔倒在地。

"快点！来不及整理蒙古包要扣分。"小苹果着急地说道。

蒙古包就像一个驴粪蛋，外表光鲜，内里却肮脏不堪。工整的席子下掩盖着破旧的鞋子臭袜子和脏污的军装。蒙古包仿佛是一个活生生的道具，蒙蔽了前来参观的人们，让他们误以为监狱是人间天堂。我诅咒蒙古包，这是"盛世"的面纱"和谐"的脂粉，这是在挂羊头卖狗肉。

疼啊疼，咬紧牙关依然挡不住锥骨之痛。两个穿白大褂的犯人走来，例行公事地巡回医疗。

"医生！我牙疼得厉害。"我像看到了大救星。

"……给点药，她脸肿得很厉害。"高个子说道。

"天气干燥，多喝水。"矮个子说道。

"能给我点止疼药吗？"我哀求道。

"你以为我开药铺？多喝水！"矮个子眼也不抬，擦肩而过。

"我的牙床……有点肿。"三八八说道。

"吃点牛黄解毒片。"矮个子取出药，三八八得意地朝我一瞥。

第四天，我的脸更肿了。我得到的依然是"多喝水"的处方。第四天，我的脸肿上加肿，我得到的还是"多喝水"的处方。

现在，除了锥心的疼痛，我还要做电容器。此刻的我，就像放在暖气水汀上被烘烤的布哈林；此刻的我，就像菜市口被凌迟的袁崇焕。

疼痛一次次袭来，一次比一次剧烈。我疼得几乎要发疯了。恍惚中，我看见一把钢丝钳，抓起来就冲进了小号。我把钢丝钳伸进嘴里，钳住牙齿往外拔。钳子滑落了，再钳；又滑落了，再钳。手抖得厉害，牙疼得更厉害。我咬紧牙，屏住呼吸，使劲再使劲，终于听到"咔"的一声。

"五三一，你干啥？"三八八朝小号冲过来。我捂住嘴，钢丝钳上是半颗带肉的牙。

"天呐！"三八八惊叫一声。

"你们拿到接见单后就填大账单。明天把单子交给我。"二殡神气活现地说道。

"我……帐上还有钱吗？"老三毛小心地凑上去。

"这个问题问你老公。他不给你，总不能让我掏钱吧。"二殡咄咄逼人。

"我……不就问问？"老三毛咧嘴一笑。

"我帐上多少？"四川女迎上去。

"你应该问你男人。"二殡一句话把对方噎了回去。

"杀人犯神气什么？你算哪根葱？"二百五猛地站起来。

"我不算哪根葱，我只是生活组长。"二殡毫不示弱。

"神气啥？新茅坑还没蹲热呢。"

"再怎么说，我也有茅坑蹲。可你，连茅坑也没得蹲。"二殡咬牙切齿。

"他奶奶的！"二百五冲了过来。

"二百五，你忘了对张队长的承诺？"四五六大喝一声。

"他妈的，咋忘了这事？"二百五搔着头皮退回自己的位置，大家笑了。

"二百五，有本事就冲过来？"刚才还惊慌后退的二殡又神气了。她绝对有"敌进我退，敌退我进"的共党遗风。

"装疯卖傻的二百五。"老三毛附和道。

"你这个十三点，在我这里吃不开。"二殡有了支持者，更来劲了。

"没见过比你更蠢的人。"三八八把剪刀一摔。二殡一愣，老三毛悄悄溜回小监。

"五三一，你的脸怎么肿成这样？"四五六关切地问，"你的冬衣呢？"

"羽绒服还是没收到。"

"阿奶！"四五六叫住贾母，"五三一的羽绒服到了吗？"

"让她去问家人。"贾母气呼呼地说道。

我蹲在地上，撅着屁股往棉纱上擦肥皂。纱僵硬得拆不开，擦上油脂才能拆开一点点。

"赶紧让家里带百雀羚油脂。"小苹果关照着。我叹了一口气：上个月要竹针，这月要油脂，我不但用体力为监狱创造利润，还要挤占我儿子的生活费。如果说我有罪，这就是我的罪。

"你把大帐卡发下去。"四五六说道。

"为……啥？"二殡的声音干涩而尖锐。

"让她们看一看嘛！"四五六一派淡然。二殡不情愿地拉开抽屉。

"小四川，看一下存款和支出。"四五六把卡片递进栏杆。

"俺不认字。"

"小诸葛，你是财务，帮她查一下，天生我材必有用嘛！"四五六恳切地说道。

"把卡给我。"小诸葛的热情被点燃了。

"谁要查帐，可以找小诸葛。"四五六声音洪亮地说。她这么大的嗓门，我还是第一次听见。

"不就形式一下，怎么人人都要打卡？"二殡惊讶地问。

"人人平等嘛！"四五六笑得如沐春风。

"……不对啊！"小诸葛嚷道，"怎么少了九毛钱？"

"我早就说过，你是女监的华罗庚。"四五六的笑容更加灿烂了。

"这点雕虫小技能难倒我？"小诸葛得意地笑了。

"你慢慢对，慢慢看，发挥一下你的特长。"四五六莞尔一笑。

"……不，这里也不对！"小诸葛一拍大腿。四五六如一只轻盈的蝴蝶，翩翩飞进办公室。

今天小组的气氛特别凝重且诡谲。当我把一团废纸扔进垃圾桶时，三八八竟尾随而至。她捡起纸，嗅着，闻着，看着，宛如训练有素的间谍。

"今天在垃圾桶发现一包没开封的茶叶。"有人传递的不是新闻，而是惊闻。

"扔茶叶的人一定是神经病。"

"神经病倒不是，只是销赃犯。"有人私语，有人窃喜，小组在大盘的震荡中等待着翘首着。这期间，三个组长加上外劳动，川流不息地走进办公室。

"我的话应验了。"小苹果得意地抖着腿，"我早说过，二殡的兔子尾巴长不了。"

"到底怎么说？"我好奇地问。

"别人是聪明面孔笨肚肠，你是聪明面孔聪明肚肠。"老妪诌笑道。

"不是我聪明，而是四五六聪明：又一出'螳螂捕蝉黄雀在后'的版本。"

"此话怎讲？"我很虚心地问，颇有礼贤下士之风。

"一个小组基本上只有一个减刑名额。二殡案情特殊，劳役出众，是减刑的最佳人选。四五六在队长面前推荐让她做生活组长。她明白二殡有贪小的致命伤……"

"耗子掉进油瓶，再也爬不出来。"老妪大笑道。

"难道二殡会为了蝇头小利，砸去减刑的机会？"

"鸟为食亡，人为财死。二殡的杀人罪，听上去是醋海生波情海生变，其实真正缘由还是一个'利'字。鉴于情夫买给三奶的戒指比她的还大，于是她一把菜刀闹革命，二把菜刀要杀人。哈哈！这是她的宿命，性格决定命运。"

"怪不得二殡不肯发卡；怪不得三八八守候在垃圾桶。"我拍着脑袋说道。

"三八八已经被二殡收买，因为她看不得四五六对你好。其实四五六的背后是队长的旨意，旨意的背后，是她的良知：对六四犯人的网开一面。"小苹果条分缕析地分析着。

我第一次敬佩地看着小苹果。

"先赞美乌鸦的歌喉，等乌鸦唱歌时叼走乌鸦嘴里落下的肉。四五六才是伊索寓言里的狐狸。现在小组减刑，非四五六莫属。"小苹果坚决地说。

"可怜之人必有可恨之处。"想起二殡人没阔就变的嘴脸，想起她咄咄逼人的气焰，我笑了。

小组开会时，张队长宣布了两个决定：二殡停止接见并写检查；生活组长依然由学习组长四五六兼任。

"二殡不是好东西，在一个监房时，我就和她进行过斗争，这事大家都知道。"老三毛撇着漏风的嘴，逢人就说，见人就侃。这个四进宫的老官司和江青心灵相通：林彪一死，旗手就大谈特谈她和林彪的斗争史。

"在一个监房时我就和她进行斗争，这事全世界都知道。"二百五模仿着老三毛的口吻，于是大家都笑了。

"老货，现在你不捧二殡的大腿了？"二百五一走路，她的朝天辫就一蹦一跳，很像《武训传》里的武训。

"我捧她大腿？殡仪馆烧死人的货让我恶心。呸！呸！呸！"老三毛连吐三口唾沫。

"把痰擦了。"三八八恶狠狠地拎着老三毛的前襟，把他拎得很高。

"我擦我擦！"老三毛急忙蹲下去，"自己拉不出屎，怪马桶没吸力，拿我当出气筒。"

"放什么屁？"三八八吼道。

"五三一，要换监房了。"小苹果神色慌张地说。

"反正我们就要上新生组。"老妪兴奋地说。

"我们？谁和你是'我们'？"小苹果扬手就是一巴掌。

"我也盼望换监房。"

"难道你不希望和我住一起？"小苹果惊讶地看着我。

"虽然你们对我很好，但施虐者与受虐者的畸形关系使我恶心。"此话一出，她们的脸红了。

"下面宣读监房分配名单。"四五六拿起纸念出人名和小号名，我一听，头"嗡"地一声炸开了：我竟和老三毛共处一室。

"五三一，我舍不得你走。"老妪拉着我的行李，动情地说道。

"我送你一句话：为了你的孩子，自重自爱不糟蹋自己。撑起脊梁骨靠的不是男人，而是一双手。"我诚恳地说，老妪用力地点着头。

"我也舍不得让你走。"小苹果拉着我的衣袖说道。

"你听我一句：为了不让九泉之下的母亲蒙羞，你永远不要再进监狱。"

"我试试吧！"小苹果费劲地说。我提着行李一步一捱，一步一顿。老三毛叉着腰，恶狠狠地站在门口，一副蓄势待发的样子。

我的脚步好沉好重，仿佛前面是龙潭虎穴。

"干嘛带这么多东西？"老三毛嚷叫着。人未进门，当头棒喝。我忍着怒火，默默放下行李，掏出茶杯。

"砰！"老三毛踢飞了杯子。杯子骨碌碌转了一圈后，万分委屈地躺在我脚下。老三毛扬着脖子，眼里清清楚楚写着五个字：我就是挑衅！

小号外挤满了人，等待锣鼓敲响大幕拉起。我强咽唾沫，把愤怒和唾沫一同咽下。

"我倒了八辈子霉，竟和暴徒住一起。"老三毛挥舞着胳膊说道。

"这是队长对你的考验。"猥琐女奸笑道。

"暴徒一到小组，我就找队长谈了划清界限的问题。"

"为啥要划清界限？"长脚阴笑着。她也是三进宫，窃得的钱包能铺满一个足球场。这次被判了六年。

"因为她是暴徒，所以要和她划清界限。"老三毛的手使劲一劈，颇有列宁的风采。

"哈哈！哈哈！"四周响起一片笑声。

"我跟队长睡，和猪睡，和狗睡，和牛马睡，也不和暴徒睡。"她再次扬起手臂。

"我知道你最想和谁睡。"二百五拨开人群，笑嘻嘻地挤了进来。

"谁？"老三毛警觉地问。

"你最想和男人睡，可你就是脱光光也没人睡你。"二百五大吼一声，引得众人哄堂大笑。

"大是大非前说下流话，你对得起张队长吗？"老三毛皱着眉，沉痛地问道。

"大是大非前说下流话，你对得起张队长吗？"二百五惟妙惟肖模仿着。于是众人又笑了。

"她是暴徒，我睡觉也要睁一只眼，监视她的一举一动。"老三毛又腰狂叫。我的头像被汽油点燃，"蓬"地窜起一把火：士可杀不可辱！

我朝前一步，一双杀气腾腾的眼迎着我，眼里蓄满炸药，只等着火星来引爆。突然，我又看见一双眼，一双稚气的眼，眼里充满渴望。他只有九岁，却经历了母子分离天各一方。每天他都扳着小手，计算着和母亲相见的日子。

不！我不能！我不能！"KNAVE！"我在心里一遍一遍地骂，一遍一遍地咒。这一刻，我就是忍受胯下之辱的韩信。

收工了。想到我要和老三毛度过共同的晚上，想到我要接纳她吐出的恶臭，我要忍受她的污言秽语，我就憋得透不过气来。我多羡慕流放的十二月革命党人：虽冰天雪地，却能尽情地呼吸新鲜空气；虽渺无人烟，却能与爱人生死相依；虽物质匮乏，却能够谈经论道指点江山；虽流放天涯，却能够抗争，能够呐喊，能够悲歌，能够书写传世的经典。可我在这里，却要掩埋我的喜怒哀乐，雪藏我的爱恨情仇，让悲愤的思想凝固，让敏感的神经冰冻，让滚烫的血液冷却，让我的身躯成为行尸走肉。

为什么？为什么？为什么？因为，我与狼共舞！

开饭了！又是永远不变的土豆烧牛肉。有一道贼光射过来。目光里，不再是杀气腾腾，而是逢迎谄媚。"好香！好香！"老三毛嗅着叫着，围在我身边不停打转。我眼珠子一动不动：真正的鄙视，连眼珠子都不转过去。

"啧啧！多好啊！"

"什么好不好？"二零一停止了吃饭。

"党的政策真好！民族政策真好！"赞叹声如潮水般涌来，不绝于耳。

"别扔！"当我把一块僵土豆朝空碗扔去时，老三毛叫起来。我没理她，又扔了一块。

"不能扔！"

"铛！铛！铛！"我一连扔了三块。老狗憋不住了，她一个箭步朝碗扑来。我把碗一收，收不住脚的她撞上了栏杆。她站起来，腮帮子剧烈晃动，眼里满是怒火，虽然我已经做好了思想准备，还是打了个寒战。

"骑驴看唱本，咱们走着瞧！"她发出一阵冷笑。

"用水！"贾母嚷着。"阿奶！今天的馒头给你吃！"老三毛满脸是笑。行贿搭讪笑，是她的独门买卖。年近古稀的她，不但劳役减半，一星期还能吃一次馒头。馒头，可是她独一无二的敲门砖。

"谁要吃馒头？"贾母气呼呼地说。可能吃够了馒头，这次马屁拍到了马脚上。

"这星期荤菜全给你。"老三毛毫不气馁，继续行贿。贾母的脸色缓和下来。老三毛凑上去嘀咕，同时把眼朝我横来。不就是两只老狼，等着我举起白旗请求行贿吗？

不！坚决不！

我去放水。今天是经期第二天，冲下来的血浸湿了短裤。可分到的热水，却连盆底都盖不住，于是我直接用凉水。换下血糊糊的短裤，正准备去洗，猛地看见贾母守着龙头，而且严阵以待。我知道，要杀开血路的唯一办法，就是留下买路钱。我不在乎食物，但在乎我的尊严。既然不能洗，那就放在塑料袋里。我还没放下塑料袋，就发现一双闪着绿光的狼眼。狼眼在等待，只要短裤落下，必然有一场世界大战。两只蓄势待发的老狼，一南一北，一前一后，一里一外，正等待最佳的攻击时机。

怎么办？要不……把短裤扔了？

不！短裤还是新的。为了我，亲人不但付出了精神上的磨难，还承担了经济上的重负。我不能，也不忍加重亲人的负担。罢！罢！罢！我一咬牙，重新套上血淋淋的内裤，草纸半垫半盖，直奔工作台。人活到这份上，有误入白虎堂的悲屈，却没有火烧草料场的酣畅。林冲啊林冲，我好羡慕你！

"你看啊！"二百五冲我嚷着。我抬起头，看见老三毛蹲在墙角洗屁股，这是晚上我放置头颅的位置。"她恶心你，我看见她边洗边把脏水泼在地板上。"

我摇摇头，继续装电容器。我只能沉默——两条狼正等着我露出破绽呢！

"你不要怕，骂这个老婊子。"二百五为我打气。

"我不是怕她。"

"那你怕什么？"是啊！我怕啥？他妈的！脑袋掉了碗大的疤，牢都坐了还怕啥？

我怕！我怕的是，战争一爆发，就会看到窃笑，狞笑，邪恶的笑，幸灾乐祸的笑；我怕！我怕的是，战争一爆发，就会到办公室报到。坐在矮凳上，远远地，眨巴眨巴地仰视队长，既像狗在仰望主人，又像蛤蟆在仰望天鹅。天呐！承受这种耻辱，还不如杀了我。

"你怕我不怕。"二百五腾地站起来，"你这个老婊子，你这个诈骗犯，你这个三进宫，你这个……"

"我是老婊子，我是诈骗犯，我是三进宫。"老三毛提着裤子匆忙跳出来应战。"我就是十进宫也值。不像你这个二百五，一分钱没捞着，只因发泄一下就蹲牢。你冤不？屈不？傻不！恨不？"老三毛嚷着嚷着，连裤子滑落也浑然不觉。

"你……"二百五的手在抖，唇在抖，她被老三毛罪恶的子弹射中了胸膛。

"虽然厂长诬陷你，但法院还是判你三年。你骂啊，跳啊，哭啊，闹啊，最后还不是得蹲大狱。"

"老三毛！你还光着屁股呢！"长脚尖叫一声，众人这才发现老三毛裸露着下半身，于是大家都笑了。

"光就光，光也不影响我骂。"老三毛若无其事地拉起裤子。

"好了！二百五不说了，你也别骂了。"短兔说道。

"没有金刚钻，不揽瓷器活。小婊子也不撒泡尿照一照。"老三毛拇指一甩一甩，活像班师回朝者，更像中共外交部天字第一号的女流氓。

"日你奶奶的，我和你拼了。"二百五怪叫一声冲过来。老三毛躲闪不及，摔了个四脚朝天。

"杀人喽！杀人喽！"老三毛就势躺下，拍手拍脚地嚷开了。

"又是你？"四五六走过来，"要是小组红旗再砸在你手里，休怪我不客气。"

"老东西，越老越贱。"三八八一脸厌恶。老三毛的眼珠子转了半天，最后灰溜溜地爬起来。

夜深了，再过三小时天就要亮了。我和二零一面对面地打毛衣。从昨天下午六点直到凌晨三点，我的腿就这么盘着。有这个盘功，一定能盘出一代高僧；有这个盘功，正宗小日本也甘拜下风。为了避免和老三毛肌肤相亲，我的腿只能半盘着。

眼皮一点点下垂，我一次次用湿毛巾擦拭；手臂一点点下垂，我使劲朝上抬。可惜胃没下垂，它如布谷鸟，咕咕咕咕叫个不停。

对付布谷鸟的办法就是灌凉水。凉水进去，布谷鸟果然不叫了，但胃却痉挛了。我想起早上还有个馍，赶紧咬了一口。这时，我听见二零一发出一声叹息。

二零一因为男友背叛了她，一气之下拿了男友的手表，于是以盗窃罪判二年。如果说人大，政协是塑料花瓶的话，那么中共的法官就是塑料夜壶。它们不但散发臭气，还散发辐射，严重地伤害了中国人民。他们昏庸又残忍，谄媚领导镇压草民，他们的职责是庇护坏人残杀好人。他们最擅长的就是把苍蝇蚊子打进监狱；他们最得意的就是纵容窃国大盗。千言万语一句话，他们是制造冤假错案的专业户，他们甚至比不上慈禧太后。至少在知道杨乃武和小白菜的冤情后，她痛下杀手，一连惩治了一百多个朝廷官员。

在上访的过程中，杨乃武的姐姐并未遭受拘押，没有被判刑，也没有被躲猫猫死。但是中共的法官，不但是吃喝嫖赌的高手，更是制造窦娥的推手。这些狗官，就是制造苦难的根源，就是鱼肉百姓的恶霸，就是污染土地的重金属，就是杀人不见血的屠夫。

二零一进狱后，嘴除了吃饭，基本不发声音。这点，堪比中国媒体。如果吃饭不需要嘴，那全中国人肯定脑后拖了一条辫子，嘴上缝了个严严实实——噤口，噤口，每一个人都是寒风中打颤的蝉，噤若寒蝉。

我对二零一一直抱有同情。既然她也饿了，我把馍一分为二。咬去的损耗，当然算在我头上。就在我把馍递过去时，一道黑影一跃而起又猝然消失。我揉揉眼，没黑影。我再揉揉眼，还是没黑影。也难怪，就着囚灯苦熬一夜，就是飞行员也把浮云当敌情了。看着老三毛打着香甜的鼾，我把心重新放回胸腔。

第二天收工时张队长说："有人深夜搞违法，一个馍馍两个人，你一口啊我一口。你要明白，你是什么人？"哇！一刀封喉！一刀封喉！要是朝天鼻说这话，权当放屁。但从张队长嘴里出来，让我不寒而栗。

"这是什么地方？你是什么人？你到这里来干什么？"这三幅标语，写在横幅上，写在墙壁上，写在黑板报上，写在任何一个你可以看到的地方。黑黢黢的字，带着冰茬，带着震慑，带着倨傲，带着不可一世的蛮横。三个大大的问号，像虎视耽耽的怪兽，监视你，威胁你，折磨你，拷打你。年年月月，日日夜夜，分分秒秒。

用水了。老三毛蹲在墙角，把脏水搅得稀里哗啦。看来她深谙反右的精髓：引蛇出洞。我倒吸了一口气，让自己镇静再镇静。

"听！老三毛又放屁了。"二百五气鼓鼓地说道。

"看！阿拉三角裤多干净，阿拉三角裤的裆底雪白雪白。"她手托短裤大声叫唤。"项庄舞剑意在沛公"：她想把我逼出来。

"阿拉三角裤也是雪白雪白的。"短兔不甘示弱。

"有人的短裤真脏，就是黄浦江水也洗不干净。"老三毛的狗眼，明明白白扫过来。

"你说谁？"短兔一脸警惕。

"我说谁，谁心里有数！"老三毛忙朝她使眼色。

"我短裤碍你什么？你整天盯着我裆部看什么？"好脾气的短兔怒火中烧。

"真是皇帝不急太监急，我说的不是你。"老三毛朝我一努嘴，"有人的内裤，啧啧，比纸黄，比血红。呦！"她闭上眼，用手作扇在鼻前挥动。我再次吸气，气沉丹田：让疯狗自己咬自己。

"不要脸！穿这样的血短裤，还不如一头撞死。"老三毛终于图穷匕首见了。

"老三毛，你这条疯狗！"一声大吼，一个女人跳了出来。此女和丈夫从新疆返沪，拼死拼活赚的钱被老乡借走。五年十年过去了，在久催不还屡讨无果后，丈夫失手杀了对方。因事出有因兼死者是无赖，丈夫被判死缓，她因包庇被判二年。

夫妻入狱，家里老的瘫了，小的病了。没救助的她，没有牙刷只能漱口；没接见的她，不用草纸只用废纸。最要命的是，她只有一条短裤。每次洗完后，她就把尼龙裤贴在茶杯上烘，半干半湿时穿上。水杯上贴短裤，要多别扭有多别扭，但是，既然杯里的水是她喝，就是巴尔扎克笔下的"搅水女人"也懒得兴风作浪。但老三毛歪打正着，捅到了她的七寸。

"真是半路上杀出个程咬金！"看到引出来的蛇不是我，老三毛很沮丧。

"我没短裤，可你的短裤是捡来的。"新疆女冷笑着。

"说得好！老三毛的短裤就是我扔的。"二百五拍手笑道。

"呦呦呦！拾荒婆。呦呦呦！拾荒婆。"长脚高高低低抑扬顿挫地哼起了信天游。老三毛气得嘴都歪了，凭她在官司单位趟了四次水，怎么也是条地头蛇，要是拾短裤的事昭告天下，这还了得？

"你这个千刀万剐的杀人犯！"老三毛一蹦三尺高。

"你这个人人憎恨的诈骗犯！"

"你这个扫帚星！老娘还有两年出去，可你男人要蹲一辈子大牢。活寡不是守一年,而是要守一辈子哦！"老三毛带着快意，把一个"哦"字拖得老长。

"你……"对方如遭雷击。

"二十年里，你苦撑苦熬。二十年后，等着给男人收尸。你这个没人要的克夫星！"老三毛的腮帮子，如秋千甩来晃去。她的话如子弹，射进对方的胸膛。新疆女蹲在地上，掩面嚎啕。

"不是一个级别的拳击手，就不要跳出来迎战。"老三毛又得意又沮丧：得意的是又打败了一个对手，沮丧的是对手并不是我。

"老三毛！我饶不了你！"一声怒喝，二百五跳了出来。

"你饶了我吧，和你说话我掉价。"老三毛把瘪瘪的胸膛一挺，"坐牢把孩子坐掉了，你等着绝后吧。"

"你……"二百五的手指在颤抖。罪恶的子弹，再次击中了她。

"又怎么了？"三八八端着箱子走来。

"我说您领导的小组，今年一定能评上先进。"老三毛立刻换了表情。

"滚开！"

"阿拉三八八叫我滚，我就滚。"老三毛涎着脸说。

"……二百五怎么了？"

"她中风了。"老三毛狞笑着。

收工进了小号，老三毛突然把一叠杂志扔过来。从我认字那天起，文字就是我的红粉知己闺中密友。失去自由后，我也失去了她。除了几本素描、速写画册，家里送的书一概拒之门外。十个月了，现在她就在我面前。我的眼睛一眨不眨地凝视着她，我的手一点点摸索着向前……终于摸到她了。

抓起书打开她，就如母亲打开孩子的褓褓。我贪婪地看着，阅读着。一切的一切都消遁，灵魂尽情地邀游在文学的海洋中。

　　暮色如茶，酽酽地浸透一切。看不见了，一点都看不见了，但我还是把它攥在手心：失去自由时就失去了你；现在得到你，但我依然没有自由。

　　囚灯晃动，我站到门口看。这是一篇评论，观点犀利，评论深刻，无装腔作势，无闪烁其词，有直抒胸臆的呐喊，有忧国忧民的情怀。好一个"献身甘作万矢的，著论求为百万师，誓起民权移旧俗，更研哲理牖新知。"捧着杂志我潜然泪下：万木萧杀，还能看到怒放的梅花；万籁俱寂，还能听到英雄交响曲。"嚓"，杂志被抽走，手心只留半点温藉一滴泪痕。不回头，我也知道是老三毛的釜底抽薪。

　　今天一包饼干，明天一瓶麻油，后天一块香皂。当我看完这些杂志，我已一贫如洗。我很羞赧，家庭援助成了老三毛的囊中物。但我没后悔：我已经一无所有，所以不能再一无所有。

　　下午收工，看监狱大会的实况转播。一个干练的男子出现在屏幕上，他就是闻名遐迩的李监狱长，和我同龄的老三届。

　　"今天监狱召开认罪伏法会。认罪是前提，伏法才有明天。下面由学员发言。"李监狱长不愧为儒者，把"犯人"改成"学员"，二字之差，用心良苦。

　　学员一个接一个发言。众生众相，犯罪也林林总总。但心得也好，体会也罢，主旋律依然永恒：一感谢政府，二感谢法院，三感谢管教，四就是深刻忏悔。不一样的脸谱，不一样的罪，一样的心得，一样的口吻。我真想一把撕了记录纸，然后狠狠地踩在地上。好个王婆卖瓜一世纪，这歪瓜还不是正宗的炎夏黄瓜，而是马恩列斯的孽子怪胎。

　　"下面，由犯反革命煽动罪的×××发言。"听到这，我头皮一紧。

　　一个年轻人走上台。"……一九八九年春夏之交，党中央一举平息反革命暴乱。由于我受反华思潮的影响，终于走上反革命的道路。虽然我罪大恶极，但党还是给了我第二次生命。感谢法院只判我十八年……"

　　十八年！天呐！杀一个人，夺一条性命，也就二十年。他犯什么罪要十八年？煽动？演讲几句就是煽动，贴几张标语就是煽动，这煽动真比煽风点炉子还容易。如果这样，方励之和王丹也是"煽动"。对著名人物举起橄榄枝，对无名小卒举起狼牙棒，这就是"内外有别内紧外松"的精神；这就是"关起门来打狗，堵住笼子抓鸡"的手段；这就是一国二制一国二法的判决；这就是枉判这就是错判，这就是往死里判的典型。

　　电视结束，众人如无头苍蝇般朝水斗涌去。"法院这样做不像话。"老三毛拍着脸盆自言自语。

　　"又抽什么风？"三八八皱着眉。

"我去找队长。"老三毛放下脸盆，朝办公室走去，"法院对五三一判得太轻。"

"你！"一腔怒火冲天而起，四五六一边用眼神制止我，一边拉住老三毛。

"我要向法院提出意见：对冻僵的蛇，决不能心慈手软。"

"我看你才是一条蛇，不是美女蛇，而是蜕皮瞎眼的老蟒蛇。"二百五的手指直捣老三毛门面。

"组长，今天的会，我感触很深。"

"明天谈这个问题，现在放水进小号。"四五六说。

"不！"老三毛一扭身子。

"发什么疯？"三八八沉下脸，老三毛这才进了小监房。

"暴徒是政府打击的对象，不打击暴徒打击谁？"老三毛兀自嚷着，我努力压抑再压抑。我是一只即将爆炸的压力锅，我是一颗即将出膛的子弹！我是闪电，我是雷霆。这一刻，我真想和老三毛同归于尽玉石俱焚。

"五三一出来，出黑板报。"四五六一个招手，我冲出小监。接过粉笔，我刷刷地写着，粉笔在我手下发出呻吟。我的每一撇，每一捺都带着闪，带着雷，带着火，带着泪，带着我的不屈，带着我的愤怒。

"这是什么字体？""魏碑！""为什么不写隶书？隶书好看。""魏碑有棱有角，有个性有遒劲，力透纸背……"说到这我噎住了。

"文如其人，字如其人。"四五六意味深长地说。我默默地抄着，一想到"辱"竟来自四进宫的人渣，就有"虎落平川，龙困浅滩"的憋屈愤懑。

"你和她吵，正中了她的奸计。这里没有英雄，只有狗熊。"四五六凝视着前方，我顺着她的目光看过去。

"这是什么地方？你是什么人？到这里来干什么？"森森的黑字，冷冷地看着我。

今天开认罪伏法会，也是我第一次写认罪书。张队长笑吟吟地走来。先是组长报分，接着读认罪书，然后小组评议。又是千人一面的认罪，千腔一调的讨伐，千篇一律的感激，老太婆的裹脚布实在臭不可闻。

张队长虽然端坐，但眼神游移，思绪飘忽。是啊！狗皮膏药一卖几十年，讲究个天长地久滴水石穿，可石头也有不耐烦时。

"五三一的学习分零点八五，生产分零点六五，加起来是一点五分。"当四五六报出我的分数时，我又惊又喜，惊的是差点不达标，喜的是居然达标了。

"下面由五三一宣读认罪书。"

"我生在新社会，长在红旗下。八九年反革命暴乱时，没站在党的一边，相反还说出'共产党镇压学生，我绝不入党'这样的话。我怎会走上犯罪之路？因为我只相信谣言。谣言说共产党大开杀戒，人民政府怎会屠杀人民？谣言说坦克蹍死学生，人民军队怎能杀害学生？谣言说天安门广场血流成河，首都怎么会血流成河？我绝不相信这样的事，这一定是反华势力在造谣……"

我声音沉痛，沉痛是因为谣言并非谣言；我一脸愤怒，愤怒是因为谣言并非谣言。我有嘴，却不能说出真相；我有笔，却不能写出真相。我唯一的武器，就是"以其人之道还治其人之身"，我要用"矛"来戳这个"盾"。

"五三一的认罪书读完了，下面进行小组评议。"

"我先发言！"老三毛嚷着。我的心"咚咚"直跳。怕什么？怕什么？我赶紧为自己打气。

"同犯们，为什么五三一的劳役分这么低？"老三毛先声夺人直奔主题，"分数低，是因为她抗拒改造。毛主席说，没有调查就没有发言权。我和她一个监房，最有发言权。她白天消极怠工，收工后搞别的名堂。"说到这，她威严地一咳嗽，"同犯们，你们知道她干了什么？"

"说吧，说吧。"有人不耐烦地催促道。

"收工后她并没有干活，而是在看乱七八糟的书。"她朝队长乜了一眼，"政府给她新生的路，可她却是死不改悔的走资派……"说到这她忙刹住话头，可是窃笑已经四起。

"我来说！"长脚急忙插话道，"五三一从进来第一天就磨洋工，这不是手脚慢，而是抗拒改造。"张队长突然朝我一瞥：手上贴满伤筋膏，肿得如同小坟山。"……我的发言结束。"长脚从队长的一瞥里看出戏该收场了。

"我还要揭发！"一声厉叫震破耳膜，"五三一有反心有反骨。"老三毛站起来，蓬乱的短发如一面幡，在空气中凛凛支起。

"她说'莫须有'；她说她是当代窦娥。她的案子，是'文革'的延续，是专制的必然。她不但不认罪，还妄图进行反革命暴乱。"老三毛思维清晰，口齿伶俐。

政府最恨的不是刑事犯，而是有反骨的政治犯。张队长沉吟着，缓缓吐出两个字：扣分。四五六慢慢合上本子，这意味着大局已定。

"队长，我有个问题。"二百五突然嚷着。

"说吧。"张队长点着头。

"老三毛我问你，五三一要搞反革命暴乱，你咋知道？是否她拉你一起搞？"二百五咧开嘴，显得很傻很天真。

"笑话！我会和暴徒搅在一起？"老三毛不屑一顾。

"既然你没搞，你咋知道她搞？"二百五的嘴角泛起一层白沫，看上去更傻了。

"她天天晚上做准备，这逃不过我的眼睛。"老三毛精神抖擞地说道。

"怎么准备？她是在挖地道吗？"

"共和国的监狱牢固着呢！"

"那咋准备？"

"……她在精神上做了准备：晚上看书。"

"小组还有啥情况？"张队长不耐烦地站起来。

"张队长，我也要看暴乱的书嘛！"二百五孩子气地撒娇道。

"去，把那些书拿来。"张队长不耐烦地说道。

"这……"老三毛变了脸。

"我去拿！"二百五一个箭步冲进小监，又把一叠杂志朝桌上摔：法制文学，精选小说，《啄木鸟》杂志。

"就这些书？"张队长惊讶地问道。

"报告队长！老三毛把丢弃的书拾起来，然后骗吃骗喝。她没有接见没有钱买食物，可是她吃的喝的全齐了。张队长，昨天她还用香皂，把自己的屁股洗得香喷喷的。"二百五说到这，众人哄堂大笑，有的人还笑得直不起腰。

"有没有这事？"张队长严肃地问道。

"没有的事！"老三毛一拍胸膛。

"我去拿，藏在哪个旮旯我最清楚。"二百五也一拍胸膛。

"你这个精神病，不缠着五三一缠着我干嘛？打五三一这个活老虎，我可以加分。"老三毛气急而嚷，暴露了她的真面目。

"扣分！扣你的分！"张队长再次沉下脸来。

"难道老三毛是我肚里的蛔虫？"趁打水时，我偷偷问小诸葛，"文盲咋知道这么多？"

"不是你不小心，而是国情特殊。搞了几十年运动，可以不知道爱因斯坦的'相对论'，但一定知道毛主席语录。几十年在劳改单位摸爬滚打，早把'政治术语'揣摩得炉火纯青。她是文盲，更是个老牌的红卫兵。"

"好一个心狠手辣！"

"井冈山起家，靠的就是心狠手辣。她可以不识中国地图，但绝对知道中南海的忌讳。什么话政府爱听，什么话政府反感，哪是软肋，哪是七寸，早已庖丁解牛，经络分明。"

"撒的是恨种，喂的是狼奶，四十年的浸淫，天使也堕落成魔鬼。"我叹息道。

"知道吗？老三毛用几本破杂志赢了两个人。一个是你，一个是长脚。她曾和长脚打赌，一定能让你乖乖地掏出所有食品。"

"她果然赢了……"我想起连手纸也告罄的那段日子。

"有毒的土壤，必然孕育老三毛这样的人渣。普天之下，莫非党土；四海之内，不是奴隶就是打手。"小诸葛叹息道。

今天小组来了新犯人。"又进来一个和你一样傻的女人。"二百五朝我挤了挤眼。

"找死啊！暴徒咋就斩不尽杀不绝？"老三毛轻声骂着。自滑铁卢后，她收敛了许多。

"三百号你记住了：不许谈案情，不许谈谣言，不许……"四五六厉声吩咐着，一个瘦小的女人不停地点头。我一看她就走不动路了。她的脚下堆着许多书。

几天后我躲开狼眼，借了一本书。一看出版日期是八九年初，我就知道是本好书。开卷一阅果然不谬。

劳动大姐拎着一桶菜，贾母赶紧跑上去和她套近乎。对内心狠手辣，对外广结人缘，这是共产党一贯的政策，也是贾母一贯的原则。虽是半文盲，绝对深谙党的精髓。

龙头旁排着长长的队伍。轮到高脚放水，她弯下腰，在水帘下使劲地洗啊搓啊，忙得水花飞溅。"能否快点？"三百号正平轻声地问。

高脚白了她一眼，依然旁若无人地洗着搓着。

"你能否快点？"

"快啥？你以为这里是人民广场，又想搞煽动？"高脚尖刻地嚷道。

"我只是让你快一点。"正平的脸涨得通红。她个子矮小，发育不良，甚至说话都不利索，像个没长大的孩子。六四后，她声援学生在人民广场散发传单。凶残的政府没放过她，重判她五年。她的案情，她的单薄，她的单纯，注定在这个金字塔的组里，做一块垫底的砖。

"你有什么资格叫我快点？你这个暴徒！"高脚发出一串串的冷笑。其实，高脚也是个悲剧性的"小白菜"：诈骗犯逍遥法外，作为小卒子的她却判了四年，想不通的丈夫一头撞死在卡车下，留下一个孤儿。

丈夫死后，高脚性情大变。她既没变成积极分子，也没变成落后分子，而变成了亲水分子。只要一有机会，她就冲到水龙头下，使劲洗手反复搓。为了这，她吵架斗殴，遭训写检查，成了小组里"不安定的因素"。有人说寡妇反改造，有人说寡妇是神经病，有人说寡妇变态。但我知道，在她的潜意识里，她是个凶手，是个手上沾满鲜血的凶手。所以她要反复洗用力搓。其实，真正的凶手并不是她，而是公检法。

　　按说，她也是苦大仇深的受害者，可她没本事找施害方算账，却把一腔怨气宣泄在正平身上，这就是中国人典型的欺软怕硬，恩怨不分：阿Q不是专门欺负比他弱的人吗？

　　"什么事乱哄哄的？"贾母闻声赶来。

　　"我只是让她快点。"正平解释道。

　　"你这暴徒有什么资格说话？"洗得白白净净的手指戳了上来。

　　"有事说事，不要扯上案情。"二百五尖叫一声，"她奶奶的，家家都有本难念的经。"

　　高脚听了一愣。

　　"难道三百号不是暴徒？难道你为她鸣冤叫屈？"老三毛一阵风似的冲了过来。

　　"对啊！你这是啥意思？"高脚被老三毛挑上了山。

　　"这里全是罪犯，还有三进宫四进宫的。"二百五怪叫着。

　　"四五六，暴徒在搞反革命串联。"老三毛嚷道，"四月二十三日下午四点，三百号偷偷给五三一一本书。这本反动书籍现在就在小号第二个包裹的上面，我去拿。"她一阵风似的去，又一阵风似的来。

　　"中华人民共和国上海人民出版社。"小诸葛翻着书，"既有书号，又通过了队长检查……"

　　"你是说，队长没有检查出来这是大毒草的书？"二百五拍着大腿，贼兮兮地问道。

　　"这可是原则性的大问题。"小诸葛话藏玄机，步步紧逼。

　　"我有罪！我该死！"老三毛猛扇自己嘴巴，反应快得惊人。

　　"有人污蔑队长！有人污蔑队长喽！"二百五敲着脸盆喊道。

　　"揭发犯人可以，但不能诬陷队长。"小诸葛加重了语气。

　　"我有错！我罪该万死！"老三毛不愧是戏子，狼眼里竟淌下几滴浊泪。

　　"你错就错在没文化，乱说话。你可要加强政治学习。"四五六走过来不温不火地说。

　　"没文化还整天上窜下跳？"有人不满了。

　　"同犯们的意见听见没？队长说，小组纪律好，增加看电视的次数。"四五六微笑着说。

　　"乌拉！乌拉！"乌合之众发出欢呼。四五六就是四五六，既不让小诸葛乘胜追击，又拉了老三毛一把，接着许以小利稳定人心，可谓一石三鸟。

四五六深知共产党精髓，只要把不稳定的因素消灭在萌芽中，只要不祸起萧墙，组长的位置便固若金汤。

星期天，我佝偻着背，偷偷摸摸地穿电容器。今天我有了新式武器，那就是竹制镊子钳。上个月，丈夫做了有机玻璃的镊子钳，虽晶莹剔透光滑玲珑，但夹起薄膜来，总有杀鸡用牛刀的感觉。现在，竹制镊子钳的功能（金属的不能带进来）显露了，虽不能和金属媲美，但比有机玻璃强多了。我握着镊子钳，幸福的涟漪一层层荡开。要把青涩的竹子，做成开合自如的镊子钳，需要多大的功夫。为了把它送进来，肯定费了不少周折和口舌。

有了劳役分，就不用出黑板报，不用抄写令人反感的文章；有了劳役分，就能每月见到亲人。快干！我不是为监狱创造利润，我是为了我仅剩的尊严。

老三毛如黑色幽灵，在我身后转悠，偷觑，寻找下手机会。

"五三一出来！"四五六一招手，我忙冲出去。脱离狼眼的觊觎，使我有了自由感和翻身感。半小时后，两幅淋漓的对联高高挂起：认罪伏法走新生之路，洗心革面和过去告别。"明天开会，今天先制造气氛。"四五六端详对联，若有所思。

四五六是盗窃犯，但怎么看也不像贼。相处甚久，她从未吐露过半个字的案情。只听说她是单位财务，出国前奉领导旨意拿了支票，登机前被请回局里。在取保候审期间，她自杀两次，最后还是被判三年。在小组里，她不受贿，奉行君子之交淡如水；她不发怒，奉行中庸之道无为而治。她喜怒不形于色，矜持恬然，既拒绝密友也拒绝敌人。虽细皮嫩肉，所有的劳役拿得起放得下；虽学历中专，字体娟秀知识渊博，显示良好的文化底蕴。我真庆幸是她，而不是一线天做我的组长。

今天开减刑大会，又是几家欢乐几家愁。"这就是前市委委员王秀珍！"二百号一努嘴。

"她减过刑吗？"

"没有。每次开会弓背佝腰地写啊写，记啊记。"

"认真是她的特点，也是她的致命伤。她是政治运动的牺牲品。"

"你同情她？"二百号不满地说道。

"土壤有毒，果子也有毒；河水污染，鱼儿也污染。我们都不是独立的个体……"

"这话……有道理。"二百号思索着。

"听党的话，是她永远不变的思维定势。她是愚忠的岳飞，是捍卫主子的奴才。"

监狱长发言后，减刑者发言。虽案情各异，减刑各异，主旋律毋庸置疑。独唱，合唱，女声部，男声部，低声部，高声部，一切的一切，只为烘托红色主题，把洗脑换脑进行到底。

一个精瘦的犯人站在台上。"我知道他！"二百号激动地说，"七六年时，他上街游行，还掀翻了警车。"

"……是不是市政府门口警车被烧的那件事？"

"是啊！警车被烧，他判了无期。进来时是学生，现在成了干瘪老头。人家都说他傻，'文革'后期发现被骗，于是愤而游行，怒而推翻警车，最后成了政治牺牲品。"

"……在政府教育下，我认识到自己所犯的罪孽深重。我对不起人民，对不起党！这次减刑四个月，说明党没有抛弃我，我要靠拢政府，靠拢党！"发言结束，他向队长鞠了一躬。

我的心刺痛再刺痛！判决时痛下杀手，杀它个把牢底坐穿；减刑时蜻蜓点水，点它个浅尝辄止。打断你的腿，再给你一副拐杖；置人于死地，还让受害者三叩皇恩，感激涕零。

共匪好狠毒好阴险！

浴室斗殴

"洗澡了！"贾母一颠一颠跑过来，确切地说是滚过来。本就圆滚滚的她，穿了黑白二色的呢大衣，活像一个躁动不安的足球。最近她的受贿，和GDP一样上了个台阶，破鞋子破袜子破军装全部扫进垃圾箱，取而代之的，是一个大衣皮鞋加香皂的新世界。

"阿奶侬真漂亮，简直是老寿星。"老三毛咧开嘴。虽努力笑着，但腮帮子直直下坠。和贾母油光水滑的皮肤相比，一个是上弦满弓，一个是提不起的豆渣。

"阿奶侬真漂亮！他奶奶的！真不知谁比谁更是老奶奶。"二百五骂道。

"关你啥事？你这个十三点。"

"你这条专舔屁眼的哈巴狗。"

"阿奶，她说我是您的哈巴狗。"老三毛摇头晃脑撒着娇。

"你这个死货，贱货。"贾母骂道。

"连阿奶都不理我。"老三毛叹了一口气。此刻小组正在进行浴前热身赛。有人用邮票换肥皂,有人把食品藏好,有人把产品埋好。在这里,不偷的就是大粪。

四五六拿着纸,下面一片安静。"……四三二,五六七,八九一用九号龙头;五三一,一百号用五号龙头。"听了名单,我一忧一喜:忧的是和老三毛共用同一个龙头,喜的是只有我们二人。

三八八走在前,一帮人趿鞋随后。老三毛一溜小跑,追上三八八后耳语一番。队伍马上停下,当即从队伍中揪出一个阶级异己分子:没完成劳役就想洗澡?

举报后的老三毛更亢奋了,她像共和国的功勋,头抬得更高了。

浴室位于大院东边。大院的西边放置马桶。百来个马桶层层叠叠,逶迤高耸,甚为壮观。院子当中的水泥地,专供浣纱。院子不大,却要承担几百个人的拉屎撒尿洗澡洗衣,可谓任重道远。

离浴室还有二十米,就有人发起最后的冲刺。等我进来后,不但龙头爆满,更衣箱也爆满。说更衣箱还不如说垃圾箱,不但肮脏潮湿,连门都省略了。

浴室有十二个水龙头。除了流不出水和只流冷水的,只剩九个。一个龙头挤三个人,有的还挤了四个人。一般情况下,一个龙头"一对一,一帮红"的待遇,只属于组长。

从通水到关水总共五分钟。这分秒滴滴完全掌握在贾母手里。她可以让你洗得热血沸腾,也能让你洗得瑟瑟发抖。小组里若有劳积会成员,那组员就是浪里白条,尽情在水里扑腾欢闹;小组里若有人结怨贾母,那组员就是蜻蜓点水,只在皮肤上洒点水,还是冷水。

我走进去时,老三毛龇牙咧嘴正洗得欢。她大口吸气,大口吐气,搓了上身搓下身,擦了前背擦后背,全身心沉浸在热水给她带来的喜悦中。我站在水的边缘,想进去,免不了口舌之争;不进去,我就洗不了澡。长脚说着笑着等待着,她希望我冲进去,这样就能看一出武打好戏。

老三毛突然钻出龙头朝外走,我忙钻进水中,刚淋个湿透她又杀回。我忙躲让,还是被她顶了一下。天呐!和毒蛇接触,也没这么恶心。

老三毛站在水中央,不但洋洋得意,还示威地看着我,这是讹诈的最佳时机。要么交易,要么战争。交易能带来口腹之乐,战争能带来生理快感。我既不想交易又不想战争,所以我只能站在水帘洞的外面。

时间一分一秒过去,我如困守沼泽的败兵。

"老三毛,睁开你的狗眼看看!"一声叱呵,老三毛的招风耳被扯得很高很高。是小诸葛,是一丝不挂的小诸葛,拎着不挂一丝的老三毛。

"你……"老三毛浑身发抖。

"你不是说我是阴阳人吗？睁开你的狗眼瞧瞧，我是不是阴阳人？"小诸葛虽光身光腔，但威风凛凛。

"我没……说过。"

"你不是说我白虎星吗？"拎着的耳朵一点点向上提。

"我说我去死……"老三毛虽然发誓，但耳朵还在上升。上面若有钩子的话，和肉铺的挂肉一模一样。

"说过没？说！"

"轻点……我说你是克夫的白虎星，晦气的扫帚星。我是畜生，是猪狗。"

"还说了啥？"小诸葛急起直追。

"啊……"老三毛发出一声惨叫，"说你是……养不出仔的阉婆。"小诸葛一手叉腰一手拎耳；老三毛一边掌嘴一边发抖。机不可失时不再来，趁二军鏖战正酣，我冲进水里，痛痛快快洗去满身的油垢。

队伍返航。小诸葛昂首挺胸走在前，一副报仇雪恨后的凛然。老三毛耷拉着脑袋走在后，一副家当输尽脊梁断的沮丧样。

上楼了。突然，老三毛以离弦箭的速度，从末梢窜到首端，又一个百米冲刺上三楼。"报告组长，我被打了。"一声悲戚的叫喊，一声悲凄的啜泣。

四五六在检验电容器，不要说抬头，连眼皮也不抬一下。

"组长，你要为我做主。"老三毛撸起袖子，"我牢记你的话，骂不还口，打不还手。"

"是……吗？"四五六盯着零件，例行公事地问。

"她是对抗改造，顶风作案啊。"老三毛加重了语气。

"是……嘛？"四五六把电容器放进脸盆。

"小诸葛她这是顶风作案啊！"

"谁？"四五六倏地抬头，镜片后的眼睛炯炯有神，"你说谁？"

"小诸葛，我这里还有伤。"老三毛又撸起袖子。

"坐！"四五六端了一只凳子，塞在老三毛屁股下。老三毛愣了，这可是前所未有的待遇。

"慢慢说。"四五六一脸和蔼，随手将她衣领上的一根头发掸去。

"这！"惊人之举让老三毛晕了。

"谈事情经过，越详细越好。"四五六拿出纸和笔，这是小组立案的标志。老三毛干瘪的胸脯如抽动的风箱。

在这个以盗窃为主，诈骗为辅的组里，小诸葛怀才不遇，徒叹无奈。

四五六板上钉钉，稳坐在含金量最高的学习组长位置上；雄踞劳动组长宝座的，是中队长钦定的怨妇三八八；楼面劳动属于半文盲，但撼山易，撼贾母的位置难！小诸葛经过一番演算，逮到了二殡贪污的证据。本以为查证有功，生活组长非她莫属，想不到胜利果实再次落入了四五六的篮子里。这才是竹篮打水一场空，做了新衣嫁她人！

自己买鞭炮让别人放，还成了别人手里的卒子，小诸葛被双重打击击垮了。要是目不识丁也就罢了，要是无才无韬也就罢了，怎奈天生我材憋屈此，整一个死不瞑目。权衡一番，小诸葛决定走"农村包围城市"的路线。可是四五六不受贿，不结党，不口无遮拦，不鸣冤叫屈，狗咬刺猬就是没处下嘴。几回合下来，卫冕者卫城有方，攻城者攻城不得。小诸葛痛定思痛，决定走"广揽食客，笼络人心"的孟尝君之路。

最近小诸葛特别忙，不但为婚姻岌岌可危者出妙计，还为文盲妹写认罪稿，今天塞几张手纸给阿狗，明天送一枚邮票给阿毛。星期天更是雷锋的高潮日，测字算命，摆摊写信，易经八卦，排忧解难，不但收获"及时雨"美称，小组还基本团结在以她为核心的周围。

对这一切，四五六视而不见甚至熟视无睹，有时还为第二个核心创造条件，这就进一步奠定了她在小朝廷的基石。

就在她人气渐高，夺魁呼声渐起之际，就在风闻四五六卸下生活组长一职之际，小诸葛却在浴室上演了一出光腔保卫战。平心而论，保卫战并非小诸葛精心编织的圈套，而是她为尊严而打的自卫反击战。能在监狱捍卫自尊，本身就体现了自尊，尽管自尊在监狱完全是奢侈品。

"我正洗澡，拳头像雨点一样落在我身上。我虽被打得伤痕累累，但一想到监狱纪律，便决定做一个打死也不动的……"

"邱少云？"

"对！就是邱少云。"

"以英雄为楷模？"

"受伤事小，纪律事大，孰轻孰重我清楚。"老三毛挺起胸。

"这说明你改造的决心。"四五六微笑着，还把自己的景德镇杯子递过去。老三毛激动地站起来：就是官员对上访者，警察对纳税人也没这待遇。

"坐下，你受苦了。"四五六体恤地说。老三毛热泪盈眶，吴清华终于找到了洪常青。

"……面对暴行，我当即高呼口号：'捍卫监狱纪律！'"

"很有觉悟。"四五六用温暖的手握住对方的爪子。

"虽然我大声叫喊，但冷拳还是一下下砸来，砸在我的胸口上，砸在我的乳房上。”

“日你奶奶，你还有乳房？”二百五怪叫一声，引起哄笑一片。

“二百五！”四五六的声音很严厉。二百五赶紧闭嘴，她有疯子的见义勇为，也有疯子的审慎。

“接着说。”四五六拍着老三毛的肩膀，以示鼓励。

“我越是呼口号，拳头落得越重。开头我还撑着，后来被打得失去知觉……你记到哪了？”

“我正记到一拳砸下。”圆珠笔快速滚动着。

“记到‘一拳砸在我乳房上’。”长脚尖叫一声，“哈哈哈！”四周爆发出开怀大笑。

“笑什么？为了纪律，我可以做革命的牺牲品。”老三毛挺起胸膛。

“你的牺牲惊天地泣鬼神。”小诸葛冷笑道。

“不受干扰。”四五六翻开新的一页。

“你为啥一句也不问我？”小诸葛抗议道。

“我不需要问。”四五六一脸灿烂。

“只问你所需要的信息，是否倾向性太强？”

“悉听尊便！”四五六做了个优美的姿势，“请继续！”

“重拳一下接一下……但我坚信党的政策，坚信监狱纪律，坚信政府会正确处理。”在她绘声绘色的叙说中，一个江姐诞生了，一个贞德复活了。

“这事发生时谁在你身边？谁能证明？”四五六毕竟是四五六，取证绝不凭一腔热情。

“五三一当时就在我旁边。”老三毛朝我眨了眨眼。

最近，小诸葛视我如敌。自从和四五六联袂出黑板报后，她把我看成是卖身求荣的汉奸。我有我的苦衷，我只能用学习分来弥补生产分的不足，不然，我就是被鲨鱼吞吃的鱼。

“她没有打她，只是拎起她的耳朵。”我清晰地，一字一句地说。在满世界谎言里，我不愿再添一句。

“五三一说得对，我只是拎她的耳朵。”小诸葛精神大振。

“关于打和拎的概念，由队长说了算。”四五六微笑着说。

“我要解释：因为队长没看见。”

“你说队长没辨别能力？你说队长解决不了问题？这事还要上联合国安理会？”

“我……不是这意思。”三个大问号砸得小诸葛张口结舌：这是上纲上线的大问题。

"四五六，她一贯嫉妒你，一直想要取代你。"老三毛嚷着。

"你进小监不许发声。"四五六对老三毛大喝一声，完全体现了"疏者宽亲者严"的原则。

"所有人全进小监，把监规手册拿出来。"四五六莞尔一笑，翩然走进办公室。小诸葛傻傻地站着，呆若木鸡。

"想跟我斗，做梦！"老三毛进门就嚷，"老娘十四岁闯荡天下，啥样的河没趟过，啥样的人没制服过。长的短的，方的圆的肉棍，经老娘手一搓全成铁棍，指哪打哪。"

"你真是老流氓。"半哑巴的二零一骂道，"真不要脸！"

"你也准备和我作对？"老三毛指桑骂槐。

"我不怕你，下个月我就上新生组。"二零一回击着。确切地说，这不是回击，只是撤退。

"你就是明天走，照样整得你半死。"

"你自我感觉是否太好？"二零一努力争辩道。

"哈哈！这话检察院的女人也说过。她说，凭你的尊容，你能行骗全国还是色相诈骗？最后，她只得承认我是武林高手，江湖一怪。"

"还是女中豪杰巾帼英雄。"二零一嘲笑道。

"这话说对喽！"老三毛拍着腿，"老娘这辈子就靠骗吃香喝辣。不像有的十三点女人，不搞吃不搞色，却要搞一身灰，弄二手土，最后倒要坐牢。"我急忙转身，用脊背对着她。

"你也是个标准的傻货。"老三毛翘起二郎腿，"年纪轻轻的怎会被他蹬？这辈子，全是我蹬男人的记录。"

"他们没蹬你，但是报了案。"二零一反唇相讥。

"报案是老娘把他们榨干的结果。你被男人玩了，最后还蹲大牢。"

"不要你管！"二零一红着眼吼着。

"我是在点拨你，你和二百五都是傻货。可我值，我养老的钱都赚好了。"她的腮帮子晃来晃去，鲜红的牙床一览无余，一头枯草般的头发，一脸狰狞。

"看看我！"她拍着胸脯，"几本拣来的书，骗了两个傻货一月的大帐。"她歪着颈斜着头，活像虬根曲蔓，枯枝缠人的老歪树。

"别看老娘老，我是老当益壮愈战愈勇。要不，咱较量一下？"她乜着眼，对我发下挑战书。这耄蠢老贼，浑身充斥着呛人的火药味。臭皮囊如上弦弓，臭皮囊如人体弹，随时都要射击，随时都要引爆。我真不明白，臭皮囊里究竟包着啥材料？

我突然想起一句话：共产党人是用特殊材料制成的。

"开会前先学习监规手册。"话音未落，四周已是一片"哗哗"声。小册子从进监狱起，就是犯人须臾不能离身的红宝书。众人装腔作势地翻着，盼望"序幕"过去，"正剧"开演。

"今天，我组发生了一件非常严重的事件。"四五六庄重沉痛的声音，让人想起老毛逝世时的哀悼，会场气氛马上凝重了。

"我先说！"老三毛举起手。她讲述了在水中突然被袭，遭受殴打后的痛苦，赤身裸体的坚持，以及忍辱负重的坚守。于是，一个裸体的维纳斯遭难了，一个爱国的赤色婆诞生了。为了维护神圣的纪律，她把自己钉在十字架上……小诸葛的嘴张得很大，眼睛瞪得更大。虽然老三毛目不识丁，却是个成熟而狡猾的诉棍。

"情况绝不是这样！"小诸葛突然举手，让大家一愣，也让她自己一愣：小组发言根本不需要举手，自己怎么就步了老三毛的后尘？四五六的唇边，闪过一丝冷笑。

"你等会儿说。下面谁发言？"

"我来说！"长脚站起来。一丝惊喜在小诸葛眼中跳跃：最近二人成了铁姐妹。铁妹出场，铁姐定能扭转乾坤。

"今天的会对我很有启发。"长脚微笑地看着小诸葛，小诸葛也信心百倍地看着她，眼里蓄满一汪春水。

"一个犯伤害罪的犯人，还在浴室里搞伤害，这说明她反改造的决心有多大。"

"嗷！"小诸葛怪叫一声，此打击简直是赫鲁晓夫式的猝不及防，"我要求发言，绝不能搞一言堂。"

"一言堂？难道你想上万言书？"四五六冷笑道。

"社会主义监狱，岂是你继续犯罪的场所？"长脚急忙附和。虽不知啥叫万言书，但她本能地察觉到小诸葛死定了。快死的人，不踏上一脚还等啥？

"你？"小诸葛怒视着盟妹。

"我怎么了？难道谈看法你也要行凶？"长脚委屈地看着四五六。长脚到底是长脚，她把"打人"上升到"行凶"的高度。

"你不但在浴室行凶，还想在会议上行凶。"四五六迅速接过话头，"下面谁发言？"

"我先说！""我也要说。""我向政府表决心。"七嘴八舌中，表达一个思想一个观点。

一个小组就是一艘船，队长是引航员，组长是船长。虽然引航员没到场，但船长代表了引航员的意向。船长一声令下，全体水手便朝着指定的港口驶去。

水手们一个个控诉，一个个上纲上线。虽说小诸葛是千金散尽的孟尝君，虽说小诸葛是两肋插刀的女大侠，可关键时全不顶用。想当年，周总理都能把彭老总拉下马，犯人当然不能为了三瓜两枣，断了自己前程。我在记录，手中的笔"突突"在跳。什么叫罗织罪名，什么叫百口莫辩，什么叫反戈一击，什么叫大义灭亲，在这一刻清晰地凸显。凸显了"文革"，凸显了人的丑陋。我断然地放下笔。虽然小诸葛仇视我，我也该站出来。"实事求是"已名存实亡，我不能让它再一次名存实亡。

四五六森森地看了我一眼，锐利的目光中有警告有威胁："五三一，队长要看记录，少一个字你负责。"

我犹豫着，又犹豫着，终于低下了头。我和成千上万关键时昧着良心的人一模一样。

"你们说得统统不对。"二百五扯着嗓子，"啥事都有先后之分，老三毛不骂她是扫帚星白虎星，小诸葛也不会拎她的耳朵。"

现场一片沉默。小诸葛激动得直眨眼："总算有人说公道话了。"

"什么是扫帚星？"

"就是触霉头，就是万人嫌。"二百五用自己的思维阐述着。

"那白虎星呢？"长脚继续问。

"就是……就是下边不长毛。"

"下边是什么？"长脚很天真地问。

"下边么就是……"二百五吃吃笑着。长脚朝四五六瞥一眼，四五六一点头。

"下面究竟指什么？"长脚更来劲了。

"下边嘛……格格！"二百五爆发出粗犷的笑声。

"白虎星就是不长毛……"长脚神色猥亵，声音暧昧。二百五的嘴张得老大。长脚的话如火种，点燃了她的情欲。她沉湎于性的遐想，性的回忆，脸上泛起一片蹊跷的红晕。

"二百五，你还想说啥？"四五六和蔼地问。二百五点点头又摇摇头，张张嘴又闭上嘴，她如昏庸混沌的老人，又如迷失方向的孩子。被情欲淹没的她，忘了"路见不平拔刀相助"的初衷，一如走进后宫的洪秀全，忘记了金田起义的初衷。

"今天小组发言率达到百分之一百；全组百分之一百地通过对小诸葛处理决定。"四五六庄严地说。"今天的会，是团结的大会，胜利的大会。"

播音员热烈的声音，不但和中央台有的一拼，连稿件内容也有的一拼。真是上行下效，如出一辙。

张队长突然朝这里走来。小诸葛眼睛一亮，喊道："队长！我要申诉！"

"把申诉材料交上来。"

"队长，这是会议记录。"四五六把记录递了上去。

"小组还有什么事？"队长翻阅着记录问道。

"是否重新分配监房？"

"好吧！从今天起，五三一担任我组的生活组长。"张队长亲切地看着我，"好好干！"

张队长走了，四五六恭敬地目送她离去。她的恭敬里，没有谄谀只有庄重。她举止规范，言语得体，她敦厚，温婉，她是矜持的英国管家。但是，啥事都可忍的她，绝不许卧榻之侧她人酣睡。一旦受到威胁，出拳之重，出手之狠，韬谋之毒，绝非淑女而是政客。

宣布监房名单了，大家全竖起耳朵。虽然老三毛是光腚战的胜利者，但谁都不愿和她共处一室。名单宣布后，我气得差点晕过去：我依然和老三毛共处一室。而长脚，则分到了采光通风最好的房间。

四五六微笑地看着我："五三一，这是对你仗义执言的最高奖励。"

我不下地狱谁下

一个月后又分监房，这次总算和老三毛拜拜了。"我绝不和猪油女住一起！我宁可住猪圈。"硕虎跳起来。

"坚持一下，不就一个月？"四五六没有声色俱厉，只有和风细雨。

"朱队长开恩让她洗澡她都不洗，让她擦身她嫌水多，她身上那个臭啊！"长脚笑道。

"我绝不和猪油女住！"硕虎举起粗壮的手臂，"哪怕扣分。"

"名单定了就一定要执行。"四五六斩钉截铁地说道。

"宁可上铐，也不！"硕虎坚持道。

"我要求和她住一起！"小诸葛话一出，震倒一批人，其中包括宠辱不惊的四五六。

"我要求和她住一起！"小诸葛冷静地重复道。

"当真？""当真！""绝不反悔？""绝不反悔！""你马上搬行李。"四五六的眼中迸发出惊喜的火花。

"同病相怜，惺惺相惜！"长脚冷笑道。

"我与她同病相怜，惺惺相惜。排挤她，歧视她，这不人道！"小诸葛一脸正气凛然。

"我帮你搬行李。"四五六弯下腰，做了一名重庆的棒棒工。

猪油女和小诸葛一样，犯的罪也是伤害罪。她本是单位驾驶员，丈夫是管马路的交警。交警管车夫本来天经地义，但丈夫不但在马路上管，在家里也管，以至于她的脸上经常有赤橙黄绿青蓝紫五种颜色。

挂彩后的她如西班牙斗牛士，焕发出无穷的斗志。她加大对丈夫的盯梢，从钟点制变成了全天候；监视名单则从待嫁女发展到已婚女，最后，连年过六十的老妪也上了黑名单。

这天，她按惯例停车后迂回前进。岗亭下有一点绿，绿点正在指挥交通。一个红点跳进视野。绿点先打手势，又在掌心写字。红点笑了，绿点也笑了。

电线杆后面卷出一股风，打得红点魂飞魄散落荒而逃。"只要是雌性，接近你走近你，我就打它个天翻地覆。"猪油女义正词严，神态酷似中国外交部发言人。

鉴于猪油女的外交辞令一次比一次义正词严，绿点终于提出离婚请求："我受不了她李肇星一样的口吻。这不是外交辞令，而是最后通牒。"

"离婚？我代表我们家，代表我们的孩子，也代表我自己，坚决反对。"

"你谁都能代表，就是不能代表我。"绿点摔门而去。

一个秋风秋雨愁煞人的深夜，猪油女手托香腮，面壁而坐。雨打芭蕉，滴在心头；孤灯黑影，孑然一身。"我跟踪他，是不让他受到诱惑；我检查他的信件，是不让他误入歧途；我不离婚，因为我代表了他的最高利益。我爱他，生生死死不分离。"

正在构思生死合同，绿点推门后扑到床上，鼾声大起。她的心突然一动。心动不如行动。她沐浴更衣，焚香祈祷，然后解开他的纽扣。她是火种，要点燃他体内的欲望。

绿点在她的撩拨下，本能如火山般爆发。事成后，她狂喜地搂着他，吻着他。他醒了，对自己的裸体，对她的赤身惊诧莫名。

"你要了我，我现在又是你的人，你现在又是我的人了。"她哭着，笑着，尽情宣泄着感情。他不说话，眸子死死地盯着一片红。这红而腥，腥而稠的血，如艳丽的罂粟花。他绝望地闭上眼，身体痉挛成一团。

"你要了我，经血是证明。"她欢快地嚷着，"我们是揉成一团的泥，你中有我，我中有你，一生一世休想分开！"她热烈地说道。

"太可怕了！"雄壮威武的他，发出无力的哀叹。

"你是我的！"她弓身如猫，一点点朝他逼近。就在她再一次扑来时，他一个扫腿把她蹬下床。凄厉的嚎叫，震撼了雨夜。

自血光之夜后，他和她的关系降至冰点。他既不和她说话，更不正眼瞧她。她愈发怀念以前的日子。他的骂，是亲昵的体现；他的打，是邮戳的纪念。没有骂，没有打，这世界冷清而没有生气，这才是坟墓里的日子。

雨哗哗地下着，心惶惶地坠着。下班后的猪油女，撑着伞在水中蹚。虽大雨如注，却浇不灭内心的大火。她愿在烈火焚烧中得到永生。

打开门，床上有两具白晃晃的裸体。"现在你可以死心了，我只要自由，只要离婚。"绿点冷静地说。恍恍惚惚的她，下意识地拉开抽屉，把结婚证递过去，就像司机递驾照给警察。

又一个夜不归宿。现在不是他夜不归宿，而是她夜不归宿。她徘徊在大街上，踯躅在霓虹灯下，抖瑟在寒风中，飘零在雪花里。她躲在旮旯，偷觑野鸳鸯；她凝视橱窗，盯着婚纱照。她离家越近，知道离他越远。

他躺在床上，睡得很熟很安稳。她扑到床前，跪在他面前。她深情款款地，贪婪地凝视着他。有多少爱就有多少恨，有多少恨就有多少爱。颤抖的手游离在他的面颊，滚烫的手游离在他的肌肤。她把唇一点点贴上去。不！这只是模拟的，想像的，演习的，已失去的吻。

我要毁了你，然后再爱你。我是奥赛罗，我是现代版的奥赛罗。她走到厨房，加热了一碗猪油。她再一次凝视他，泪眼婆娑地和他做最后的告别。

她扬起手，滚烫的猪油飞流直下。在惨叫声中，她一头朝雨幕扑去。当她站在警署时，她不是湿漉漉的落汤鸡，而是栉风沐雨的海燕。

等候判决时，她宁静如一个婴儿。开庭时他坐在原告席，风采依旧，头发更长也更飘逸。她揉揉眼，又揉揉眼。揉到第十下时还没见伤痕，但她得到一张判决书和一张离婚证。

"一切依旧，一切如旧。"她反复说道。"几年？"狱友问。"一切如旧。"

有一次，朱队长用惋惜的口吻对我说："其实她丈夫根本没毁容，猪油浇在鬓角，留下淡淡的疤，被头发遮住了。"

"为什么要判五年？"

"因为她的丈夫是警察。"朱队长淡淡一笑，所有的答案都隐藏在笑窝里。

出于同情，朱队长给她设置了温度和湿度，但那些又硬又臭的石头在孵卵器里，依然如顽石一块。

一道似有若无的疤，要用五年的自由来偿还；一道似有若无的疤，让她失去工作，失去女儿，失去一切！想到这，她五脏俱焚。一个失去平衡的女人，怎么可能在钢丝上，跳出"五好犯人"的小步舞曲？

"干什么？"猪油女敞怀叉腰横在铁门前，对请缨落户的小诸葛怒目而视。

"让我进来好吗？"小诸葛声音柔柔，人也柔柔。

"不！"猪油女双手一展，摆出"一夫当关，万夫莫开"的架势。

"发什么疯？"三八八的手朝她戳去，戳到一半停下——她不愿脏了自己的手。

"滚出去！"猪油女龇牙咧嘴，蓬头赤眼。

"血水来喽！"长脚嚷着。猪油女一惊，小诸葛趁机闪进监房。猪油女继续怒视，小诸葛报以甜笑。猪油女把手伸进鼻孔，挖出长长的垢物，一扬手，垢物甩在墙上。一下，二下，几下后，墙上出现一幅抽象画。

小诸葛微笑着看着她。

她"呸"声不断，把痰一口口地吐在地上，也就是睡觉的床上。

小诸葛依然微笑着看着她。

猪油女一屁股坐下，头朝裤裆顶去，十指挥动，使劲捋发。黑头发飘起来，头皮屑飘起来，白花花的头皮屑，如沸沸扬扬的蝗虫铺天盖地。片刻工夫，地上铺了一层白霜。

小诸葛依然微笑着看着她。

猪油女脱了外套继续捋发，头皮屑再一次翩翩起舞。她边捋边蹬地板，一股异味如钱塘江水般汹涌而上。

小诸葛终于用手捂住了鼻子。

"趁早滚！"猪油女用完三招，大吼一声。小诸葛慢慢地抽出一条洁白的毛巾。好了，她终于投降了。

白旗在移动，不是朝铁门外移，而是移到墙上。小诸葛先擦去印象画，再擦地上的痰。最后，他拿着扫帚，清除了蝗虫的尸体。

铁门外围满了热情的围观者。围观者先是围观，继而诧异，随后评论，最终敬佩，最后掌声响起：好一个有容乃大，好一个共产主义的胸怀！

小诸葛微笑着，小诸葛就是小诸葛，一点都没玷污英名，绝对名副其实。

接下来，是小诸葛最忙碌的日子。她把小号擦得一尘不染，让猪油女换下发臭的衣服。她甚至用慈母般的爱，哄着骗着替她擦身。除了没替她洗屁股，该做的，不该做的全做了。目前，还没完成的任务不是撰写《前出师表》，而是做"洗头"的思想工作。两岸虽然还没统一，但已朝着和谐的方向良性发展。

"洗什么头？西藏人一辈子也不洗！"猪油女一翻眼。此女眼白多于眼黑，一翻就翻出一个盲人阿炳。

"可你不是西藏人啊？要是你不愿意，我可以等。"

"难道要等到天长地久？"猪油女笑了。

"我相信'精诚所至金石为开'，我相信'精诚所至水滴石穿'。"小诸葛春风般地微笑着。"你的刑期还有两年。我可以等！我一定等！"慈母般的嘱托，萦绕于耳，三月不绝。

小诸葛现在身兼数职。除了难友，还是政治辅导员，保洁工，准母亲，次闺友，赝阿姐。哄她洗脸，骗她刷牙，把痴痴的她从红红的经血旁拖走。可怜的小诸葛，自己没一男半女，现在却要履行母亲的职责。

她是勾践，除了吴王的大便没有尝过，该做的全都做了。

这几天小组气氛极其肃穆，因为张队长要走了。张队长走时，许多人的眼睛红了。我带着深深的感激，目送她的身影远去。突然，张队长突然转过身。

"我不要你走！"二百五吼道。

"以后千万不能冲动，做事要三思而行，你们要听顾队长的话。"

"哇！"二百五坐在地上哭着，"张队长你不要走，你是世上最好的人！"可是，世上最好的人还是走了。

"交货！"猪油女趿着鞋，拿着一大捆纱走出小监。

"哼！"三八八抢过棉纱朝秤上扔，她的眼珠突然不动了。她看着猪油女又看秤。秤虽平，却焊在数字上。

"臭味怎么闻不到呢？"贾母嗅着鼻子，围着猪油女打转。

"这月你没吵架也没打架。"四五六翻开记录本。

"她的劳役……真的完成了？"三八八揉着眼，"真是开天辟地。"

"千年铁树开了花。"长脚冷笑道。

"要用发展的眼光看人。"四五六说，"事物在变，人也在变。"

"好喽！小组这个月的电视保住了，能看了。"大家笑道。

"早知这样，早让她们在一起。"四五六笑着。这笑，我总觉得三分诡谲七分叵测。

面对赞美，小诸葛淡定如水。她有理由笑：小组头痛，中队棘手，大队束手的刺头青，在她的调教下完全转变。通过解决顽疾，她重新确立了在井冈山的位置。

既然回天有力，当然舍我其谁！

开中队会时，朱队长跳过"国际国内一片大好形势"的套话后说："送人玫瑰，手留余香。古人说，小善不弃，小恶不为。己所不欲，勿施于人。种瓜得瓜，种豆得豆。犯人更要心存良知。"

我的心一动。几十年来，听到的不是"与人奋斗"，就是"警惕和抵制反华思潮"。能在高墙内听到不同的声音，乃天籁之音。

小诸葛低头记录。这个自视甚高的女人，也对不同的声音产生了共鸣。"昨天我看见她塞给朱中队长几张纸。"二百号轻声说。"越级可是犯了大忌。"

"朱中队长看不起顾队长，顾队长也排斥朱中队长。"

"小诸葛知道她们不和，所以直接跟朱中队长汇报。"二百号紧张地说道。

"……犯人在认真改造时，能帮助其她犯人一起改造，一起进步，这是好事。"朱队长在结束讲话时，轻描淡写地补了一句。

会散了，锅灶依然热气腾腾。怪异的眸子闪啊闪，风起青萍，风起末梢。

小诸葛这两天很是神清气爽。学习心得不但上了黑板报头版头条，还上了九大队的广播。这意味着，被废黜的她很可能东山再起。

突如其来的冷空气使我感冒，清水鼻涕滴答滴答。鉴于此，小诸葛不但成了小组记录员，还成了读报员。虽委任状没下来，但杂牌军杀进嫡系部队，已经是不争的事实。

一清早，小诸葛就搬出行李铺盖，并把地板翻起开始搞清洁。在请示并得到首肯后，她把棉被叠成榻榻米，把猪油女请上花莲宝座。安顿好菩萨，她脱去外衣卷起袖子，打着赤脚洗地板。

"大姑娘上轿头一回，享受首长待遇喽！"长脚妒忌地说。"疯子！"

"你以为你不是疯子？"猪油女伶牙俐齿。

"我不信会输给你。"长脚一捋袖子。

"我也不信会输给你。"猪油女当仁不让。

"你男人都蹬了你。"

"这样的男人，不要也罢！"猪油女一声冷笑。了不得啊！早生几世纪，一定是周游列国，舌战群儒的女侠。

"我她妈黄浦江不翻，难道翻你小阴沟？"长脚气咻咻的。

"那是因为黄浦江水不深，阴沟洞水不浅。"猪油女抑扬顿挫地反击道。

"你！"长脚冲了上来。

"君子动口不动手！"莲花座上的她，方寸不乱神闲气定。

"他奶奶的！现在俺小组有二名小诸葛。"二百五一吐舌，四周一片笑声。果然是近朱者赤，近墨者黑。士别一日，当刮目相看。

老三毛踅到四五六身边一番耳语。四五六波澜不兴肌肉不动，老三毛悻悻退下。

"看在我的面子上，停止争吵吧。"小诸葛一边拖地一边说。

"你有什么面子？"长脚毫不客气。

"咱不和她吵行吗？"小诸葛弯下腰对猪油女说。

"狗仗狗势，没男人要的货。"老三毛一拍大腿跳起来，她正愁这个星期天咋打发呢！

"我没男人要，难道你有男人要？"猪油女音量不高但语气铿锵。

"又发什么神经？"三八八走过来。

"处理问题要公平公正，是老三毛先点燃的战火。"猪油女思维极其清晰。

"你！"三八八一愣，瘟鸡变黑马了。

"鸡毛蒜皮的事，吵什么？"四五六息事宁人，一点不想做裁判员。

"对！我们要以大局为重。"猪油女朗声说道。

"希望看到一个崭新的你。"四五六微笑着。猪油女把胸一挺，打坐的姿势更酷了。

"她的变化有目共睹。"四五六热情地鼓励着。猪油女把颈一挺，这下她不是观音娘娘，而是优雅的长颈鹿。

月上柳梢，正是晚餐用毕时。走廊上静悄悄的，填饱肚子后，声带也需要休息。

"外劳动！"尖叫骤起。

"什么事？"贾母一路奔来。

"为什么我的菜这么咸？"猪油女生气地问。

"不可能。"

"什么不可能？"

"你以为你是什么人？"贾母冷笑着，"女疯子不撒泡尿照一照，真把自己当菩萨了。"

"为了怄小气，就准备敲掉小组的红旗？"四五六的音不高，但透着分量。贾母气呼呼地走了。

"把碗给我，兑点开水。"四五六和蔼地说道。

"监狱成了托儿所，一慈母不算，又来一慈母。"二百五怪叫一声。

"你要开导她，为了小组荣誉，我们一定要维护稳定。"四五六用祈求的口吻对小诸葛说。

"客气！客气！"小诸葛皮笑肉不笑地说，"我一定会开导她的。"

小组这两天喜气洋洋。三十天快到了，小组没发生争吵斗殴，红旗看来是插定了。红旗啊红旗，并非犯人热爱你，而是你能给犯人带来实惠：多买大帐（就是能多买食物），多看电视，说不定还能延长接见的时间。

下午，小诸葛和贾母咬了耳朵。疾恶如仇的小诸葛，怎么和受贿高手握手言和？一贯拉帮结伙的文盲，怎么和文化人达成协议？放水时，小诸葛把馒头塞进水车的棉套里。馒头一搓一搓就成了粉末，加点糖加点盐就是炒麦粉。可惜没有牛骨髓，不然就是风靡四方的壮阳品。

自浴室败走麦城后，小诸葛遵照邓矮子的遗嘱，一直在韬光养晦。走麦城权当演习，失败乃成功之母嘛！

"用水！"贾母远远叫道。如拉响一级警报，许多人端盆提罐猫着腰朝前冲。小诸葛拿了一只大盆："多放点行吗？我帮她擦擦背。"

"好样的。"贾母称赞道。

"水来了……"小诸葛端着水进了小监。"擦擦背，活活血，经络通顺最重要。"

"血啊血……"猪油女把经血拉在水盆里，正深情款款地凝视着经血。"好美丽的血。"

"脏死了，快起来。"小诸葛一把拽住她。

"不许拉我。"猪油女发出了一声怒吼，"我要看经血，我要看红红的经血。"

"经血有什么好看？我最恨经血。"

"为什么？"

"因为营养变成精血流走。没有月经，营养就能成为皮下脂肪储存起来。"

"你应该恨大便，大便里也有一部分营养。"猪油女怪笑道。

"错！月经是人体精血，大便是排泄物。"小诸葛经纬分明地解释着。

"没月经就没后代。你为了存营养，宁可绝子断孙？"猪油女冷笑着。门外响起一片笑声。说猪油女是疯子，可是疯子有疯子的思维，这思维，一点也不输给有文化的小诸葛。

"你……咋这样说？"小诸葛强颜欢笑。

"你应该收集精血当奶喝，收集大便当饭吃。"猪油女嚷道。门外的笑声更响了。

"你怎么把好心当成驴肝肺？"小诸葛沉下脸。

"我咋知道，你是好心还是驴肝肺？"猪油女"吃吃"笑着。四五六走过来，猪油女赶紧递过去两张纸。"这是我的投稿。"

"什么？"大家的眼珠全鼓了出来。她入狱后，就失去了和外界的联系，虽然队长让她给父亲写信，但遭到她的一概拒绝，就如拒绝洗澡洗头一样。

"你们以为我不能写？我不是不能，乃不屑也！"

"不得了了，女疯子还能说文言文。"大家惊诧地瞪大了眸子。

第二天，猪油女的稿子不但上了黑板报，还上了九大队的广播。

"小诸葛，给我写封信吧。"长脚涎着脸上来，"我男人……狂赌。"

"原来是你的婚姻亮起红灯。"小诸葛冷笑着，"我不写：浴室之辱，历历在目。"

"可这封信，你写也要写，不写也要写。"长脚很强硬，"因为你需要搭档。"

"疯狗如果喂食得当，是否一样可以成为牧羊犬？"

"不管肥猫还是瘦猫，能抓老鼠的就是好猫。歪和尚念的邪经，管用！特管用！"长脚一扬脖子。

"好！我替你写。但你欠我一个人情。"小诸葛接过信纸。

三八八面前排起长队。有人举着毛衣，有人托着棉纱，还有人拿着电容器。

"十只不合格，算六十只。"

"不合格可返修，数字应该是七十。"小眼镜坚持道。

"下一个！"三八八一把推开她。小眼镜悲伤地退下。

"这毛衣超重一两。"

"可胸围，长短，领口全合格啊！"五五五解释着。

"重打。你是老官司，应该明白。下一个……毛衣不合格。"

"啥……啥？"二百号人抖得不成模样，这是她熬了两个通宵的作品。

"打得松，重新打。"三八八把毛衣扔过去，二百号的泪夺眶而出。

"下一个！"三八八头也不抬。自从丈夫和她分手后，她的泪腺仿佛消失了，心也成了钢砣铁块。

长脚踌躇满志递上毛衣。先量三围，后称分量，接着检查花纹。长脚耸着肩，有闲庭信步的潇洒。

"合格。照原样再打。"三八八递过一包绒线。

"你又过关了。"小眼镜既痛苦又羡慕。

"这算啥？我有过两天打四件的记录。"长脚神气地走了。我相信她说的话。这个屡屡进宫的扒手，动作手脚甚是了得。

"下一个。九斤，产量不到。"三八八板着脸。

"请你看仔细一点。"小诸葛坚持道，"你应该把小数点算上去。"

"算上也是九斤四两，差六两。"

"秤朝上翘……这样就对了，九斤五两五。"

"就算九斤五两五，还是没完成。"三八八冷笑着说。

"你应该加两个小数点。会计学上规定小数点是两位。"小诸葛绝对有华罗庚的精细。

"就算两个，还是九斤五两五钱。"三八八大声嚷着。

"请你四舍五入。"小诸葛很淑女地说道。

"九斤五两五钱四舍五入是……十斤？"

"十斤！对喽！"小诸葛一击掌，"这是严谨的逻辑，这是严谨的数学。"

"你！"三八八的笔"啪"地掉在地上。

"我产量整十斤，完成了两天的劳役。"小诸葛神气地走了。

"有文化和没文化，不一样就是不一样。"一只鼎为自己的文化闺友而骄傲。一只鼎是杨浦区的女混混。多次劳教的她，这次因伤害孕妇导致其流产，于是被判四年。

"称啊称，一高一低就是两种结果。"小眼镜扶着眼镜，很是感慨。

"发什么声音？快交货。"三八八勃然大怒。四五六沉默着，镜片后的眼睛冷静而警惕。

"你手上有一团纱，加上后不用四舍五入也有十斤，你为什么不加？"一只鼎不解地问。

"这团纱放在下个月。产量十斤就是十斤，我绝不多加一分一毫。"小诸葛坚决地说。

"你太斤斤计较了。"

"锱铢必较是我的原则。"

"也包括你的婚姻，你的前夫？"一只鼎嘲笑着。小诸葛沉默了。她的眸子一亮一黯，脸上有苍白也有红晕。回忆苦涩而甜蜜，痛苦而幸福。往事不堪回首，但又频频回首。

爱的疯狂

小诸葛，大专文化，入狱前是职业白领。而立之年，身高中等，肤色细腻，基本可纳入白皙的范畴，唯一不足的是脸带棱角，眼带冰茬，这让她的儒雅中糅合了高仓健的冷峻。鉴于她的能言善辩，鉴于她的推理计算，鉴于她的八卦易经，鉴于她的料事如神，她和孔明先生实在只有一步之遥。

她爱人是地质勘探队队员，不但知书达礼，还高大英武，第一次见面就深得她的欢心。经过锲而不舍的追求，终成百年之好。现在，新婚夜竟成为她经典的咏叹调。一谈这事，两眼放光，双颊酡红。性回忆成了她和一只鼎连接的纽带，一个知识女性和一个文盲加流氓的纽带。她们的友谊证明，无论是知识分子还是文盲流氓，他们都有纯粹的本能，他们都有追逐本能的动力。

婚后的小诸葛虽不能和丈夫朝夕相处，但距离产生的美让她更迷恋更陶醉。

婆家偏居郊区，前有池水，后有竹林。且不说炊烟短笛，单是"采菊东篱下"的闲适，也能酝酿出"胡笳十八拍"的意境。

小诸葛的父母在春暖花开时拜访了美庐，对桃花源的幽静赞不绝口。"那就住下吧！"小诸葛热情相邀。

"岂可鸠占鹊巢？"老父正色。

夕阳西下，小桥流水人家，枯藤老树昏鸦。当他们正沉浸在美妙的意境中，一个蹒跚摇晃的身影，打破了意境，也打破了赏画人的雅兴。婆婆送来铁观音还没喝，小诸葛已意兴阑珊。

送走父母，小诸葛一夜无眠。鸡叫时分，一个计划酝酿成熟。

千里外的丈夫每每收到老母的信后，对贤妻的爱就更上一层楼。回沪后，丈夫一心播种，好让贤妻快怀龙胎。可贤妻却梨花带雨抽泣不止，抽泣中还撅嘴朝墙一努。丈夫脸红了：隔壁就是娘的房间，卧室的木板上有个小洞。

"可能盼孙心切，这才开了天窗。买幅画，给她遮羞也给我们自己遮羞。"妻子的话，让丈夫热泪盈眶，好个通情达理的小娘子。

几天后，她又把新洞指给丈夫看："娘守了一辈子寡，不容易啊！弗洛伊德早说过，凡母亲都有恋子情结。堵塞不如开导……有合适的介绍一个，免得她偷窥连连。"

丈夫连连点头。

一个月明风清的晚上，她拿出录音机，给丈夫播放舒伯特的小夜曲。"我知道娘喜欢越剧，特给她买了这个录音机。"一摁按钮，轻柔的音乐中混杂着阵阵的呻吟喘息。大惊之下，丈夫急忙关了录音机。

"昨天娘从我们的床下钻出来，我还以为她在为我们打扫卫生。你也不要怪娘，趁早让娘嫁了，让她的心理，生理恢复正常。"

"……可她一辈子都过来了。"

"就是憋了一辈子，这才变了态。我们要让娘，享受真正的性福。"接下来就是紧锣密鼓的抛绣球。老母先脸红，后沉默。再后来就是人比黄花瘦。

"是否，该有个过程？"丈夫犹豫了。

"三十年的过程还不够？"红娘颇有啧言，"你啊你，你是饱汉不知饿汉饥。"

"那娘……咋不开心？"

"这是用麻木包裹喜悦！风暴中心没风暴，漩涡中心没漩涡。所有的喜悦被挤成茧，抽取成一条条幸福的丝线。"

"娘是木偶，你是拉绳的纤夫……"丈夫犹豫着说。

"没有纤夫，船一搁就是三十年。再搁下去，船就解体了。"

"我……总觉得娘的神情不对。"

"祥林嫂嫁给贺老六，还撞了个满头开花呢！我问你，行乞者看到满汉全席啥反应？因为幸福，所以反应迟钝。迟钝的反应，就是最大的幸福。"

"这……"

"你吃饭时，不要忘记给娘一碗粥。"小诸葛温柔地抚摸着丈夫，丈夫激动地搂住她。至此，择偶一事一锤定音。

"有人在家吗？"推门而进的是个男性。小诸葛俨然阿庆嫂，说着笑着寒暄着。男性喝着茶，眼珠朝娘的脸上转。眼珠虽转得快，可惜形单影只。

"不行！就是麻子瘸子瘌痢头，也不能拉一个独眼龙充数。"男子一出门，丈夫就发出异声。

"不就是……眼珠转动不灵活而已。"

"好一个而已！"丈夫一擂桌子。

"任何事都要透过现象看本质。他的儿女是一把星星，撒在西方世界。再说，他家有三室二厅加美钞。"

"就是纽约金融家也不嫁。让娘对着独眼，不如杀了她；让我对着独眼，不如杀了我。"面对丈夫的愤怒，小诸葛没有收敛她的红娘使命感，相反却越挫越勇，更有使命感：折下我的半条命，也要把婆婆嫁出去。

一个秋高气爽的日子，丈夫在小花园忙碌。他要为丝瓜搭架，为葡萄撑腰。"我扶木板，娘你来打个孔。"

娘拿起手摇钻，横看竖看不知如何下手。"顶住木头摇一圈，从左到右。"

"怎么摇？"

"你在墙板上怎么摇，现在就怎么摇。"孝子脱口而出。

"什么墙板不墙板？"娘很惊诧。孝子一愣，木板掉在地上。小诸葛闻声而出，拿起手摇钻，半分钟后，一个圆润的孔诞生了。

"你钻的孔……和人一样漂亮。"

"我钻的孔不歪也不扭，放在墙上就是一朵梅花。"小诸葛飞个媚眼，丈夫的脸唰地白了。

夜深了。丈夫掀起画凝视着洞。洞不歪不扭，圆圆润润，宛如半朵梅花。难道是……他吓出一身冷汗。

"娘，这是你最喜欢的越剧。"第二天，丈夫买了磁带。

"放着吧……"

"这是黛玉葬花。"

"葬花……还是葬人。"娘喃喃自语神情恍惚：离开儿子已进入倒计时，昨天媳妇已接受了男方的聘礼。

"录磁带。"丈夫咬着牙下了命令。

"录什么……我不会。"老太太厌倦地摇着头。儿子的上牙咬住下唇，直到咬出一条血痕。

小诸葛浅唱轻吟，轻盈地奔进来。换了新发型的她，一副"鹰冠庄园"女主人的腔调。

"我的达令，我的夫！"小诸葛深情呼唤着中西合璧的爱。

"我的蜜斯我的妻！"丈夫也深情呼唤着一洋一士的爱。

"你好吗？"小诸葛肩一耸，西部女仔的洒脱活灵活现。

"你也好吗？"丈夫也来个英格丽西的贴面吻，活色生香。

"亲爱的，你今天兴致怎么这么高？"

"让你看一样东西。"丈夫拉着她朝床边走。

"别急，别急。等娘出嫁，我给你吃一个满汉全席。"小诸葛风情万种，巧笑倩兮，美目盼兮。

"咱不吃满汉全席，咱就看西洋镜。"丈夫把墙上的画扯下，又把录音机打开，"这是你创作的半朵梅花。这是你录的舒伯特小夜曲。"

"是……娘。"

"她不会用钻子钻出漂亮的梅花洞，她也不会使用录音机还能定时录音。"

"她……但是……"

"你计算得太精准，反而露出了马脚。好一个聪明反被聪明误。"

"……说不定有贼……"小诸葛喘着粗气说道。

"贼钻洞，为了看三级片？贼钻床，为了听三级片？这贼，究竟是怎样的贼？"丈夫冷笑着，一串冷泪伴着冷笑，滴答滴答，滴答滴答。

小诸葛掩面悲泣。"因为爱……容不得第三个人。"

"砰！"一声巨响，水瓶落地开花。"我可以容忍你的刁钻，容忍你的任性，甚至我……我都可以容忍你的不忠，但是，我绝不容忍你的卑鄙。"

"我……只想过二人世界。"

"滚！我再也不想见到你这个蛇蝎女。"

小诸葛回娘家后，生活依然丰富多彩。该炒股就炒股，该逛街就逛街，该看电影就看电影：谅你是二十五孝，也不会舍我而去。

一周后她收到法院传票。

"难道让老婆子挪个窝就有罪？"小诸葛理直气壮。

"哀莫大于心死……分手吧！"

"要是我不同意呢？"

"悉听尊便。反正我是王八吃秤砣，铁了心。"丈夫转过脸走了。

小诸葛手托下巴苦思冥想。下巴有棱有角，托住下巴就是托住反抗，托住报复。我不能成为弃妇，也不能成为弃妇。我要让他后悔一辈子；我要让他们后悔一辈子。怎样才能让他们后悔而且是一辈子的后悔？

"让娘对着独眼，不如杀了她；让我对着独眼，不如杀了我。"他的话原封不动地跳出来。

一套合体的西装，一头乌黑的短发，淡扫蛾眉的她娴雅端庄。女法官惋惜地看着她，这才是粉面含春，使绊下套的凤丫头。

"开庭！"一声惊堂木敲响。当女法官拿起判决书读到"准予离婚"时，小诸葛上前一步，对着前夫优雅地一挥手，随着一声惨叫，一股白烟冲天而起。

"你是王八吃秤砣铁了心，我也是王八吃秤砣铁了心。"小诸葛尖叫着。惊醒的法警朝她扑去。

"让娘对着独眼不如杀了她，让我对着独眼不如杀了我。现在我成全你们。"她狂笑着，两排雪白的牙又细又尖，像两排锋利的刺刀，永远插在他的心上。

小诸葛的父母拿出毕生的积蓄，终于打通了法院的关节。半年后，她被轻判三年半。

星期天，小诸葛拖出一个箱子。里面有饼干，炒麦粉，瓜子糖果。"这么多……这么多？"以嘴馋著名的一只鼎，激动得气都透不过来。

"我的原则是寅粮卯吃。"

"这……又红又白的是什么？"

"垃圾桶里拾来瓜皮，一削二腌，然后和午餐肉拌一拌。"

"哪来的刀？"

"活人还能让尿憋死？雪花膏的盖子磨一磨，就是利器。"

"那黑不溜秋的是啥？"小诸葛用手拈了耳屎大的一块放进一只鼎的嘴里。"味道如何？"

"美极了……"

"自制锅巴。先把饭糍暴晒，再加上五香粉和糖。"

"问题是怎么暴晒？难道你有太阳？"一只鼎惊诧地问，"这里的窗子都用铁家伙封死。"

"鸟都知道借助工具，难道我不能？用筷子把饭糍从窗子的下端推出去，晒干后再用筷子扒进来；或者把饭捂在水车的棉被下。记住，办法总比困难多。"

"你啊你啊……"

"你看过《鲁滨逊漂流记》吗？"小诸葛逐一把瓶瓶罐罐擦干净，"这本书我看了三遍，学会了生存之道，学会了变废为宝，学会了从无到有，学会了化腐朽为神奇……"

"光擦不吃？"一只鼎涎着长长的口水，"这里的白粉是啥？"

"馒头烘干后捣碎加白糖。干吃是炒麦粉，湿吃是芝麻糊。"

"哪来的馍？"

"用白糖和贾母换馍馍。"

"这是什么？"

"这是猪油。""天呐，监狱里还有猪油？""垃圾桶里捡到一块肥肉，然后把油膘放在热水车上捂，就得到了猪油。""这绿的是啥？""艾草。接见路上趁队长不注意时扯了几把。放进猪油里既清香又有绿意。要是有桂花树……""就可以做酒酿桂花圆子？"

"给我一个支点，我就能撬起地球。"小诸葛用心捆绑着百宝箱，比临刑前的阿 Q 绑得还结实。

"你啊你，果然是滴水不漏。"一只鼎一脸恼怒，一脸失望。寒暄了半天，周旋了几小时，逢迎了一百分钟，只得到了耳屎大的一点自制锅巴。

"我就是滴水不漏。"小诸葛骄傲地竖起十指，果然没有半点缝隙。

"可惜啊可惜……"

"可惜啥？"

"浴室风波后，证明你是个冤大头。信徒在关键时全部背叛了你。"一只鼎冷笑着，"你输得精光……"

"不能以一时成败论英雄。"

"我问你，有洁癖的你，怎么会喜欢和疯子住在一起？"

"为了……稳定大局。"

"别唱高调。猪油女是僵蛇，醒来就是一口。"

"不掌握温度，怎敢在胸口上放蛇？"

"她男人因为鬓角的一道疤被判五年，你毁了你丈夫一只眼却判三年半。这样畸形的判决天天在折磨她，羞辱她。你和她一起，就是与狼共舞。"

"因为有风险，才有高回报，我喜欢炒股……"

"最近有前夫的消息吗？我知道你还爱着他，我知道你一直在回味和他缠绵的日日夜夜。你把新婚夜的感受写进日记本，这本日记本被你带到监狱，成为你唯一的寄托，成为你每天晚上温习的功课……那一颗火种钻进我的身体，我的身体在燃烧，我的灵魂也在燃烧。如果可以，我愿意用我的余生来换取这一刻的欢娱……"

"说你半文盲绝对说错了。你琅琅上口的朗诵，让我的心醉了，醉在未名湖……"

"别诗兴大发了。我问的不是你的性滋味，我问的是你的前夫现在怎么样了？"

"……废了！他的眼睛彻底废了。"小诸葛眉飞色舞，"用我的一千二百七十七天自由换一只眼，这买卖值。"

"你不是爱他吗？"一只鼎不解地问。

"我先毁了他，然后再爱他，这是爱的极致，爱的终点。这是莎士比亚笔下的奥赛罗说的……"

"终点？"

"当然是终点。谁会要一个独眼龙？谁会要一个毁容的独眼龙？"小诸葛狞笑着，两排利齿闪闪发光。

"毕竟……你也失去了爱。"

"我的爱……已凝固成琥珀，封存在历史的记忆中。"

"我看过琥珀。"一只鼎嚷道，"琥珀中躲着一只小苍蝇。"

"他就是我的苍蝇，可爱的，活生生的小苍蝇……"小诸葛喃喃着。

"这太残忍了，你让他生不如死……"一只鼎颇有些不满。

"没有痛苦就没有永恒：只有化石才能保持永恒。"小诸葛冷峻地说。

"如果永恒是这样，我宁可不要。"

"蝴蝶标本多美啊，透明的薄翼，斑斓的色彩……"

"再美丽也是死蝶。"

"你不懂：死亡凝固了美丽。"小诸葛的眼中掠过一道寒光，"他是蝙蝠，生活在黑暗中；他是宋丹萍，生活在回忆中；让一个最爱最爱他的人，陪他凌迟……"

"他有了新女人？"

"不是新女人，而是老女人。让他和她相看无言，只有泪成行……格格格！"奸笑声腾起。"我的信条和曹操一样：宁可我负天下人，绝不让天下人负我。"

"你这个知识分子，比魔鬼还可怕！"一只鼎惊恐地看着她。

我也冷冷地看着她，一股寒意渗上我的脊梁。中国变质的文人，比无赖，比文盲更可怕。有文化的流氓，能摧毁这个世界。

小西施一剪刀下去，毛衣一分为二。剪去半厘米后再飞针走线。片刻，一件工艺品诞生。"漂亮是漂亮，但质量不敢苟同。"二零零感慨道。

"只要四项指标过关，就是合格毛衣。"小西施狡黠地笑着，"要我教你吗？"

"昨天教人半招，半月的食品就归你。你诈谁，也不能诈无期。"二百五嚷着。小西施一翻白眼。

小西施是三进宫。三年，五年，七年，十五年刑期正好三个五。粉嫩的皮肤水汪汪的眼，外加一左一右两个酒窝，真是个美人胚子。虽是三次进宫，罪名始终徘徊在"骗"字上，这点，她倒是有从一而终的好品行。

有一次接见回来，因儿子生病她哭成了泪人。我正想安慰她，她抽泣着问："能否……给我一点糖？"

"就在工作台下，自己去拿。"我不假思索地说。难道我能拒绝一个母亲的请求，一个悲伤的母亲？第二天我才发现，除了糖袋原封不动后放在原来的位置上，我的糖，整整一斤的糖，居然连一颗糖屑都没给我留下。一斤糖有啥了不起，只是她亵渎了我对她的同情。

虽儿子有恙，虽肿着水蜜桃眼，她依然遵循"天时地利人和"的诈骗要素，可见诈骗伎俩烂熟于心，达到了炉火纯青。

她不但劳役一流，还有若干绝活：越剧清唱，即兴小品，单口相声，唱歌跳舞。最绝的是，节目信手拈来，完全不拘泥于场地和道具的影响。

小西施最擅长小品，能自编自导自演，比春晚那些御用小丑强多了。她的作品既不低俗，也不逢迎，是她身体力行的范本，也是监狱生活的折射。

没粉饰，没矫情，没奉首长旨意，没过审查的九重大门，完全是从生活中来，到舞台上去。

小西施的特点是低调改造，绝对低调。每次认罪，总扼腕叹息，动情忏悔，鞭挞自我，谴责恶行，结尾处永远是一模一样的话：我要夹着尾巴做人。由于我对这句话太熟悉，以至于她誓言还没出现，我已落笔。当我写完句号后她的誓言如期而至，真比格林威治的挂钟还准。

"你的接见单。"四五六把接见单递了进去。

"感谢队长的关心，但我不需要怜悯。"猪油女动情地说。

"她奶奶的！疯女怎么成了演员？"二百五搔着头，大家于是笑了。

"历史在前进，人也在进步，这符合达尔文的进化论。"

"她奶奶的！怎么又成了哲学家？说的话我都听不懂。"二百五使劲搔头。

"哲学家的主体是人。"猪油女正色道。

"她奶奶的！我宣布：本组将诞生第二个小诸葛，第二个肯定胜过第一个。"

"我不接见是因为还不符合条件，等混出个人样，我再接见。"猪油女的回答铿锵有力，绝没有猪油的油腻气。

"有志气……但你的父亲三年没见你了。"四五六坚持着。猪油女接过单子，叠成整齐的方块，然后把方块撕得整整齐齐粉粉碎碎。她高举纸片朝头上撒，于是她成了山寨版的白毛女。

顾队长来后，贾母从小组外劳动升为中队外劳动主管，我也从生活组长改为楼面劳动。

"今晚吃菜饭。"贾母传递着特大喜讯后，小号里发出一片欢呼声，声贝之高，可以和金水桥上的红卫兵欢呼相媲美。

三十只碗放在桌上，一只锈痕斑斑，硕大无比的铁罐很是夺目摄魂。谁把脏罐子放桌上？于是我就把脏罐子扔进垃圾桶。

现在是二十九只碗。"谁的碗还没有拿出来？谁的碗还没有拿出来？"我问了半天，也没人吱声，于是我换了一个方式："这是谁的铁皮罐？"问了半天，依然名花无主。

"这么脏的铁皮罐，我扔了！"我又换了个方式。

"别扔，别扔，这是我的碗。"这一激，果然激出了铁罐主人小诸葛。

"拾来的铁皮罐不能装饭。你把搪瓷碗给我。"

"罐子有锈不假，但容量大装得多。"面对小诸葛明明白白阐述，我只能拣回锈铁罐。

暮色苍茫，走廊上静悄悄的。饭后的血液都朝胃里流，就是饶舌者也停止了饶舌。突然我听见"沙沙"声。

我巡视四周，四周没有异样，可"沙沙"声依旧。我再巡视，这才发现静卧的铝桶在转动。再仔细一瞧，钻进桶里的不是黄鼠狼，而是一个圆形的臀部。

"出来！赶紧出来。"我嚷着。铝桶开始晃动，接着一个臀部升了起来。出来的不是淘气的小眼镜，而是老成的小诸葛。

"我在刮饭糍，想不到哧溜一下滑进桶底。"手端脸盆的她乐了，"我就像《三毛从军记》里的三毛，进了桶差点出不来。"

"难道你的一铁罐还不够吗？"

"今天够了，可明天呢？后天呢？"

"别人是今天有酒今天醉，你是今天有酒明天醉。"纵火犯小红伸出头冷笑着，"你不是人胃，你是有反刍功能的牛胃。"

"牛胃就牛胃。呦……"小诸葛呻吟着。

"你怎么啦？"

"太饱了……撑得我的胃要炸了。"

"看来，你准备把牢底坐穿？"小红刻薄地问。

"三年半我认了。监狱当寺庙，暮鼓晨钟又如何？"小诸葛得意地扬起头。在神闲气定的小诸葛面前，小红的刻毒无用武之地。

今天是接见日，小诸葛如耗子般窜进窜出。其实再上窜下跳，也就是从工场间窜到粪桶，再从粪桶窜到工场间而已。

"四三二，六七八。"番号报出后，小诸葛惊慌地跳起来，不慎把水杯打翻。她顾不得擦水，一甩袖径直走了。一小时后，每个毛孔都透着得意的她回来了。

"晚上请你吃方便面。"她朝一只鼎挤了挤眼。

"太阳从西边出来喽！"一只鼎说，"仅此一回，也算千年终于等到了一回。"

窗台上放着一只小碟，里面放着一枚大蒜。现在，生命的绿芽从蒜内抽出。一点点的绿，一天比一天多一点点的绿。开会时我望着它，劳役时我望着它，想儿子时我看着它。生命的绿，绿得纯净，翠得无暇。这绿，是浓缩的田野，袖珍的森林。它像天使，平息我内心的躁动，舒缓我紧绷的神经，给我带来遥远的希望。它是监房里唯一的绿，绝无仅有的绿，因此我总是贪恋地，长久地望着它。

电视机前坐满了人，小诸葛和一只鼎在吃方便面。屏幕上一派花里胡哨。女人穿着暴露，肉欲冲天；男人猥琐不堪，荷尔蒙飞溅。男女打情骂俏，淫声浪语不绝于耳。

"哇！"短兔血脉贲张，尖叫一声。我厌恶地转过脸，突然也血脉贲张，尖叫一声：大蒜里抽出的绿芽消失了。

我探身朝前，只见小诸葛和一只鼎的碗里，飘荡着点点的绿。绿已被扼杀了生命，随着汤水在哭泣。

"难道连这点绿也不放过？"我嚷道。

"你叫什么？"小诸葛一仰脖，连面带汤下了肚，"什么绿不绿？"她皱着眉，三分惊讶七分委屈。

"你！"

"我咋啦？"她一抹嘴，把唇上的半点绿抹掉。窗台上的秃头蒜，委屈地看着我。我张张嘴，又闭了嘴。小诸葛是个老手，她喝了汤，抹了嘴，消灭了一切痕迹。

"呵呵！"她奸笑着。我咽下要说的话，转过身去。

"喂！说说你的大喜。"一只鼎一挤眼，"是减刑有望还是家父升官？"

"这……"小诸葛警惕地环视四周。

"说！只有蚊子在偷听。"一只鼎大咧咧地一挥手。

"……母亲终于去银行取了钱。"

"离婚时为了宽大，不是全交了吗？"

"小额奉上，大额留下。"

"你聪明不假，难道法官弱智？"一只鼎气呼呼地问。

"他们翻遍所有旮旯，甚至扩展到父母家……"

"……难道你把存折带进了看守所？"

"No。我记下存折的号码再毁了存折。"

"号码在哪？"

"通讯录上，结婚照后面，结婚证里页，台灯的心脏里。一个个号码多如牛毛，以致法官最后一见数字，就血压升高手冰凉。"

"号码究竟藏在哪？"

"我的心是有记忆的金属，一旦篆刻，永不遗忘。"

"……两年后，你终于取了这笔钱。你毁了他一只眼，还卷走了他所有的财产？"

"宁可我负他，绝不让他负我，曹操的信条就是我人生的信条。"小诸葛狂笑着，宽宽的下巴有力禽动，如雨后兴奋的蛤蟆。

既生瑜，何生亮？

"现在是三十一号下午四点二十分。"小眼镜喜滋滋地说，"再过十分钟，增加的电视和大帐就是煮熟的鸭子了。"

"红旗向我们招手，胜利向我们招手。"二百五挥舞着双臂。

"啊！"一声惨叫。这惨叫让大家骤然变色：小组的红旗飞走了，煮熟的鸭子也飞了。

"救命啊……杀人了！"一女人从栏杆里滚到栏杆外。就地打滚的她，不但肢体动作剧烈，声音也很激烈。

"完了，功亏一篑！"小眼镜仰天长叹。

"你这贱货。"一女人赤着脚追出来，恶狠狠地骂着。就地打滚者是闻名遐迩的猪油女，赤脚者也是闻名遐迩的小诸葛。有疯子绰号的猪油女且不论，单就小诸葛而言，臭老九的遗风荡然无存。

四五六在第一时间赶到现场。她盈盈而笑："你们的大打出手，把小组三十天的希望打掉了。"

"不是三十天而是三十一天。"小眼镜气呼呼地说，"不但影响这个月，还影响季度，年度。"

"你们的蜜月结束了，而我们的遭殃开始了。"长脚冷笑着，"不是好得穿一条裤子还嫌肥嘛？"

"疯子！一颗老鼠屎坏了一锅汤。"三八八风一样冲了过去。

"不得了了……"贾母从办公室滚过来。"所有队长都听见了叫声，这下小组完了。"

"阿庆嫂和沙老太婆终于打起来了。"二百五怪叫着。

"我早等着看这一出《沙家浜》了。"老三毛兴奋地跺着脚。

"她踢我打我，她要杀我。"猪油女把脸死死地贴在地上。

"打！咋不打死你？"三八八铁青着脸。城门失火殃及池鱼，这一打，把她的政绩打飞了。因诈骗入狱的她，爱女在入狱前就夭折了。三十五岁的她，如果实打实吃满七年官司的话，养孩子的愿望只能是南柯一梦。为了实现再婚再做母亲的愿望，她的二十四小时里，有二十五个小时在想早点出狱。

"有你这个疯子，小组就遭殃。"三八八的镊子钳在猪油女头上舞动。

"她打我！她打我！"猪油女继续翻滚，毫不示弱。

"为啥打你？"四五六饶有兴趣地问。在清一色失望的眼神中，只有她依然双目炯炯。

"……我睡在地上，她有意把线从我脸上拖来拉去，而且绝不止一次。"小诸葛连忙解释。

"你今天可是病假……病人还能行凶？"

"绝非行凶，只是一记粉拳而已。"

"好个老粉拳，你以为是在西厢后花园？"四五六冷笑着，于是大家笑了。

"她三番两次把纱落在我脸上，于是我给她一拳而非 N 拳。"华罗庚弟子在关键时刻依然保持着数字的严谨。

"粉拳还是老拳，一拳还是 N 拳由队长来定。"

"骗病假来施暴……骗病假来施暴……"长脚开始她擅长的数来宝。

"话不能这么说。"小诸葛闻言脸色大变。

"我疼啊，我浑身上下都在疼。"猪油女呻吟着，"我要见队长。"

"我也要见队长。"小诸葛嚷道。

"既然都要见队长，我这就去汇报。"四五六久旱的脸，终于迎来了甘霖。

五分钟后，四五六胜利返航并通知猪油女去办公室。

"她先去，一定会恶人先告状。"小诸葛说。

"那你可以来个好人后告状啊！"四五六揶揄着。

"她的痰吐到哪，你就擦到哪，屁颠屁颠不是你一贯的风格嘛？"老三毛狞笑着。

"我去……"猪油女一骨碌爬起，汲鞋、流涕、蓬发、敞襟，拖拖沓沓朝前走。突然回眸一笑，瞳仁里跳起无数火苗。小诸葛晕眩着：究竟是她欺骗了我，还是我利用了她？

半小时后猪油女返航。虽汲鞋、流涕、蓬发、敞襟，但神情酷似凯旋的拿破仑。

"我能否……见见队长？"小诸葛谦恭地问。

"你慢慢等吧！"四五六很冷淡，失去了往日的求贤若渴的热情。

"不要误会，我没有司马昭之心。"

"不要此地无银三百两。"四五六头也不抬。小诸葛讪讪退下，头颅却歪向办公室的方向。向日葵虽赤诚向阳，但无法拉住太阳的脚步，暮色一点一点降临了。

"我今晚……是否换房？"小诸葛嗫嚅着。

"你主动请缨和她同住，现在又要分居，变脸是否太快？"四五六冷笑着。

"欧！欧！蜜月结束了，暴力开始了。欧……"长脚有节奏地嚷着。

看电视的时间到了，小诸葛被四五六堵住了。她气呼呼地坐在门口，猪油女涎着笑坐在粪桶上。二人一里一外，一南一北，一怒一乐。

"快看这对欢喜冤家哦！"长脚大乐，"蜜月结束了？"

"谁和她蜜月？是她自己自作多情，一厢情愿。"猪油女的每条肌肉都在冷笑。

"冷战开始了？"

"冷战早就开始了，但她浑然不觉。"

"好戏开始喽！"

"应该说好戏早已酝酿，现在只是把幕拉开而已。"猪油女一脸轻蔑地说道。

"不该说的话不要说。"四五六咳嗽了一声。

"不到火候不揭锅！"猪油女尖叫着。我这才明白，不痴不傻的她是提篮桥的华子良。

楼梯上响起脚步声。"顾队长啥时找我？"小诸葛又是惴惴又是愤愤。

"干活！"三八八大吼一声，于是小诸葛灰溜溜地退下。

顾队长曾找过我，两次谈话给我留下"马列主义老太太"的印象。她就像看守所的雀斑大妈，是录音机，是复读机，是记录兼播放的 MD 机。她把上级精神录下，然后一遍遍地听，一次次地放，有海枯石烂不变心的执着。

她是麦加的朝圣者，又是狂热的红卫兵；她是诲人不倦的辅导员，又是锱铢必较的市井女。斩钉截铁中有不知所云，虔诚忠诚中有人云亦云。陈旧的思维和最新语录纠缠，疾言厉色和缓慢滞后交替。听她讲话，就是听我最憎恨的"二报一刊"社论。

"队长，我想找你谈一谈。"小诸葛终于等到了巡查的顾队长。

"你还是写报告吧，你不是很会写思想汇报吗？"顾队长嘲讽道。小诸葛一愣。

"先写检查关小号，其余看着办。"顾队长一脸春风得意。

"我一定照队长说的办。"四五六一屈膝，既有宫廷命妇的顺从，又有演员谢幕的优雅。

"让她把揭发材料写深写透，看你还有啥可说？"顾队长自言自语。我知道她说的这个"你"，指的是朱中队长。

开会了。朱中队长谈了学习和劳役的情况后，开始谈监规纪律。小诸葛和往常一样，伸长脖子带着渴望。她的文笔，思维，真知灼见在中队凤毛麟角。朱队长是知人善用，从谏如流的李世民。盼啊盼，千里马等伯乐来甄别；钓啊钓，姜太公等周文王请出山。

几个月前，她把洋洋洒洒的万言书塞给朱中队长，赤子之心溢于言表。就在万言书的药性一点点酝酿扩散时，浴室的光腔保卫战开始了。虽"重新犯罪"这一说，在朱中队长的八卦拳下被化解，但起用一事，就此搁浅。

光腔保卫战，使小诸葛精心构筑的马奇诺防线彻底崩溃。但是，既有马奇诺，就有诺曼底。输在马奇诺，就在诺曼底反击。虽人在大狱，深得邓矮子"韬光养晦"之真髓。经过半年的卧薪尝胆暗流涌动，小诸葛终于杀进联合国安理会。就在红色渗透日见成效，就在银弹俘掳小组舆论之际，一记粉拳，竟引发了一场世界大战。"小不忍则乱大谋。"她在被窝里左右开弓打自己，恨自己颠覆了伟人的"韬光养晦"。

目前形势对她不利，但她坚信"惺惺相惜"的真理。万言书集智慧和胆识于一体，一定能打动睿智的朱中队长。高山流水非绝版，伯牙子期定相见。哎呀呀！几次脱颖而出，几次折戟沉沙，果然是天将降大任于斯人，必先苦其心志。但是，梅花香自苦寒来，宝剑锋从磨砺出。想当初，邓矮子不也三起三落？该写检讨时，把自己骂得比狗屎都不如；该屠城时，坦克碾人不皱眉。

大丈夫能屈能伸，我能钻狗洞亦能跳龙门。失败是成功之母，再说我还没失败。想到这，小诸葛挺起腰竖起耳，聆听朱中队长的教诲。

"第一个问题，谈谈认罪伏法。有人因伤害罪进来，现在却接二连三地施暴。她的斗殴，已不是一般意义上的小打小闹，而是知法犯法重新犯罪。"说到这，朱队长一皱眉。小诸葛的脸刷地白了。

"第二个问题，谈谈反改造。有人利用数学搞策反，教唆她犯利用她犯，用'四舍五入'法，架空组长收买人心收买民意。"说到这，朱队长扬起眉，小诸葛的背猛地佝偻了。

"第三个问题，谈谈劫持。什么叫劫持？劫持就是把人质作为工具，向队长对弈抗衡，向政府施压。这个问题性质十分恶劣。"说到这，朱队长一捶桌子。小诸葛的脊梁骨，立刻发生重大的塌方。

"对这三个问题，政府绝不会坐视不管。今天会到此结束。"朱队长站起时，我看到顾队长露出满意的微笑。

"讨论朱中队长讲话。"四五六满面春风拉开了会议的序幕。

小诸葛灰头土脸地坐着。想不到啊想不到,"光腚保卫战"只是一次小感冒,而"一粉拳"却引来脑中风。

难道诤诤万言书,抵不上疯女人的乱嚼舌?难道赤子之心,拼不过一粉拳?伯乐因小瑕而否定千里马?子期因小疵而否定伯牙琴?上次的褒扬还绕梁三日,现在却全盘颠覆,难怪中国的"颠覆罪"傲然于世界之首。啊呀呀!好一个"出师未捷身先死,长使英雄泪满襟。"

"我先讲!"小诸葛尚在烦恼,老三毛已一蹦三尺,"什么叫死不改悔,她就是。第一次伤害了她的男人;第二次伤害了我……"

"不是伤害你,而是一丝不挂在浴室干了一场。"长脚忙补充。

"不说一丝不挂,让她坦白怎样教唆犯人犯罪的?"小红分贝不高,但一剑封喉。

"我不知道交代什么。"小诸葛神情肃穆,悲愤交加。

"敌人不投降,就让她灭亡!""坦白从宽,抗拒从严!"手臂如林,口号震天,要是人人再戴个红袖章,就是"文革"再现。

手臂举得酸了,嗓子喊得哑了,但小诸葛还是"徐庶进曹营——一言不发"。

"你哑了?你不是喜欢讲三匹马的事吗?"三八八冷笑道。

"什么叫三匹马的故事?"大家饶有兴趣地问。

"我来告诉你们。"猪油女大声地说,"田忌的三匹马要和齐威王的三匹马比赛。他用最差的马去拼齐威王最好的马,输了一盘;他又用最好的马去拼齐威王中等的马,赢了一盘;他又用中等的马去拼齐威王最次的马,赢了一盘。一输二赢,田忌用'优选法'赢了齐威王。"

"这故事……和劳役改造有啥关系?"许多人还是不解。

"一月份不完成劳役,把藏起来的纱头和电容器放在二月份,添在三月份。于是一输二赢的局面产生了。她仿照田忌的'优选法',用自己的'计算法'来抗衡监狱的劳役量。"猪油女思维敏捷,口齿清晰,仿佛教授在上课。再加上她跌宕起伏,抑扬顿挫的发言,与其说是穷凶极恶的揭发,不如说是循循善诱的百家讲坛。

"他奶奶的!我早说过,我组必将出现另一个小诸葛。"二百五手舞足蹈地嚷道。

"山寨版小诸葛,已打垮正版小诸葛。"小红冷笑道。

"毛主席说,利用小说反党,这是一大发明。小诸葛用独家的'计算法'来抗衡劳役,来发泄对监狱的不满,对社会的不满。这叫啥?这叫借鉴,这叫影射，这叫借古讽今，这叫曲线反抗。"猪油女的话音未落，"哗哗"的掌声响起，比党代会上的掌声还热烈。

"借扫盲之名，行策反之实。"猪油女嗤之以鼻，"不就是'挟天子以令诸侯'的雕虫小技？"

"他奶奶的！你还懂这个那个的，你是真人不露相啊！"二百五翘起拇指，引来一片大笑。我放下笔，揉揉眼再揉揉眼，仔细打量猪油女。好一个思维敏捷伶牙俐齿的女诸葛。

"我来揭发。"贾母兴冲冲站起来，"迪只货色昨天搞违纪，塞包饼干想收买我，真是瞎了你的狗眼。"

"向阿奶同志学习！"二百五赶紧高呼口号。

"对！向阿奶同志致敬！"老三毛赶紧附和。

"现在，请阿奶把受贿的饼干，交上来。"二百五伸出了手。

"交什么交？"贾母习惯性地一跺脚。

"饼干是罪证，应该上交罪证。"二百五坚持着。

"饼干会上交的。你快去看看配件到了没？"三八八虚晃一枪，给贾母让开一条华容道。

"不交饼干休想走。"二百五拦住贾母。

"让她去烧洗澡水，你不是喜欢洗澡吗？"四五六斡旋道。

"现在我宣布：饼干已成大粪，已胜利地拉出了肛门。"二百五一声冷笑，大家会心一笑。

"下面我来揭发。"小红嚷着，"小诸葛自诩知识分子，整天围着垃圾桶转。她说吃政府要吃出血来。"

"那吃自己的呢？"

"吃自己的要像舔痔疮，轻轻地舔，一天只舔一次。"

"哈哈哈！"下面笑成一片。

"她真这么说？"四五六惊讶地问。

"千真万确。这不是吝啬小气的问题，这是有的放矢得反政府。"小红认真地说道。

"推理极缜密。"小诸葛冷笑道，"何以见得？"

"利用小说反党，是一大发明；利用小吃反党，也是一大发明。"小红说得一板一眼，"你想吃穷政府，吃垮政府。"

"欲加之罪何患无辞？"小诸葛的悲愤，溢于言表。

"我来揭发。"猪油女嚷道，"她说她最恨的是月经……"

"为什么？"长脚贼兮兮地问。

"月经就是月精，月经一来，月精随着月经流失，营养也随之流失……"

"胡说！她一个知识分子能说这种粗话？"二百五摇着头，"她在哪儿说的？"

"就在我趴着……"

"是否趴在盆前，用手捣月经水里的红圈圈？"

"是的……不是的……是的。"猪油女掩口不及，引得众人大笑。

"是否说过？是否说过？"四五六连问二遍。小诸葛脸一阵红一阵白。此话虽不能上纲上线，却是名扬天下的超级臭蛋。

"究竟说过没？"四五六紧追不舍，小诸葛保持沉默：一旦承认，斯文扫地颜面丢尽。

"现在装死，平时的高谈阔论哪去了？"小红冷笑道。

"我就说过，咋样？"小诸葛终于被激上山。

"天呐！接下来她要喝月经水了，因为据说里面有营养。"

"接下来还要吃粪便，粪便里也有一部分营养啊！"众人七嘴八舌。

"有人揭发她和你说下流话，有这事吗？"四五六严肃地问一只鼎。"有这事吗？"

"这是诬陷！诬陷！"小诸葛终于愤怒了。

"我可以说出你说下流话的时间，地点，次数，内容。"小红冷笑着，"新婚夜的缠绵，性高潮的迭起……"

"我揭发。"一只鼎赶紧站起来，"她说：'天大地大，不如性高潮的威力大；爹亲娘亲，不如性高潮的幸福亲。新婚夜就是她的重生夜。'她还说……"

"停！黄色材料只能笔录，不能扩散危害大家。"四五六果断地一挥手，"你写完后直接交给队长。"

"我也揭发。"小眼镜推了推眼镜，"她让我揭发小组里的任人唯亲现象。"

"你写了吗？"四五六紧张地问道。

"可惜还没来得及写，她就被打倒了。"小眼镜的话引来哄堂大笑。"她还说，伤其十指，不如断其一指。要把宝押在最好的马身上，这叫什么厥值。"

"你们落井投石，墙倒众人推。"小诸葛无力地嚷着。

"我有记录。"高亢之音横空出世，"为了防止她赖账，我躲在被窝里，记下她说的每一个字，每一个标点符号。说我可怜，究竟谁比谁可怜？说我疯，究竟谁比谁更疯？"猪油女用手扑打着纸，"扑哧"的纸如一只挣扎的鸽子。

"你不是说你半文盲吗？"小诸葛愤怒地看着她。

"我不说，怎么为我扫盲？怎么为我洗脑？怎么为我换脑？怎么让我抓住你的把柄？"

"你……"小诸葛手指颤抖，宛如舞台上的兰花指。

"你把我当成炸药，可惜炸药没在小组炸开，却炸在你自己的手上。哈哈！哈哈！"猪油女狂笑着。小诸葛脸色发青，能倒背《孙子兵法》的她，竟上了"兵不厌诈"的当。

"你想把我当成你减刑的垫脚石，做你的大头梦吧。就凭劫持人质这一条，你的一千二百七十七天吃定了。"猪油女咆哮道。

小诸葛绝望地闭上眼，一滴浑浊的泪珠沁出眼眶。

"你写标题，我来誊稿子。"四五六一边哼着小调，一边把黑板搁在桌子上。

"这一切，都在你的预料之中？"

"把公牛和红布放在一起，啥效果？"四五六满脸春风。

"当然是决斗！"

"一样的伤害罪，不一样的后果，不一样的刑期。你说，公牛怎能不发怒？"

"刑法连一根橡皮筋都不如。培根曾说：'司法不公污染了法律的源头，这比犯罪要严重一百倍。'"

"自设圈套，绞杀自己，这就叫'搬起石头砸自己的脚'。"四五六冷笑着。

"在她身上，折射了中国知识分子双重的悲剧。"我沉重地说。她既才高八斗，又锱铢必较；既韬光养晦，又睚眦必报；自视甚高，等待周王的邀请；舍我其谁，盼望伯乐的出现。她有热血，多谋略，能伸屈，甘钻胯，欲邀宠。自恋的她，把自己想象成一匹冲出樊笼的黑马，却不料黑马失足跌了个粉身碎骨。

好一个"机关算尽太聪明，反误了卿卿性命"的悲剧性人物。

第七章 监狱小社会

杀人犯贾母

这几天小组气氛甚是活跃，电视里正在播放新加坡连续剧。人性的率真，伊甸园的松弛让生活在刀光血影中的犯人，看见了另一个世界。我也被电视剧感染了：敢说敢做，敢爱敢恨。没有尔虞我诈的你死我活，没有背靠背的揭发面对面的残杀。灵魂不扭曲，心地不阴暗。敞亮地说话，愉快地工作。这是生活而不是活着，这是做人而不是做狗。

"收工。下面看电视转播。"三八八砰地摔下剪刀。

"究竟转播啥？"

"转播教授讲评最近风靡的新加坡电视剧。"四五六说道。

"他奶奶的！看电视和狗屁教授有啥狗屁关系？"二百五嚷着。

"既然有书评影评，当然也有电视剧评——宣传部怕我们没有免疫力，吃下糖衣炮弹。"小眼镜懒懒地说。

"教授指点我们树立正确的人生观，正确地观看外国电视嘛！"长脚热烈地说。自揭发了小诸葛后，她的窝不但挪到了向阳处，稿子也上了头版头条。

"教授看电视是头朝下，屁股朝上地看。"二百五傻笑着，"鸡巴教授！鸡巴复旦大学！"

我微笑地看着这个看似疯癫，实则异常清醒而独立的女性。

在监狱长郑重的推荐下，顾教授隆重登场。我曾拜读过此人的文章。赞花美，必是党的雨露；夸风清，必是盛世里的盛况。据说这叫管中窥豹，一叶知秋。年过不惑的他，颇得宫廷小丑的真髓：媚笑，谀笑，苟笑，奸笑，让主子破颜一笑。

此公本是"书评""影评"的祖师爷，现在又加"剧评"，海陆空全方位的泰斗非他莫属。今天登牢入狱，不知有何高招？我竖起耳朵，聆听教诲。几句话一说，就露出他的薄底子。他以"作骨头"作中心，在半径里兜了一圈又一圈。"作骨头啊作骨头……作骨头啊作骨头。"他津津有味地咀嚼，再把嚼烂的糊糊喂给我们。要是反刍的是原汁原味也罢了，问题是加上他个人的消化酶，草料臭烘烘的难以下咽。

嚼着，反刍着，乏又乏，长又长，浑然一老年妇女的裹脚布。无犀利，无精髓，宛如妯娌间的飞流短长。无理念，无反省，如醉者呓语狂人谵言。它甚至没有泼妇的泼辣，文盲的懵懂，乞丐的不羁，妓女的容颜。

"鸡巴教授！鸡巴复旦大学！"我默念着二百五的话。学者，学者，中国的学者，不就是抬轿子，吹喇叭的代名词？这些御用喉，御用打手，是知识界的耻辱，是五千年的耻辱。他们在教室里洗脑不算，现在又窜到监狱，继续着他们肮脏的营生。这个闻名遐迩的御用喉，御用打手，六四时他在哪？屠杀时他在哪？他还有啥脸面搞书评，影评，电视剧评？

我推着水车，远离了那些唾沫横飞的无耻嘴脸。

"二七零！队长让你去。"小拐放下活，一拐一拐地走向办公室。她因小儿麻痹症，人到中年才迎来爱情。然而，在迎来爱情的同时，她也遭遇了欺骗。愤怒的她还没来得及实施反击，就被抓捕了。法律似乎总是对坏人作恶不予惩罚，而对好人反击必加惩处。这种怪圈几十年一直荼毒着人民，身为残疾人的她，当然未能幸免。

"为什么不用法律保护自己？"判决后，法官假惺惺地问道。

"在我需要法律时，你们在哪？"她愤怒地问，"我去过总工会，去过妇联，去过政府的信访办，我去了所有该去和不该去的地方，但是没有一双援助的手，却有一双双嫌恶的眼。"

法官遗憾地一耸肩，表示程序结束。进监后她心如止水，但一缕春风吹皱一池水，荡起层层涟漪。春风名叫半金莲。半金莲和情夫在床上合谋如何取其丈夫的性命，在丈夫侥幸逃出死亡谷后，她被判十年。

半金莲几个眼风几个小伎，小拐就枯木逢春旧貌换新颜。她满脸笑意积极劳役，要是颈上再挂条红领巾，绝对是毛主席的好孩子。就在好孩子好好学习天天向上时，队长一声呼唤，莫不是有喜讯？

"难道是减刑有望……"大家羡慕地望着她的背影。

几分钟后，小拐走出办公室。短短的几分钟，已经是旧貌换新颜，脚残人更瘸。天哪！就是变戏法，也没有这般的化神奇为腐朽？她刚坐下，半金莲就一脸傲然地走进办公室。

在半金莲身上，烙印着"铁杵磨成针"的坚韧基因。她出色的劳役，让拼命三郎也退避三舍。写一封家信，她要打三十天的腹稿；接见一次，要流一大盆的清泪。儿子是她的统战工具，书信和眼泪是她的敲门砖。在她锲而不舍的努力下，前夫请求法院为她减刑。

半金莲深知党"一手软一手硬"的政策，也明白"两条腿走路"的方针。

前夫已在法院冲锋陷阵，后方的她则要以"立功"来互动。劳役分有了，投稿分有了，如今缺少的是一颗赤子之心。有了赤子之心，互动便成了动感地带。如何才能动感？她眼珠一转，想到了残疾人：先鸿雁传书，后海誓山盟。待时机成熟，向组织上交情书，如同资本家交出金银财宝一般。

我曾问她："你的认罪书怎么会有十页纸？"

"我罪孽深重呗！"

我又问："你怎么能做到一星期不发一点声音？"

"我要谨言慎行，避免祸从口出。"

我又问："你怎么能增产这么多？"

"我是设定了程序的机器人，我能一口气织两天两夜的毛衣。"

我又问："除了劳役，你还想做什么？"

"我只想两件事：检点今天做错什么，计划明天该做什么。"

"好一个修身养性。但是我做不到，因为我是人而不是机器人。"我冷冷地说道。

"我不但要修身养性，还要六根清净一颗禅心。"她庄严地说。

收工时，张队长宣布：小拐写检查扣五分；半金莲揭发她人加五分。小拐听了面无表情；半金莲听了也面无表情，只是她脸上的肌肉绷得更紧。她不但要控制喜怒哀乐，还要控制自己的笑肌。

还有半年刑期的小拐就要上五楼的新生组，四五六正在清点她的资产。她瘸着腿朝前扑去，指着半金莲大骂："你这个无耻的杀人犯！"

半金莲眼皮都不抬，依然认认真真地干活。

"你这个婊子。杀男人，你就拿情夫做垫背；为减刑，你就拿儿子做工具；抢跑道，你把我当钓饵。你把我的情书交给队长，咋不把你火辣辣的情书交给队长？"

"有事找政府。"半金莲头也不抬。

"你勾引我时，咋不找队长？现在一口一个政府叫得欢。你害人害己，绝没有好下场！"小拐被押上楼后，愤怒的声音长久地在走廊上回荡，绕梁三日，余音不绝。

"不要脸的东西，早上我看她还在享受小拐的贡品方便面。呸！呸！呸！"二百五大声嚷着。半金莲无动于衷继续干活，绝对有孔夫子"非礼勿听，非礼勿视"的儒家之风。

若干年后，我在上海长治路上看见她。穿睡衣的她蓬头趿鞋，怀里还抱着一个婴儿。看来她和情夫已经修成正果。不过果子是甜还是涩，只有她自己知道。

　　春天快到了，羽绒衫依然不见踪影。丈夫在接见时询问了朱中队长。第二天，贾母就满世界地报喜："衣服找到了，衣服找到了！"

　　储藏室里，羽绒衫静静躺在包裹上面。朱中队长嘴边的酒窝一动。看来，她知道"捉放曹"的把戏。

　　"五三一，自己的东西放放好。"贾母眼神凌厉。我知道在找到羽绒衫时，还埋下了一个地雷。

　　"放水！"贾母如母猪一样嚎叫着。今天她穿了件格子大衣，配上她红里透白有弹性的皮肤，真比贾母还雍容华贵。

　　"明天放水再这么慢，我就断你的水。"她怒视着我。看来，监狱的锅炉变成大观园的私产了。"三格到了。"她看着液面计嚷道。

　　"这点水肯定不到三格。"我坚持道。

　　"阿奶做事一向公平透明，透明得像玻璃管。"瘦女人一边说一边把我的水车朝外推。我刚要阻止，后面的水车已一拥而上。"阿奶，迪只女人最拎不清。"

　　"要是拎得清，就不会进来。格格格！"两个女人笑成一团。瘦女人是贪污受贿罪，一见贾母，就有乌龟见王八的亲切。二十四小时不到，二人已臭味相投如胶似漆难分难解。

　　水车还没停稳，一只只盆朝我冲过来。水车轻飘，轮子打滑，今天的水资源很紧张。

　　"就这点？"考克一关长脚就叫起来，"这点水，休想打发我。"

　　"让暴徒做外劳动，可是倒了八辈子的霉。"老三毛敲着脸盆唱起歌来。

　　"自己找棺材睡，还搭上我们来垫背。"小红拼命煽情。

　　"阿奶。"老三毛奶声奶气地叫道，"你是不是少给我们热水了？"

　　"造谣要负法律责任。"贾母气呼呼地说道。

　　"这点，我可以作证。"老三毛朝贾母抛了个媚眼。

　　"十分钟前你在小号拆纱不在现场，你拿什么作证？"我冷笑道。

　　"我洗好了！"二百五敲着脸盆，"用冷水洗脚，真舒服。"

　　"为啥要洗冷水？这是违反纪律的！"贾母嚷道。

　　"就这一点点热水，你让五三一咋分配？"二百五也嚷道。

　　"今天我来月经，你看给多少？"小红把脸盆一摔，好个来者不善！我看见一排排逼过来的眼睛：怂恿的，撺掇的，得意的，叵测的，还有老三毛那一触即发的狼眼。

"把我的水给她，我洗冷水。"卖炭妇说。

"你算老几？"小红一脸鄙夷，"一个下三滥的票贩子。"

"我是票贩子，但绝不下三滥。"卖炭妇一昂头，"连裆模子联合起来欺负人，算什么英雄？"

拖完地，我真想一头倒下再也不要起来。繁重的劳役，防不胜防的圈套，永无休止的斗争，连环加联盟的围剿，让我心力交瘁。说"与人斗其乐无穷"的人，一定是斯大林式的虐待狂，或者说是变态分子，或者说是杀人犯，或者说是禽兽不如的暴君。

一件羽绒衫，使我成为小朝廷追杀斗争的对象。虽浑身酸痛，我还是硬撑着拿起竹针。"这么好的毛衣也返工？"卖炭妇很惊讶。我叹了一口气：合格还是返工取决于三八八一句话。我得罪了贾母，就得接受三八八的报复。这里和社会一样，权钱媾和，官商勾结，警匪一家，奉行的是"一损俱损，一荣俱荣"的规则。

"想开点，里面人吃人，外面也这样。"卖炭妇安慰着我。她肤色灰黑，面容憔悴，从她脸上纵横交错的沟壑中，可以看到她沧桑的过去和艰难的人生。

"你究竟犯了什么罪？"一百号问。

"投机倒把罪。"卖炭妇坦然地说，"排队买票然后高价卖出，判了一年半。你呢？"

"你排队买票，我利用工作之便，把票卖给朋友，因严打被判六年。"

"六年？那你一定赚了大把银子。"

一百号什么也没说，只是翻开包裹，把判决书递给我。

"……由于XXX将火车票私自卖给熟人，扰乱了正常的售票秩序，造成社会不良影响。根据中华人民共和国第XXX条，判决XXX有期徒刑六年。XXX接受的英雄牌半导体作为赃物没收。"我接过判决书，看了一遍又一遍。若不是亲眼目睹，我绝不相信这黑白分明的文字。

"天呐！看守所管教说我冤，其实你才是窦娥。"卖炭妇摇着头说道。

"铁路局领导把整列车整一车厢的票卖出去，也没判他们。不但没判，还上了光荣榜，评上了优秀党员。"

"这是颠倒黑白的社会，这是指鹿为马的社会。"卖炭妇愤慨地说道。

我摇了摇头。第一次目睹监狱的黑暗，居然是在托尔斯泰的《复活》里。卡秋莎坐牢时我目睹了监狱的可怕，可怕的不是监狱破败的设施和肮脏的环境，而是监狱里关押着不是犯人的犯人。真正的施暴者杀人犯窃国盗坐在法律的审判桌上。他们不是法官就是检察官，不是起诉人就是陪审团。看到这一幕时，年轻的我震惊无比。

十来岁的我，当时不能读书只能造反。我对血腥的造反抱有本能的反感。就在我懵懵懂懂对这个世界充满探索时，我阅读了世界名著。《悲惨世界》里的沙威，给我留下了至今都无法抹去的记忆；《牛虻》这本书对我的冲击，至今记忆犹新。

我的世界观，就是在那时奠定的。我的世界观，注定了我的反骨，注定了我的思维，注定了我异样的人生。正如炼油厂同事所说的那样："孙宝强，你这样的思想，早晚要出事。"

一语成谶！一语成谶！一语成谶！

二十多年后，三十九岁的我第一次目睹了中共的监狱。同样可怕的是，监狱里关押着许多不是犯人的犯人，真正的施暴者，杀人犯和窃国盗坐在法律的审判桌上。以邓小平和李鹏为首的杀人犯，居然站在起诉人的位置上。但是我可以打赌，不久的将来，他们这伙人，一定会被送上纽伦堡的被告席，被唾骂千年，遗臭万年。

"五三一，我早就听说过你的事了……"卖炭妇热切地看着我。

"你会打毛衣吗？"我问她。我需要用说话来提神。

"插队落户的我，有啥活不会干？"

"既然会，干嘛做黄牛贩子？"我不客气地问道。

"我需要钱。"卖炭妇干脆地说，"我有薄地二亩，刨去种子钱和化肥钱，仅剩几袋粮食。我有三个孩子要我抚养。"泪水在她的眼眶里打转。

"为什么要生这么多孩子？"

"前两个是闺女，他一定要儿子。再说，农村也没有避孕的方法。"

"他要你养你就养，难道你是生育工具？"我没好气地说道。

卖炭妇把头凑向我，头皮中央，赫然有一个碗大的疤。"这是我拒绝的后果。"

"为什么要嫁给这样的男人？"

"嫁给烈士的后代，是投亲插队落户的前提。我一定要嫁个红五类，以避免灾祸。想不到这个红五类竟是人渣。"一滴泪在眼眶中打转，终于溢出眼眶。

"……反正就一年半。"我安慰她道。

"我判的不是一年半，而是无期徒刑……"

"那就和他离婚。"

"我要离婚，他就把刀架在孩子脖子上。我自杀过三次，又救活了三次。既然死不成，就要想法子为孩子挣学费。"她努力笑着，却把脸扭成了一团。

"你丈夫不挣钱吗？"

"他从来不下地，只是吃喝玩乐。新婚夜，他把我折磨得死去活来。第二天却嫌我走得慢，抄起树枝劈头盖脸地打。第一个女儿出生时，不是落在医院，而是落在田头的泥水里。我害自己不算，还害了孩子。"她一连数下猛掴自己的脸。

劈啪声撞得我心口疼。我抓住她的手，发现这不是手而是带血的锉刀。我用手纸捂住她手的皲裂处。

"这里，才是我真正的伤口。"她指着胸口说道。

"哪一个中国人，胸口没有伤？"

"八十年代，政策开始松动，我带着三个孩子回上海。我住在虹镇老家……"

"那里是著名的棚户区。"

"晚上，我和三个孩子蜷缩在阁楼，白天就去火车站倒卖车票。我没文凭，没技能，没证书。我不干这还能干啥？"

"那你出狱后……"

"出狱后我还继续干，我准备二进宫三进宫四进宫：我要用我残缺的身子，为孩子们挣学费。我没文化，不能让孩子也没文化。我就是一堆狗屎，我要在狗屎上培植美丽的花。"她坚定地说。

"……可能吗？"

"是谁剥夺了我读书的机会？是谁让我上山下乡？我要不是狗崽子，怎么会嫁给红五类的畜生？政治上的株连，经济上的殃及，我是忍辱负重一直忍到监狱。"

"罪恶在延续……不知延续到哪一天？"我叹了口气。

"回族菜。"贾母把饭盒递进栏杆，"迪只荷包蛋油光水滑的来！"她怕我黄鱼脑子不开窍，她不但加了"备注"，还把饭盒放在我面前，来来回回地转，转她个三百六十度。

不给！偏不给！我带着恨意，带着快意，一口吞下了荷包蛋。

"嘿嘿！"她冷笑一声，扬长而去。

"洗衣服。记住！一人两件。"我一边打粥一边挨个叮嘱。劳动大姐拖着箩筐上楼，正要装衣服，贾母却坚持要数件数。

"……不行，多了一件。"

"多一件就多一件吧。"劳动大姐不耐烦地说。

"五三一，为啥不把规定告诉大家，你想把小组搞乱？"肥肥的手指戳上来。我沉默着。这个"茬"在我意料中。"顺我者昌，逆我者亡"是共产党的精髓，也是贾母的思维定势。吃了一辈子狼奶的她，想不成为狼奶奶，难！

"你这个暴徒啥时说过洗衣服的规定？"老三毛适时地跳出来。我依然沉默着。

"烦死了。"三八八把工具一摔。贾母一愣，我也一愣。贾母愣的是同盟军怎么会反水？而我愣的是，面对淫威，我已经从怒发冲冠发展到麻木不仁。天呐！监狱不但囚禁了我的肉身，还囚禁了我的反抗精神。

二十年前，贾母是上海郊区南汇大队的仓库保管员。油耗子在吃香喝辣时，根据领导者职务的高低，分门别类逐一送贡品。就在她奖状满墙，桂冠等身时，有人发出不同的声音。最响亮的声音来自她的妯娌。

一个酷热的下午，贾母从竹榻上抱起侄女，她一路小跑，侄女一路欢笑，笑声欢语正浓烈时，贾母一个趔趄，把侄女摔进了水井。

搜童工作进行了三天三夜。贾母熬红了眼，喊哑了嗓子，撞破了头，跑细了腿。所有人为她的爱心唏嘘感动。当呼啸的警车押走她时，大家一致认为，以冤假错案著称的上海，将诞生又一个窦娥。女童的母亲，顾不得自己的痛苦，当即拦轿喊冤，击鼓鸣堂，于是承办人拿出原始的审讯记录。

"你为什么要杀害你的侄女？"

"我要让她的娘付出代价，她说我贪污。"

"她娘和你有仇，但她女儿只有三岁。"承办人员非常不解。

"不用三岁娃来折磨三十岁的娘，难道用三十岁的娘来折磨三岁娃？"贾母不屑地说。

"她娘说你贪污，你贪污了吗？"

"我是贪污，但不许她揭发。她揭发，就要付出一辈子痛苦的代价。"贾母冷笑道。

"你额头上的'包'是怎么回事？是否因为内疚？"

"不哭天抢地，这戏咋演下去？啥'内疚不内疚'，这字写不来。"她遗憾地摇着头。一九六七年，判死缓的她被押往提篮桥。

从她被捕的那一刻起，家人就与她断绝了关系。由于她在监狱中表现优异，又是劳动改造的积极分子，政府再次批准她探亲回乡。返乡时，她肩挑背扛，左右开弓，比重庆的棒棒军军长，还威武三分。

"家里从未有救济，咋来这么多东西？"族长瞪大了眼睛。

"靠山吃山靠水吃水。监狱混得好，和疗养院没区别。"贾母嫣然一笑开始分物。甜的咸的，干的湿的，棉的纶的，长的短的，林林总总应有尽有。就连族长都没盖过的鸭绒被，都是成双成捆。

远亲近邻来了，扶老携幼来了，男男女女来了，七大姑八大姨来了。邻居街坊都以为台湾的省亲团来了。有个老瞎子分到一叠卫生巾，把它紧紧捂在嘴上，连声呼唤："好温暖的口罩啊！"

尽管元妃二次省亲，给亲人，邻居带来"吃喝拉撒"一揽子好处，但当监狱准备假释她时，不但全家，全小队都一致反对。他们召开政治局扩大会议，一致通过决议：既然监狱是疗养院，那就让她在疗养院颐养天年吧。

监狱仍不死心，又派管教到公社斡旋，想不到公社也统一口径：只许探亲，不许落户。

接到"一致通过"的决议后，贾母很伤心。但很快就化悲痛为力量：一三五打报告，二四六整犯人。至于受贿，则做到三百六十五天无休假的全天候。她还与时俱进对受贿作了宏观上调控，微观上掌控：三九天，只收羽绒衫；三伏天，只吃瓜果桃。过年过节时，把进贡的鱼肉腌制风干，不冷不热时从容消受。虽人在监狱，依然有固定资产可出租可收费。固定资产乃水车一辆：热水能蒸脸，能美容；热度可焐饭，可保温；水车上盖着的热被子能烘馒头烘衣裤。公车私用，这叫靠山吃山靠水吃水。没接见，照样四季衣服变化分明；没亲人，照样众星捧月前呼后拥；刑期长，既来之则安之，权当大观园里来养生。耳顺之年却肤色红润有弹性，就连鼓鼓的金鱼眼，也因油水的浸淫而楚楚动人。

提篮桥除了不能出门逛街，什么都不缺。吃犯人，用犯人，取之于民用之于个人，堪比税务局；斗犯人，整犯人，风声鹤唳浑水摸鱼，堪比检察院；搞揭发，抢跑道，与人奋斗功高盖世，堪比宣传部；今天拥戴你是座上宾，明天整死你是阶下囚，堪比政治局。人惧人怕，队长之下犯人之上；活得有滋有味，党疼国爱，纵坐牢，也幸福。

"五三一，现在的水位在第七格。"贾母把我的手按在液面计上，有手把手的师徒情。"现在第三格，多放你一格。"

推回水车赶紧分配。不对啊，还有十多人，但水已告罄。

"咋分配的？"长脚嚷道。

"和平时一样分配，也没见水车漏水啊。"我急忙解释道。

"平时水少，今天干脆没了。"小红一脚一脚地踢着水车。

"我们要热水！我们要热水！"呐喊声高度统一。我尴尬极了，要是能买水，我一定倾囊而出。

"你看液面计了吗？"四五六问道。

"千真万确是四格。"

"阿奶，帮忙再加一格。"四五六的唇边掠过一抹我熟悉的冷笑。

"四五六发话我就办。要是五三一，门都没有。"

"阿奶！不要睬迪只傻女人。"小红呼应着。

"阿奶！五三一的情况我们要反映。"长脚更来劲了。

"五三一，怎么会有这么多人对你有意见？"贾母佯笑，一副猫耍老鼠的嘴脸。我强压怒火，沉默不语。

一声令下，小号里涌出各路英雄好汉。电视里正在播放洁具广告。漂亮的抽水马桶横空出世，一女人酥胸半露，搔首弄姿："家有此宝，解决你的后顾之忧。"

"好！"长脚喊道。

"有刺激！有品位！有腔调！"短兔一连用了三个感叹号。

"迭只货色，烧饭顶顶好。"贾母翘起大拇指。

"阿奶这是啥？"

"不就是烧饭的货色！"她神气地说。众人笑得直不起腰，连路过的朱队长也忍俊不禁。

"这只货色，是工人阶级抓革命促生产的产物。"贾母自豪地说道。

"迭只货色，不是烧饭的货色而是拉屎的货色；迭只货色，不是工人阶级抓革命促生产的产物，而是小日本的产物。"小诸葛模仿着她的语气。

"小日本？难道是日本鬼子？"

"事过境迁，现在叫友好睦邻了。"

"啊！"贾母的嘴张得老大。"文革"中进来的她，思维一直停留在打打杀杀的年代。其实中国四十年来一直打打杀杀，不过有时明火执仗，有时暗流涌动罢了。

"开会，开季度评比会。"贾母端着椅子，顾队长拖着步子走来。

"我先发言。"贾母说。由于她不识字，发言基本是即兴发挥，比外交部那批照着稿子念声明的蠢货强多了。

"毛主席教导我们，要斗私批修，要在灵魂深处闹革命。由于我不坚持在灵魂深处闹革命，因此走到了黑五类及臭老九这一边。"

"臭老九早平反了。"小诸葛嘀咕道。

"有错必纠是党的政策。"顾队长清了清嗓子。

"顾队长就是顾队长，说话水平就是高。毛主席说：'隔几年来一次文化大革命'。"

"党中央说，以后不搞运动了。"小诸葛嘀咕道。

"不搞了？为啥不搞？"贾母东看看，西望望，最后把眸子定在队长身上。"顾队长！我有一个心愿。"

"说！"顾队长鼓励地看着她。

"我不愿走出监狱，我要一辈子扎根在监狱。"此话一出，众皆骇然！有扎根农村，扎根边疆，扎根军营的，现在又来个扎根监狱，真是语不惊人死不休。

"队长，发言有错请批评。"贾母鞠了一躬。

"我看发言不错嘛！虽没有文化，但立场坚定爱憎分明。你们说是吗？"顾队长问。

"是！""是！""是！"下面一片热烈的回应。

今天洗澡。才洗到一半，水就没了，于是尖叫声咒骂声顿起。勇敢者裸身冲到门口，对着布帘大声恳求。时间滴答滴答，但龙头就是不滴答滴答。贾母掀开帘子宣布："三分钟到。"

"阿奶，求你了！""阿奶，就开一分钟的龙头，可以冲去身上的皂沫。""阿奶，我们绝对拎得清。"清一色的白旗，清一色的哀歌，就差全体跪下三叩首。

"再给一分钟。"贾母一点头，"哗哗"的冷水下来。众人虽打着颤，还是勇敢地迎上去冲去满身皂沫。

"都是你这个扫帚星惹的祸！"长脚用手指戳着我的脸。

"你得罪她，害得我们倒霉。"大家齐声谴责，我成了过街老鼠。过街老鼠人人喊打，因为"不行贿"已殃及到整个小组的用水。这一刻我很理解西方首脑：为了本国经济利益，只得放弃"普世价值"，向极权政府俯首称臣。

我提着一筐沉重的湿衣服上楼。先爬上水斗挂绳子，再到另一边挂绳子。相叠在一起当梯子的桶一打滑，我摔了个四脚朝天。我腰疼腿疼全身疼，但只能咬牙爬起继续干。由于今天天气不好，所以只能把湿衣服收下来晾在走廊上。

我刚刚把衣服挂上去，又听到贾母的叱喝："队长来查岗了。五三一，你晾着绳子，想让队长钻裤裆？"

他妈的！别人是集邮迷，贾母是集"帽"迷。她收集的帽子随便挑一顶，都是死罪。

我忍着疼只能再爬上去收下衣服。"绳子咋不收？"我只得再一次爬上去，踮脚伸臂颤颤巍巍地收晾衣绳。我啊我，不但不如猿人，还不如一条狗。

最后一口饭还含在嘴里，我就朝外冲。一刻钟后小号要关门下锁。可是我的碗没洗，地没拖，衣服还没挂。碗洗到一半，杀人犯又嚷开了："咋不把衣服挂上去？"

"你不是说领导来吗？""领导不来了。""你耍我？""耍你又如何？"

"噢！好戏开场喽！""看戏喽！"小红和长脚一呼一应，铁门旁挤满了渴望的眼睛。繁重的劳役，恶劣的伙食，狭窄的空间，让犯人都成了野兽。野兽最大的乐趣就是观赏斗兽。现在，他们在等待着斗兽的开始。

"五三一不挂衣服，存心让你们衣服捂出臭味。"贾母撕下伪装，赤膊上阵。

"我自己挂。"小红一个箭步冲出小号，身后跟着几名敢死队员。

"队长来了！"有人嚷着。众人慌不择路逃回小号，进号后还异口同声地骂我。我叹了一口气，做有良知的中国人难；做出污泥而不染的犯人难上加难。

"这次看仔细了，这里是八格，放四格水。"贾母认真地看着液面。

"液面不能说明问题，液面可以造假。"我冷冷地说道。

"既然是四格，闲话少说，屁话少放。"三八八狠狠抢白道。

"惟恐天下不乱？"贾母怪叫一声，一股热血涌上我的脑门："我承认我不是你这个牢头狱霸的对手，但别欺人太甚。"

"别忘了这是什么地方，这里不能搞暴乱。"贾母的嗓音很高。

"倒打一耙，血口喷人。"我撂下水车就朝办公室走，一进门我就说："朱中队长，楼面劳动这活，我实在干不了……"

"有人发难？"朱队长微笑着问。顿时，所有的委屈，所有的愤怒和压抑化作两行清泪潸然而下。我不停地哭啊哭，泪水一滴一滴砸在水泥地上。

"为什么干不了？"半晌，朱队长和蔼地问道。

"干活我不怕，可浑身是嘴也说不清。我没能力也没精力……"我哽咽着。

"她只是大队里的一个外劳动啊！"朱队长拖长声音说道。

"可她是慈禧，垂帘听政。"我愤愤地说。

朱队长扑哧一笑，说道："是吗？"

"是的！"我用豁出去的语气说。

"树欲静而风不止，许多事不以人的意志为转移。"

"我在明，她在暗。她无需动手，一个眼神，一个手势就让我四面楚歌。"

"她竟有这么大的能量？"

"她是监狱里的……"我把"牢头狱霸"四个字咽下。共产党的监狱里，怎么可能出现牢头狱霸呢？

"我知道，水有弹性……"朱队长微笑着，好一个心知肚明的朱队长。

"您知道就好。"我如释重负。

"这件事队长很清楚。"

"清楚就好。"我感激地说。

"你呢，做好你的劳役，管好你的卫生。"朱队长声音一变，变得冷冰冰，变得死沉沉，变得符合她的身份，变得符合我的身份。温热的心一冷：哎呀呀，说你胖你就敢喘？

"关于劳役卫生，你大胆地抓。"出门时，她赠我"好自为之"四个字。好自为之？在'黄钟毁弃瓦釜雷鸣'的中国，简直是天方夜谭。

晚上我睡不着，脑子里掠过羽绒衣，还有朱队长轻蔑的笑。既然洞若观火，为什么不处理？是网开一面，还是息事宁人？

原以为会有泾渭分明的判决，原以为会有实事求是的说法，想不到进一步退一步，一正一负等于没有判决，没有说法。这不是普通的和稀泥，而是有目的的模糊化。脑子突然一激灵：狗不凶，就不能看家护院；狗不贪，就不听主子的驾驭。有狗的凶狠，狗的忠诚，才能确保社稷无虞，后院安稳。

从这天起，贾母没再敢明目张胆地为难我。这说明朱中队长已经震慑了她。听说她出狱后，到女监狱长的家做全职保姆。忠诚当然毫无疑问，但手脚绝不会干净。这点，她和千千万万贪官的秉性一模一样。宁可她手脚不干净，也不要她的忠诚有瑕疵。这是监狱长的用人之道，也是中共的用人之道。捏住你的命门，我说东你不敢西；我说雪是黑的，你就不敢说雪是白的。

指鹿为马，就是检测忠心的手段。封建社会如此，中共极权社会也如此。哪有五千年灿烂的文化，只有五千年的驭民之道。

二只小鼹鼠

换监房的名单一揭晓，又是几家欢乐几家愁。"五三一，风水宝地啊。"长脚狍笑道。

"你不能住这间：又黑又脏又潮又有灰尘。"二百五着急地说道。

"好！好！好！耗子不进，蟑螂不钻。"老三毛拍着手。

"你快去和队长说。"二百五诚恳地说道。

"不！我对这间房很满意！"我真诚地说道。

这是走廊尽头的最后一间，门口一水斗，终日湿漉漉水淋淋，唱着三百六十五天的挽歌；旁边不但有臭烘烘的水桶，还耸立着垃圾桶。远离窗子、远离清风、远离光线，比周口店老祖宗的爱巢差老鼻子远了。

我站在门口，瞳孔在黑暗里渐次扩张。两个黑衣人面对面地拆纱，黑暗中扬起一片灰尘。灰尘大到遮天蔽日的程度。地板上，马桶上，就连黑衣人的眉毛上，都是一片灰妆。好一个"忽如一夜春风来，千树万树梨花开"的盛世盛景。

"被子放在哪？"

"快进来，快进来。"东道主热情地招呼。她手托我的被褥，东瞅瞅，西看看，就是没地方放被褥。"要不，就放在我们的肩上。"她左肩娴熟地一倾，另一人右肩熟练地一斜，于是被子极稳定地搁在双肩上。我正要感谢她们的精诚合作，一股恶臭已遮天蔽日扑面而来，我捂着嘴冲出去，好在门口既有垃圾桶又有水斗，呕吐物这才近水楼台地解决了。

吃午饭时，我递给她们两碗菜。黑色的水里漂浮着几片黑叶，就像忆苦思甜会上吃得"忆苦饭"。她们又不活在万恶的旧社会，这待遇比白毛女还差？

小A怯怯地把头探出栏杆，贾母一阵风似的扑过来，小A忙把头缩回来。我递给她一条湿毛巾，我知道她的要求很卑微：只想在吃饭前，擦去脸上厚重的灰尘。

"这两只货色没完成劳役，不但割荤割洗澡还割接见，还不许迈出小监一步。"贾母声色俱厉地说，既是对她们的警告，也是对我的警告。

"他奶奶的！全世界监狱都有放风，只有提篮桥例外。"我气鼓鼓地扛起拖把。

小A是个农村姑娘，腼腆的笑容，恰似志摩笔下"最是那一低头的温柔，恰似水莲花不胜凉风的娇羞"的写照。

小A的父亲是安徽赴沪拾荒团的团长兼政委，哥哥是副团长兼书记。她这个候补守门员刚到上海，就被严打卷了进去。可怜的她，连球场都没上，连球都没摸，就被判了两年。盗窃兼团伙，团伙加家族，家族一贫如洗无靠山，法院还不往死里敲？严打果然出成效，现在，她的亲人如蒲公英种子，散落在提篮桥的东南西北，应了中共的"海内（监内）存知己，天涯（亲人）若比邻"。可惜他们不是中共的非洲黑兄妹，而是割不完斩不尽的韭菜帮。

小B是街道厂的工人。街道厂在中共的金字塔等级里，是比较下面的铺垫石。虽然小B也是工人阶级一分子，也是领导阶级，但小B永远在发薪的前二周，米告罄，油告罄，钱告罄。丈夫虽然也是领导阶级，却"在其位不谋其政"，竟然做了某款婆的面首。在中共，一直有生殖器治国这一个法宝，当小 B 的丈夫也利用生殖器这个法宝时，贫困之家就有了不稳定的因素。

当小 B 指责他破坏了稳定的大好局面时，他嚷道："不管白猫黑猫，能抓住钱的就是好猫。"

既然总设计师的语录如战鼓擂响在九百六十万平方公里的土地上，离婚就成了必然的事实。离婚后，小 B 带着女儿艰难度日。

一个风雨夜，女儿高热不退，这时雷锋及时出现了。女儿病愈后，雷锋成了她的丈夫。然而，雷锋比小 B 大一轮，还是个刑满释放人员。

一天，小 B 和赝雷锋路过商场。在他不断的撺掇下，小 B 套上心仪已久的大衣。站在镜子前的她呆住了：丑小鸭竟成了白天鹅。

赝雷锋拽着她朝外走，她情不自禁跟着走。一个贼眉鼠眼的人挟着一个蓬头垢面的人，且蓬头垢面者还套着店里的招牌大衣，这一幕岂能逃过保安的火眼金睛？一声"站住"如雷贯耳，赝雷锋逃得无影无踪，小 B 被当场抓获，被判二年。

"你应该拿三角裤。"小红冷笑着说，"你的三角裤上还有补丁。"

"不！我应该拿手套和袜子。"小 B 遗憾地摇头，"我女儿手脚上全是冻疮。有时流脓，有时流血，有时就是一个……窟窿。"

"有白，有红，有窟窿，好一个桃花手。"小红狞笑道。

"她疼得受不了而哭时，我就用热炉灰撒上去，想不到她哭得更厉害了……"小 B 喃喃道。

"你女儿现在很幸福喽！"长脚奸笑道。

"母亲坐牢她还幸福？"小 B 皱眉道。

"继父搂着她睡觉，能不幸福吗？"

"我女儿……只有七岁。"小 B 嘶哑地喊道。

"这叫老牛啃嫩草，滋味好着呢！"长脚一挤眼。

"你是说……"小 B 呼吸急促，猛吸鼻子，一根清水鼻涕被吸回鼻腔。"你是说……"

"你无耻！无耻！"我朝长脚大吼道。

晚饭来了。与其说是水煮青菜，不如说是水煮中药。小 B 用沾满纱头的手夹起菜朝嘴里送，再把汤汁倒进饭里猛吃一通。小 A 有几分淑女气，先用破布擦手，再用调羹挖饭。

"你们割荤多少天了？"

265

第七章 监狱小社会

"一年零一个月零八天。"小 A 掏出一张快揉成粉末的纸，上面画满了一个个"正"字。

"我比她晚七天进来。我的割辜是一年零一个月零八天减七天。"小 B 补充道。

"你这条跟屁虫。"小 A 打了小 B 一拳，于是二人笑了。一年零一个月，这是比鲁滨逊更不堪的日子，至少鲁滨逊还能往嘴里塞两条小鱼。

"再割几个月就结束了。"小 A 甜甜一笑，露出雪白的牙齿，如贝壳般闪耀。

"吃素长寿。"小 B 拍拍瘪瘪的肚子。我翻了翻菜，菜经过贾母的手，就如扶贫款经过贪官的手。罢罢罢！能留两块已是上上大吉，于是我把牛肉分给小 A 和小 B。

"天呐！"她们呆呆地看着牛肉，仿佛被幸福砸晕了。

"不是金子，只是小不点的牛肉。"我笑着说。小 A 的脸红红的，眸子晶莹透亮。她贪恋地看着牛肉，粉红的舌头小心地舔了一下，过了五分钟，又舔了一下，最后小心地把牛肉放到舌尖上。

"快吃吧！"我有些心酸地说道。

小 A 取出一块手帕，把牛肉放在手帕中央。她卷起手帕的四个角，把牛肉裹得严严实实，就像母亲把婴儿裹在襁褓中。

"咋不吃了？"

"不吃！不吃！"她使劲挥着手，似乎在抵制诱惑，"留着给母亲吃。"

小 B 傻傻地，一往情深地凝视着牛肉，仿佛牛肉是她前世的情人。突然，她张大嘴，狠狠地将牛肉塞入口中，然后倚在墙上，闭上眼，慢慢咀嚼，细细品尝。她的两腮一松一紧，一凹一凸，宛如被拍打的皮球。贴在颊边的碎发，随着咀嚼的节奏而舞动。

"还不快拆纱？"小 A 踢她一脚，她很不情愿地从梦中醒来。"咕嘟"一声，把牛肉连同唾沫咽进食道。她又伸出舌头舔着，生怕遗漏了丁点肉屑。

"嘶嘶"声重起，灰尘扑面而来。我打了个喷嚏，灰尘飘飘逸逸，比雪花还壮观。小 A 递来草纸让我捂嘴。我摇摇头，除非戴上防毒面具才有效。

一股浓烈的异味袭来。"你们……多久没洗澡了？"

"春节前洗过一次。"小 B 很满足。

"今天是四月十八号啊！"我失声喊道。

"割辜也就算了，不洗澡不洗头实在难受啊！"小 A 宝石般的眼里满是怨艾。

"呦！你一说我痒得不行。"小忙把后背在墙上来回蹭，最后干脆脱了衣服。怪味四溢，皮屑纷飞，我闭上眼。

"我们不偷懒不耍奸，为啥完不成劳役？"小A不解地问，"从早上六点干到晚上八点，拆来拆去就是分数不到。"

"分数如法律，弹性大着呢！"我冷笑着，"有人一生勤恳却穷得要命，有人十指不沾阳春水却富得流油。不公平的根源，源于制度。"

"制度？"四只眼睛瞪得溜圆。

"外劳动让劳积会多洗澡，对方就让她狗屁文章上广播；组长让你劳役过关，你就得不断进贡。一条利益链上串起警匪一家，串起权色交易。这是一条杀人不见血的链，链条的钥匙掌握在一小撮人手里。"

"五三一，我不懂什么钥匙，我只知道所有人都瞧不起我们，除了你。"

"是啊！我们比猪还脏，比猪还臭。"小B伤感地抽着鼻子。

"我俩又脏又穷又没本事，是人人喊打的老鼠。"小A叹息道。

"你们是生活在黑暗中，无害人之心的小鼹鼠。虽环境恶劣，但有安全感。"我安慰道。

"我们连自己都不能保护，还能给你安全感？"二人张大嘴。

"你们让我的神经放松，松弛。"茨威格说，"我的神经像钢缆，但钢缆也有崩断时。"我的神经不像钢缆，没力度，没韧性，甚至都不如一根绳子。我要寻找一块绿洲，安顿我受伤的灵魂，安顿我破碎的心。哪怕我呼吸着灰尘，哪怕我关节变形，哪怕异味熏得我窒息，哪怕我成了白毛女。

小B用肥皂擦纱头，拇指大的皂头不听使唤。小B吐着唾沫，想把两块皂头合二为一，但肥皂是干的，所以合二为一没有成功。

我把两块肥皂递了过去。

"这怎么使得……我们可没东西送你。"

"我不搞交易。"

"怪不得人人说你是怪人。"小B一伸舌，"搞什么泥巴篱笆，莫非篱笆下有赃物？"我哈哈大笑。笑着笑着，眼泪一串串地掉下来。

"就是你这张嘴。"小A怒目而视。"对不起！对不起！"小B忙不迭地掌嘴。

"不是你们对不起我。"我抽泣着说道。

"那是谁对不起你呢？"二人脸上写满了问号。

从这天起，一上工我就盼着收工。黑暗潮湿、臭气熏天的小号，成了我的精神庇护所。

"我们为什么要到上海来？因为村民委员会主任说，只要弯下腰，上海遍地是黄金。"

"屁话！我在上海，连一块手帕都捡不到。"小 B 愤愤地说。

"我出去后，爹还有八年，哥还有六年，娘还有四年，弟还有三年。"小 A 扳着手指，一脸愁容。

"你们到底偷了多少？"

"偷？村民委员会主任可以捡废品卖，我们捡为啥算偷？"小 A 苦恼地问。

"村民委员会主任的哥是厂长，你爹的哥是厂长吗？记住：有权是捡，无权是偷。"小 B 说，"你们一共偷了多少？"

"天地良心，我家所有钱加起来只有五百。"

"谁让你不从了秦癞子？"

"他偷女人的裤衩，趴新婚人的窗眼，我怎么能嫁他？他叔从台湾回来，先摆酒席后放电影。放电影时人山人海，连八十岁的老爷爷老奶奶都来了，他们一辈子没看过电影。"

"没见过面的穷鬼。"小 B 撇了撇嘴。

"放电影前，还开了大会，秦癞子和他的叔叔坐在主席台上，县里干部给他们倒茶点烟，屁股撅得老高。"

"统战需要，不择手段。"我冷冷地说道。

"秦癞子把镇上的澡堂买下来，改成什么了？"

"连桑拿都不知道？"小 B 撇了撇嘴。

"不就是搓油腻，洗污垢的地方？怎么干部和姑娘都喜欢朝澡堂挤？后来秦癞子不回家，就住在澡堂里。"

"你真傻，澡堂里有花头。"小 B 很得意于自己的见多识广。

"秦癞子的老婆吵到澡堂，又吵到镇上，但干部都不帮她，还说她破坏了改革开放。她一气之下，喝农药死了。娘家呼啦啦来了一帮人，拿着锄头铁锹……"

"打！打他个稀巴烂。"小 B 拍手叫道。

"打什么啊？秦癞子一拿出钱，抄家伙的全给他敬烟。要知道死个人值五万，我也一定嫁给他。"

"你一条命就值五万？"小 B 一脸轻蔑。

"我拼死拼活干一辈子，挣不了五万；我爹妈不吃不喝，一辈子也挣不了五万；我全家光喝西北风，一辈子还是挣不了五万。"

"命能挣钱，但钱不能挣命。"我缓缓说道。

"那你说我的命值多少？"她黑黝黝的眼珠死死盯着我。我想起炼油厂爆炸案中的死难者家属……拿到赔偿金后的涕泪交零匍匐在地，一幕一幕闪出来。

"你说我这条命值多少？"小Ａ逼视着我，"多少？多少？"

"这……"我一时语塞。

"有五万，全家不会流落到上海；有五万，六口人就不会吃官司；有五万……"

"五万五万，有完没完？你前世没见过五万？"小Ｂ不耐烦地吼道。

"你见过五万？"小Ａ盯着她问道。

"我也没见过五万。"小Ｂ像漏了气的球，一点点瘪了，"这辈子，不要说五万，我连五千都没摸过。不！我连五百都没摸过。"

"我真羡慕秦癫子的老婆啊！"小Ａ长叹一声，"一条命能换来五万。五万呐！"她摊平手掌，五指山带着厚重，一点一点地朝我逼来。

"如果我是秦癫子的老婆，那有多好？可我的一条破命，不要说五万，连五百都不值啊！"她的叹息久久地回荡在寂静的监房中。

我一屁股坐在地上，手上还残留着没洗净的粉笔灰。小Ａ擦擦手，掏出手帕里的东西。她将了将头发，挺起胸，神情虔诚得像朝圣的信徒。

她吹了吹拆纱用的铁皮，膝盖当砧，铁皮作刀，开始切割。铁皮亮而不锋利，她把整个身子都压下去。瘦骨伶仃的她，蜷缩成了一只虾。

她终于长长地舒了一口气：她的膝盖上，躺着四块很小很小的金锭。小Ａ饱含深情地看着它们，像看着失去的恋人，又像看着收获的农民。我疲倦地闭上眼，有人扳开我手心。我睁开眼，掌心里躺着一块很小的咖喱牛肉。

"哪来的？"

"上次你送我的。不坏，肯定不坏。"她拉着我的手，唯恐我一扬手扔了。

"你不是说接见时给你娘吗？"

"我看你累了，想给你补充营养。"她黢黑的眼珠急切地盯着我，"你吃吧，没坏。"

"我吃！这块牛肉就是发霉长蛆，我也一定吃。"小Ａ又给了小Ｂ一块牛肉，现在她的膝上还有两块。

"我能多吃一块吗？"她恳切地问我，眼里满是渴望。

"本来就是你的牛肉，快吃！快吃！"我拍着她，像母亲哄孩子一般。

"这话不对。应该说，是我吃你的牛肉。"她一字一顿地纠正道。

"快吃！"我像鼓励儿子做作业那样鼓励她。

"那我就不客气了。"她莞尔一笑。动人的笑，却让我感到凄楚。她仰起头，小心地把牛肉放在舌头的中央，闭上眼，两颊开始蠕动。囚灯给她的脸镀上一层橘黄色，宽大的棉袄裹住婴儿般的身子。她的头靠在墙上，全身沐浴在灰尘里。脚趾头从袜子里怯怯地探出脑袋；一条裤带从腰上软软垂下，这是用棉纱搓成的。她的脸瘦而尖，如一枚杏仁；肤色青白，如下弦月。她小心地蠕动脸颊，嚼得很慢很斯文，绝没发出丁点的声音。

我默默地看着她，生怕一个动作，一个声音就打破她的梦境。一块牛肉就使她满足，这满足太辛酸；一块牛肉就使她幸福，这幸福太可怜。一日三餐顿顿吃水煮黑菜，这人道吗？一年多不让她们吃荤腥，这人道吗？难道肉体上的惩罚，才能洗心革面？难道剥夺生存前提，才算脱胎换骨？有脚不让走，有太阳不让晒，有水不让洗澡，甚至不让她们走出小监半步，这是什么？这是变态的折磨，这是畸形的摧残，这是无形的杀戮，这是没人权的象征。

退一万步说，即便她们是贼，也是体制造成的。她和她全家，是罪恶体制的牺牲品。

"我希望用我的命，去换五万。"小A的话如锤子，一遍一遍锤击我的心。从何时起，一条鲜活的生命，还不如一叠纸钞？

我要拷问这个社会！我要拷问这个制度！

我进了小号，发现小B仰面朝天，胸口飘着一张纸。信是小B母亲托人写的："孩子高烧不退，命悬一线。我没钱上医院。她不死，是命大；她死了，是福气。"

"五三一，你知道人死后，轮回转世需要多长时间吗？"小B紧紧攥住我的手，"听说轮回要八年。八年啊八年，我宁可她轮回……"

"生死未卜，莫说呓语。"

"我要她死！我要她死！"小B脸上泛起怪异的红潮，"我要掐死她，然后让她重新投胎。八年就八年，总比没希望的好。"

"又说胡话。"

"我现在清醒得很。"小B嚷着，"女儿是黄连种。她没上过绘画班，只能用泥巴涂脸；她没上过舞蹈班，只能在垃圾中打转。因为穷，亲爹走了；因为穷，亲妈坐牢。我为啥要把她生下来？为啥？为啥？"她呜呜咽咽地哭开了。

"不许哭！"劳积会成员厉声喝道。

"他妈的！就是奥斯维辛集中营，也没有禁止哭！"我怒视着对方。

"好有好报，恶有恶报……"我正在拖地，突然听到由远而近的嚷嚷。傻妹是个连姓名都写不出的文盲。由于顺手拎包，再加上价值不大，准备判她缓刑。可严打来了，于是实打实地判了三年。她男人早就进了监狱，只得把十岁的女儿扔给父母。

"善有善报，恶有恶报。"她手舞足蹈，"老畜生进去了，终于进去了！"

"老畜生？"

"就是老头子，他也进了提篮桥。老畜生糟蹋我女儿，老牛吃嫩草，隔了一代。"

"你是说你父亲……对你女儿下手？"我艰难地问道。

"上次老太婆写信告诉我，我还以为老太婆吃醋吃昏头。这下好了，老畜生再也不能搞我女儿了。哈哈！"她兀自嚷着，笑着，趔趔地走着。我一屁股坐在凳子上，她女儿只有十岁，又一朵花夭折了。

在司法判决过程中，法律公正吗？可判可放的，为何一定要判？可轻可重的，为何一定要重判？严打，严打，在一轮又一轮的严打中，多少家庭分崩离析，多少儿童坠入深渊。严打是邓矮子的法宝，他一边让自己的儿子孙子灰孙子升官发财，一边把几百万草芥投入大牢。他用酷刑，苛刑，沿袭和巩固了无耻的矮子王朝。

一个女孩站在我面前，她脸上有红，有黑。红的是新生的冻疮，黑的是溃烂的冻疮。她默默地看着我，眼里满是无奈与无助。我向她伸出手，却扑了个空。于是我醒了。

窗外有异样的声音：有轮胎和地面摩擦，有手铐和脚镣的叮当，有压低的呵斥，有枪械的撞击，还有似有若无的哭泣。我裹紧被子，依然止不住地颤抖。轮胎的摩擦声沉重得很；刑具的碰撞声瘆人得很；压低的呵斥声凶狠得很；枪械的撞击声冰冷得很。

很久很久，引擎发动。一辆，二辆，三辆，数不清的引擎，呼啦啦，呼啦啦远去。在中国，每一天都会产生三位数的犯人。素有礼仪之邦的国家，为何成了犯罪的摇篮？在中国，每年枪毙的人数占世界枪毙人数的百分之八十。素有儒家之风的华人，为何烙上了罪恶的基因？为什么？为什么？

朦胧中，"嘶嘶"声传来。是蟑螂还是老鼠？我敲了一下，声音没了。就在快睡着时，"嘶嘶"声又起。我想探个究竟，终因倦意太重，沉沉睡去。

东方刚露鱼肚白，起床哨声急促响起。快速起床，快速叠被，快速盥洗，然后像狗一样蹲下。开门后，拎着水桶一路小跑，繁忙的一天拉开帷幕。

"今天卫生大检查。"贾母喊道。

"要是小组再扣……"三八八的话只说了一半，但威胁的眼光却一览无余。上次卫生检查，贾母站在矮凳上，踮起脚尖，伸长脖子，终于逮到一处灰尘：我不配合受贿，小组就丢清洁分。

我用三十秒灌下滚烫的粥，然后扛起拖把，旮旯，墙角，栏杆，桌下，能擦的全擦了。有一百年做贼，没一百年防贼的。我就是擦得一尘不染，贾母还是能从空气中，揪到"莫须有"的小辫子。

一直忙到晚上，还不见检查组，我知道上当了。一身疲惫的我灰溜溜地进了小号，发现小A的额角有鲜红的划痕。

小A和小B举起手指。长长的指甲里，既有黑垢还有一抹红。原来"嘶嘶"声既非蟑螂作祟，也非老鼠作怪，而是她们的搔痒声。我在虹口看守所，曾创下整个三伏天不洗头，整整半年不洗澡的记录。这记录不能进吉尼斯，但绝对能使人发疯。我曾经用指甲篦垢，一点一点地篦，篦满一指甲，挖出油垢后继续篦，一寸寸地篦，一分分地篦，一道道地篦，一横一竖地篦。直篦得头皮发出血，眼冒金星，生不如死，人不如鬼。篦发时我想起虐待狂斯大林。其实，不用蒸汽烘烤，不用刑具加身，只要半年不让人洗澡洗头，就是有钢铁般意志的人也会崩溃。

"明天卫生检查，你早做准备。"贾母挪着白薯脚走过来。

"明天能否让她们洗个头？"我努力挤出笑容，"她们头皮上的血都挠出来了。"

"卫生检查又不是检查头皮！"

"卫生检查不是要检查指甲吗？"我一使眼色，二人伸出"红与黑"的指甲。

"脏死了。"贾母转身欲走。我扑到包裹前，掏出麻球塞给她。

"邋遢的人，啧啧！"贾母人未动，麻球已进袖，比太监受贿还娴熟。

"洗头！"第二天，贾母终于拎来了水，可惜水浅得淹不死蚊子。

"就这点？"我惊讶道。

"你说多少？"贾母的反应是短平快。我这头蠢驴，被她卖了还数钱。一包食品只答应洗头，至于水说少，那是另一桩买卖。

"能洗就行。"小A迫不及待拿起毛巾。我看了看两颗黑乎乎的脑袋，又看了看脑袋上一道道的抓痕，这种洗而不净，洗而油腻的滋味我尝过。贾母微笑着等我出牌。我沉吟着，同时也计算着我的资产：除了回族菜，我一无所有。

"今天肚子胀鼓鼓的，一点不想吃饭。"我摆出黛玉的玉树临风。就是行贿，也要保持尊严，绝不做老三毛那样的倒贴户。

"今天的菜给我，明天呢？"她紧逼一步。

"全归你！"我只能舍命陪君子了。

"这么龌龊，你们多少天没洗头了？"

"四十二天。"小 B 响亮地回答道。

"龌龊要影响清洁分，再给半桶水。"白薯脚朝前移动。

"果然立竿见影。"我冷笑道。

"热水有很多。"白薯脚左右开弓，拎来两桶热水。

"你不是说今天水少吗？"

"我说过吗？"贾母一眨眼，"有意见，可以反映给监狱长啊。"

"我能有什么意见？"我举起白旗。

"就是嘛！格格！"贾母发出一串银铃般的笑声。

一阵"悉嗦"声响起，小 A 解开棉扣，这是她有特色的搔痒前奏曲。不过这次没搔痒，却在内衣袋里掏啊掏。她掏的动作很谨慎，仿佛口袋里装着小麻雀。

"啥宝贝？"小 B 问。小 A 神秘地一笑，紧攥的拳头如大吊车，离开口袋。她慢慢地松开拳头，手心里躺着三枚花生果。花生果清瘦羸弱，畏畏缩缩，一如它的主人。

"春节时队长给的。苹果给了爹，糖果给了娘，花生留下了。"

"从春节到现在……"

"虽然有三个月，绝对没有坏。"小 A 急了，"我怕老鼠咬，蟑螂啃，所以藏在这口袋。"

"贴身放了三个月？"

"没霉变，绝对没霉变，我昨天还检查过。"她用肯定的语气说道。

"你真能藏，我早就吃了。"小 B 有些尴尬。

"吃吧！"小 A 掰开我的手，把三枚花生郑重地放上去。花生很重，重到我这凡人托不起；花生很沉，沉得我这俗女没法承受。

"今天周末，我知道你想儿子。可我只有三颗花生果。"小 A 抱歉一笑，我的眼湿了。"明天换监房，分手不可避免。"小 A 伤心地扭过头。

"这花生，算是饯行吧！"小 B 拍着我的肩膀说道。

"谢谢！"

"以水代酒，以花生代菜，我们敬你一杯。"小 B 端起斑驳的缸子。两双诚挚的眸子亲切地看着我，让我的心泛起温暖的涟漪。检举揭发是监狱常备不懈的节目；祸起萧墙是监狱永远的风景线。每句话，吉凶未卜；每分钟，如履薄冰；每个早晨，是受难的开始；每个夜晚，是噩梦的延续。肉体折磨时时刻刻，精神凌迟分分秒秒。

"明天归明天，今天是今天。现在你啥也别想，赶紧吃了它。"小 A 热切地说。

我剥开花生果，三枚花生成了六颗花生仁。皮已泛灰，果仁的一端已爆出黑芽。我默默凝视着花生仁，饥饿中的小 A，要有多大的定力，才能保持它的存在。花生干瘪且变质，它是友谊的象征，情感的桥梁。这不是普通的花生仁，而是小 A 的一颗心。

"把手掌摊开！"我在小 A 和小 B 的手上各放了两个花生仁。"一二三，咱一起吃！"三条手臂同时举起，三张嘴巴同时张开，三个人同时爆发出大笑。

笑着笑着，泪珠点点，纷至沓来。

"哭啥？是否对监狱不满？"一条白影如聊斋鬼魅般飘过来。她是杀人犯狱医，还是劳积会成员。

"我……想家了。"小 A 慌乱地抹着眼泪。

"想什么家？这里就是你的家。"

"我也想家了。"小 B 忙朝我使眼色：她们要掩护我保护我。

"五三一，你哭什么？"杀人犯满脸煞气。

"难道我不能哭？纪律规定犯人不能哭吗？"我擦去眼泪。

"你煽动她们一起哭？"她冷笑道。

"你应该说我煽动她们杀人。"我也冷笑着。

"哭可以，但要注意音量。"侯主任朝我使了个眼色，拉着杀人犯走了。

"什么东西！"小 B 冲她背影呸了一口，"她是奉贤农场的卫生员。先勾引有妇之夫，然后让情夫杀了老婆。事发后赖个精光，结果情夫被枪毙，她判了七年。"

"连管教都说她该死，不但害死恩爱夫妻，还让两个孩子成了孤儿。"

"都说坏人有恶报，可她活得好逍遥，穿着白大褂，屁股一撅一扭。有病不让治，却把药品当人情送。"

"糟了！"小 A 很慌张，"要是明天她汇报，对五三一的减刑很不利啊。"

"难道监狱长告诉你，我会被减刑？"

"我要是监狱长，一定给你减刑。"小 A 一眨眼，我们哈哈大笑。

小 A 白天夜里一直在咳嗽。"去看看医生吧。"话一出口，我就觉得是废话。

"甭担心我。你要注意，这里有许多倒钩。"小 A 一边咳嗽一边说，"要是队长问起哭的事，你就把所有的责任推给我们。"

"知道了。"我鼻子一酸，可怜的小鼹鼠，还想保护我。

"换了监房，你要少说话，你要……"她正在叮嘱，咳嗽又来了。她掏出纸捂住嘴，纸上赫然一摊血。

我拿起行李，突然看到小 A 探出洞口的脚趾。"虽说用过的东西不能送人……"我抱歉地掏出袜子。在小 A 猛烈的咳嗽声中，我拿着行李冲出了小号。

一只鼎拍着手，迎接我的到来。应该说，她迎接的是我的回族菜。

从这天起，每逢用水和放水时，小 A、小 B 总肩并着肩地站在栏杆边。尽管水溅湿了裤脚，尽管被犯人投以白眼授以辱骂，但她们始终站着，如一对忠实的候鸟。

从这天起，每逢用水和放水时，我就有了期待。期待眼神与眼神的交流，期待无言与无言的感应。她们点头致意，我也点头致意；她们笑吟吟，我也笑吟吟。这是冬天里的阳光，这是沙漠中的清泉，这是苦难中唯一的慰藉。

但是，我越来越恐惧这种期待了。小 A 的脸越来越苍白，越来越青。现在，她要倚着栏杆才能站起，她要借助用力才能微笑。不祥的预感攫住了我。

"痰里带血，跟医生说了吗？"

"她说，这是月经倒灌……"

"你一定要去医院。"

"可是要求被拒绝了。"小 B 气呼呼地说道。

"你最近好吗？"小 A 柔声问道，声音有些飘忽。

"不要管我，先谈你去医院的事！"我大吼一声。

"你干嘛？"远远看见老三毛如领航员领着贾母杀过来，我扛着拖把落荒而逃。

"今天吃什么菜？"一只鼎敲着碗问。平心而论，一只鼎不像老三毛日夜偷窥，也不像小红暗地打报告。她有两大特点：一是嘴馋，馋到无以复加；二是下流，下流到无以复加。二十四小时里除了睡觉，时刻把性挂在嘴上。

她要是谈谈也就算了，问题是，她还要你做她忠实的听众。我腻烦了，也厌烦了。

自从招蜂引蝶的老公被押到白茅岭后，不甘寂寞的她整日泡在舞厅。跳着跳着，她发现自己的面首，竟和她的闺蜜擦出了火花。为了让火花熄灭，她抄起家伙一顿打。等警察赶到时，闺蜜已流产。聚众斗殴外加一条人命，她被判三年。

"五三一，你究竟吃什么菜？"一只鼎提高了嗓门。

"吃这个菜……"我的心还挂念着小 A 的病。

"你想什么？"一只鼎不满地问道。

"什么是月经倒灌？"

"月经倒灌是说月经不从下面出，而从喉咙倒灌出来。"她像打了强心针般兴奋。

"为什么痰中带血？"

"那要看是否吃了不该吃的东西。"她咧嘴一笑。

"别！你别有啥想法。"我忙打断她黄色的遐想。

"你问我，又不让我说。"她虎着脸，"你这人特虚伪，不像我大咧咧无遮无盖。"我苦笑着，大咧咧确实是她的风格。每次我的菜一来，她就把整张脸扑上去，活像B五十二飞机在俯冲。她在分享我的回族菜时，一定要我分享她的风流韵事。不想听也得听，因为耳朵不能关；不入伙也入伙，三点三平方里不能地遁。

"春天到，猫叫狗跳人发情。"她猥亵地一挤眼。"说到月经，我有过月经期干那事的经历，太刺激太有意思。"

"我不要听！"我捂住耳朵。

"那你要听什么？"她皱起眉，"就喜欢瞎操心，还不吸取教训。"

"这叫江山易改本性难移。"大波带着哲学家的狡黠，"流氓罪对性敏感，伤害罪易激动，五三一则对政治、民众感兴趣。"

"你这个盗窃犯对钱有感觉。"一只鼎说道。

"我不否认。"大波坦然一笑，"说说你的性感受，我将是你最好的听众。"

"这才是我的知音！"一只鼎兴奋地凑上去，大波感兴趣地靠过来，一个侃侃而谈，一个洗耳恭听，忠实的传道者和虔诚的听众是黄金搭档。走廊上传来脚步声。我扑到栏杆边，耳朵直直地竖起。

"什么病？你说什么病？痰里带血就是病，那九大队人人都有病。""但是……她已经几个月了。"

"几个月怎么了？你们不是一连几个月都完不成劳役吗？刷牙也有血，蚊咬也有血。我看你就是馋病，懒病，无病呻吟！"是她！是那个杀人不见血的刽子手——狱医。

"她痰里带血好几个月了。"杀人犯狱医过来后，我结结巴巴地说道。

"你谈自己可以，你谈别人没资格！"她打断了我。

"她的病很严重。"我严肃地说。

"你是楼面劳动而不是医生。下一个！"白大褂朝前飘去。

"医生，我牙疼。""火气大，多喝水。""医生，我啥时候去医院？""我不急，你急啥？""医生，我月经三个月没来了。""要稳定情绪，免得内分泌失调。"

"医生！医生！"不绝于耳的叫唤来自弱势犯人，他们虽恨她咒她，却敢怒不敢言。

我去收涂上皂粉的衣服。"小A洗不动，我也懒得洗。"小B恹恹地说。小A倚在墙上，她扬起手臂，又无力地垂下。

我想说什么，但我又能说什么？粥来了，我打粥，分粥，收碗，洗碗，扫地，拖地。远远地看见朱队长，赶紧走上去："朱队长，小A病得很厉害。"

第二天，朱队长叫住了狱医。虽然听不见她们的对话，但从狱医果断的手势和夸张的表情中，可以知道她又赢了。想当年，情夫能采纳她的杀妻计划，说明她的口舌是如何了得。现在，她的狡辩术又一次被朱队长采纳。

又到了打水的时间，栏杆前只有孤单的小B。小A如木乃伊般蜷缩在一隅。我没了快乐的对视，只有揪心的担忧。

一个淫雨霏霏的雨天，我扛着一筐配件上楼。突然，我看见了一双熟悉的眼睛，一双羚羊般的眼睛。小A坐在地上，确切地说是倚在墙上。她仿佛老了一世纪，全身除了骨头，就是骨头上覆的那层皮。灰黄的枯发软软地贴着，惨白的唇边有一抹红。血虽然干涸，却依然如残阳般醒目。小A没说话，漆黑的瞳仁一闪一闪。

"把她的脸盆拿来。"狱医张牙舞爪地嚷着。小B耷拉着脑袋，汲着血，手托脸盆而来。这是半盆鲜红的血。

"难怪你男人蹬了你！"狱医嚷道，"让你拿空盆，怎么把血盆拿来？"

"你就说拿盆嘛！"小B嘀咕道。

"拿着半盆血，想示众，想示众？"面对呵斥，小B只是横了一眼。

"端着干啥，还不倒了！"杀人犯一声厉喝。小B慢慢地朝水斗走去，她仿佛端的不是盆，而是祭品。她突然把盆放下，人也蹲了下去。

"妈啊！这么多血。""天呐，有半盆。"好几个脑袋凑上去，杀人犯大步赶来。小B站起来慢慢地走，脚步踉跄而蹒跚。

"站住！"杀人犯尖叫一声，"还不把血倒了？"

"倒？"

"不倒还准备放博物馆？"

"傻大姐，这么恶心的东西还不倒掉？"短兔笑着说。

"真以为是玉露琼浆。"长脚一挤眼。小B笔直地站着，她的佝偻，她的卑微，她的委琐不见了。她一动不动，站如钟，立如松。

"四五六！"一声歇斯底里的喊叫。

"倒了吧。"四五六朝小B走去，小B转过身，动作机械，关节僵硬，像屈从的木偶，像无奈的皮影。现在她面对着水斗。

"倒了吧！"四五六一声叹息。小B抬起手，盆一点点地倾斜，一点点地倾倒。动作缓慢，像黛玉焚稿，像壮士断腕。血一块又一块，红而紫，紫而黑，黑而稠，稠而粘，粘而滞……

我闭上了眼睛。

"倒了！"有个声音轻轻地说。"倒了！""倒了！""倒了！"更多的声音响了起来。我睁开眼，小A如太阳下的雪人，一点点倒了下去。她双目紧闭，嘴角泅出一抹红。硕虎跳了起来，一只鼎跳了起来。

"上医院！"杀人犯一挥手。此刻的我，真想冲上去暴打杀人犯。但我不能。我能做的，只是深深地叹了一口气。

第二天召开中队会。例行的大好形势报告后，朱队长宣布劳役情况。发言一如既往得到热烈的掌声，我一反常态没鼓掌。朱队长突然咳嗽一声："从今天起，换监房必须一视同仁；从今天起，晒被褥必须一视同仁……"朱队长说得很费劲，如刺在喉。

"可以晒太阳喽！可以放风喽！"犯人们喜上眉梢，可没一个人提到小A。

"她怎么了？"散会后，我拉住硕虎。

"谁怎么了？"硕虎反问道。

"小A啊。"硕虎不说话，只是做了个厌恶的表情。"大块头！"芭比娃一挥手，硕虎一个百步穿杨。

"一只鼎！"我叫住室友，"小A怎么了？"

"能怎么？"她夸张地一耸肩。平时醉心于说黄段子的她，居然没了说话的欲望。

我想起马丁牧师刻在墓碑上的那段碑文："他们来抓犹太人，我没有说话，因为我不是犹太人；他们又来抓工会会员，我没有说话，因为我不是工会会员；他们再来抓天主教徒，我没有说话，因为我不是天主教徒。他们最后来抓我，这时已经没人站出来为我说话了。"这话不但要刻在墓碑上，更应该镌刻在中国人的心上。

从此，晒被褥的次数多了。犯人百米冲刺，抢占最好的位置。她们把身体迎着太阳，以便百分之百地享受紫外线；她们把脚搁在栏杆上，以便坐得更舒服。她们在阳光下谈琐事，谈杂事，但是没有一个人提到小A。虽然她们享受的一切，是用小A的健康换来的。我站在阳光下，心寒到了极点。

"……是不是想儿子了？"朱队长和蔼地问道。

"是的。不过我还在想小A。"

"她的病……只能听天由命。"朱队长黯然道，"她的病，没足够的营养，没足够的药，够呛！"

很长一段日子，只要一闭眼，小A就活生生站在我面前。漆黑的瞳瞳孔惨白的脸，唇边那一抹血，泅出的一抹红，如电影中的定格。

我老是做梦，梦见两只又瘦又脏的屦鼠，蜷缩于黑暗一隅，"嘶嘶！嘶嘶！"地拆纱。醒来后，我总是非常地抑郁。

爱美的死囚

又换监房了。这次和小安徽在一起，把我乐坏了。小安徽是赴沪捡破烂一分子，即是团伙又是公判，量刑之重不言而喻。

"唉！实在太穷，整天想的就是发财。"小安徽既不忌讳也不掩饰，"三年还有一年半，娘瘫爹瞎一家子……"说到这多云转阴，"我要争取早点回去。"

她给我布置了一套行动纲领：开门后，她先冲出去领配料，我负责收拾小监。领料本着多多益善，奇货可居的原则；整理监房本着"鸡蛋里挑不出骨头"的真功夫。吃饭时轮流做"麦田守护者"，避免成品被窃。收工后就着余光继续干。没铁架用手托，没工具用自制品。竹制钳和有机玻璃钳各有千秋，夹零件和薄膜时，交替使用轮流执政。唉！为了完成劳役正常接见，丈夫的手艺，堪比"铁杵磨成针"的老婆婆。

"干什么？"一声厉喝从天而降。

"报告队长，她们私藏镊子钳。"老三毛鬼魂般窜出来。我赶紧把镊子钳递出去，队长抚摸着镊子钳，露出赞叹的表情。

"做得真好。谁做的？""我丈夫。"她把镊子钳还给我，老三毛灰溜溜地走了。

今天来了新犯人，老犯人们也跟着兴奋起来。监狱有两大节日，一是国定假日，二是新犯人进来。新人来监如同石头扔进池塘，涟漪可以荡漾好几天。要不是监狱对打听案情作了严厉规定，这里完全能成立犯罪基因数据库。

"来了一个很老实的人。"小安徽把最新情报告诉我。一个皮肤白皙，五官精致的女人站在门口。她高雅的气质，简直是"老刀牌香烟"上的尤物。

"快放水！"我赶紧招呼。亭亭玉立的她一动不动。小安徽扯下她的盆，朝水斗冲去。接着拎桶，放水，擦地，拆蒙古包。虽忙得一塌糊涂，美人却丝毫不动。

"几年？"小安徽终于坐下来。美人伸出两根手指。"比我们少一年。"

小安徽羡慕地说，"什么罪？"

美人沉默着。小安徽翻起自己的番号，又翻起我的番号，企图用两个人的秘密来换她的秘密。美人双手挡胸，有"一夫当关，万夫莫进"的架势。"

哨子响了，小安徽跳起来铺被褥，美人静如处子稳坐不动。"快铺啊。"美人不理睬，施施然一捋发，摆了个优美的造型。

二分钟后我入睡。朦胧中，美人在不停地动。快睡！快睡！劳役量还有一个大窟窿。

起床哨子一响，小安徽利索地爬起，我闭着眼穿衣服。"起来！"小安徽嚷着，美人酣睡如安琪儿。

"快！快！"小安徽气急败坏。美人不起来，就不能掀板洗脸，就不能整理蒙古包。一次扣分，就是一损俱损的连环套。

"再不起来我就掀被了。"小安徽下了最后通牒，美人依然酣睡。队长开门时，小号内一片狼藉。

收工时，美人交了三只电容器，一上检验台，就发出"吱吱"的怪叫。今天她的产量是零。

"她不是二年，而是死缓二年！"吃饭时小安徽咬着我耳朵说，"她杀了她男人。她是川沙人，也是半个农民。"

我瞥了美人一眼，她倚在墙上，孤独孤寂楚楚动人。她是杀人犯，一定是被逼上梁山的。

饭后，我力邀她加入互助组，却遭到她的拒绝。虽然她的加入会减慢互助组的速度，但这是帮助她走出痛苦的唯一办法。这段时间，我们的交流仅限于手势。因悲痛而损伤的声带还没恢复，失语更加重了她的凄苦。

"愣着干嘛？"三八八一脸怒意地走来，"你以为这是游乐场，混几天就出去？"美人打着手势，发出一串玛雅语。

"等死！"三八八指头伸进栏杆，在美人的鼻尖上跳舞。美人涨红了脸，一脸无辜。我又是温言软语，又是动作手势，终于说服美人加盟。二人作坊扩大后，产量不升反降，原因在于美人在工作时，不是抚摸脸部，就是按摩头发，螺蛳壳里还时不时来个大造型。姿势美，动作也性感，配件却被她搞得落花流水。

"对面没摄像机，你摆啥姿势？"小安徽忍不住了。美人莞尔一笑，依然是该抚挲就抚挲，该按摩就按摩，情绪没受一丝影响。

一个晴朗的日子，美人一反往常，竟和我们同步起身。进小组半月，她连半天劳役都没完成。考虑到看守所已两年没有见，朱队长为她破了例。

她一阵风似的扑到镜子前，先照脸蛋后照臀，绝对是顾影自怜。造型正摆得不亦乐乎，被长脚一掌掴出局。"干劳役没劲，照镜子倒有劲。"

"你迭格人，没素质。"美人一扭小蛮腰。

"你想在镜子上安营扎寨？"小红冷笑着。

"就是一朵花，二十年后一堆渣。"长脚尖叫着。美人红着脸败下阵来。

接见回来，美人喜气洋洋。她拿出女儿的照片，左看右看，横看竖看。

"你女儿现在谁管？""伲阿姐。""祝愿她平安健康。"我真诚地说。"难道只要平安健康？"她反问。"你还要什么？"我惊诧地问。爹死娘囚，能这样已上上大吉。

"啧啧！"一声声惋惜，一声声感慨。"侬看！"

"看啥？"我和小安徽同时把头凑过去。

"哪能让伊穿迪种衣裳？"美人的手指敲击着照片，"迪种衣裳哪能好穿？"

"怎么了？"我和小安徽异口同声。

"侬难道看勿出？"照片迎光竖起，我们左看右看，也没发现重大隐患。

"迪种衣裳小囡哪能好穿？穿了没腰身，没腰身就没曲线，没曲线阿会神气？"

"你应该让她赤身，这样曲线才能显示。"小安徽生气地说。

"小姑娘的腰身曲线最为要紧。"

"最要紧的不是腰身曲线。"小安徽冷笑着，"要紧的是有你这个死缓母亲。"话如刀，带着凛凛的寒气。我白了小安徽一眼：何必雪上加霜？小安徽自知话重，红了脸。

"啧啧！"美人又发出声音了。

"难道裙子开缝了？"小安徽很严肃地问。

"不是裙子是鞋子。"美人痛心疾首地说，"鞋子一大，脚变形，一变形就不好看。"

"难道变成三寸金莲才好看？"小安徽龇着牙问道。

"小囡脚形不好，误伊一辈子。"

"杀她的父亲，才误她一辈子。"小安徽忍不住说道。

"啥人叫伊介难看？"她叽咕着，"看了伲隔夜饭也呕出来。"

"杀他，是因为他难看？"我拎了拎自己的耳朵。

"伊难看又勿肯离婚，只好杀了伊。伊就是死了，伲也不原谅。伊肯离婚，伲也不会吃迪只官司。"她理直气壮地说。我和小安徽瞠目结舌，目瞪口呆。

饭后，生活组长递给她一张卡，"这是你姐姐给的大帐。"

"五十？"美人诧异地扬起眉，"不像话！"

"咋不像话？"小安徽问道。

"最起码，三百五百总归要给的。"

"侬姐姐是做什么工作的？年收入多少？"

"姐姐么是农民，一年收入三五百总归有的。我晓得伊拉勿有钞票，不过五十元实在太少。"她伸出纤纤玉指朝卡一弹。

洗碗后进小号，趁余光再装几个电容器。美人毅然退出互助组，翘着兰花指开始脸部按摩。"迪点生活做不好了。"

"完不成劳役，就被犯人踩在脚底下。"我无奈地说。"你女儿几岁了？"

"五岁。本来小囡要送福利院，后来被阿姐带去了。"她一边按摩一边说道。

"你姐没小囡？""有三个。""伲姐是好人啊。"我放弃了上海方言，直接用她的家乡话和她侃。

"开头我也想不通伲姐为啥带小囡，后来晓得了。侬猜？"她像智力大冲浪的主持人，饶有兴趣地考我智商。

"这不是秃子头上的虱子——当然出于亲情。"

"啥格亲情。"她把头摇得如拨浪鼓。

"那你说是什么？"我疑惑地问。

"是因为伲小囡，长得漂亮。"她拉长声音，加强语气。

"就是仙女，也要吃喝拉撒；就是金豆，也要秋天收获；就是灰姑娘变皇后，也要等十几年。难道你姐家的孩子是盲人跷脚丑八怪？"小安徽横眉怒目。

"侬迪格人没素质！"美人垂下眼帘。

"侬迪格人没良心！"小安徽模仿着她的口吻说道。

"侬晓得啥？伊拉有私心。伊拉请律师不请李国机，请了个蹩脚的高级律师。"

"侬以为李国机是自留地韭菜，想吃就割一刀？侬晓得请高级律师是啥格价汇？"小安徽冷笑着。

"不舍得钞票总归不来讪，啥人叫伊是伲阿姐？"美人把脸部按摩移到头部。

"你快拆吧。"我把纱头扔过去，"不然，这个月你看不到女儿。"

"迪种纱脏得很，粘在头上洗不掉，人家还以为我是白毛女呢。"

"我们这是为你好。"我加重语气，"完成劳役，就能早点摘掉死缓的帽子。"

"倷现在不相信公安局的话了。提审时伊拉讲，只要我交代就可以回去，结果不守信用。"美人杏眼圆睁，怒气冲天。

"杀人不是踩死一只蚂蚁。杀人后只要交代就可回家，社会岂不成了屠宰场？"我终于冷笑了。

"倷不管。反正伊拉讲话不算数。"她一犟脖子牛气冲天。憋了好久的我放声大笑，小安徽也笑得前仰后合。要不是亲眼目睹，绝不信世上还有这样的智障者。她啊，正宗的绣花枕头一包草。

睡觉的哨子一响，美人铺好被褥一骨碌钻进去。

我和儿子躺在阳光下。大地拥抱我们，花草抚摩我们，春风亲吻我们。我们陶醉在浓浓的春风里。"咚咚"两下，蓝天不见了，花草不见了，眼前只有冰冷的栏杆。

又是两记"咚咚"。小安徽一拳砸去，"咚咚"声消失，片刻又起。小安徽掀开美人被子，美人如壁虎，头朝下，两条玉腿高高地搁在墙上。她全身紧绷，蓄势待发，如飞檐走壁的梅阴风。

"准备越狱？""关倷啥事？""你吓醒了我。""是倷自己要醒的。"玉腿在墙上来个大劈叉，玉体一弹，一个鲤鱼跳龙门后的弧线后，地板发出悲戚的抗议。

"你？"小安徽发出愤怒的抗议。"请倷不要破坏倷做健美操。"美人语音铿锵，态度严肃，神情和外交部发言人绝对有一拼。

"你！"小安徽被她的"严正抗议"击倒了。

"要是我再不做健美操，身材就会一塌糊涂，就会像……"说到这儿，，她停顿了。

"就像什么？"小安徽耐心地问。"就像伊。"她朝我一努嘴。

"像伊怎么？"小安徽压着怒火继续对话，而且用的是清一色的川沙话。

"像伊的话，就好死哉！"美人沉痛地闭上眼。

"我看你好死哉！"小安徽把指头戳上她的额角。

"你刚从看守所来，队长照顾你买一次。"组长把大帐递给美人。

"能买多少？"美人急切地问。"二十元。""为啥倷二十，伊拉五十？"美人指着我们问。为了最大限度地调动犯人的积极性，为了使小卖部产生最大利润，监狱实行大帐捆绑制：达到多少分，可以买多少大帐。

我拿着清单比比划划。一买低廉的洗衣粉，二买便宜的方便面，三买价廉物美的蛇油膏。我反复斟酌又斟酌，最后一狠心划掉了蛇油膏。天逐渐热了，鲜红的裂口有所收敛。

小安徽的眼睛也盯在小的数字上，能省一分是一分。

"侬买镇江醋？"我很惊讶。"难道侬油水多得需要消化？"

"侬买么总归有道理的。"美人对我"粗暴的干涉内政"很不高兴。

"实在要买，就买便宜的袋装醋。"我不顾她严正的抗议，继续参政。

"袋装质量不好。侬考虑质量不考虑铜钿。"美人很干脆。

"刑期长，买点价廉的肥皂草纸，当务之急是买套竹针。"我循循善诱。

"伊拉让侬打毛衣，总归要给针的。"

"生产队干活都自备锄头铁锹，再说这是监狱。"我絮絮叨叨。

"有办法了！"美人一拍手，"一个小组介许多人，借付竹针毋有问题。"她在纸上添了几个字。

"孺子可教。"口干舌燥的我舒了一口气。

"你买力士香皂？"小安徽柳眉倒竖。

"买啥格东西是侬自由，请侬不要干涉侬的自由。"美人也柳眉倒竖。

"能省就省，侬姐还要养侬女儿。"我不顾美人抗议，继续干涉她的内政。

"小囡能吃啥，小囡能用啥？"她冲我嚷道。

"收工！"三八八敲着桌子。最近她愈发久阴不晴。我站起来时碰倒了配件，三八八白我一眼又横我一眼。从进小组的那分钟起，她就没给过我好脸色。一没杀父之仇，二没夺夫之恨，为什么呢？

她女儿夭折后，心灰意冷的她辞职下海。下海后，没背景没靠山没批文的她，只能做了一名街头的翘边模子，严打时被重判七年。这边判决书还没下来，那边离婚书已捷足先登。痛不欲生的她，失去了生活的勇气。朱队长看了案卷，让"半窦娥"做了劳动组长。

"你还哭丧着脸？三年后，你有孩子有丈夫有家庭。而我呢？我呢？"有一次她冲我咆哮。我这才明白，这是穷人对富人的恨，这是残疾人对健康人的恨。她穷不假，我也不富；她是残疾人，我也是受伤者；她一无所有，我也被剥夺殆尽。她判得的重，我判得轻？她有半肚子冤情，我还有一肚子仇恨呢！

她的痛苦有个显著特点，就是默默咀嚼，默默反刍。在舔伤口，咬伤口，撕伤口的虐待中，感受受虐带来的快感。她不看任何书报，基本和文字绝缘。但她唯一的嗜好，却是反复看信，看丈夫的信，看丈夫写给她要求离婚的信，看丈夫写给她唯一的一封信。只有在看信时，阴沉的脸上，才有了活动的肌肉和立体的线条。

"还看？我恨不得杀了这忘恩负义的东西！"一只鼎一把夺过信。

"快给我！"三八八哀求着。

"这是绝交信，你这个神经病！"

"只有看信时，我才觉得我还是个女人。"三八八叹了口气。

"你爱他，他不爱你。"……当女儿被推进焚烧炉时，他哭得昏了过去。""他爱他的女儿，他不爱你。""我只知道……爱屋及乌。""你沉溺在思念中不能自拔。""没有思念，我还不如死了。"她阴着脸，沉着脸，寒着脸，苦着脸。

她知道自己是个祥林嫂，但她不知道，是谁让她成了祥林嫂。

"放水的秩序很混乱。"贾母气鼓鼓地对我说。

"放水快一点。"我放下拖把，赶紧去做维持会长。今天，排在首位的是美人。美人的一马当先让我很感动。进小号后，她从不做清洁工作。人非草木，看来我们终于感动她了。

美人放了水，一屁股蹲在龙头下。"过去点！"小眼镜挤上来，美人岿然不动。

"滚一边去！"长脚拎着桶杀进重围，美人依然脚下生根。

"五三一，她蹲在这里，我们怎么放水怎么拎桶？"许多人抗议着。

"你到那边去洗。"我好言规劝，美人眼皮都不抬。她把老字号的镇江醋倒进盆里，玉兰指缓缓搅动着。

"这么贵的醋倒进水里，她疯了。""肯定疯了。"大家议论纷纷，点评着。

"她没疯，她这是美容。"小诸葛说。"太奢侈了，这得多少钱？"

"只要能美容，铜钿的事伲不考虑。"美人把湿毛巾轻轻地捂在脸上。虽四面楚歌，丝毫不影响美容的质量。

小红拿拖把，狠狠撞了她一下。美人咬定青山，继续捂脸。老三毛拿桶时，顺势踩了她一脚，美人心无旁骛，继续按摩。高脚的手在龙头下使劲地搓。水花溅到她身上，她依然"乱云飞渡仍从容"。

高脚一脚踢翻了脸盆。

"侬做啥打翻伲的水？"美人气愤地站起来。

"你在做啥？"高脚凶巴巴地问。"当然是揩面孔。""揩啥面孔？你没有面孔。"众人大笑起来。

"侬打翻水还不跟伲打招呼，毋有素质。"美人轻蔑地说。

"我素质不好，也就骗两千元。你素质好，一根绳子掐死丑男人。"高脚的手戳上去，美人后退两步。众人翘首等待，等待一场自卫反击战。

美人的嘴动了动，美人的手动了动。众人不眨眼地看着，看着她的下一步举动。美人突然叹了一口气，一屁股蹲下。她把盆里的残水朝脸上涂，边涂边用指尖揉捏。

"她真的因为丈夫丑而杀了丈夫？"小诸葛惊讶地问道。

"我和她一个看守所。承办说，办案几十年，她的杀人理由闻所未闻。与其说承办同情她，不如说同情她女儿，爹已死，留下娘，于是判了死缓。"有人轻声说道。

"真的？""真这样？"四周一片喧哗。美人闭眼按摩，情绪波澜不惊。

"快走！"我拉着她的袖子。

"按摩要一鼓作气，中间不能停顿。"美人十指叩脸，从容如钢琴家。

"她涵养真好！"小眼镜赞叹道。

"这是十足的自恋狂。自我封闭，自我陶醉，自我欣赏，自我满足。唯美主义的她杀了她丈夫，害了她女儿，也断送了她自己。"小诸葛冷笑道。

"明天洗衣服，还不做准备？"小安徽再次提醒美人。因为她的慢节奏，我们的扣分已破了纪录。

美人慢吞吞地掏出衣服，慢吞吞地换下衣服。"咦！胸口怎么有这么长一条疤？"

"毋有啥。"美人赶紧捂住胸口。"毋有啥。"

"我没兴趣欣赏你的玉体。"我疲惫地闭上眼。

"勿要看！"一声尖叫让我睁开眼：一条粉红色的疤横穿前胸，如横贯东西的长江。

"已经看了，难道能收回？"小安徽一副无赖样。"什么病能留下这么长的疤？"

"就是这条疤害伲吃的官司。"美人很气愤。

"这话新鲜，伤疤能让你吃官司？二十岁。医生讲，再不开刀不来讪。格么我爹放出风：啥人医好伲女儿，就把女儿嫁把伊。于是，伲只得嫁给伊。"

"你是说他出钱治你病，然后你嫁他？"

"有什么办法呢？"美人黯然不已。

"安徽也有换亲：我嫁你戆大弟弟，你嫁我傻瓜哥哥。"小安徽黯然道。

"伊么眼睛小是小得来，鼻头么塌是塌得来，人么矮是矮得来，皮肤么黑是黑得来。上当哉！一朵鲜花插在牛粪上。"美人一拍手，这拍手不是热烈鼓掌，而是气愤而击。

"问题是，牛粪对鲜花好不好？我诚恳地问。

"格么当然好，就是跟我一点不配。"

"外貌美不如内心美，心灵美最为重要。"我像政治辅导员，给迷途的羔羊在补课。

"你下地吗？"小安徽问。

"伊不舍得让伲下地。""他不舍得你下地，你倒舍得杀了他？"小安徽冷笑着。"伲就是死，也不想跟他过。"美人眼里，跳出两朵仇恨的火星。

"他是怎么死的？"黛玉能杀死焦大，这问题一直让我费解。

"迪格么不要太便当。趁老酒吃得醉醺醺，鼻头一捏嘴一张，农药进去。"美人轻松地说，轻松得像给女儿喂感冒药。

我和小安徽像被雷击中，不能动弹。此刻能动弹的，就是美人按摩的手。

"你老揉这干嘛？"片刻，小安徽恶狠狠地问。

"减少皱纹。"回答干净利索，绝不拖泥带水。这一刻，我认定她下手时，动作也一定干净利索，绝不拖泥带水。

"是怎么被人发现的？"

"这……"美人的手停止了按摩，"怪来怪去全怪我，应该说，一切都计划得蛮好。"

"你智商不低啊。"我讥讽道。

"智商勿算高，不过一步一步倒是考虑过。"她自言自语，"计划出来后，伲不跟伊吵，不跟伊闹，还打老酒给伊吃，结果公安局抓伲时，全村人都帮伲说话，讲伲不会杀人。"

"先麻痹他，再欺骗舆论，好一条美女蛇！"小安徽怒目而视。

"伲蛮聪明的。可伲第一步咋走？"我装的漫不经心。

"第一步其实最要紧。这天太阳很旺，打谷场上全是人，我带小囡在村里兜了一圈，然后回了娘家。"

"先制造假象。"

"晚上，伲潜回村子，从后窗翻进去。伊醉得一塌糊涂，像只死猪。伲灌好农药，怕假药不过关，又用绳子绕几圈。结果啊，不但画虎添足，还死在绳子上。啧啧！"

"若要人不知，除非己莫为。"小安徽拍手大笑。

"侬懂啥？弄要不是半路杀出程咬金，伊早就烧成灰了。"

"哪个程咬金？"

"就是专写农村新闻的通讯员。人长得像活鬼，整天想做中国的福尔摩斯。"

"好！好！活鬼为死者报仇了。"小安徽兴高采烈。

"迪只福尔摩斯水平蛮高的。"我也高兴地说。

"搞啥？要是颈上毋绳印，伊能破案？"美人咬牙切齿又恼又恨，"要是晚到一分钟，运尸车就走了。唉！"她咕哝着，"伲啥都想到，这点倒是没想到。"

"什么？""眼睛。迭只活鬼只看伲一眼，就怀疑伲是凶手。""灵光得来！""灵光啥？他开头是毛估估。伊讲伲眼里不是痛苦是慌张。迭只活鬼凭这点，又找到死鬼头颈里的绳印。"

"啥都能伪装，就是眼神装不了，眼睛泄露了你的杀机。"小安徽哈哈大笑。

"迭只活鬼要是晚到一歇就好了，运尸车的门都关上了。"美人杏眼圆睁。

"伲为啥一定要置伊于死地？伊到底有啥不好？"

"伲讲，伲二人配吗？"她振振有辞。

"就是天鹅嫁给蛤蟆，也不能杀了蛤蟆。再说蛤蟆对天鹅有救命之恩。"

"让伲跟伊过一辈子，还不如杀了伲。"美人神态坚决。"伲年纪介轻，为啥要死？"

"伲不死，为啥要让伊死？"小安徽愤怒地问道。

"啥人叫伊勿肯离婚。活该！"美人冷冷地说。

"伲这条毒蛇，政府咋不一枪毙了你！"

"伊迪只活鬼要是晚到一分钟，运尸车就开了。一分钟啊一分钟，也就是六十秒的滴答。"美人怒冲冲地看着天花板。

"伲这条美女蛇，伲这只毒蝎子，伲这只杀夫的母蜘蛛。"小安徽大骂。

上午电容器配件断货，下午绒线就到。犯人养监狱，天经地义。要明白，队长的工资奖金住房开销，一塌刮子的羊毛，全部要出在羊身上。

"组长，伲没针。"美人又简单又干脆地说。我把一大捆针扔过去，她挑了半天也没合适的。小安徽虽然频频翻白眼，依然扔给她一副合格的针。

夜深了。我真想有根火柴梗，把眼睛撑起来。小安徽虽哈欠连天，依然飞针走线。"咚咚！"有节奏的动静。不回头就知道，这是美人就寝前的热身操。不过我还是要感谢她，看着她在被窝翻腾雀跃着香汗淋漓，倒把瞌睡赶跑了。

今天特别闷。竹针腻，空气滞，人发馊，线发紧。四点半一过，羊入栏猪进圈。三点三平方里的三个人，一不留神针缠针，小安徽只得退到粪桶边。

"咋这么臭？"小安徽鼻翼翕动得厉害。

"臭正常，不臭不正常。"我叹了口气。

"不对，这不是身上的臭。"小安徽循味而进，终于从角落扯出半块布：臭源找到了。

"这是谁的布？"小安徽把布，抖得比五星红旗还"哗啦啦"。

"侬迭格人啊。"美人终于开腔了，"不管侬的事体。"

"怎么不关我的事？这么小的地方，这么热的天，竟放了这么臭的布。"

"什么事？"四五六走过来，"布怎么啦？"

"人善被人欺，马善被人骑。"美人说着说着哽咽了。小安徽把布放在四五六的鼻子下，还没挥动五星红旗，四五六的五官就挪了位。她连退三步，不知臭布是何方圣物。

"……迭格布用来擦尿，又不是擦屎，有啥格臭？"美人的话，引来哄堂大笑。

"为啥不用手纸？"四五六问道。

"手纸要铜钿买伐？"美人反问道。

"有钱买醋美容，没钱买手纸？"小安徽冷笑道，"干脆用草棍擦腚吧。"

"这布又不是面孔，天天要洗？"美人理直气壮，"不要欺负侬是老实人。"

"讲话要凭良心，她们教你做电容器，教你打毛衣。"四五六放弃了中立。

"迭格是伊拉活该！"美人当仁不让，"伊拉帮忙总归有目的，目的就是让俚讲伊拉好。"

"俚讲阿拉好，阿拉能当铜钿用？"小安徽的川沙话不是盗版，是正版。

"伊拉么就是想叫俚讲好话啊！"美人不屈不挠加了一句。

"天呐！她的思维能力，她的生存能力，怪异得不可思议。"四五六摇着头说道。

"她是女监的奇女子。"我笑道。

半个月后，我和美人分手。美人成了老三毛的芳邻。

"有人越狱啊！"老三毛的嚎叫，划破了黎明前的黑暗。

"有事起来再说。"四五六厉声道。

天亮了。老三毛冲出门，绘声绘色说着，手舞足蹈比划着，"她跳啊蹦啊，折腾得厉害啊！我一定要见队长。"

"她越狱，不是给你创造减刑机会吗？"小红冷笑道。

"可她不是越狱。"锥子眼掩饰不住自己的失望，"半夜练操，只为保持身材苗条。"

"把美人分在老三毛的房间，她死定了。"我担忧地说。

"活该！"小安徽恶狠狠地说道。

"其实她也是受害者。中国每年有几十万人非正常死亡，有几亿人非正常地生活……"

"非正常的生活？"

"物质上生活在联合国规定的指数下，精神上生活在自恋，自残，自戕，自毁中。人格的缺陷乃至环境的恶劣；精神的障碍来自宣传部的洗脑。通俗地说，核辐射普照的土壤里，根本结不出绿色产品。"

"这么说……"

"她是凶手不假，但谁是教唆犯？邓矮子的'不管白猫黑猫，捉住老鼠就是好猫'语录，就是污染之源，罪恶之源。语录明明白白地说，为了目的，可以不择手段。"

几天后召开中队会，朱队长在结束时说："……有的犯人不学技能，不完成劳役，半夜三更在做健美操。这样的犯人，能过好认罪伏法关吗？"朱队长一个蜻蜓点水，下面一片哗然。会后，美人荣获小鼹鼠"四割的待遇。

没醋洗脸，美人的日子怎么过？没手纸，美人的日子又怎么过？

形形色色的减刑

"五三一，领活。"三八八尖叫着，脸像结冰的玻璃般冷硬，我气喘吁吁地奔过去。

"她刚才狠狠骂了你一通。说你不务正业，毛衣打得像堆屎，还要演出。"小浦东低声说道。

"我知道她恨我，可又不是我要参加演出？"

"她一直妒忌队长对你的好。你当心点，她正鸡蛋里挑骨头呢。"小浦东朝我使了个眼色。我气还没有喘匀，四五六就把我赶到甬道。

"再排一遍。"丽萍把茶杯朝桌上一摔。她是日本留学生，不但日文说得呱呱叫，英格丽西也说得呱呱叫。编小品诌小调，写台词撰对联绝对小菜一碟，就连翻译上的哥德巴赫难题，也能迎刃而解。她是监狱的陈景润，又是监狱的巴菲特，在解题的同时，还为监狱创造了丰厚的利润。出于投桃报李，监狱一次次上报为她减刑。在间谍犯的身上，完美地体现了共产党恩威并用的怀柔政策。

为迎接"十一"，监狱举办大型文艺汇演。朱队长让她担任九大队的总策划。撰写台词，上下五千年，她是司马迁；美声通俗，谱曲填词，她既是雷振邦，又是谷建芬。

"动作！表情！"丽萍的小指敲击出一串音符。她说话言简意赅，训人毫不留情，倒退一千年，就是武则天。

九大队从几百人中挑出二十人担任合唱，又从二十人里挑出四人领唱，我也荣幸入选。唱就唱呗，不但辅以大幅度的动作，还有英雄般的造型。因为憋着一口冤气怒气，我表情乖张，四肢僵硬。一出列就耸着肩扛着头，像一副出错的拼图。为了纠正"好兵帅克"的动作，总策划师为我开了几次小灶。由于我太紧张，甚至出现左脚左手同时出列的局面，弄得笑声四起，秩序大乱。

"行就上，不行就走人。"丽萍沉下脸来。

"哼！我还不想参加监狱的'东方红'排练呢！"我在心里嘀咕着。

"五三一的动作虽不行，但音色很好。这样吧，我先替她化妆。"四五六朝我使了个眼色。唉！张队长一直为我的减刑创造机会，无论如何，我不能辜负她的一片好意。

"快点！"水斗边挤满了难民。

"为什么排到我就要快？"高脚愤怒地说。

"你手上有屎还是血？"长脚的手戳在高脚的脑门上。高脚自丈夫死后，见水如堂吉诃德见到风车一样亢奋。

"不要吵，不要吵。"正平劝说道。

"你是哪根葱，滚一边去！"长脚厉声道。

"就是！你以为这里是呼口号的人民广场，还想制造一场动乱？"高脚迅速掉转枪口。

"我只是……劝你们不要吵。"

"劝？你也配？"高脚把手指移到正平的脑门上。

"我只是好心。"正平委屈得快要哭了。

"暴徒有好心？"高脚扯开嗓子。看来，欺软怕硬，恃强凌弱不只是阿Q的专利。

"快放水！"我扔了扫帚奔过去。虽权限有限，还得做维持会长。

"噢！噢！噢！"短兔用三个"噢"来迎接我。

"我好心劝阻，她们却联合起来骂我。"一见到我，正平像吴清华看到洪常青。

"快放水！"我打着哈哈说。

"她维护纪律遭辱骂，你要秉公处理。"小诸葛一句话，让正平憋了很久的泪水夺眶而出。

"对！无论如何你要发个话。"小红也一副仗义执言的模样。

"对！你一定要公正处理。"老三毛也凑上来。

"放水！快放水！"我一个劲地嚷，坚持只做纠察不做裁判。什么叫引蛇出洞？我只要帮正平说一句，轩然大波等着两个"暴徒"。

排练了，我赶紧奔到甬道，一头汗水都来不及擦。"明天演出，不行的给我走人！"丽萍一摔杯子，凛凛威风让我一愣。虽知道她不是省油的灯，但没想到如此凶悍。

"朱队长只是利用而不是重用，她真以为自己是一颗葱了。""虽说是政治犯，比刑事犯还坏！""子系中山狼，得志便猖狂。骂人，训人，整人比队长都凶。"大家正轻声议论着，巡逻的朱妹走了过来。

朱妹因反革命罪被判七年，听说她为了搞爆炸，做了男友的信使（男友被判无期）。她干活认真，与人为善，在朝在野都颇得好感。朱队长不但有过人的智慧，还有过人的胆识。她果断启用朱妹，使她成了口碑最好的劳积会成员。

"朱妹从不打小报告，能帮人时就帮人，哪像这个女特务。"

"女特务说她的男人是旷世奇才，可惜一弘还是抛弃她了。"

"她究竟犯了什么事？"我问道。

"留学日本时，写文章骂政府，回国就判十五年。五三一，你一定很崇拜她吧。"

"她确实才华横溢。"

"她有才气更有霸气，要是嫁给毛主席，肯定是江青。"

"不许说话！不许聊天！"丽萍一瞪眼，"领唱的先做一遍。"

四个老天鹅赶紧出列。先旋转，拖着水袖转啊转，转了二个一百八十度；再俯首，臀朝上，手臂在下一起一伏；最后是工农兵大团结的造型。造型怪异，乖张，乖戾。说人，没人的正形，说鬼，没鬼的灵气。扮飒爽，一脸沧桑；装清纯，满身煞气。我这老天鹅手脚笨拙四肢僵硬，神情悲愤眸带凄切。几个动作下来，当即赢得倒彩一片。

"你这是成心捣乱！"丽萍一摔杯子，勃然变色。我怔了，所有演员也怔了。

"五三一动作欠佳，收工后再练练。"四五六又一次为我解围。

"你是弱智？"丽萍一拍桌子，"就是大猩猩，也学会这动作了。"

"大猩猩有这么优美的音色吗？"四五六微笑道。

"不行换人。"

"你有换人的权利吗？"四五六冷笑着。丽萍一愣。"今天试妆，谁先来？"

"那就先试妆吧。"丽萍不情愿地说。她是总策划，四五六就是舞台总监；她能把尾巴翘上天，四五六就是擎天柱。

"她奶奶的！女特务神气什么？知识分子！狗屁！狗屁！"远远听到二百五的咒骂，她又在为我仗义执言了。丽萍既不能回骂，又不能反击，脸绷得像刮了糨糊的鞋底。

若干年后，我在四川路上遇到丽萍，她邀请我喝永和豆浆。在"喝豆浆"的过程中，她和店员发生了口角，于是叫来经理，要求经理炒店员的鱿鱼。我再三劝阻，这才阻止了她。她对弱势者一如既往的蛮横，让我疏远了她。

二零零三年，我在办理退休手续时接到她的问候电话。想到她也是受害者，于是便将"玄机"全部奉献并嘱咐"要点"。想不到她在信誓旦旦地感谢后，一个电话打给国保，把所有的事和盘托出，让我的"退休门"几起几落，几经波折。

这件事让我明白，刑事犯里有二百五这样的好人，间谍罪里也有她这样的坏胚子。

下午，一阵喧哗由远而近，大家抬起头，看见贾母雄赳赳，气昂昂地押着一俘房上楼。所有人亢奋不已，与世隔绝的土壤，培养了一批赝福尔摩斯。

"你吃了豹子胆，竟敢冲下楼？"

"我只是去看我的分数，我有知情权。"丽萍傲慢地说。

"这是什么地方？你是什么人？"贾母愈发气愤。

"用不着耳提面命，我有文化。"丽萍一昂头。

"这个狗特务太猖狂，难道队长会贪污她的分数？"小红义愤填膺。

"高压线里我都不敢溜达，特务却敢冲下楼？"老三毛照例晃着颤抖的腮帮子。

"大前年她减刑，去年又减刑，难道她是减刑的承包户？"长脚愤慨地说。

"我最看不惯她，一副世人皆醉她独醒的嘴脸。"小诸葛一推眼镜。趁众人的焦点在特务身上，我赶紧把书塞给正平。

"昨天，你为啥不帮我说一句话？"正平生气地问道。

"不是我不帮你，而是不能授人以柄：暴徒帮暴徒，百喙莫辩。"

"我只要你实事求是地说。"

"外面都没有，还指望里面？公判时，有人实事求是为我们说话吗？"正平听了，沉默不语。

"交货。"三八八嚷道。正平赶紧抱了衣服过去。

"啪"，衣服凌空一跃，砸在正平的脸上。"去死吧！毛头都修不好。"

三八八大怒。

"生活做不好，游行倒蛮来劲的！"小红冷笑道。

"迪只翻司还要到人民广场去闹事！"老三毛袖子一挥，来劲了。

"我看过了，我修的毛头和别人没区别。"正平倔犟地说。

"你就是和别人修得一模一样，我照样让你返工。"三八八态度强硬。

"对！就是要对她采取专政。我要求分类管理，把她们归到反革命小组去。"高脚兴奋地说。我恨恨地看着这个黑寡妇：自己被害，还施害她人；自己家破人亡，还想助纣为虐。

"返工！全返工！"一件件衣服，砖头一样砸到正平的脸上，她眼里噙满了泪水。我低头赶紧走开，我怕自己控制不住情绪。

"找死啊！"高脚一进小号就嚷开了，"为啥把热水放在这？"

"侬没惹侬，再说这跟侬不搭界。"美人委屈地说。

"嘴还硬！"黑寡妇一巴掌抽过去，美人眼中蓄满了泪水。自从和我分小号后，美人没过一天稳定的好日子。不是遭辱就是挨打，虽饱受磨难，美容的基本方针，依然坚持一百年不动摇。

"热水不洗屁股只熏脸，只熏那张狐狸皮。"

"侬和侬一样完不成劳役。"美人反唇相讥。

"我完不成劳役是年纪大，你完不成劳役是想杀人，你这个骚货。"高脚嚷道。

"有事说事，为什么一定要翻案情？"我愤怒地问。

"自己已经是弱势，还找个垫背的。"我冷笑着，"奴隶不可怕，可怕的是奴才。"

"咦！我又没得罪你。"高脚惊讶地说。

"你说什么？"高脚嚷道，"说说清楚。"

"快进去！"三八八一阵风冲来。"快！快！快！"三道金牌一下，犯人如丧家之犬一窝蜂朝小号里冲。

"双手抱头，靠墙蹲下！"厉喝声，关门声，金属撞击声尖锐刺耳，撞得心一颤一颤。楼梯上响起说话声，又是首长前来视察。他奶奶的！视察就视察，为啥一定要双手抱头靠墙蹲下？难道犯人做狗，才能体现首长的伟光正？视察就视察，为什么要"劈哩啪啦"地关门锁门？难道犯人会行刺首长？什么狗屁首长，不就是光环环绕的罪犯？别看他们人模狗样，他们犯的罪孽比海深比山高。

半小时后，狗屁首长离开了。队长用钥匙开门，让犯人出来继续创造利润。突然，一阵嚎啕，如晴天里的霹雳，震破了耳膜，震颤了灵魂。哭声如丧钟，丧钟为谁敲响?

"嚎什么嚎!"队长冲了过去。

"哇!我受不了了!"

"受得了要受,受不了也要受。这是监狱,你是犯人。"叱喝打断了嚎啕,嚎啕渐渐地化成一缕轻烟,在空气中慢慢消失。

"刚才是谁哭?"

"新来的处长因受贿被捕,为第一次礼遇而痛哭。"

"他妈的!我们能接受,她为啥不能接受?摆什么谱!"硕虎生气地说。

"第一次礼遇就哭,有她哭的时候。"小红冷笑道。

"她有理由哭,因为坐牢是兔子尾巴——长不了。"小诸葛冷笑着,"先担任职务,接着加分立功,最后是或减刑,或假释,或保外。这是公仆坐牢的三部曲。"

"老百姓吃足官司,当官的却曲线出狱,中国监狱黑透了。香港监狱不这样,越是大人物,越是受到媒体的监督追踪。"硕虎气愤地说。

"你蹲过香港的监狱?"

"偷渡后关在监狱几个月。他们不仅抓小偷小摸,还抓偷税要人,渎职达官。可提篮桥关的全是草民屁民弱势群体。"

"竹筒窥豹,可见一斑!"小诸葛说,"在民主国家,王子犯法与民同罪。"

"香港监狱没有政治犯,也没有牢头狱霸。犯人一视同仁。如果搞特殊,媒体马上揭发。"

"你母亲是党委书记,为什么还偷渡到香港?"

"当然是寻找幸福生活,可幸福没找到,老娘却和我断了关系。"硕虎苦笑道。

"专门做思想工作的党委书记,女儿却一头栽进了资本主义的怀抱。"

"宣传部高官,哪个不把子女送出去?政治局委员,哪个不让子女去西方留学?让老百姓爱祖国,自己却爱上'反华势力'!"硕虎冷笑着。

国庆节快到了。一车车食品运进监狱,一包包钞票运进监狱。在看守所过国庆时,也是同样的盛况。

为何不弹冠相庆呢?撤的撤了,办的办了,囚的囚了,杀的杀了。坦克被抹布擦去脑浆,现在只剩下铮亮了;广场被高压龙头冲去鲜血,现在只剩下鲜花了。斧头帮清一色的黑西装红领带,高唱"好日子"之歌,朝着"裸官"的方向,前进!前进!!前进!!!

监狱里热闹非凡!食品发放了,奖金领取了,福利到位了,表彰大会隆重召开了，接下来该欣赏犯人的表演了。

浓妆的我，百感交集站在舞台上。从小就喜欢唱歌的我，幻想有一天能登台演唱。这梦一做就是三十九年。想不到今天在监狱的舞台上，圆了我的梦。这是对我最大的嘲弄和折磨。

"昨夜，声音怎么这么大？"贾母问五组组长。

"我从地铺上滚下来，正好打翻了脸盆。"组长笑了。她是医院的贪污犯，不睡小号，睡在大统铺。

"从铺上滚下来，这可是好事。"尖腮女诡笑着。尖腮女是托儿所的财务，擅长从小孩嘴里夺食，满足把银子孝敬情夫，"滚下来表示滚蛋，预示你快出狱了。"

"开什么玩笑？"

"不要揣着明白装糊涂，你可是狡兔三窟。"尖腮死死盯着她看。

"你也可以来个狡兔三窟啊！"话音未落，有人让她去办公室。她赶紧站起来，一步步走进办公室。

"她一定是保外就医。一定是！"尖腮痛苦地抱着头，"她在里面一天，院长就忐忑二十四小时。她坐牢，院长也坐牢；她释放，院长也解放。"

"她说她有高血压。"

"高血压还是低血压，在于一纸诊断。诊断书攥在院长手里。"尖腮喃喃道。

"要怪就怪侬迭只货，银子只晓得孝敬姘头，不留半口给托儿所所长。"贾母一瞪眼。

"我被感情冲昏了头脑。"尖腮更加痛苦了。

"你被情欲冲昏了头脑。"贾母尖刻地说道。

"你们好！"五组组长挥着手走过来，巨大的喜悦写在脸上。

"真的出狱了？"许多人张大嘴，四年刑期只服了一年？

"我是保外。我有高血压，心脏病，糖尿病……"她进了小号，然后焕然一新地出来。

"你的被褥呢？"

"我是净身出户。"她笑着，毫不掩饰自己的得意。

"好好改造不如好好揭发；好好揭发不如好好通路子；好好通路子不如攥着领导的关节。天呐！我怎么不早想到这点？"尖腮失神地嚷道。

"不许放毒，不许反改造。"贾母一擂桌，尖腮马上闭嘴。我推着水车，沉重的水车发出"咿呀呀"的呻吟。呻吟是嘉陵江上的纤夫号子，诉说民族的苦难，控诉极权的罪恶。

"下午开会。"今天的三八八，总算有了一丝笑意。监狱里最热闹的就是"减刑会"。一般情况下，一年也有三五个减刑会，一次减刑十来个人。面对几千个犯人，减刑的概率也就在百分之一。

减刑人员一个个上台发言。第一个上台的是个年轻人，他是新岸艺术团的主编，作品屡屡获奖。走出监狱冲向劳改局的作品，为监狱长挣足了面子，所以减刑刻不容缓；第二个上台的是个中年人，他的发明创造，给监狱带来实在的真金白银，所以减刑众望所归；接着是一个身材颀长的男子上台。老狐狸一把抓住我的手："我认识他，他是名校名教授。"

"啥罪？"

"流氓罪，无期。"蹊跷的红晕布满老狐狸干瘪的脸上。"他是圣约翰大学高才生，纯正的英格兰语无可挑剔。老天不但给了他才，还给了他貌，女人飞蛾般朝他扑来。"

"也包括你？"我笑她春情勃发。

"他对我来说，是可望不可即。想当年，风流倜傥一表人材；看今朝，风烛残年老朽一个。造物弄人，造物伤人啊！"她粗重的呼吸，不断地喷在我脸上。

"谈判减刑和减刑的真正缘由。"我不客气地打断她的感慨。

"判刑是因为和高干后裔有染；减刑是因为翻译为监狱带来财源。当年他回国时……"

"还是爱国人士？"

"爱国还是卖国，全在首长一句话。不瞒你说，看到他我就怦然心动。"少女般的红晕再次潮水般地涌上。"当年爱国侨，如今阶下囚，今非昔比啊！"老狐兀自感慨着。

教授拿着稿子声情并茂朗诵着。虽字润珠圆抑扬顿挫，不过是"三感谢"的重复而已，整一个换汤不换药，整一个万变不离其宗，整一个老太婆的裹脚布——臭气冲天。

又上来一个矮男人，一上来就向管教队长一鞠躬，会场有了骚动。"他应该三鞠躬！队长是他的再生父母啊！"老狐狸感慨万分。

矮男人是郊区农场的一名职工。闲时喜欢捧着蟋蟀罐，忙时喜欢发牢骚，饿时喜欢偷虫摸鱼，饱时喜欢花拳绣腿。夜深人静，喝醉的他仰天长啸一声吼。

七八年一声严打，他当仁不让成了目标。哪个百姓不是低眉顺眼敛声屏气？哪个百姓不是夹着尾巴做人，不敢怒也不敢言？牢骚满腹，这是对伟光正的不满；仰天长啸，这是对反华势力的迎合。虽然偷葱偷鱼的总和未超一百元，他还是被判了二十年。

管教他的队长刚从警校毕业。初出茅庐的他，干净如一张白纸。一身正气的他，怀有匡扶天下，锄强扶弱的豪情。

在一次例行的认罪会上，声泪俱下的矮个子男人引起了队长的关注。究竟什么罪让他自贬为狗屎？究竟什么罪要判二十年？于是他带着疑问去查阅卷宗。不查不知道，一查吓一跳。他哪里是杀人越货的大盗，他连当小蟊贼的资格都没有。即便是考虑到严打的非常时期，即便是考虑到公检法的作假政绩，也不该判得这么重。

队长找他谈话，委婉地让他"申诉"，矮子吓得白眼朝天，几度陷入昏厥。从被抓进去的那一刻起，他就不停地认罪伏法，十几年的经念下来，已成了自觉诵经的好和尚。在他潜意识里，他都认为自己十恶不赦，罪有应得。

看着他的惊恐，看着他的灵魂出窍，队长的眼睛湿润了。他严肃地说："你尽管申诉，出问题由我承担。"

一年后申诉下来，他从二十年改判七年。可他已坐了十二年大牢，五年牢是白坐了。无论如何，他是不幸的，谁让他生在中国？无论如何，他又是幸运的，能遇到包青天是他的造化。当他拿着释放书时，眼里噙满了泪水：他父母已在漫长的十二年里，离开了人世。这一刻，我的眼也湿了。我真想对着仁义的，有着一颗金子一样心的队长，鞠上一躬。

最后一个减刑的，竟是我组的芳芳。天呐！就是娄阿鼠能减刑，也轮不上她啊。她不但是摸口袋的窃贼专业户，而且是三进宫的惯犯。

三年减去半年，功夫当然在诗外。听说她公爹认识公检法一把手，酒酣耳热之际定下的大赦。她的减刑，犹如油锅里的一把盐，愤怒的油珠子窜得老高。从这天起，小组的辱骂斗殴呈星火燎原之势，小组产量质量也一落千丈。培根说得对：一次司法的不公，比一百件刑事案的影响还坏。

半月后，一个老实巴交的农村妇女假释了。她因琐事小伤对方，对方托关系把她收监。丈夫气得命赴黄泉，婆婆气得中风瘫痪，孩子又染重病，家中满目疮痍。朱队长凭着良知，为她争取了假释。当朱队长领她下楼时，我真想给朱队长鞠个躬。

分组了，四五六和我分开了。现在，我的学习组长是闻名遐迩的老狐狸。

第八章 坚强的老狐狸

竞夺"红旗谱"

老狐狸姓吴，因巨额诈骗一审被判死刑，上诉后改判死缓。多次减刑出狱后，她做了公厕管理员。二零零四年，重庆电视台《龙门阵》节目采访过她；二零零六年，中央电视台也采访过她；二零零九年，CCTV再次采访了她。采访结束时，她提出了两个愿望：一是捐献遗体，二是写一本自传。

一匹匹布料被扛上楼，一台台缝纫机扛上楼，一盒盒纽扣、配件全被扛上楼。"现在开始加工校服。这批货量大时间紧，规格不同大小不一。要想保质保量地完成任务，只能加班加点。"朱中队长神情严肃地说，"十二台缝纫机，挑十二个娴熟缝纫工。其余的做辅助工。四人钉纽扣，四人熨烫，二人翘边，八人剪毛。"

我的工作是剪毛及一应杂活。

八点未到，朱队长就来抽查质量，了解辅料供应情况。"朱队长，昨天我组破了九大队日产量最高记录。"老狐呈上报表，朱队长看了报表颔首而笑。

为了保质保量，朱队长制定了"红旗谱"：每天收工前，宣布红旗谱的擂主和卫冕者。这一招果然有效。从早上六点到晚上十点，缝纫机马达轰鸣，流水线运转流畅，解手如秋风扫叶，吃饭是囫囵吞枣。

连着三天，擂主是年过六旬的老狐狸。监狱有规定，年过六十的产量减半。老狐狸不但产量不减，还蝉联魁首。

"又是老狐狸？"短兔生气地扯着耳朵，她曾是妇教所的三八红旗手。

"是否搞错了？"长脚也很疑惑。她身手敏捷动作干练，目前还没找到对手。

"是否有猫腻？"小红的眉头打成结。她干起活来，简直就是自己放的一把火。

"羞煞我也！"六百号大吼一声，她是服装厂正宗的科班出身。

"当年她女儿死，产量都没拉下一丁点。就你们想超她？"三八八一摔剪刀，四员虎将讪讪退下。老狐狸微笑着，要么流芳百世，要么遗臭万年，这是她的人生箴言，也是她的核动力。

"把成衣搬下去。"朱队长一挥手，老狐狸一跃而起。山一样的衣服压在她肩上，她扛着衣服下楼。

夜宵来了。监狱规定，加班超过十点有夜宵。"收工！"老狐狸一个漂亮的刹车，完成最后的封口。我拎起铅桶打来烂糊面。

"从明天起我让贤。"老狐狸说，"让贤是为了调动群芳的积极性。我保证年底红旗属于我组；我保证你出狱后我也出狱。"

"是吗？"我敷衍着，连说话的力气也没了。

"虽然你判三年我判死缓，但我的心态比你好一百倍。当年上诉，我戴着手铐脚镣在生死线上徘徊了三百天。三百天里，我天天晚上做俯卧撑。"

"老吴！"有人喊道。

"啥事？"老狐狸箭一般射出。看着她佝偻而矫健，干瘪而灵活的身影，我很感慨。一个年过六十还要吃十八年官司的女人，一个失去千万家产的女人，一个失去唯一女儿的女人，一个丈夫背叛了她的女人。

夜深了，老狐狸拿着本子进小监，她还要挑灯挥毫。她是核潜艇，艇在航行在。

300

让贤果然有了惊人的效果，四员虎将拼杀鏖战，各有千秋，不但打破大队纪录，还刷新了监狱纪录。突然，横刺里杀出一匹黑马，方小姐竟夺了她们的鳌头。

"他奶奶的！还有半年就出监，和我们斗个熊？"四员大将齐发悲鸣，齐声愤慨。半夜，剧烈的争吵划破寂静的夜。天亮后，方小姐和六百号对峙而立。

"仇人相见分外眼红。"小红幸灾乐祸，哼着小调走向缝纫机。

"我要汇报。"六百号嚷着。"等队长来再说。"老狐狸朝她使个眼色，提起衣料朝针下推，麻利的"哒哒"声，如一串漂亮的音符。

"报告中队长，我有重要的事汇报。"朱队长刚上楼，六百号就嚷着。

六百号长着一张娃娃脸，五官分明，皮肤细腻，远看近看都像纯情的学生。男友入狱后，她闪电般和男友的哥哥苟合，还莫名其妙地生了女儿。婆婆问："小把戏是哥哥还是弟弟的？"她反问："都是你的孙女，难道这还有区别？"

她和你相好时，合穿一条裤子都晃荡；她与你疏远时，决绝无情。她的爱憎分明堪比政府：亲近时，小国如同欧洲的明灯；疏远时，民主国家如同狼外婆。她最大的特点是喜欢笑，可爱的娃娃脸配上银铃般的笑声，足以迷倒众多粉丝。她擅长讲述革命家史，进行忆苦思甜，就在你沉浸在她的悲情中时，她已悄然出卖了你。我也难以理解，非传媒专业毕业的她，其风格和套路为何与中共的 CCTV 如出一辙。

她因诈骗被判五年，这点我相信绝不是冤假错案。

晚点名时，朱队长说："劳役作假，反映了改造态度。对于劳役上的移花接木，发现一个处理一个。"

"朱队长，这事我有责任。我让出擂主的位置，是为了让小组有竞争力。想不到方方欺骗了政府。"老狐手按胸口，极其沉痛。

"扣分写检查！"朱队长沉下脸。她可以容忍犯人的笨拙，但不能容忍犯人的欺诈。

"好啊！减刑泡汤了！"小红兴奋地露出粉红的牙床。

"六百号先把指标送给方方，再反戈一击搞揭发。既讨好老狐狸，又靠拢政府。"短兔气愤地说道。

"方方借调到我组，本想锦上添花减刑板上钉钉。想不到画虎不成反类犬。"小诸葛冷笑着，"六百号是一条狗，谁有骨头听谁的。"

"这么说，又是老狐的反间计？"长脚激动地问道。

"谁让她得罪老吴？连反间计都不知道还在江湖上混？"小红一按电源，缝纫机欢快的节奏，如她欢快的心跳。"嗒"，缝纫机卡住了。

老狐拿着螺丝刀钻下去，五分钟后缝纫机又鲜蹦活跳了。"行啊！"小红竖起拇指。

"吃的盐比你吃的饭多，走的桥比你走的路多。"

"那是！当年您的玉照都上了头版头条，这是上海滩上最大的新闻。"

"这是上海滩上最大的号外！别的不说，当天报纸的销量就突破纪录。"老狐爽朗地笑着，"别的不说，单我和陈璧君关一个号，就是最大的号外。"

"不但关一个号，还是闺中密友！"小红又竖起拇指。

"有空给你们摆摆龙门阵，说出来吓你们一跳。"

"嗨！"小红头一顿，来了个日式鞠躬。

"洗澡！"贾母像一只球般滚过来。

"交货后再洗！"老狐狸头也不抬。贾母乐了，多余的热水孝敬劳积会，这可是无本买卖。我叹了口气，头发成了油饼，牢牢贴在头皮上。

日赶夜赶连轴转了两个月，第一批校服交货了。盼望已久的休息天终于来了。上午搞卫生，下午自由活动。

"谁要挖耳朵？"六百号扬起了耳勺。

"我。"短兔一个百米穿杨，"走过路过不要错过！挖耳技术，堪称一流，如若不信，当场验证。"有特色的招牌一登场，门庭若市。

"舒服吗？"六百号边挖边征询顾客的意见。

"当然。"小红舒服地闭上眼。

"比起那……滋味如何？""各有千秋。""享受结束。"六百号猛地抽出耳勺。

"刚开头，怎么就结束？"小红不乐意了。

"为人民服务是我的宗旨，但不是为一个人服务。"

"你不就惦记着那罐午餐肉？"

"我惦念猪肉，你惦念人肉，反正都是肉。"

"纪律不要了？"老狐狸远远地嚷着。

"老吴快来啊！"六百号热情地招呼，"我等着为你服务呢！"

"你脚下不蹲着人吗？难道我不用排队？"老狐明知故问。

"你劳苦功高，整个大队数你最能干！"六百号的微笑，可以和"蒙娜丽莎"媲美了。

"你也能啊！"老狐昂然落座。

"我再能，不过是上窜下跳的木偶，绳子还是在你手上。"六百号热烈地瞅着老狐。

"谁让她往绳索里钻？"老狐眼一乜，角落里坐着萎靡的方。"可惜啊！一员虎将，就这么死在你手里了。"老狐咂着嘴。

"谁让她得罪你的？"六百号冷笑着，"凡是老吴反对的，就是我的敌人；凡是老吴拥护的，就是我的朋友。"

"原来你们是连档模子，坏了方方的减刑？"锥子瞪大了眼。

"闭嘴。"一声叱喝，锥子眼赶紧蛰出人群。"回来！听到啥了？"

"没……啥也没听到。"锥子眼哆嗦着说道。

"还有谁听到？"老狐威风凛凛地问。

"我们啥也没听到。""我是聋子。""我的耳膜坏了。"众人七嘴八舌。

"这个星期，争取加一次电视。"老狐的话赢得一片欢呼。老狐站起来，朝方方走去。

方方因琐事伤人，严打时被判三年。她脾气暴躁却心地坦荡，手脚敏捷且为人豪爽。在三组担任劳动组长时积分颇丰。就在减刑有望之际，她被调到我组，本想百米冲刺火线入党，却未料中了鬼子奸计，不但减刑之事鸡飞蛋打，还成了造假的黑典型。

"方，想啥？"老狐干瘪的脸上满是奸笑。方死死盯着她，要有手枪，我打赌，肯定是满满一梭子。

"方小姐什么时候减刑走人？"老狐继续挑衅，"到时候，一定开个隆重的欢送会。"

"你这头老狐狸，你这个刽子手。"方跳起来，双目喷火。

"有嘛！"老狐得意地耸了耸肩。

"你—杀—了—你—的—女—儿。"齿缝里蹦出七个字，如七块硬邦邦的石头。老狐摇晃起来，小红一把抓住她，只见老狐的上下牙咬得咯咯响。

"喝水！"六百号赶紧端起茶杯。老狐一闭眼，一颗豆大的泪珠淌了下来。

"哈哈！这是你的报应！报应啊！"方仰天大笑。在方的笑声中，老狐被小红搀进了小号。

"哇！"一声尖叫，撕破了寂静的夜。"你的手！看看你的手！"被吵醒的我，发现尖叫来自隔壁。

隔壁住着三个人，一个是一惊一乍的小红，一个是胆小如鼠的南汇婆，还有一个是发不出声音的哑巴。

小红是搅水的女人，尽管搅得比井钻还快，小号就是不见浪花。南汇婆言必称"我有罪"，行必是"鸡啄米"，即使用显微镜，也找不出打报告的素材；哑巴呢，规规矩矩劳动，舌头只是咀嚼而不翻卷。

"放下，放下你的手！"尖利之音，有振聋发聩之效，"天呐，还在动，还在不停地动。"小红如讲解员，忠实地报道球况的每个细节。

"小红！有事明天说。"走廊尽头传来老狐的指示。

"我在维护纪律的神圣。"小红委屈的声音变了调。

"一切的一切，等起来再说。"老狐的声音很严厉。

早上铁门一开，小红如离弦箭般射出去。"半夜，我被异样的声音惊醒。我悄悄爬起，看到她的手在被窝里动。我当即制止，反复制止，但是她就是不听。"

"废话！哑巴当然听不见。"老狐笑道。

"这是什么性质的问题？这是改造与反改造，革命与反革命的问题呐。"小红悲愤交加地说道。

"这再次证明你靠拢组织，靠拢党。"老狐拍着小红的肩膀。

"苍天在上！"小红手抚胸膛，微闭双眼，陶醉在自己的赤诚中。

"哑巴自己搞自己？"短兔窜过来，一脸红晕，一身躁动。

"干活去！"老狐把短兔朝外推。

"可惜我没看到这场戏。"短兔舔着嘴唇说道。

"这事到此为止，谁传播谁扣分。"老狐威严地说。半分钟后，哑巴半夜手淫的事，还是传遍了大江南北，楼上楼下。

"你的一清洁工作一要做！"小红拦着哑巴，费劲地打手势。哑巴惊恐地看着她，肩膀缩了进去。

"拖地一拖地。"小红撅着腚做动作。哑巴垂下眼帘准备逃逸。小红一把拦住她。有人冲过来，趁小红分神之际，哑巴朝水斗奔去。

哑巴是个年轻的女人，一头栗发，黑眸如漆，好个沉鱼落雁的美人。哑巴的丈夫也是哑巴。盗窃失手后，他把同案犯的情妇换成老婆，于是哑巴越俎代庖判四年。哑巴曾责问男人为啥要狸猫换太子？男人说，我在监狱里你在外面，我迟早会做乌龟；我和你都在监狱里，我就不做乌龟。哑巴问，就为了这，而诬陷我？男人说，为了家庭忍痛割爱，稳定压倒一切嘛！哑巴气得一掌劈去。

哑巴的男人不仅是贼，还是淫棍。他把情妇带到家，逼哑巴看他们造爱。哑巴扭过头，他把她的头转过来；哑巴闭上眼，他把她的眼撑开。有人问她为啥不离婚，她说为了女儿只能忍。

哑巴手脚很慢，干啥活都倒数第一。好在有朱队长关照，再加上残疾人优惠，这才没有步小鼹鼠的后尘。

"老吴，我要求换监房。"小红气呼呼地说，"哑巴从来不做清洁工作。"

"监狱都能照顾残疾人，难道你没这胸襟？上次已经加了零点五分。"

"哪一次？"

"就是半夜鸡叫的那次。"长脚不满地说，"这分来得太容易了。"

"老吴，这么大的事只加零点五？这叫逮现行啊！为了这，我可是全天候……"

"守株待兔？"

"那晚我假装打呼噜，哑巴动手时，我猛地掀开被子……"

"一箭双雕，既拿分又解馋。"小诸葛冷笑着，"望梅止渴吧？"

"没有我的全天候，哪有生擒活捉？"小红大怒，"哑巴太下流了。"

"不知道谁比谁更下流？"我扛着拖把横她一眼。哑巴手淫固然不对，但她并没有伤害别人。黑暗中的偷窥者，才是真正的人渣。

小红是个纵火犯。纵火是因为情夫不让她从二奶转正为大奶。本来我以为纵火者是李逵式的人物，拎着丈八长的斧头打打杀杀，稍不称心就燃起冬天里的一把火。殊不知，小红不但有李逵的霸道，还有宋江的谋略。她擅长暗刀杀人，拿手是下套使绊。酷爱傍腿，热爱揭发。在我和她同监的个月里，她足足打了我三十张小报告。

"老吴！你帮帮我吧！"小红撒娇地朝老狐身上蹭。

"你说换就换？"老狐乜她一眼。

"……你的指甲嵌进肉里，我帮你挖。"小红眼珠一转，"来！把脚搁我腿上。"

"不怕我有脚藓。"老狐音量很大，如中共外交部发言人的臭摆谱。

"脚藓怕啥？腌咸菜就用有藓的脚来踩！"小红抓住她的脚就往怀里揣。老皮蜕落，散发恶臭的脚，舒舒服服地躺在小红的怀里，脚趾直抵乳房。

"闭上眼，效果更好。"小红的声音轻又嗲，柔软滑腻。

"真舒服啊！"

"花堪折时直须折，莫等花落空折枝。"小红一边深情吟诵，一边挖捏揉拿，把一双臭脚揉成制瓷的泥坯。

"真舒服啊！"沉浸在温柔乡里的老狐再一次感慨道。

"把我换到你的监房，就可以天天享受这一切。"

"什么？"老狐警惕地睁开眼，"你想当赫鲁晓夫？"

"谁是和路小夫？"

"你就是。你以为我没耳目？"老狐猛地收回腿。小红的眼睛逐一扫视，最后停在南汇婆身上。

"没有，绝对没有。我要说了天打雷劈！"南汇婆吓得连连摆手。

"我谅你也不敢，我谅谁也不敢。"小红凶狠地说，"老吴，听说你的格言是……"

"我的格言是，要么流芳千古，要么遗臭万年。"老狐狸一拍胸脯。

"生当作人杰，死亦为鬼雄，这也是你的格言。你自豪地说了，也自豪地做到了。"小红伸出手指比了个 V。

"那当然！"

"登在报上的头版头条我都看过。长发一甩，珠宝一挂，那气质盖了帽！上报！有几个犯人能上报？"

"你们全看过我的照片吧！"老狐得意地说。

"什么照片？"小眼镜端着水走了过来。

"就是老吴在华侨商店被抓时的照片。"短兔快人快语。

"哼！我还以为是啥玉照！"小眼镜满脸讥讽。

"嗵！"老狐狸猛地站起来，"嘴真贱。"

"是……是我不好。"短兔吓得脸白了。

"老吴息怒！"小红按住老狐，"古人说，蜀道难，难于上青天。我看上报难，难于上青天。监狱几千个犯人，有几个能上报？"

老狐的眼珠骨碌碌转了二个来回。"……知我者，小红也！"

"既是知音，用蛇油膏把脚擦一擦。"小红再一次把臭脚朝怀里揣。

"难得你有这份孝心。人生苦短，人生有四大追求。"

"谈谈你的四项基本原则，四大追求。"小红热情地回应着。

"第一是流芳万古，第二是吃香喝辣，第三是床笫之欢，第四是通经活血。我曾经流芳万古，也曾经遗臭万年；我曾经吃香喝辣，也曾经吞糠咽菜。"

"谈谈基本原则的第三条，这条是重中之重。"长脚淫笑着，"听说你男人比你小十四岁？"

"皇帝可以三宫六院七十二妃，武则天为什么不可？男人可买女人青春，老吴为什么不能步其后尘？"

"怎么个步其后尘法？"

"我用钱来买他的性，换取我的满足。"

"好！爽！"长脚和短兔齐声欢呼，叫得比"全体一致通过党代会决议"的声音还响亮。

"婚后我和他约法三章。第一不能嫖军嫂，这要掉脑袋；第二不能奸幼女，这要吃官司；第三不能搞女佣……"

"为什么？"

"我不能让罪恶发生在女儿的眼皮底下。"

"他做到了吗？"

"……"老狐沉吟着，或者说沉默着。最后，她撑着桌子，费劲地站起来。她的背佝偻着，史无前例地佝偻。

"她怎么啦？"大家用眼神交换诧异。小红的眼珠子骨碌碌地转了一圈，"老狐，今年的先进小组是哪家？"

"这……"老狐迟疑着，还没从莫名的悲伤中回过神来。

"非我组莫属！"小红斩钉截铁地说道。

"是……吗？"老狐一怔。

"既然你能用揭发的井喷保住性命，当然也能用劳役敲开自由之门。"

"是……嗎？"

"女中豪杰当仁不让，技高一筹无人能及。你有这个能力，我有这个信心。"

"小红啊，你是和珅，我是乾隆，你的话句句打在我心坎上。"老狐上前一步，紧紧握住纵火犯的手，如同毛老头握住林秃子的手。"上月男人探监，我扔下誓言：老娘能把死刑变死缓，死缓变成十八年，也一定能把十八年改成八年，甚至六年。在外一巾帼，在监一女杰；以前能上头版头条，以后一定也能上电台电视。老娘要利用传奇人生悲惨人生，写书出书，名利双收。"

（不得不承认，她的诺言后来真的一一兑现。）

"对！做人就要做人上人。"

"啥叫人上人？"小眼镜端着碗走过来。

"人上趴人，这就是人上人。"短兔猥亵一笑，"上面人动，下面成仙……"

"住口！"老狐大叫一声。短兔一愣，大家也一愣：又点到她七寸了？

"我让你写的稿子呢？"老狐严肃地问道。

"不想写。"小眼镜满不在乎地说，"十三年的刑期，写到猴年马月？"

"不想写也得写，你跟我来。"她拽着小眼镜朝走廊走去。

"小眼镜成了老狐狸的雄黄酒，一喝就现原形，现出人的原形。"小诸葛冷笑道。

"这个问题，我们也百思不得其解。"短兔搔着头。

"文学上叫舐犊，法律上叫借代，化学上叫可逆反应，物理上叫核反应。"小诸葛冷笑着。

"什么犊啊牛啊，我看是骡子。"小红也冷笑着，"不下崽的就是骡子。"

"你就是下种，也是私种，歪种，无人要的野种。"小诸葛二指作剑，朝小红戳去。

"歪种也比绝种好。"

"放什么屁？滚进去！"三八八一声呵斥，小红如丧家犬般朝小号扑去。本指望朝小诸葛伤口撒一把盐，一不留神，却把盐撒到三八八的伤口上，这才是百密一疏。

"新岸集"组稿

文教委员老侯朝我招手，纯正的京腔极悦耳。她永远在笑，笑不仅献给队长，还献给所有的弱势犯人。老侯的男人才高八斗，琴棋书画样样皆通，有人说他"欲与弘一平起坐，堪与志摩比伯仲"。可惜这才子非但没出家，也没有遭遇空难，而是栽在自绘自刻自印自版的邮票上，落了个粉身碎骨的下场。

他零落成泥碾作尘也就罢了，问题是他还找了个贤内助做铺垫。当代唐寅步了哑巴男人的后尘，将同盟军情妇换成结发妻，理由是共患难后，将拥有瑞士表一样永不磨损的感情。他判无期，老侯七年。应该说，老侯对他应寝皮食肉不解恨，可鹊桥相见时，老侯却礼仪有加，就差齐眉举案了。有人说她恨到极点没了恨，有人说她卧薪尝胆忍辱负重。其实哀莫大于心死，心

死了，就没了爱恨恩情仇

　　"下楼。"老狐一马当先冲出门。金色的阳光一泻而下，我一阵眩晕。阳光下，老狐稀疏的头发，紧密地团结在头的中央，干瘦的脸如一个大大的惊叹号。虽笑意绵绵，难掩半口疏牙；虽昂首挺胸，难遮一身佝偻。"多好的太阳，多好的世界啊！"她发出和她年龄不相称的感叹。

　　老侯远远地走在前面，我和老狐紧随其后。"这可是百年不遇的盛景啊！"老狐又发出感叹。是啊！三名犯人的前面没押警，后面没尾巴，这可是提篮桥最高待遇，就如宋祖英享受将军级别一样新鲜。

　　转过弯就是空荡荡的篮球场。篮球场的功能和八大花瓶一样，除了观赏就是道具。一个瘦小的黑衣人蹲在墙角，黑衣黑裤黑色的脸，如中世纪的苦行僧。我同情地看着他。

　　"五十年代末我就见过他了。"老狐说。

　　"难道他……关了这么多年？"我结结巴巴地问，"杀人犯最多也就判二十年。"

　　"可他不是杀人犯。""他犯了什么案子？"我着急地问。

　　"知道的越多，对你越没好处。"老狐冷冷地说，"他是某教会的头目。"

　　"从五十年代末到九十年代初一共是……""谁让他不认罪？活该！"老狐沉下脸。

　　"他究竟是谁？""中国天主教的……红衣主教。""中国的蒙泰里尼？""蒙泰里尼？啥……意思？""《牛虻》这本书看过没有？《牛虻》的作者是爱尔兰女作家伏尼契，她写的是十九世纪三十年代意大利革命者反对奥地利统治，争取国家独立统一的斗争。牛虻的亲生父亲就是蒙泰里尼，也就是红衣主教。"

　　"牛盲？牛虻？就是吸吮牛身上血的虫子？"老狐狸一撇嘴。

　　"古希腊哲学家苏格拉底也把自己比喻为牛虻，他甘冒天下之大不韪，对社会弊端进行针砭……"

　　"你还没有针砭时弊，仅仅是抗议屠城就坐牢了。"老狐狸一撇嘴。

　　"这位黑衣男士，他……是不是……龚品梅？"我急切而结巴地问。

　　"你怎么知道他的名字？"老狐一把攥住我的手，攥得生疼。

　　"我也不知道脑海深处怎么就跳出这名字，难道是……第六感觉？"

　　"我没有告诉你他的名字，我没有告诉你他的名字。"老狐狸凶狠地，死死地看着我，仿佛要把这个名字摁进尘埃中。

　　"我是个无神论者，从不信神……""是你的第六感觉还是谁告诉你的？"

　　"……五楼有个老年杀人犯，我从未见过她。看见她后，脑海里突然跳出她丈夫的名字和她的案情。"我对自己嘀咕着。

"究竟是谁告诉你的？说！说！"老狐的爪子死死地摁着我，指甲深深地嵌进我的肌肤。我痛得甩开她的手。

"你疯了，干嘛这么紧张？"

"你才疯了。他的名字在监狱是忌讳，在监狱外也是忌讳，在整个中国整个世界都是忌讳。"老狐狸声音嘶哑，五官抽搐，脑门上的汗珠点点滴滴。

"我不知道，我什么都不知道，我什么都没有说。"我甩开她，一路小跑跟上老侯。

推开"新岸报编辑部"的会议室，一名犯人正在讲话。"……为了体现政府的劳改方针，监狱准备出版一本《新岸集》。这不仅是犯人的政治读物，还是推向社会的书籍。这是监狱的政治大事，也是劳改局选拔优秀监狱的重要前提。下面分组讨论并落实稿件。"

队长用微笑肯定了他的发言。

一个文质彬彬的犯人朝我走来。一见番号牌上的"强奸犯"，我猛地别过头，他尴尬地停下。于是，另一个戴眼镜的犯人走过来。

"他不是强奸犯。"老狐轻声说道，"他专搞偷渡。"

"这是九大队推荐的二位学员。"老侯做了个优雅的手势。

"能在几百个人中脱颖而出，绝非寻常之辈。你们一定能够胜任。"眼镜直奔主题。

"我早就盼着这一天了。"老狐神采飞扬声音洪亮，"我的素材有热点有深度角度独特，钢铁男看了也潸然泪下。"

"独特？""十八岁少女吃完生日蛋糕后自尽，这角度还不独特？"老狐急切地伸长脖子。

"她……""她就是我女儿。写完绝笔信，一仰脖把毒药吞了。"老狐一边动情地说，一边解扣子。

"干吗？"眼镜男警惕地后退两步。

"别紧张！我只是取遗书。"老狐撩开内衣。

"不用。"眼镜冷冷地说。

"可这是最好的素材啊！"老狐急切地推销。我的心在刺痛：被毁的生命竟如此廉价，母亲竟积极推销女儿的死以换取政治资本。

"你应该明白，并不是所有的素材都有震撼力。"老狐把一张发黄的纸递过去。

"先放一边。"眼镜冷漠地说道。

"我敢打赌！全监狱也找不到这么好的教材。"老狐高举遗书，热情地打出广告。

"五三一，你文笔很好。"眼镜把头转过来，"春联楹联工整对仗，一看就有文化底蕴。"

"只是胡乱应个卯。"我脱口而出。

"怎么乱说话！"老狐不满地瞪着我，我也不满地瞪着她。老侯一直约我稿，但我迟迟没交稿。拒绝利用拒绝招安是我的底线。但老侯三顾茅庐的精神还是打动了我，于是我写了春联楹联之类的应付一下。

"这次著书，准备从哪一个点切入？"眼镜一脸春风，"切入点是文章的穴位，就是通常说的画龙点睛。我看你从忏悔的角度来写比较好。"

"忏悔？我又不是卢梭。"我又一次脱口而出。

"……你有顾虑？"眼镜和蔼地问道。

"这么好的事，可是打着灯笼也难找。既扬名又能减……"说到这，老狐紧急刹车。

"我写不来。"我抱歉地笑了笑，我需要缓和气氛。

"政府说话算数，承诺的事一定兑现。千载难逢啊！"眼镜深深看了我一眼，"而且……"说到这他停下，看来深谙欲擒故纵之术。

"我写！您咋说，我就咋写。"老狐按捺不住了。

"把犯罪经历写出来，把思想脉搏写出来，把改造心得写出来，把感激之情写出来。"眼镜抑扬顿挫，两眼炯炯有神，"这不但需要文学功底，还需要澎湃的激情。写不写是态度问题，写得好不好是技巧问题。"

"我知道，我知道。"老狐频频点头。

"谁抓住机会谁就有收获。"眼镜加重语气。我沉默着。我当然知道，如果书稿能出版，我一定能提前出狱。提前出狱，这不仅是我的心愿，也是我亲人的心愿。别说是犯人，就是提篮桥的耗子，也期望早一天冲出去。

"现在就拟个提纲怎么样？"眼镜很有信心地拿起笔。写什么？怎么写？我能写吗？

"开始吧……"

"不！"对着那支跃跃欲试的笔，我再次转过头。

"她不写我写。"老狐热切地说。

"写什么？"眼镜的脸由晴转多云。

"难道没见过晚报的头版头条？难道不知道死刑变死缓的过程？如果说清朝命案是杨乃武和小白菜，那我的案子……"

"略有所闻，不过不详细。"眼镜用笔敲打着笔记本，但热情依旧未被点燃。

"我是商海巾帼，也是三进宫的老官司；我卖过耗子药，也买过摩天楼；我饿倒在雪地里，也享用过满汉全席；上过媒体，也在死牢捱了三百六十天。"

"坎坷人生，人生坎坷……"

"我是荣辱不宠辱大难不死，整一个三起三落的邓小平。"

"注意自己的身份。"眼镜沉下脸。

"对不起，我失言了。我人生的对联是：死而复生恩不忘，另起炉灶辱不惊。横批是苦海回头。"

"……有一点意境。今年有七十了吗？"

"七十是去年的事。生离死别的磨难，家破人亡的悲剧，绝对具有轰动效应。"

"先记个谱。"眼镜的积极性终于被广告词打动，"从哪里开始谈？"

"先谈谈我的出生。"

"你以为是伟人写传记？"眼镜很是愠怒。

"不写出身，怎么能寻找犯罪的动机？没有犯罪的动机，文稿就是无本之木，无源之水。""唔……"。眼镜紧绷的脸开始慢慢地松弛。

"我出生在江西农村一个旮旯地。父亲在煤矿坍方后走了，留下一堆小萝卜头。母亲把我卖给卫老婆子……"

"等等！这卫老婆子是谁？"眼镜停下笔。

"大编辑连这也不知道？不就是《祝福》里的人口贩子。"老狐下巴一抬。

"……小看你了！"眼镜的语气中有了些心悦诚服。

"新婚夜，我从后窗翻出，天亮时赶到车站。突然，一群人冲进车站。原来是老光棍带着中光棍，小光棍杀进来。他们拿着锄头挥着扁担，就像秋收暴动里的农民。这时，一辆煤车开来，我一紧裤带，一个腾飞，箭一样跳上去。我站在高高的煤堆上，挥舞着红盖头，'乡亲们，老少爷们，你们辛苦了……咱不是不会，而是后会有期。'"

"……不对啊，犯罪史怎么写成斗争史？"眼镜停下笔，"记住，你非被害人而是害人精。"

"呱呱呱！"老狐大笑，"有人一口气吞了三只饼。然后说，早知道的话，前面两只饼不吃，单吃最后一只，因为只有这只饼让我吃饱了。"

"你……"眼镜男有些恼怒。

"你连铺垫都不知道？"老狐冷笑着，"害我的是红盖头，我害别人也是红盖头。从此，红盖头跟我走遍东西南北，我也走上了结婚逃婚，再结婚再逃婚的诈骗路。我十三岁闯江湖，三次入狱，因越狱而加刑，因努力而减刑。

我是盛世中的忠臣，乱世时的奸雄。"

"注意！出书不为个人树碑立传。""没绿叶哪来红花？没土壤哪来果子？我把所有素材告诉你，怎么取舍是你的事。""那就继续说。"

"我从小立志扬名天下，不是流芳百世，就是遗臭万年。扬名，是奋斗的原动力。为了扬名，一个日本人烧了最老的庙宇；为了扬名，一个美国人刺杀了总统；为了扬名，一个法国人炸毁了火车；为了扬名……"

"打住！"眼镜沉下脸，"不能阐述反动观点。"

"那就……谈谈坐牢的过程。第一次进监狱，我和陈璧君住一室，不但相谈甚欢，还成了闺中密友。"

"胡说！陈璧君是中华人民共和国成立后进来的，而你的第一次入狱却在新中国成立前。"

"我问你，陈公博和周作人哪一年进的监？告诉你，不是一九五〇年而是一九四六年，不在提篮桥而是南京老虎桥。这点常识都没有，还想妙笔生花？"老狐冷笑着。

"谈得怎么样？"队长走过来。

"队长，我们正在谈犯罪给社会带来的危害。"眼镜站起来恭恭敬敬地说。

"一定要突出中心，突出主旋律。"

"是！一定突出中心，突出主旋律。"

"下面谈队长的教育挽救。"老狐朗声说道，队长微笑着走了。

"现在我问你答，免得信口开河。"眼镜敲了敲本子，"第一次服刑几年？"

"三年。""第二次呢？""原本十年，加刑四年。我不但越狱，还煽动她犯一起越狱。"

"书稿取消。"眼镜把本子一扔，"你一派胡言，极不老实。"

"证据。""提篮桥固若金汤，从未有越狱成功的记录。你把提篮桥当成老光棍的后窗？"眼镜冷笑。

"我当然知道提篮桥有九重铁门。我越狱成功，是在江西监狱而不是在提篮桥。你连年代地域监狱的类别都搞不清楚，还占着茅坑干吗？"老狐一拂袖站起来。

"坐下，快坐下。"现在是眼镜急了。

"你既不能使五三一就范，又不能挖掘提升我的素材，咱们走！"老狐拉着我。

"咱们……再谈谈，再谈谈。"眼镜终于俯首称臣。

"没有金刚钻，不揽瓷器活。"老狐得意地晃着腿。"我不狠毒，年过七旬能担任学习组长？我不狠毒，能驾驭如狼似虎的犯人？现在我谈三点：

一，绝不许落下我的书稿；二，要把组稿的最高分给我；三，要给我的书稿加温加持做宣传。做不到这三点，我撤稿。"

"我……尽量做到。"眼镜的声音很轻。

"写书要有新意，不能像样板戏，只是一个模式一个脸谱一个造型一个腔调。"

"我不能保证一炮而红，但是我一定尽最大的努力。"眼镜讨好地看着老狐。现在，他和老狐换了个位置，千真万确地先倨后恭。

"现在谈三部曲。第一步要脱颖而出；第二步要巡回演讲，产生曲啸一样的政治效应；第三步要……"

"难道你是队长，就要让我接受你这个领导的指示？"眼镜终于憋不住了。

"不是领导是盟友，是一条战壕里的战友；是一根线上拴着的蚂蚱；是一条利益链上的角色。你居然连一荣俱荣都不知道？"老狐冷笑连连。

眼镜有些尴尬。

"拿起你的笔，记下吉尼斯的记录：一，我是女监唯一上过党报头版头条的；二，我是女监唯一从死缓改成十八年的；三，我是女监唯一一个从死刑改为死缓的。在死神徘徊的三百六十五天里，我戴着手铐脚镣，每一天都在做俯卧撑。"

"镣铐加身做俯卧撑？"眼镜"啪"地合上本子。老狐不说话，直挺挺朝地上扑去。她张开双手合拢双腿，一上一下，起伏有致，张弛有度，浑身关节像上弹簧。

"……好漂亮！"眼镜不得不点头赞叹。老狐一个鲤鱼打挺跃身而起，利索得不可思议。

"我需要强调一点：由于手铐铐得松，我能把手从手铐里褪出来。"

"怎么回事？"队长气呼呼地走来。"在上体育课？"

"队长，我用俯卧撑告诉编辑，监狱的劳改政策让我枯木逢春，七十岁的人比十七岁的人还青春焕发。把我做俯卧撑的照片发出去，说明共产党的监狱有人权，反华势力的谎言不攻自破。"

"这提议好，有新意，有格局。"队长频频颔首。

"队长请放心，配合劳改政策的书稿一旦面世，一定会引起轰动。"

"这就好！这就好！"队长满意地离开了。

"现在，你还有啥不理解的吗？"老狐头一歪，露出少女般的天真。

"没有……没有。"眼镜再一次臣服。"请问，上诉用了多长时间？"

"三百六十天。这是刻在心上的数，也是刻在墙上的数。只有经历过基督山的人，才能听到死牢里的每一声滴答。"

"不容易啊……"眼镜感慨着。

"三百六十天啊！"老狐牙关紧咬，肌肉痉挛，"每一个阳光灿烂的早晨，可能是生命的终结时；每一个风雨如磐的下午，可能是生命的终结时。凌迟，不就是一刀刀割肉？活埋，不就是一锹锹铲土？五马分尸，不就是把身体撕裂？当头上日日夜夜悬着一把死亡之剑时，这就是凌迟，这就是活埋，这就是五马分尸。这种恐惧，超越极限，绷断神经，许多英雄在这一刻，轰然倒下。"

"这是大实话。"眼镜钦佩地说。

"一个风雨交加的下午，最后的裁定下来了。开了铁门，两个队长上来搀扶我。我拒绝她们的搀扶，昂着头，拖着沉重的脚镣一步步地走。当听到'判处死刑，缓期二年执行'时，我不是瘫在地上，而是露出灿烂的微笑：我终于赢得了胜利。"

我静静地看着老狐，我知道她的每一个字，每一个标点符号都是真实的。在"坚强"这一点上，老狐甚至超过了保尔·柯察金。

"三百六十天的生死徘徊。每一个白天，有一个世纪那么长；每一个夜晚，有一个世纪那么黑。三百六十天里的每一声滴答，都砸在我的心上。但只要还剩一分钟，我就做六十秒的俯卧撑。我甚至在接到女儿的噩耗时，没有掉一滴眼泪。"夕阳透进来，给老狐沟壑的脸镀上一层金辉。

……这是一个阴雨天，老天仿佛在酝酿一个阴谋。我伏在缝纫机上使劲地踩。想到女儿，一寸寸布在微笑，一件件衣袖在舞蹈。队长让我去办公室时，我还以为减刑报告批下来了。

朱队长看着我，表情怪异，"你的减刑材料已上报，但有一件事……"

"有事尽管说，已死过一次的我，早把生死置之度外。只要政府需要，上刀山下火海我绝不皱眉。"

"希望你冷静再冷静：你女儿在三天前，服毒身亡。"

"三天前是壹月二十号。这天我泡了方便面，还哼了一天小调。"

"……你想哭，就哭吧，因为我也是个母亲。"朱队长用手掩着脸。

"女儿走了……"我摇摇晃晃地走出办公室，走到缝纫机位置上……

"你干嘛？"

"我要踩缝纫机，我要干活，我要化悲痛为力量。"

"你把缝纫机踩得飞快，于是产品源源不断地出来。"眼镜笑着说。我忙转过头，不愿听残忍的话，也不愿看血腥的事。

"收工时，我的劳役量超产百分之二十，稳居中队头把交椅；收工后，我依然主持小组会议；晚上，我依然一个楼面一个楼面地巡逻。除了朱队长，没有人知道我的天塌了，地裂了，心碎了……"老狐终于哽咽了。

"我想问一个问题。"眼镜粗声大气地说道，"你的力量源自哪里？"

"源自我女儿。她遗书上有七个字：不要再让我失望。"

"她死后，你的力量源自哪？"

"还是源自我女儿，她在天国看着我，我绝不做孬种。绝不！"说到这，老狐用手撑住太阳穴。这次谈话，耗尽了她全部的能量。

晒被子喽！肩挑手扛的逃荒大军严阵以待。顶楼的门一开，众人一拥而上，你推我挤，前赴后继，抢占最有利的向日葵地形。

我站在栏杆前，看到上海大厦的全貌。大厦的后面就是武昌路，武昌路上有幢小屋，屋子顶端是我家。今天周末。儿啊，你身后是否还追着一群孩子？你身后是否有唾沫、石头？儿啊，妈对不起你……我的泪水潸然而下。

"想儿子了？"一个声音轻又柔。我用手遮住脸，也遮住一串串泪珠。

"他只有十岁，患有多动症。"声音钻进耳膜，触动我最柔软的部位。我的肩膀剧烈抖动，如同秋天里孤独无助的落叶。

"你一定要早点出狱……哪怕六个月，哪怕六星期，哪怕六分钟。要是我在，女儿绝不会服毒。"老狐的喉头发出一串杂音，像破败的风箱在喘息。

"女儿！我知道，我知道那毒药是苦的，那毒药苦极了！"从她的胸膛深处，发出一声沉重的叹息。

"亚瑟！那水是凉的，那水是冰凉的……"从遥远的天空，传来了蒙泰尼里金属般的声音。这个声音穿透时空，跨越国界，抵达人心的最深处。

"不要说了……"我捂住耳朵，蹲下。

"凭什么，让无辜的孩子为我们赎罪？"叹息声钻进耳膜，钻进我的全身。我的心被钻得千疮百孔。这一刻，我体会到什么叫心疼。

"五三一，知道我女儿吃的是什么毒药吗？"

"我不想知道！"我愤怒地推开她。

"她吃的是最毒的毒药，吃下后七窍流血气绝而亡。女儿！女儿！你咋弄到毒药的？"她手抵胸口仰望苍天。

"不要说了！"我捂住耳朵嚷道。

"你知道吗？"老狐抓住我的手，"朝鲜战争中，美国大兵口袋里，都有中文英文朝鲜文写的投降信。这不是屈膝，不是背叛，不是懦弱，不是膝下无黄金，这，这恰恰是对生命最高的尊重，对人权最大的尊重，对家庭最高的尊重，对孩子最大的尊重。普天之下，还有什么，比母爱更重要？"

"我不能……"我用手捂住脸。

"和母爱相比，你还有什么做不到的？"一个冷冷的声音。

"……我不能写忏悔书；我不会写忏悔书。我不愿在出监后，留下洗脑的忏悔书。我不崇高，但是绝不卑鄙！"

"放弃对儿子的责任，这才是卑鄙！"老狐恶狠狠地说道。

（老狐出狱后，各大电视台争相采访她，她的自传也成了《钢铁是怎样炼成的》二零版。宣传部闻腥逐臭，只要对洗脑换脑有利，一条蛆可吹捧成一蟒蛇，一坨屎可以镀金成一金尊。后来，老狐终于实现自己的诺言：不能遗臭万年，那就流芳百世。在铺天盖地的售卖女儿的自杀点后，她成了改造成果仅次于傅仪的范本，成了九十岁还在卖菜的励志母亲，成了说嗓逗唱跪舔有加的曲啸，成了说谎不亚于华春滢的巾帼。）

接见日到了，这天正好是母亲节。穿过长长的甬道，迎接我的是一排铁丝网。我要在柏林墙上，和丈夫见面。（那时我还不知道柏林墙已被摧毁。）

远远看见丈夫，我朝他扑去。但冰冷的铁丝网拦住了我。我默默地看着他，他也默默地看着我。"你瘦了。"

"你也瘦了。"丈夫的手指伸进来。铁丝网很小很密，仅能通过小指的五分之一。我握住小指，仿佛握着丈夫宽厚的手掌。他的小指上有油渍，指甲里有油垢，脸上也有油垢。"你怎么了？"我指着丈夫的脸问。"刚干完活就赶来……"丈夫边说边擦脸。可是越擦越脏，越擦越黑。"上午修空调，来不及洗脸……"

在企业做电工的丈夫，工资极其微薄，他要在业余时间里挣儿子的学费，挣我的生活费（接见一次要交三十元），甚至要挣出我出狱后的生活费。他要为我撑起一片绿荫，以抵御社会的风刀霜剑。他胡子拉碴，面容清瘦，上衣纽扣掉了，任凭寒风钻进胸膛。

"我对不起你……"我失声痛哭。

"你没有对不起我。"他的手指再次挤进洞口，他要给我力量。

"我要减刑，我要写忏悔书……"

"你说什么？"丈夫脸色一变，变得很严厉。

"监狱组稿，只要我写忏悔书就能减刑。"

"不就是一千零九十五天吗？"丈夫一脸蔑视，"每天晚上，我和儿子共同撕去一张日历。从今天起，让我们三个人一起做这事好吗？"

"好……"我含泪点点

"我知道你苦，但是你一定要坚持，绝不能倒下，绝不能趴下！绝不能！"丈夫捏紧拳头，最后三个字，仿佛凝聚了全身的力量。

铃响了，我一步三回首……

小眼镜

"哇！"小眼镜跳起来，"机针扎到手，好疼啊！"她使劲甩着手指。

"机针有锈，把你的手给我。"老狐拽住她的手，把自己的嘴贴了上去。

"不要，你的嘴太臭。"小眼镜使劲抽出手。

"你这……孩子。"老狐一怔，"不把血吮了就要发炎，我去讨点药来。"

"老吴回来！"三八八一声怒喝，"小眼镜，你不是娇滴滴的小姐，你是判了十三年的罪犯。"

"别和她一般见识，她还是个孩子。"老狐陪着笑。

"你就这么贱？"

"我认了！"老狐继续赔上笑脸。"摁住伤口，我马上回来！"佝偻的身子，箭一般射出去。

小眼镜别名联络图，扁平的脸上架着一副大大的眼镜，一笑，露出一口典型的四环素牙。她男友觊觎她公司的录像机，几次让她偷出来，她都不干。催得急了，不耐烦的她就给男友绘制了一张公司的地形图，附带献上大门的钥匙。八小时后，此案告破。根据偷窃价值，男友被判十五年，她也收获了十三年的刑期。

"小眼镜你福气好。"小红酸溜溜地说，"我有病，老狐从来不管。"

"小浦东福气才好呢！"小眼镜愤愤着。小浦东是个瘦小的，长着一脸雀斑的农村女人。和无赖丈夫离婚后，她和弱智儿子一起生活。生活的窘迫，劳动的重负，再婚的坎坷，家人的嫌弃，让她的神经绷到了极限。夕阳西下，当她一身泥水回家时，迎接她的永远是傻儿子的哭声和邻居的吵闹。有一天，绷紧的神经终于断裂，当傻儿子再一次被邻居打伤时，她端起瓶子："儿啊儿，别怪妈。怪就怪你为啥投胎在中国，投胎在农村？"她捏着儿子的鼻子，把农药咕咚咕咚灌下去。儿子在她的怀中，白沫四溅，身体抽搐。看着儿子的挣扎，不忍心的她抱着儿子一路狂奔……

在卫生所简陋的床上，儿子停止了呼吸，她以最快的速度投案自首。

考虑她的具体情况，法院从轻判处她五年。

"你杀一条命判五年，我画一张秘密联络图十三年。"小眼镜气呼呼地说。三八八一摔剪刀，于是，所有的声音消失了。

老狐把一封信递给我。信封上的字雄浑道劲，一看就是丈夫笔迹。我忙拆开，一张美丽的卡片掉出来。"妈妈！祝你生日快乐！"接着是一串悦耳的音乐。这是一张触摸式电子音乐卡片。"今天几号？"

"十五号。"

"今天是我的生日。"我把卡片贴在胸口，沉浸在儿子给我带来的快乐中。

"这里还有一张。"老狐拾起一张三角形的硬板纸："无论风雨怎么样，坚定意志往前行。路上小心和谨慎，勿让志气去消沉。世上根本无难事，关键有没有信心。——摘之成功之路。这面还有。"老狐把硬板纸转个面。"做人无须太冲动，安静令人百事通。水落自然见石出，闲气争来过眼空。记住百忍便成金，要把身体来保重。——摘之百忍成金。这面还有。"老狐又把硬板子转个面。"事不经过不知难，好似九曲十三弯。凡事顾及到后果，培养小心的习惯。从来谨慎两个字，时常记住在心间。——摘之三思而行。"

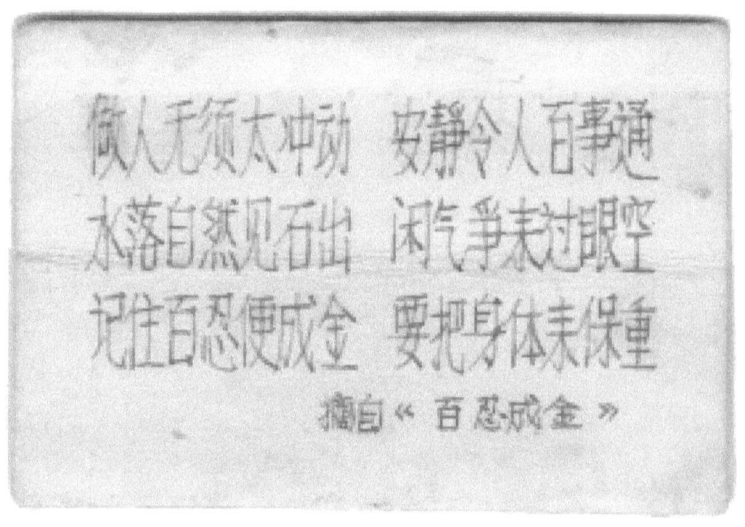

"其实他并不擅长文字表达，所以用了名人名言。"我笑道。

"用心做了这张三角形的硬纸板，可见他的一片赤诚。既表达信念又要通过安全门，只能借助名人名言，真难为他了。我真羡慕你啊！"老狐叹了口气，"为什么我花钱养的任何男人，全都背叛了我？"

"因为你们没有共同的信仰，你们只是钱色交易，仅此而已。"

"我是一个输得精光的赌徒，但我不甘心。"老狐捏紧拳头，脸上有异乎寻常的坚定。

"让开！让开！"小眼镜端着满满一盆水过来，长长的队伍闪开一条路。

"还有十二年官司要吃，你就悠着点吧。"长脚一嚷，吆五喝六的小眼镜立马蔫了。

"小浦东应该帮小眼镜干劳役。"小红说，"你判得最轻，才五年。"

"早知这样，我还不如杀两个半人。"小眼镜一咬牙。

"对！一不做二不休。"几个人起哄道。

"谁在反改造？谁在散布反动言论？"老狐屁颠颠冲过来。

"老吴，有人不服法院判决，还大呼冤枉。"

"反了！"老狐一脸煞气，"赶快自己站出来，不然全组关小监！"

"我。"小眼镜不卑不亢。

"我的冤家啊！"老狐失声嚷道。

"她说她要杀两个半人。"长脚斜着眼。

"看你执法如山还是徇私枉法？"小红冷笑道。

"这事么……当然要处理。"老狐艰难地咽下一口唾沫。"进小监。"小眼镜不动。"还不滚进去？"

"进就进！"小眼镜满不在乎地进了小号。

"现在的年轻人啊……"老狐有恨铁不成钢的遗憾。

"就这点惩罚？"长脚不满地问，"她应该扣分并且写检查。"

"对！严是爱，宽是害，不纵不枉才是爱。"小红连连点头。

"你们不要起哄，她已经够可怜了，连看守所的管教都说她挺可怜的。"短兔站出来说道。

"还不快放水？"老狐嚷道。众人拿起盆，如无头苍蝇般朝龙头冲过去。"放水后，全组进小号。"

"我们没有反改造，凭什么让我们进去？"长脚发出抗议。

"小眼镜的反改造言论是对墙壁讲，还是对你们讲？"

"……当然对我们讲。"

"当时，有谁站出来抵制？"老狐声色俱厉，众人面面相觑。"有吗？"

众人沉默着。

"你们想把这事闹大还是缩小？"老狐一屁股坐在凳子上，翘起二郎腿。"闹大的话，上报队长，停洗澡停电视，全组人人写检查；缩小的话，就关小眼镜一天禁闭。"

"算了！不做损人不利己的事。"短兔摇着头说。

"难道就这么算了？"小红心有不甘，一脸愤愤不平。

"打算咋整，你出一套方案，我一定不折不扣地按照你的方案执行。"老狐笑眯眯地说。

"不不不……"小红急忙撤退。

"既然没人反对，那就全组一致通过。明天发接见单，如果谁有要求，我可以和队长说。"老狐一看目的已经达到，于是安抚人心。

老狐把小眼镜领到甬道，说："快把检查写出来。"

"事情不是结束了吗？"

"万一队长过问，就把准备好的检查交上去。有备无患！"

"我不写！"小眼镜一昂头。

"你这个傻丫头，你这个不识时务的傻丫头，你这个不见风使舵的傻丫头……"老狐叫着唤着，唤着叫着，比李清照的"声声慢"还动情三分。

"我不写。"

"我的姑奶奶！不是让你写，而是让你抄。这是一篇检查，这是一篇投稿，早就替你准备好了。"

"不投，投了也不录用。"

"肯定录用。不但小组录用，中队大队也录用。我和文教委员老侯说好了。"

"就是录用，攒到猴年马月也减不了刑。搭上健康拼小命，最起码也要蹲十二年，十二年后我都不知道是否还活着。"

"我要是有你这样的女儿，早揍你了！"

"我有你这妈，早一头撞死了！"小眼镜瞪着眼说道。

"你真不识好歹！"正在洗碗的我，忍不住插了一句。

"我不要别人同情和怜悯！"小眼镜叫着。突然有歌声传来："铁门啊铁窗啊……"

"谁在唱歌？"老狐窜出甬道。

"老吴，你在干嘛？"

"我在训斥小眼镜，让她写检讨。"

"是训斥还是抚慰？"长脚冷笑道。

"你的分数是否太多？"老狐沉下脸。

"小眼镜有多少分，我就有多少分。笑话！四年的我还拼不过十三年？"长脚也沉下脸来。

"……少说两句，不当你哑巴。"老狐朝长脚眨眨眼。

"铁门啊铁窗啊铁锁链……"长脚又哼起小调。

广播响了："九大队女犯们，监狱组织的精神文明工作开始了，新华书店送书到监狱，为我们送来党的温暖。"

"太好了！送书给我们喽！"

"想得美，不是送书是售书。"

"不可能！既然是温暖总有温度，书肯定打五折。"

"想上书店赶紧排队！"老狐拎着裤子从小号里出来。

一进书展大门，就有"似曾相识憎恶起"之感。书架上横七竖八躺着一批政治书。这些书不但集套话大话假话黑话之首，还兼有迷魂汤之功能。读之，或赤色革命，杀它个片甲不留人仰马翻；或大义灭亲，搞它个骨肉反目祸起萧墙。迷魂汤风靡一世纪，荼毒亿万人，殃及欧亚陆，祸害全世界。六四屠城后，在坦克机枪的加持下，天怒人怨的红书重做黑老大。黑老大虽黄袍加身，终究众望不肯归。于是它弃妇般躺着，怨妇般蹲着，妒妇般站着，毒妇般张扬着，整一个"舍我其谁"的无赖样。

我怀着高度的鄙视，在垃圾堆里踱步，终于在角落看到一本《青少年近视眼预防》。

"这里买的书，不能带出去。"老狐提醒我。

"我把它写在信上，遥控指导儿子预防近视眼。"

"一封家书抵万金。难道你的家书就写这些？"

"我不写这个，又能写什么？"

"这……倒也是。"老狐一颔首。

每次写家信我都激动不已。千言万语，万语千言想尽情倾吐。但仔细一想，我能写什么？写憋屈，对不起，根本不能过检查关；写劳役，对不起，根本没兴趣；写狱情，实话实说不容许，美化歌颂不愿意。那就写舐犊情夫妻情，可想到一双双搜索的眸子警惕的眼，立马兴趣索然厌恶生。这才是，写亦难，不写亦难。

"你买什么书？"我懒懒地问。话一出口就后悔了：她哪来钱买书？

老狐笑呵呵地把一叠书递过来：《论青年人的世界观》《逆境中的崛起》《钢铁是怎样炼成的》。哦！她前夫虽不送钱，但她有灰色收入。灰色收入不但是公仆的专利，还生机盎然地绽放在监狱里。

"你已百炼成钢，难道还要回炉？"我嘲讽道。

"我是钢铁，她还是豆腐。我要把豆腐炼成钢铁，这是我的希望工程。"老狐兴奋得很。

"用索贿的钱捐给希望工程，这是贪官的特色。"

"在你面前我也不忌讳。监狱也是社会，各有所需买卖兴隆。"老狐坦然看着我。

"你知道你可爱在哪？"我笑着，"你又无耻又坦然。你不像媒体，做婊子还立牌坊。"

"谢谢夸奖！我要让她坚强，让她百炼成钢。"老狐拍着书，"奇迹一定会发生。"

"我知道你说的是小眼镜。可这里是大染缸，颜色越浅越易上色。"我没好气地说。

"她是一匹白胚布，我要竭力保护她。"

"要保护十三年，有效期太长，我怕你力不从心。"

"只要有一斤力，绝不使九两九。听说过吴炯的事吗？"

吴炯入狱时还是个学生娃。她与爷爷在争夺半导体收音机时发生肢体冲突，最终以'过失杀人罪'十五年。进狱后，带露珠的鲜花很快凋零，处子身也葬送在女流氓手里。从此，沉默的吴炯更沉默。在队长的干预下，吴炯担任了劳积会会员，又减了刑。但是，她再也回不到从前，她再也不是从前的她。

"我请求队长让她和我同监。"老狐动情地说。

"马上要分类改造了，一分类就要分组。"

"听谁说的？"老狐抓住我，鹰爪嵌入我的肌肤。

"你能告诉我，这一切究竟为了啥？"我柔声柔气，"你的格言是人不为己天诛地灭。你怎么会有普渡众生的胸怀？"

"因为她……太像我女儿，尤其是她的笑。"老狐垂下手，也垂下脑袋。

"听说表现好，就能和恋人见面。"米老鼠喜洋洋地说，"等这天，我头发都等白了。"她姓米，外貌酷似卡通里的米老鼠，所以当之无愧戴上此冠。

"你不行，因为你们不是夫妻。"小诸葛说。

"可我们是恋人啊，我们是热恋中的人。"她在"热恋"上加重语气。

"没结婚证，法律不承认。"

"难道监狱只考虑形式而不考虑内容？这不公平，绝对不公平！"米老鼠又沮丧又愤怒。

"为什么不晚生七天？"小红摇头，"晚七天，你就是十八岁不到的未成年人。望个风也判四年。"

"我希望判七年，和他同进监同出狱。"她坚决地说。"我渴望为他做牺牲自己，但没机会。现在，我们的爱情终于经受了严峻的考验。"

"生死恋！"小诸葛冷笑着。

"我们是不折不扣的生死恋。"米老鼠骄傲地抬起头。"我愿用生命的三分之一，换取我和他的接见。”

“然后一头撞死，双双化蝶。”长脚刻毒地说。

“化蝶也不错，就是步古人后尘不时尚罢了。”米老鼠有些苦恼。

“和他同饮毒药，就像罗密欧和朱丽叶。”

“步外国人的后尘，没新意。”

“那你们就手拉手，从五楼跳下去。”

“我们不可能同时上五楼啊！”她的认真，引来一阵笑。

“再说话就扣你分！”老狐很威严。

“不是我一人说话，为啥要扣我一人的分？”

“别人不扣就扣你，你能怎样？”老狐一叉腰，和政治局爷爷辈的流氓有的一比。

“老狐狸！上个月的接见已被你搞掉，你还准备咋样？”米老鼠腾地站起来，“你再使坏，我把所有的事抖到队长那里。”

“那我就让你生不如死！”老狐咬牙切齿。

星期天，上午打扫卫生，下午政治学习。“他的生日到了，帮我在卡片上写几个字。”

“队长同意吗？”我问。

“写好后再去求队长，我要把真诚的祝福送到他手里。”米老鼠激动地说。

“何苦！他把你害得还不够？”我叹了一口气。

“我愿为他付出我的一切。五三一，你好可怜啊。”

“可怜什么？”我苦笑着。

“这一辈子你一定没爱过人。不知道爱也得不到爱的人，还不可怜？”

“难道我是马王堆的木乃伊？”

“有爱才有奉献，奉献是爱的升华。”米老鼠坚定地说。

“爱就是拉着爱人犯奸作科？爱就是一个盗窃一个望风？爱就是手拉手坐牢？”

“既然爱一个人，就要爱他的缺点和犯罪。包容是爱的核心，牺牲是爱的精髓，患难是爱的极致，坐牢是爱的升华。”

“开口闭口爱，你认识他才几天？”我摇着头。

“确切地说三天。因为第四天已关进看守所。那天半夜，他把我领到珠宝店，说给我一个礼物。他让我替他望风，他则钻进门。站着站着，我有了不好的预感。于是我拔腿就跑，跑了一半折回来，看到他已经被五花大绑……”

“于是你冲上去，坚决要求和他绑在一起。”

"……虽然所有人都说我傻，但我愿意陪他坐牢。"米老鼠又挺起了胸。

"你是不是特喜欢看琼瑶、岑凯伦的书？"

"哎呀呀！你简直是我知音……这椭圆的心代表我的心，你帮我写……"

"红糊糊的卡片怎么有股怪味？"我皱起眉。

"红墨水涂的。"

"又狡猾了不是……以血明志？以血表心？"我看着她手腕上新鲜的伤口。

"我要在他生日给一个纪念。快写：你是我唯一的真挚的发自肺腑的永远的爱。我对所做的一切无怨无悔。就用这翘头钢笔写。"

"我不写，盗窃还无怨无悔？"

"你真蠢！所有吃官司的不是为情就是为色，唯独你上不着天下不着地，整一个迂货。"

"我才是真正的无怨无悔。"我拖长声音。

"哈哈！"她孩子般大笑，露出白而细的牙，"我真想有你这个姐。父母离异后我下决心，一定要找个爱我到天荒地老的人。"

"天没荒地没老，你就进来了。"

"进来就进来！疾风知劲草，烈火见真金，监狱能见证我的爱。"

"什么爱不爱？"老狐对米老鼠嚷着，"你修的毛全部返工。"

"怎么可能？"米老鼠赶紧走过去。"三八八，我修的毛哪里不合格？"

"既然她让你返，你就返呗。"三八八头也不抬。

"你是劳动组长，你要实事求是说话。"米老鼠嚷着。

"她要你返，你就返！"三八八依然头也不抬。三八八和老狐是狼和狈的关系，是叶群和江青的关系。可惜米老鼠只知道爱，不知道铁幕里的黑幕。

"赶快返工！"老狐厉声道。

"你挟公报私！"

"我就挟公报私，有本事你去告啊。"

"不就是索贿不成才报复？我就是踩了烂了扔了也绝不进贡。你这个无耻的老狐狸！"

"骂得好！骂得好！"老狐如一尊笑佛，笑口大开。

"放什么屁，还不去返工？"三八八没好气地说。

"返就返！"米老鼠气呼呼抱起衣服。走到小眼镜身边时，从鼻孔里"哼"了一声。小眼镜舌头一伸做个怪脸。

"五一"快到了，中队要组织文艺会演。各人自报节目，由组长权衡后上报。

"来来来！报报报！不要错过改造的好机会！"老狐拿着小本吆喝着。

"我报独唱。""我报舞蹈。""我报朗诵！""你怎么不报？"老狐凑到小眼镜前。

"我既不会唱又不会跳。""你可以朗诵或讲演，这可是加分好机会。""不高兴！""小祖宗！算我求你，报演讲吧！"老狐祈求着。"演讲稿我想办法，只要你点头。""烦死了！""就这么定了。"老狐高兴地合上本子。

"我也要！"米老鼠突然嚷着。"我也要演节目。"

"报名工作已结束。""她能上为什么我不能？""她就是能上，你就是不能上。"老狐冷笑着。

"我要报名！我要报名！"米老鼠一声声叫着。老狐傲然走着，越走越远。

不出所料，第二天，老狐果然把小眼镜的演讲稿让我写，我荣幸地成了御用文人。

"写可以，但有条件。""什么条件？""尽可能地体现公平，让米老鼠也参加演出。""你敢命令我？""我们只是交换而已。"我打着哈哈。"小眼镜是孩子，米老鼠也是孩子，你心胸就不能宽广点？"

"呱呱呱！"老狐大笑，"你的请求我答应，但你欠我一个人情。"

五月一日，小眼镜的演讲获得极大的成功。嘶哑而稚声的演讲，抑扬顿挫跌宕起伏。深情中带着忏悔，忏悔中带着希望。演讲打动许多人，包括队长。演出结束后，老狐破天荒把她的菜夹到我碗里，因为军功章上有我的一半。

"我把卡片交给队长了。"米老鼠喜滋滋地说，"队长说调动改造积极性，物质可转化精神，精神可以创造物质。我这月超产百分之十，再加上投稿和演出分，说不定能见他一面。"她笑了，雪白的牙齿闪着动人的光泽。看着她无邪的笑，我有点心酸。

"五三一，写几条标语挂上去。"老狐拿着纸，"队长让你去！"她朝米老鼠一挤眼。

"肯定是接见！"米老鼠撒腿就奔，恨不得爹妈多生二条腿。晚上送饭时，才发现米老鼠的小眯眼已经成了水蜜桃。

"是否不能接见？"我问。米老鼠不说话只是抽泣。

"不接见就不接见，距离产生美。拉开距离想一想，是否真值得你爱？"

"真被你说中了。"她抽泣得愈发厉害了。"他不但是有妇之夫，还是一个小把戏的父亲。"

"能清醒就好。"

"我不但被他骗走钱，还被他骗去……贞操。"米老鼠捂着脸，"他为啥这样？为啥？为啥？"

"远离港台言情小说，远离 CCTV 的言情剧。世上没有白马王子，也没有灰姑娘。杜撰为了赚眼泪，出书为了骗稿费。"我坚决地说。

"可是我……"

"吃饭吧，噩梦过去是明天。"我把饭盆递进去。米老鼠的痛苦，虽没消失，但她一点点从悲痛中走出来。她不再提她的最爱，她现在最喜欢和我聊天。

剪刀风波

"收工，进监房。"顾队长捧着八宝箱一走，老狐就把大家赶进小监。"咋还不进去？"

"这就进去。"米老鼠把杂物放进包裹，"咦！这里怎么有把剪刀？"一把铮亮的剪刀躺在抽屉里。"队长不是把剪刀收走了吗？"米老鼠惊讶地问。

我赶紧给她使眼色，但来不及了，老狐如闻腥的猫般冲过来。

"你再说一遍。"老狐激动得声音都变了。

"抽屉里有一把剪刀。"

"好！能发现就是好。发现异常情况能立功，立功能加分，加分能减刑，减刑能早点和你男友见面。"

"废这么多话干吗？不就是发现一把剪刀？"米老鼠不客气地说道。

"这不是小事，这是立功的大事，我保证你有好果子吃。"

"什么果子不果子，不就一把剪刀。"米老鼠进了小号，老狐一动不动，两只老拳攥得忒紧，阴鸷的笑挂唇边。我一悚：她又要使坏了。

第二天，顾队长前脚进办公室，老狐后脚跟上。半小时后，老狐旧貌换新颜。不但老眼熠熠生辉，连骨头包着的两颊也蒙上红晕。

"顾队长叫你！"她朝米老鼠招了招手。

顾队长和我同是六七届初中生。插队回沪后到监狱做管教，丈夫则是国营企业的党委书记。她平常的脸上长着平常的五官，贫乏的语言折射着贫瘠的思维。其实最适合她的工作，就是做幼儿园老师。跟小朋友唱唱儿歌，教教十位数里的加减法。一加一等于二是她的思维；接受熨平的奉承话是她的嗜好；黑就是墨，朱就是赤是她的定律。在她眼里，勤交汇报勤哈腰的就是好犯人。单一的思维中有一颗善良的心，莫名的优越中有一颗虚荣的心。她是二报一刊的忠实读者，她是宣传部培育的红色接班人。

"哎！这次跑道被她抢到了。"小红满怀妒意地看着她的背影。

"她不是抢跑道的人，她是城门里的竹竿，直来直去。"小诸葛话中有话。办公室传来说话声，声音越来越响，分贝越来越高。众人大惊失色。在这里，永远只有服从，没有 NO。争辩声越来越激烈，分贝也越来越高，老狐像困兽，兴奋而激亢。

"咚"，有东西摔在地上。老狐猛地朝办公室扑去。"咚"，又有东西摔在地上。争辩继续，但分贝一点点降低，期间夹杂着停顿，抽噎，呜咽，啜泣。

"五三一，这是怎么了？"小眼镜瞪大了眼。我叹了一口气，我能说什么呢？我能说什么呢？

办公室的门终于开了，米老鼠如出膛子弹般射出，后面跟着满脸红光的老狐。众人收起耳朵，收回眼光，若无其事继续干活，"哒哒"的缝纫机声掩盖了一切。

米老鼠拽条毛巾朝水斗冲，脸因痛苦而变形，胸口因委屈而起伏。"想知道我领什么赏吗？一写检查，二是取消当月接见。"她苦笑着说。

"是嘛？"我摇着头。除了加刑，这是监狱里最严厉的惩罚了。

"她们让我说假话，说不存在那把剪刀，剪刀是我杜撰的一个故事。但我绝不！"米老鼠甩着头，黑短发飘起来，"我绝不！"她又加了三个字，这三个字很有力，凝聚了米老鼠吃奶的力气。

我取下拖把走了，老狐狸犀利的目光在搜索。不要说风吹草动，就是风平浪静，她照样能掀起滔天大浪。一块臭石头，就能要了小草的命。这块臭石头，俨然就是大自然。

第二天，小组停下劳役，开始新一轮的攻坚战：米老鼠成了人人喊打的过街老鼠。顾队长坐在椅子上，脸色铁青，目光阴沉。一个简单的人能有如此丰富的表情，再次说明老狐强大的能量。伊索寓言里的狐狸，只是骗吃骗喝，但监狱里的老狐除了这两项功能，还能整出队长的龙颜大怒和一个货真价实的冤假错案。

顾队长没有阅读爱好，她只喜欢在办公室打毛衣。老狐坐在她下首，一边闲聊一边放线。放的线不短不长，恰如其分，让顾队长打毛衣时能收放自如；闲聊总是散中有点，点上有题，题上有穴。一个下午过去，毛衣织了半件，顾队长的心情也放飞了半个世界。

经过顾队长身边时，我很想冲进去对顾队长说：不用弯弯绕线，你已失去自我；不用针针编结，你已陷进罗网；你是驮着狐狸的老虎；你是被架空的君主。

"剪刀事件,是一起十分严重的政治事件。"这次开会,顾队长开门见山直奔主题。"这不是单纯地破坏纪律,而是有意识地诬陷队长。蹲大狱还搞诬陷,这是罪上加罪。"说到这,顾队长声音高了八度。

"剪刀事件是一起十分严重的政治事件。如果犯人对队长有意见,可以通过正当途径反映。用卑鄙的手法诬陷队长,居心何在?"顾队长朝四周来个大扫描。

所有人都低下头,只有米老鼠睁大眼迎上去,四目对峙,各不相让。"你?"顾队长大惊失色!

"还不低下你的狗头。敌人不投降就叫她灭亡!"老狐举起手臂呼喊道。

"敌人不投降就叫她灭亡!"下面一片呼应,"坚决批倒批臭诬陷犯!""坚决捍卫敬爱的顾队长!"

"既然反面教员跳出来,那就不客气打下去。我去开会。"顾队长起身离去。老狐神抖抖地站起来,用枯苦涩不失阴毒的目光巡视会场。整人是她最大的乐趣,凌驾于人是她最高的享受。我低头做记录,不愿和她打照面。

"队长为犯人呕心沥血废寝忘食,有人还妄图对橄榄绿示威,同犯能答应吗?"猴王一发威,猴仔岂有不呼应之理?天崩地裂的口号叫得震天响,其中尤以小红的呼声最为响亮。虽然她也是剪刀事件的亲眼目睹者。讨伐声,怒斥声,声音此起彼伏,句子首尾衔接,米老鼠终于淹没在人民战争的唾沫中。

我的手在写,心却在隐隐作痛。魔鬼能收买的,往往是死去的灵魂,在这里,甚至不需要半个铜子,照样能收买鲜活的灵魂。人啊人!究竟是万物之灵还是万恶之首?

记录结束时,一如既往地写上:全组出勤率百分之一百,全组发言率百分之一百,全组百分之一百的同犯一致同意……

写到此,我想起庐山会议;想起历次党代会;历次人民代表大会,历次政协会和乱七八糟的会议;想到一场接一场的整人的,讨伐的,杀人得运动;想到闹剧、丑剧、荒诞剧、悲剧、惨剧;想到出卖、囚禁、背叛,反戈一击,人头落地。我觉得记录纸太脏,擦腚也不配;记录纸太红,上面沾满鲜血。

一星期后继续开会,米老鼠从小号里出来,已物是人非。才几天功夫,她如雨中的花瓣迅速褪色。她的眼里,除了痛苦就是茫然。老狐神态和她相反,如打气的皮球注水的皮囊膨胀的很。与人奋斗,果然是一剂强心针。

"同犯们!她的检查不深刻,也不承认自己是诬陷,我们要和她斗争到底。"

"对!斗争到底!"

"请你教我怎么写？"米老鼠低声说道。

"教你？你也有谦虚的时候？"

"请你教我怎么写？"米老鼠依然低眉顺眼。

"你要承认你诬陷了队长！"

"你说我诬陷？"米老鼠抬起头，泪光闪烁。

"你为什么要诬陷队长？"老狐声色俱厉。

"可我……真看见一把剪刀。"她的泪终于砸在水泥地上，"你不是也看见剪刀了吗？你还让我不要声张？"

"放肆！大胆！"

"不就是一把剪刀没收进去？不就是我说了大实话？"

"死到临头还顽固不化。"

"是有一把剪刀，我亲眼目睹。"我心里一遍遍对自己说，"我不能再沉默了。"我猛地站起来。

"五三一，别忘了自己是什么罪？如果你愿把牢底坐穿，政府奉陪。"老狐冷笑着对我说。

"……开弓没有回头箭。"沪花使劲把我摁在板凳上，"你一开口，就是队长炮制冤假错案。你是参孙，也没回天力；你是女娲，也没补天力。"沪花的嘴贴在我耳边。

我黯然把玩着手上的笔。这笔不属于我，这手不属于我，就是胸膛里的心，也不属于我。

"苍天在上，我没有诬陷。"米老鼠声嘶力竭地喊道，一颗颗硕大的泪珠夺眶而出。

"还想翻案？铁证如山铁案如磐！"老狐的爪子朝下一劈。

"把她拖进去，关起来！"长脚尖叫道。

"对！割她的洗澡割她的荤菜，让我多吃，让我多洗。"小红摩拳擦掌。啊！又一个团结的大会，胜利的大会，载入史册的大会。中国有多少这样的大会？无休止的运动，无休止的罪恶，无休止的窦娥，无休止的杀戮。从镇反到反右，从"文革"到六四，苦难的中国连绵不断。

"我来把跳梁小丑拖进去。"小红挽起袖子。

"不用劳驾！我自己有腿。"米老鼠站起来。她脸上只有愤怒没有泪，一双眼虽然又红又肿，却闪着诡异的光。她笑着，倒退着走回小号。一抹绝望的笑挂在嘴边。

"她还笑？""恬不知耻！""厚颜无耻！"咒骂四起，群情激动。我绝望地闭上眼。

我把晚饭分给沪花和小浦东。在人声鼎沸的批判会上，她俩只是淡淡地扯了几句应景话。

"你不必自责。"沪花劝慰我。

"……至少我可以为她洗刷冤屈，但我没有。"

"你以为我们不知道她冤屈？所有人全是揣着明白装糊涂。为什么？因为队长的决定是最高指示。谁又能，谁又敢反对最高指示？"

"可是……"

"你不是普通的刑事犯，你是政治犯。你一掺和，就加上政治色彩。有政治色彩，那就更说不清了。论德高望重，巴金如何？论才高八斗，郭沫若如何？论女中豪杰，丁玲如何？论位高权重，朱镕基如何？"

"你扯远了。"

"一点不远。巴金在运动中说了违心话；郭沫若在儿子自杀后还声讨；丁玲在延安时是整人老手……"

"那朱镕基呢？他可是铁包公。"小浦东接上口。

"铁？我看也就纸糊的。屠城后他没挂靴而去，反而在高压下不停地写检查。他为自己谋仕途，也为后代谋仕途。"

"他儿子也当官？"

"中国的仕途就是曲线捞钱。他这棵劫后余生的大树不为百姓庇荫，只为子孙庇荫。你记着一句话：洪洞县里无好人，中国官场无好人。"

"可我……"我捂着脸。

"你不必羞愧。忧国忧民轮不上你；捍卫正义轮不到你。别说除暴安良，独善其身也办不到。别把眼瞪着我：人是高级动物，有时却不如低级动物。"我呆呆地看着沪花，放荡的女人怎么有如此犀利的思想？

"五三一出来！"老狐鬼一般叫着，我怏怏地站起来。我恨她，却还要服从她的指挥。

水如银链一点点下坠。很久，我就让它这么坠着。一只爪子伸过来关了龙头。"放这么多水，你想让米老鼠洗澡还是游泳？"

"不让她洗澡，难道还不让她擦身？"

"得了！我还不知道你那点心思。你想用水换回内疚；想用水来抚慰良心。"老狐嘲笑道。

"你不要逼人太甚。"

"呦！口气比力气大，吃了熊心豹子胆？"

"杀人不过头点地，老娘大不了不减刑。"我把桶使劲一摔，"你可能一手遮天。但是小队上面有中队，中队上面有大队，大队上面还有监狱。"

老狐的脸当即抽搐起来。

顾队长和朱中队长的矛盾，是这里公开的秘密。顾队长可以被老狐玩弄于股掌，但朱中队长绝不是被绳子牵的木偶。

"你放水！你高兴放多少就放多少，真是狗改不了吃屎，做犯人还喜欢打抱不平。"老狐恼怒地说。

"尽管用，不够再打。"我把一盆热水推到米老鼠面前，"我对不起你。"

"我知道你难，所以不怪你。"

"我现在是个懦妇……但曾经不是。"我低下头。

"这里是地狱。从现在起，我在地狱绝不说真话，也绝不相信任何人。"米老鼠红红的眼里，有了困兽犹斗的坚决。

我使出了吃奶的力气，才把满满一桶水倒进水斗。砌水斗的肯定是长臂猿，不然水斗会砌这么高？倒完水我倚在墙上大喘气。窒息的环境，超负荷的劳役，分分秒秒的认罪，让我成了一根外表圆润内部空空的芦荟。

"有多少同情就付出多少力气。"老狐冷冷地说道。

"我愿意！"我毫不客气地反击。

"老吴！米老鼠跑出来了。"有人嚷着。

"进去，不许出来！"

"水打翻了，我去拿拖把。"

"五三一，你把拖把拿来。"老狐紧赶慢赶把米老鼠赶进小号。

"进去就进去！"米老鼠爽快地退回小号。

"好好待着，说不定在里边过年呐！"老狐双手合拢唱个喏。

"里边好，里边还有人伺候你呢。"小红和老狐表演着二人转。

"呱呱呱！"老狐笑着。她应该笑，自从把小组里唯一敢骂她的人关进小号后，收到的贡品如中共国的 GDP，绝对翻了一番。最荣幸的是，她的肩膀还被顾队长拍了一下。龙恩浩荡龙恩浩荡啊！难怪毛主席喜欢搞运动，一运动就把所有的关系理顺理畅，连黄杨木梳都不需要。

"老吴，能否增加看电视的时间？"长脚气呼呼地问，"我们在剪刀事件上可是立场坚定爱憎分明。"

"这个我明白，今晚就加。"

"你让我们吃空心汤团？"长脚冷笑着，"本来今晚就轮到我组。"

"那就加在明天。"

"太好了，连续剧可以连看喽！"小眼镜鼓起掌来。

"看电视没你的份。批判时寡言少语火候不高，现在倒和有功之臣分享胜利果实。"小红生气地说。

"老吴，这违背公平合理的原则。"长脚愤慨地嚷道，"论功行赏轮不到她。"

"队长让我们加强团结，保持稳定。"一看大水冲了龙王庙，老狐急忙搬出圣旨。

"写两条标语，是气氛更是震震慑"老狐喜洋洋地旋开墨汁瓶，摆出红袖添香的架势。我无奈地拿起笔。

"五三一，你的字越写越差了！"

"顾队长！"我勉强打了个招呼。

"你看，头这么大像萝卜，这里宽得像抹布。"

"豹头雁尾是隶书的特点。"我谦卑地说。

"什么头啊尾啊，你以为在解剖鱼吗？反正字没有以前写得好。"

"那就撕了重写。"老狐连忙说。

"已经写好就算了。"顾队长很有风度地挥挥手，走了。

"顾队长为啥现在不喜欢你的字？为什么？为什么？"老狐皱着眉反复问道。

"以前是魏碑，现在是隶书。"

"既然这样，为啥不写违背？"

"你写。"我冷冷地把纸推过去。

"五三一，你尾巴翘上天了。"老狐拉下脸，"让你写是看得起你，不要敬酒不吃吃罚酒。"

我微微一笑："你这个愚蠢的老狐狸。知道我为啥不用魏碑用隶书吗？因为隶书可以最大限度地抹去标语的霸气戾气。"

一无所有的我，要用笔来保护和捍卫我仅存的自尊。

收工了，顾队长端着工具箱收剪刀，左点右点少一把。"怎么少了一把？一，二，三，四，五，六，七，八。九。怎么数来数去就是九。"顾队长不耐烦了。

我笑了，顾队长数数时有牙牙学语的稚嫩。老狐横我一眼，我赶紧拎着桶去打面。

"咋回事？难道真少了一把剪刀？"顾队长现在不是不耐烦，而是惊慌。

"所有人全部进小号！"命令一下，众人如无头苍蝇般直扑小号。三个组长钻进桌子，开始寻寻觅觅。

十分钟后，三人灰头土脸地钻出来，除了灰尘一无所获。

"咋回事？"顾队长脸色阴沉如海。

"您别急。"三八八直挺挺跪在地上，双手摸索，寸寸挪动。生活组长撅着屁股，见缝就钻，活像耗子。老狐干脆合扑在地，如舍身的排雷兵。我也放下拖把加入搜索，现在只差掘地三尺。

"究竟找到没？"顾队长陡地提高声音。

"没……"老狐的上下牙开始紧密团结。没找到剪刀就不能封工具箱，没找到剪刀就要汇报监狱，因为剪刀是犯人自残的最佳工具。一把剪刀是一颗定时炸弹，一把剪刀能拔了先进监狱的红旗，这可是牵一发而动全身。退一万步说，这事要让朱中队长知道，顾队长的脸往哪搁？

"怎么办？怎么办？"顾队长的脸上有了汗。我突然看见一双眼睛，一双带着笑带着恨，带着狡黠，带着得意的眼睛。我明白了：本来没有剪刀事件，非要杜撰一个剪刀事件；现在真地逼出了一个剪刀事件。

"全组关小号，电视取消。一天找不到剪刀，休想出小号！"顾队长捧着工具箱走了。

"没有狼，老叫狼来了；现在好了，把真正的狼唤来了。"小诸葛冷笑道。

"竹篮打水一场空。别说加电视，原有的都取消了。"

"这叫偷鸡不成蚀把米，其实我早知道……"

"你知道什么？你知道什么？"老狐一蹦一丈高，"你说！你说你知道什么？"嶙峋的爪子伸进栏杆。

"我……我什么都不知道。"六百号吓得花容失色。

"哼！只要毛主席的心脏在跳，右派绝不会平反。只要老狐没死，你们休想翻案！"老狐此言一出，所有的议论销声匿迹。

"快吃饭！快吃饭！饭后要搜监。"老狐气鼓鼓地宣布号令。最后一口饭还含在嘴里，顾队长就来了。打开行李被褥，翻出所有衣物，拎出马桶脚桶，撬起门板地板，真正的掘地三尺。

队长冲进我的小号，拎起塑料袋就撕，纸片如雪飘落在地。队长的脚无情地踩在卡片上，粗鲁地踏在家信上。这一刻，我有了被蹂躏感。这是儿子送给母亲的音乐卡，这是丈夫写给妻子的信。我虽被打倒，但只是肉体而不是精神。我要冲过去，我要推开她，把宝贵的卡片抱在我怀里。

"五三一，把包裹打开。"顾队长一努嘴，"还愣着干嘛？"我默默打开包，又一次天女散花，又一次践踏蹂躏。

顾队长终于走出小号，我扑过去，把卡片和信紧紧搂在怀里。我不仅不能保护儿子，还不能保护他送给我的礼物。

"覆巢之下，岂有完卵？"沪花拾起内衣，上面有黑鞋印。我的心，痛到麻木。

十个小号翻遍了，所有耗子洞窥视了，所有蟑螂巢光顾了，还是不见剪刀。抽屉被翻得哇哇叫，板子被撬得吱吱响，旮旯被打得金星闪，垃圾被掏得热气冒。现在只剩下唯一的死角，就是十只臭气熏天的马桶。

"顾队长！您能否走远点？"满头大汗的老狐恭恭敬敬地问，"我准备翻马桶。"

"仔细点，绝不放过细节。"顾队长蹚足而去。

"快把马桶拎过来！"老狐狸吆喝道。

"马桶还没倒呢！""放屁！倒了我还检查什么？""什么？难道你要搅粪桶，做搅屎棍子？""为了揪出阶级敌人，我愿意做革命的搅屎棍子。"

"对！狐狸再狡猾，也斗不过好猎手。"小红谀笑着。

"应该说老鼠再狡猾，也斗不过老狐狸。"小诸葛嘀咕着，于是窃笑四起。

"他妈的！马屁拍到马脚上。你这臭嘴啥不能说，偏说老狐狸？"老狐瞪了小红一眼，于是窃笑又起。

"快把马桶拎来，老娘要升堂问斩。"老狐摆出县太爷的架势。一只只马桶排列整齐规范有序，像一群听话的红领巾。

老狐郑重地戴上老花镜，一手捏鼻一手操棍，大号棍在粪桶里使劲搅使劲拌，臭气如魔鬼四下逃逸，有人咳嗽，有人呕吐，当下就熏倒一批。

"不好了……"尖叫声无比刺耳。

"谁昏过去了？"

"不是人昏过去了，而是老狐的眼镜掉进去了。"

"掉哪？""废话，当然是粪桶。""哈哈！哈哈！"所有人都笑了。笑得前仰后合的是米老鼠，她边笑边朝我挤眼，我们有了心照不宣。

搜查行动一直进行到晚上。月上柳梢，搜查小分队只得鸣金收兵。

一对一、背靠背的大揭发开始了。一条条线索报上去，一个个疑点排出来，一个个提议出笼了，一个个疑犯列出来。蛛丝马迹比比皆是，就是看不到清晰的背影；风吹草动频频出现，就是捉不到嫌疑犯。忠诚的脸上有忠诚还有叵测，震耳的口号里有激昂还有诡谲。近看，一个个是靠拢政府的好犯人；远看，每个人是藏匿剪刀的嫌疑犯。这才是雾里看花，眼花缭乱；云里看景，扑朔迷离。

剪刀还没找到，敌情倒筛出一大堆。顾队长手托下巴陷入沉思。队长在沉思，老狐也在沉思。她眼珠转啊转，转了几个来回，一拍腿冲进办公室。

米老鼠再次被叫进办公室。这次传出的不是争辩声或抽泣声，而是和风细雨谈话声。这中间，老狐出了两次办公室。一次是把一只茶杯拿进去，还有一次是为茶杯续水加温。

"老狐给谁加水？"

"废话！当然是队长。"

"胡说！队长不是这只杯子。"

"那就是老狐的。"

"不！"小眼镜肯定地说，"老狐绝不是这只杯子。"

"照这么分析，那是老狐给米老鼠续水？"小诸葛思索道。

"老狐恨不得扒她的皮，怎会给她倒水？"短兔连连摇头。

"给她加水，说明老狐有求于她。"小诸葛说，"能当着队长面给她倒水，说明队长也有求于她。这就是说……"

"让米老鼠继续做替罪羊？"

"这次不是做替罪羊，而是找到真凶。"小诸葛斟酌着。

"真凶？米老鼠关进小号足不出户。"

"有一千年做贼，没一千年防贼的。记得那一天吗？那天她从小号窜出说要拿拖把……"

"你是说……"小眼镜激动万分。

"我啥也没说。"小诸葛低下头继续干活。

"妈啊！"小眼镜把滑下的眼镜推上去，"我以前崇拜波罗先生，现在崇拜你。"

"我有啥可崇拜的。不过我断言，这案子一定破不了。"小诸葛有些轻飘飘。

"为啥？""事情的发展，取决于当事人性格。米老鼠在淫威下都不低头，反戈的她怎会屈服？"

"这事轮到我，我也不认账。"小眼镜说。

"现在，敌我双方呈胶着状态：队长就算知道是米老鼠干的，也无计可施。"小诸葛说。

"笑话！难道政府对付不了小毛贼？"

"没录像，没录音，没人证，没证据，这是无头案。"

"这话欠妥，要找人证易如反掌。"沪花插了一句。众人先是一愣，接着会心笑了。

"那录音录像呢？除非移花接木，狸猫换太子。"

"目前来说，这可能性不大，这需要技术含量。"小诸葛斟酌着，"既是这样，下一步棋就是诱供。"

这时，米老鼠从办公室走出来。她高举杯子，像首长在飞机舷梯上，高举鲜花面对媒体。所有人停止干活，热烈地瞅着她。确切地说，不是瞅着她的脸，而是瞅她手上的杯子。这不是杯子，这是队长献给她的橄榄枝。

米老鼠走出小号，老狐就朝办公室窜去。"交代了吗？"小眼镜急切地问。

"交代啥？"米老鼠一扬眉。

"你就交代吧。"小红乞求道，"我们连电视都不能看，再这样也成了米老鼠。"

"可惜你们不配像我。"

"我们也知道对不起你，但有什么办法呢？你说我们现在能做什么？"

"继续批判，继续斗争。"

"再这样，我们也享受四割了。"长脚可怜兮兮地说。

"对！割她的澡割她的荤，让我多吃，让我多洗。"米老鼠模仿着长脚的摩拳擦掌。长脚一下子瘪了。

"放我们一马吧。"小红媚笑道。

"我把跳梁小丑拖进去。"米老鼠模仿着小红捋袖子。小红一下子也蔫了。

"你做了坏事就要敢于承认。"六百号不甘地嚷道。

"我做了什么坏事？"

"你把剪刀藏起来了。"

"证据！"米老鼠斩钉截铁地说。

"那天你冲出小号拿拖把。"

"你为啥不当场活捉？为啥不当场活逮？"于是六百号也败下阵来。

"虽然没有证据，大家心里明镜似的。上次的事，大家心里也明镜似的。"小眼镜脱口而出。众人先一愣，接着会心一笑：皇帝没有穿新衣服，谁不知道？

"我可以承认拿了剪刀。可是，谁知道剪刀藏哪？谁能把剪刀取出来？"米老鼠笑得灿烂，如一面胜利的旗帜。这旗帜曾伤痕累累，曾弹孔无数。

"没有罪时被诬陷有罪，有罪时却无法判罪，这就是中国的法律。"小诸葛感慨道。

"这是有帮闲，有帮凶的法律。"米老鼠冷笑道。

"你帮帮我吧！"短兔祈求着，"今晚电视里有香港演员汤镇宗，我想他很久了。"

"你帮帮我吧，没有接见就看不到儿子。"长脚也涎着脸。

"我帮你们？当初你们是怎么帮我的？"

"我们也是……人在江湖身不由己。"

"既然你们可以身不由己，我也可以身不由己。正是成千上万人的身不由己，造成了如今身不由己的局面。"米老鼠声色俱厉。

"张三冤屈，李四看戏；李四冤屈，张三看戏。恶性循环永无止境，人间悲剧历演不衰。"小诸葛话一出，众人皆默然。

"你们应记着这句话：己所不欲勿施于人。"米老鼠敏捷一跃，跳回小号。

"开会！"老狐耷拉着腮帮子。这个月的红旗没了，季度先进也没了，顾队长对她的赏识也没了。她的脸皮居然让黄毛丫头撕了。她设计的陷阱，把自己套进去了。

这边案情没有进展，那边影响已从一楼扩展到五楼。现在不但中队戒严，连九大队周边地区也戒严了。搜查如篦头发，上上下下里里外外篦了几个来回。所有绳子接受检查，所有拖把接受检验。垃圾桶敞开肚皮，粪坑掀起头盖，等候一拨拨督察员，迎接一批批的棍棒刀叉。

先是中队长来了，接着大队长来了，来者的头衔逐级递增，来者的脸色渐次发青。全大队现在笼罩在惊恐中：说不定明天要列队欢迎监狱长的造访。

顾队长的脸，已分辨不出颜色，赤橙黄绿青蓝紫轮番上阵，犹如开了个染坊。五官抽搐，如被殴的拳击手。她有时一言不发，有时猛发连珠炮。不发言时没震慑力，连发珠炮时没战斗力。

至于老狐更不能幸免。顾队长把所有怒气撒向她，骂得她狗血淋头。声音之大，隔着门也能听清楚。

"既有今日何必当初？这才是种瓜得瓜，种豆得豆。"小诸葛说，"这几年，多少人死在她枪口下，多少人的减刑被她搅黄。不是不报，时辰未到。"

老狐蹒跚地走来。这几天，她不但腮肉迅速下垂，连脊梁骨上的钙质也大量流失。现在她最担心的是，组长宝座是否岌岌可危？

"要是不做学习组长，活着还有什么意思？"老狐自言自语道。

"你就为权势而活？生是权势人，死是权势鬼。"我把碗一摔。

"没权势，连江青都活得无滋无味。"

"你的有滋有味，就是不断整人、斗人、搞人、害人。"我凶巴巴地说。

"上瘾了，我无法摆脱它带给我的快乐。"

"这是你的毒品，一分一秒也离不开的毒品。"

"离开时，就是我生命的终结时。"老狐有气无力。

三天过去，西线依然无消息。第四天清早，朱队长匆匆走来。老狐殷勤迎上去。朱队长视而不见笔直朝前走，一直走到水斗边。她站了一分钟，然后踩着小凳爬上水斗，她把头朝窗外探去：窗外拦着一排玻璃钢。

"剪刀在这！"

"真的？"老狐激动得话也说不囵囵，"我去取！"

"不！"朱队长转身下楼。十分钟后，窗外有动静。

"我上去。"梯子响了，男队长一点点爬上来。"在哪？怎么看不见？"

"在管道和管道的缝隙中，眼睛看不见，只能用手摸。手再进去点，左边一点。"

"当心！抓住梯子！"下面传来一片惊呼声。

"我终于碰到它了！"男队长兴奋地喊道。

"哦！拿到了！拿到了！"在一片欢呼声中，第十号剪刀如红宝书般被请下管架。

"好家伙！不偏不倚躺在缝隙中。"男队长兴奋地说，"就是塞，也塞不到这位置；就是嵌，也嵌不了这么准。朱队长，你咋知道的？"

"天亮时我做了个梦。梦见一把剪刀扎在木头上。我想这是预兆，这是暗示。"

"这下我们能睡安稳觉了。"所有的队长松了一口气。

米老鼠被请进中队部，接着又被请进小队部。内容不详，只知道"请"的时间很长。"招供了？"众人纷纷打探。

"除非江河倒流。"米老鼠昂着头。虽然还是关进小号停止接见，但她是骄傲的白天鹅。五十天后她终于走出小号，是朱队长下了特赦令。

"干得好啊，老田鼠！"我用《共产党宣言》里的话迎接她的解放。

"朱队长说，只要说出事情真相，处分取消，既往不咎。"

"你告诉她了？"

"我绝不再说真话，我绝不再相信任何人。"她眼里射出两道寒光，"在这里，天使也被逼成魔鬼。"

她成熟了，不但学会了保护自己，还学会了反击。

"我想不通。"小眼镜说，"为什么经历剪刀风波后，老狐狸依然雄踞组长宝座？朱队长又不是顾队长。"

"因为……"

"因为什么？"所有的眼睛都射向小诸葛：这是每个人的问号。

"如果我们是羊，老狐狸就是藏獒；如果我们是狼，老狐狸就是狼王。只有凶狠残忍，才能为统治者管辖天下。"

"小诸葛又说天书？"老狐笑着走来，两颊的肉又开始堆积。

"她在说你。"长脚跳出来说道。

"我洗耳恭听。"老狐扯着耳朵说道。

"我没说什么。"小诸葛支吾道。

"不要说少一把剪刀，就是失街亭，也不会出现挥泪斩马谡的一幕。"老狐冷笑着。

五年后的一天，我路过南京路，突然有人叫："篱笆！泥巴！"一个珠光宝气的女人，站在宝马车旁朝我招手。

"你是？"我迟疑道。

"我是米老鼠！"

"……呵呵，米老鼠成了金老鼠？"

"客气！客气！"涂满蔻丹的手夹着名片递来：香港××国际贸易公司总经理助理。"有困难你来找我，虽然我和父母都不来往，但是我愿意帮助你。"

"为什么？"

"你是小组里唯一没有批判和揭发我的人。"

"宝贝！"一个戴着金丝眼镜的老头从车里走出来。

"这是我的大令，也是我的总经理！"她亲昵地挽着老头的手臂。

"你们做什么贸易？"

"只要赚钱啥都干！"她做了个优雅的手势。阳光下，硕大的钻戒晃得我睁不开眼。

"他有'知天命'吧？"

"就是'耳顺'、'古稀'我也干。"米老鼠的态度很坚决。

"宝贝，她是谁？"老头问。

"她曾是我的一个朋友，一个好女人，同时也是一个傻女人，一个傻得不能再傻的女人。"猩红的唇，贴在斑白的鬓边。

"拜拜！有事打电话。"她指指我手中的名片，接着莞尔一笑，挽着老人径直走向大门。我抬起头，"华侨饭店"的金字招牌，重重朝我压来。

第九章 爱的迷失

短兔

　　今天产量要交，记录要汇总，还要大扫除，事情多得不计其数。一听到大帐到，我拎起桶一溜小跑。楼梯口站着一群新犯人，有扛包裹的，有夹包裹的，有挑包裹的，就如十六铺码头上涌来的难民。难民生旦丑末，有哭丧着脸的，有呆若木鸡的，有悲痛欲绝的，有萎靡不振的。中国监狱的主力军是草民加屁民，偶有大鳄落网也雄踞关隘处，等待朋党的接应。

　　"小萍！"一个细嗓子嚷着。

　　"哎！我在这呐！"一个女人喜气洋洋地接应。我一愣，虽然中国人的乐观精神闻名于世，但提篮桥毕竟不是巴厘岛啊！

　　"我的包呢？"

　　"俪俪放心，人在包就在。"女人气昂昂地举起拳头，像出征鸭绿江的巾帼。

　　"这么说，人在阵地在？"

　　"对！人在阵地在，人在旗帜在！"

　　"你办事，我放心！"

　　"绝不辜负组织上的委托。"二犯人一问一答，一唱一和，像总攻前的阵地动员会。

　　"何人在此喧哗？"老狐一脸怒容冲过来。小萍一吐舌头，接着大笑。

　　"笑啥？这里既非旅游点，也不是大剧院。"

　　"我喜欢笑，碍你什么事？"

　　"这是什么地方？你是什么人？你到这儿来干什么？"老狐瞪着眼问道。

　　"这里是监狱。我叫小萍。我到这里来改造。"小萍对答如流。

　　"短兔，回答得好。"细嗓大声喝彩。

　　"短兔？谁是短兔？"老狐警觉地弓起脊背。

　　"别紧张，鄙人外号短兔。俪俪！我绝不让你失望。"

　　"祖国和人民在看着你呢！"

　　"朝我开炮！朝我开炮！"又一串此起彼伏的呐喊。

　　老狐气得嘴都歪了："对监狱如此有感情，看来不是一进宫？"

"你说对一半：第一次上妇教所，是人民内部矛盾。第二次判刑上提篮桥，也是人民内部矛盾。鄙人的特点，专搞男女关系而不搞政治。"

"恬不知耻哦！"有人插嘴道。

"天呐！我的平终于说话了。天呐！天呐！"短兔把热辣辣的眼风扫过去。

平是个眉清目秀个子高挑的女人。说她是女人，不如说她是男人：头发三七分开，立领衬衫束进裤子，活脱脱一个山寨版的川岛芳子。

"为了引起你的注意，费了我好一番口舌啊！"短兔热烈地瞅着川岛。

"说这话不是第一次，也不是最后一次。"川岛双手插袋，双脚微抖，长长的颈脖如天鹅，确实有才子的倜傥风流。

"这不是我第一次说，但绝对是我最后一次说。"短兔热切地望着平。

"看什么看？"老狐大吼道。

"你不盯着我看，怎么知道我在看？"

"难道你吃了豹子胆？"

"豹子胆没吃，她吃的是春药。"俪俪挤过来说道。

"我就是不吃春药，整天也陶醉在春风里。"短兔一昂头，黑色的短发随之飘起。

"你有本事的话，不要分在二组，不然有你好看。"老狐伸出鹰爪。

"我倒要试试这一个造化。"短兔用肘去撞川岛。川岛不露声色抖腿依旧。短兔的眼里，流淌着肆虐的野火。

"老田，还有几个月？"老狐边下楼边打招呼。

"瞎子磨刀天快亮喽：还有五个月。"

"我也是瞎子磨刀——天亮了。"

"你不是十八年吗？"龅牙皱起眉。

"田主任能从十二年减到七年，我就不能从十八年减到八年或六年？"

"我得减和你的减有区别：我是法院改判。"

"你能变出单据，我能点石成金。"老狐的眼眯成一条线，好一条犀利的线。

"你可不能胡说八道。"老田的脸部肌肉有些抽搐。

"你怕啥？这可是终审判决。"老狐冷笑道，"谁能扳动最高人民法院这棵大树？"

"人多嘴杂嘛……"

"我可以把嘴封上，不过你欠我一个人情。"

"OK。"龅牙露齿一笑，匆匆上楼。

"我点到她穴了。"老狐洋洋得意，"她的天机掌握在我手里，不过我不告诉你。"

"留着你自己慢慢品尝吧。"我装得很冷漠。

"我还是告诉你吧。"五秒钟后她果然开口，"上个月，高院给她减了五年刑。"她把五个青筋毕现的爪子伸过来。

"真的？"我倒吸一口凉气。

"从进来的一刻，她就在想这事，现在终于心想事成了。"老狐带着嫉妒也带着怒气。

"不要说五年，五小时都是好的。"我叹了口气，"她是冤假错案的受害者？"

"你真傻！真正的冤假错案翻不了案。所谓的'申诉成功'，是接应的另一种形式。"老狐冷笑道。

"那总要有个理由吧？"

"单据就是理由。单据有真有假，关键在于法院是否认可。如果法院认可，哪怕纸从粪坑掏出也算；如果法院不认可，金砂写在羊皮上照样不算。"

"功夫在诗外。"我悲愤地说，"收十万，可以说受贿索贿，也可以说经济来往，更可以说是借款。虽然有'重在证据'，问题是认可权在法院手里。"

"说得好！"老狐一拍我肩，"好好跟我学，我是半本康熙词典。"

"怎么不是半部《论语》？"

"《论语》太酸，酸东西在中国行不通。"

"不过我还是不明白，为什么庭审时不提供，现在申诉时提供？"

"家属说这次搬家时才找到的。单据真假不要紧，要紧的是先打通法院的关系。"

"无耻啊！无罪还是有罪，全攥在法院的手里，不！全攥在政法委的手里，或者说攥在党的手里。"我愤怒地说。

"俗话说，愤怒出力量。在中国，愤怒就是出棺材。"她看着我，浑浊的眼里有怜悯还有嘲弄，我转过身不理她。

"高院的裁定书下来的那天，老田紧张得路都走不动了。两个队长把她扶进去，当听到减去五年时，她一屁股坐地上嚎啕大哭。"

"所有的中国人都应该哭：因为他们不幸生在中国。"

"她的改判全靠她的丈夫，他是个水银泻地无孔不入的角色。当初她转到看守所，路子通到看守所，结果转了五个看守所，路子通了五个看守所。法官说，难不成你的力量比我还大？一怒之下，判她丈夫一年'妨碍公务罪'。

要是她男人不坐牢，她也不会判十二年。去年减一年，现在再减五年，结果十二年官司只吃六年。"老狐气呼呼地说。

"二组的大帐。"一位老婆婆指着箩筐。她不但慈眉善目，连声音都很柔和。

"这老太像不像菩萨？""像！""可她是蛇蝎心肠。""啥罪？""管总帐的你说啥罪？"老狐冷笑着，"她是民政局局长，贪了孤儿的养命钱，吞了寡母的活命钱。他妈的！做了犯人还管帐，还是人上人。"

"应该把她发配到劳动队。让她挑粪桶，刷粪桶，让她赎罪，让她忏悔。"我狠狠地说。

"她先干有权又轻松的统计活，接下来就是加分，假释，保外就医的三部曲。"

"也是公仆'入党，提干，搞腐败'的三部曲。"我恨恨地说。

"还不快走？"一声叱喝，竟来自慈眉善目者。

"我……歇口气。"一个瘦弱的女犯扛着纸箱，倚在墙上喘气。

"别站这影响我工作。"老女人一推，瘦女人摔倒在地。箱子压在脚踝上，她痛苦地皱起眉。

"你干嘛？"我实在忍不住问道。

"她自己摔的，你不要兴风作浪。"菩萨脸顿时成了狼外婆脸，"在外面对社会不满，在里面对监狱不满，有人天生就有反骨。"

"放你的狗屁！"我放下铅桶冲过去。

"这就是你不对了。"老狐冷冷地说，"队长三申五令不许谈案情，你一张口就是案情，这不是顶风作案吗？夹枪带棒含沙射影，影响了改造的环境，咱们找队长谈谈？"

"……对不起！我人老嘴臭不会说话。"狼外婆转眼成了老苦婆，"对不起啊！"

"先记下这笔，咱后会有期。"老狐拎着桶扯着我上楼，"真是江山易改，本性难移，你怎么还喜欢打抱不平？"

"这是我的原罪，一辈子也改变不了。"我气呼呼地说。"咦！不对啊，她怎么知道我的案情？"

"监狱是信息最发达的地方，传播靠的是口耳相传。"

"一定是你告诉她的。"

"你的事还需要我传播？进监狱第一天，一楼到五楼的栏杆挤满了脑袋，人人都想瞻仰一个疯子的芳容。"我沉默了，事实确实如此。

"贪污受贿是香饽饽；小偷小摸是小点心；杀人放火是大众菜；政治犯

是案板上的肉，谁都可以操刀剁几下。你这个异类啊，要不是队长的关照，早被犯人撕成碎片了。"

"这个……我明白。"我带着感激沉重地说。

"别忘了还有我的关照。"老狐一龇牙，"县官不如现管。告诉你，想拍我马屁的人多了去了。我一直保护你是因为你身上有血性。"

"没血性的人谈血性，太可笑。"

"正因为我身上没血性，所以才欣赏有血性的人。你是这里稀缺性动物，我像保护大熊猫一样保护你。"

三楼未到，远远就听到短兔的声音："倒大霉了！相爱的为啥天各一方，为啥不能分在一个组？"

"你拉倒吧。"

"虽说望梅止渴，毕竟会憋死我啊。哇！"短兔发出一声尖叫。

"大小姐走吧，这不是十八相送。"老狐冲过去，直挺挺地站在短兔身后。

"唉！"短兔失神地踮起脚，前面是川岛远去的身影。

"把她的靓影刻在你大脑皮层吧。"老狐推着短兔说。

"再见了，我的爱！"短兔转过身，脸上写满悲痛。

"你和她住这一间。"老狐指着长脚说道。

"不！"

"你排个名单给我，我照你指示办。"老狐一摊手。

"我可以和任何人住，就是不能和她住。"

"这是住牢房不是入洞房，这是吃官司不是选新郎。要不要和我住？"

"太好了！"短兔拎起行李。

"和我住，现在你还没资格。走！"老狐押着短兔，短兔撅着嘴，十二万分不情愿地挪动脚步。我噗嗤一笑：叫她短兔真绝了！长长的腰肢下，是两条短得可以忽略不计的腿。

下午开中队会。当我拿着小板凳去时，众人已经坐好了。

"哈哈！"一阵大笑。是谁这么开心？

"格格！"一阵狂笑。谁这么放肆？

"呱呱！"一阵淫笑声传来。谁这么色胆包天？我踮起脚，原来又是短兔。她不但笑成一团，还腰肢乱颤手脚乱舞。前面是川岛，她的笑声和肢体语言，是献给川岛的礼物。她绝对是一棵有方向感的向日葵。

"小萍，你咋这么高兴？"老狐悄无声息地出现了，"是否高兴见到意中人？”

“什么意中人？不要谈这些乱七八糟的事。”

“好嘞！倒打一耙扣零点五分。”

“凭什么？凭什么扣零点五分？”短兔急得脸红脖子粗，川岛却不露声色，依然抖着腿。

“猴急了？”

“我急什么？为了她，我愿意扣分。”短兔把拉长的声音送了过去。

“这可是你说的。既然这样，我成全你：扣两分。”

“扣这么多？”短兔猴急地嚷道。

“扣得越多，越能体现你忠诚的爱啊。”

“平！我的平！”短兔踮起脚跟热烈呼唤，川岛平静地抖腿，头都不回。

“剃头挑子一头热。”老狐狸冷笑道。

“为了她，我无怨无悔。”短兔一甩头发，有慷慨就义的从容。川岛微笑着把一条腿搁到另一条腿上，干脆晃起二郎腿。

“平笑了！我的平笑了。”短兔欣喜若狂。人群中爆发出一阵讪笑。

晚饭时，短兔坐在门边，长脚坐在马桶上。二人一里一外，尽可能地保持最远的距离。“有好戏看哦！”小不点挤着眼，“她们在看守所时打得不可开交。长脚看上短腿，短腿看上长颈。”

“什么乱七八糟的！”我厌恶地说道。

“你就等着看‘全武行’吧！”小不点信心十足地说。

小不点因偷东西被判四年。其实她很苦，家人不要她，男人不要她，自己没文化没技能没健康没外貌。她是弱势者，又是不甘者；她是被压迫者，又是压迫者。别人骂她一句，她骂别人十句；别人打她一次报告，她打别人十次报告。老娘不要加分也加不了分，老娘不要减刑也减不了刑，老娘舍命陪君子跟你耗，耗你个天长地久，耗你个白发皓首。监狱里奉行弱肉强食，但横下一条心的螃蟹，往往有置死地而后生的翻身道行。咱这是和国际接轨，君不见又小又破的伊朗，照样把美国佬吓得一愣一愣。

如果说，狗掀门帘全凭一张嘴，她的最大特点，也就是一张嘴。能把小道消息说成红头文件，能把空穴来风说成龙卷风。微突的牙，多边形的脸，一张口就是连发的连珠炮。求我写信时，她能把头割下来给我当球踢；我让她用水快一点，她能把我的头割下来给她当球踢。有草民的桀骜，有贫民的无赖；有半西施的伎俩，没半西施的美貌；有小眼镜的瘦弱，没小眼镜的善良。貌不惊人的小黄蜂整天嗡嗡嗡，一不留神，就被她蛰起满身大泡。

"还有谁的衣服没交？快！"我一边拎着粥桶，一边叫唤。前面传来一阵大笑，我摔了粥桶奔过去，短兔和长脚正肩并肩，肘靠肘地在一个盆里搓衣服。你望我，深情款款；我瞅瞅你，含情脉脉。好一对疯狂的恋人。

"还不快把衣服放到箩筐里。"

"急啥？我们的合作还没完呢。"长脚暧昧地说。

"高潮还没到呢！"短兔嗲嗲地把下巴搁在长脚肩上。

"小萍！昨天还是冤家一对，今天就是生死恋？"老狐气呼呼地走来。

"这很正常嘛！中国和苏联吵啊闹啊，但不影响度蜜月啊。"长脚认真地说。

"光速啊！一夜跨过三八线，片刻推倒柏林墙。"小诸葛把盆一摔。

"啥三八？"短兔问。

"三八是女人爱称，港台剧里都这样叫。"长脚解释道，"就是宝贝的意思。我的宝贝啊！"

"哎！我的三八我的宝贝。"短兔脆生生地答道。

"快交衣服！"老狐大喝一声。

"格格！"短兔拿起盆，留下一串淫笑。

"干活。"三八八捧来一叠衣料，"你上机，你剪毛，你熨烫，你剪线。"

"我来踩缝纫机。"短兔主动请缨。

"知道一天产量多少？"三八八一脸鄙夷。

"毛毛雨！"短兔一把抄起衣料，一串优美的"哒哒"声奏响，急促，均匀，动听。

"瞧这能样！"小浦东虽然是农家女，却干啥啥不灵。要不是顾队长罩着她，她早就三割了。

"她除了手脚麻利，床上功夫更是一流。"小不点说。短兔抬起头，我急忙推小不点，以免发生口水大战。

"我的床上功夫当然一流。"短兔美美一笑，"需要取经，本人可函授，免费。"

"天呐！见过不要脸的，没见过这样不要脸的。"小诸葛当即表达了她的愤怒。

"做爱是人生最大的事，不讲究质量，活着有啥劲？"短兔认真地说。

"真是我的三八小宝贝。"长脚乐不可支地撅着嘴。中午未到，短兔脚下的成品已堆成小山。检查后的结论是四个字：无懈可击。

裁好的衣料没了，我赶紧奔到一楼裁料间。"你们已经做完？不会囤货吧！"裁缝瞪大眼。

　　"裁剪跟不上缝纫，这还是头一次。"三八八得意地说。

　　"不行！我一定要见识一下高手。"裁缝放下剪刀就上楼，远远就听到缝纫机声。声音均匀连贯，悦耳动听，一气呵成。短兔双肩平放，正襟端坐，目不斜视。

　　"停！这是缝衣服还是踩空车？"裁缝问。短兔也不回答，一俯身一扬手，一件衣服甩出去，接着又是一串悦耳的"哒哒哒"。

　　裁缝拿着衣服凑到亮处，左看右看寻找破绽，最后还戴上老花镜寻找瑕疵。

　　"怎么样？"三八八问。

　　"确实是行家里手，佩服佩服！"裁缝钦佩地说。

　　"想找我茬，这是做梦！十八岁我就是局先进，尖刀锐不可当。"短兔一昂头。

　　"后来尖刀怎么生锈了？"

　　"……被师兄蛊惑了。"

　　"腐蚀到什么程度？"

　　"虽然腐蚀到妇教所，但依然是妇教所生产上的一把尖刀。哈哈哈！"短兔说得很干脆，下面笑得也很干脆。

　　"希望你也是二组的一把尖刀。"三八八竟然绽放一个微笑。

　　"这个自然。"从这天起，短兔稳坐小组头把交椅。

　　"收工。不读书的进小号，读书的上五楼。"老狐边巡逻边喊，"俪俪，怎么还不走？"

　　"我等小萍，她在换衣服。"

　　"又不是相亲，换什么衣服？"

　　"来了！"短兔穿戴一新奔出来，奔到一半又折回去。

　　"本子在我这。"俪俪嚷道。

　　"她不是忘本子，她是忘了照镜子。"小诸葛话音未落，短兔已朝镜子冲去。

　　"六百号，给我一点雪花膏。我要打扮得漂漂亮亮给我的平看。"

　　"我要告诉你一个极其不幸的消息：你的平，今天不去读书了。"

　　"什么？"手从脸颊上滑落，"为什么？为什么？为什么？"短兔蹦出三个问号。

"因为平打动了你的芳心，扰乱了上课纪律，所以只能在小号读私塾。"

"啊呀呀……"短兔失神地念叨，方寸大乱。

"快走！"俪俪不耐烦了。短兔重新把雪花膏抹匀，又对着镜子捋捋头发。

"昭君出塞？"小诸葛冷笑道。

"应该说我还有一个机会。"短兔坚定地说，"上五楼要经过三楼，我相信我的平，一定等在楼梯口。"

"就是等，也是一刹那。"

"有一刹那就够了，这就是核能源。"短兔举起胳膊。

"快走。"老狐冲过来，"我不但要送你上楼，还要接你下楼，免得你的二条兔腿不安分。"

"你可以看住我的腿，但看不住我一颗自由的，飞翔的心。"短兔神色悲壮，面容凄切。

"走！"老狐赶鸭子般发出"嘘嘘"声。

"苏三起解喽！"看着短兔灌铅般的白薯脚，小诸葛赠送临别之言。

今天吃油炸鹌鹑，消息传出一片欢腾。黑色的栏杆上贴满了密密麻麻的脸。

"五三一，我问你一个关键问题。"六百号趴在栏杆上，"你出狱后，第一件事是先吃鸡还是先上床？"她做了个辅助性的下流动作。

"打倒流氓阿飞！不许说下流话！！"南汇婆急呼口号。看着她通红的脸，高举的胳臂，我笑得前仰后合。能让沉默寡言的她一呼口号二挥臂，一定是压力冲破了极限。

南汇婆除了干活基本不说话。如果鼻子能进食，她一定把嘴巴铰了。她把地上的饭塞进嘴里，她把寸布拣起来，她把短线绕上去。看她兢兢业业地忙碌，我无法把她和"贼"连在一起。每次认罪伏法，没文化的她只能自贬，贬得比屎臭，贬得比刽子手狠毒。记录的我有时停下笔审视她：她究竟是偷布贼，还是杀人越货者？

有一次她正在自损自己，小诸葛冷不丁地问："为啥要偷布？"

"伲村民委员会主任娘子偷伲也偷……"说到这，她紧急刹车。

"村民委员会主任娘子偷布进监狱了吗？"

"唔……有。"

"所以说，村民委员会主任娘子偷得，伲偷不得！"小诸葛严肃地说。南汇婆手足无措，像犯错的学生，更像不知错在哪里的学生。

"和尚摸得，伲就摸不得？"有人抗议。

"和尚摸得,倪就不得摸。"小诸葛严肃地说。于是大家笑了。南汇婆看看这,瞅瞅那,惊慌而尴尬,尴尬而茫然,茫然而恐惧,恐惧又惊慌。憋了半天,捂着脸嘤嘤地哭了。

"哭什么哭?告诉倪,村民委员会主任娘子偷的,倪就是偷不得。"小诸葛加了一句。

"倪现在知道了,村民委员会主任娘子偷得,倪偷不得。"南汇婆边哭边说,引得众人笑倒。

"还有,判一年半就把自己骂成这样,判十年八年岂不是该杀该剐?记着,以后批判时留一点空间给我们。"小诸葛咳嗽了一声。

"倪就把臭狗屎留给倪骂。"

"要得!""好啊!""灵哦!"下面一片欢呼声。第二天,有人汇报上去,于是小诸葛被顾队长训了一顿,还扣了学习分。从此南汇婆收获了"偷不得"的雅号。

"偷不得啊偷不得!你今天怎么发出呐喊了?"长脚贼乐了。

"天天讲迪格,要天打雷劈的。"

"伊拉说得,难道倪说不得?"六百号的手朝南汇婆戳过去,"侬结婚了吗?"

"介大的年纪哪能不结婚?""侬有小囡吗?""一个猴子一个囡。"

"倪生的?"六百号笑眯眯地问。"格么当然是倪生的。"

"侬介正派,哪能也搞男女关系,还比我多搞出一个囡?"

"侬!"南汇婆又气愤又慌张。

"讲点把伊拉听听,侬是哪能把囡搞出来的?"

"打倒……流氓阿飞!"南汇婆又呼口号又举胳膊,但声音无力,胳膊也无力。

"告诉侬迭只乡巴子,不要假正经。不叫的狗最会咬人,假正经的人最会搞男女关系。我要剥下侬画皮,还侬一个真面目。呱呱呱!"六百号大笑。

"呱呱呱!"众人大笑。

"欺负老实人不算本事。"我憋住笑,用碗敲了敲栏杆。

"五三一,我这是调节气氛。忙了整整一天,也该乐一乐了。"

"老吴!缝纫机不转了。"小眼镜说。老吴蹲下去三拨两拨,缝纫机又转了。

"平时要学技术,关键时派用场。"老狐爱怜地看着小眼镜。

"我从不想十二年之后的事。"

"给缝纫机加油，踩起来会轻点。"老狐撅着屁股钻下去，人成了一只大头虾。

"现在是否轻了……呦！我的腰。"老狐扭着腰从缝纫机下爬出来。

"老狐为了你，舍命陪君子。"小红又妒又恨。

"你要……好好做人。"老狐的手颤抖着伸过去。

"让我好好做人，你为啥不好好做人？你坏得头顶流脓脚底生疮。"小眼镜抢白道。此话一出，空气为之一凝。

"正因为我坏……所以我让你学好。"老狐眼巴巴地看着小眼镜。"孩子啊！你应该知道我这一颗心。"一个"心"字颤颤，如拖着长长尾巴的哈姆卫星。

"心？我又不是你肚里蛔虫，咋知道你的心？"小眼镜满不在乎地说。

"我的孩子。"干瘪枯瘦的爪子，终于落在小眼镜头发上。

"干嘛？"小眼镜一闪身，爪子扑了个空。爪子不上不下地定在那里。

"验货！"短兔扛着一堆衣服，踢踏踢踏走来。像山一样的衣服压在肩上，只见头颅不见身子。月黑风高猛一见，整一个聊斋女鬼。

"左肩二百，右肩三百。"

"唔！"三八八满意地点着头。

"我的货还要验吗？"短兔得意地说。

"什么人都要验演你算老几？"三八八猛地拉下脸。她的脸像沙漠里的天，说变就变。

"验就验。"短兔转身就走，突然身体僵住，半开半合的嘴也僵住了。

"下一个！"三八八用剪刀敲击桌面。短兔依然站着，脸如红霞，胸如风箱，眼神迷离，神态蹊跷。

"下一个！"三八八把桌子敲得乒乓响。

"中风了？"长脚推她一把，短兔依然不动，保持着固有姿势。

"我测试了，是马达坏了。"一个雄浑的男中音从缝纫机下传来。咦！哪来的男中音？"你们有新马达吗？"

"有是有，但在一楼。"老狐说道。

"我去拿吧！"一个男人从缝纫机下钻出来。

"不！我去！"短兔"刷"地窜过去，真是静如处子，动如脱兔。

"有你什么事？"老狐冷冷地看着她。

"我有力气。"短兔攥起拳，粉拳成了铁拳。"我去拿好吗吗"老狐沉吟两秒，朝外走。短兔紧紧跟上。十分钟后，在粗重的喘息声中，短兔拎来一个黑家伙。

"好个短兔！果然力大无比。"小诸葛赞道。男犯也惊诧地看着她，这短脚女果然是力大无比的鲁智深。

"马达拿好了，你快去干你的活！"老狐把短兔往前推。

"我想跟他学组装马达。"

"这不是你份内的事。"

"可是我想，我想。"短兔热烈地看着老狐，灼热的珠子燃烧的正旺。

"想？我还想上天摘星星呢。"老狐一耸肩。

"您就同意吧！"短兔乞求着，眼神炽热，神情热烈。这般的热度，连石头人都要动容，都要融化。"您就答应吧，您就行行好吧！"声音愈发凄楚凄婉，老狐暧昧地笑了。

这不就是猫耍老鼠的把戏吗？耍的时间越长，对老鼠的控制越有效；耍的力度越大，老鼠愈发俯首贴耳。把戏虽不新鲜，一耍就是一个世纪。一旦形成条件反射，老鼠的儿子，孙子，灰孙子都会匍匐在地。巴甫洛夫的"条件反射"理论，是宣传部的精髓，是掌控人心的精髓。媒体的宗旨，就是洗脑洗脑再洗脑，直至把"条件反射"烙在大脑的皮层。这是洗脑的上方宝剑，这是换脑的灵丹妙药。十亿中国人，注定了被拿捏，被耍弄，被奴役，被剥削，被蹂躏，被洗脑的悲惨命运。

"求您了！"短兔的请求，带着浓浓的爱意，带着深深的哭腔。她的腿微微打颤，膝盖也微微打颤。老狐没说话，只是冷冷地看着她。"不到火候不揭锅"，"不见兔子不挂弦"不但是统战的法宝，也是她的拿手戏。

"以后我什么都听你的。我拎得清，我绝对拎得清。"短兔终于举起了白旗。注意！是自己举起的白旗，而且是自觉自愿举起的。

"这可是你自己说的？"老狐歪着头，柔声问道。

"啥条件我都答应你，只求你快一点。"短兔急切地看着蹲在缝纫机下的男犯。老狐抬起头，慢慢地点了一下。滋溜一下，短兔就钻进了缝纫机的下面。

利用人性的本能，利用人性的缺点，把活生生的人变成奴隶，奴才，这不但是老狐的特色，也是中共的特色。

老狐手里的接见单，赢来了犯人真诚而非虚假的欢呼。

"小萍，十个月来的第一次见面，你准备和老公说啥？"长脚饶有兴趣地问。

"当然是忏悔，用深刻的忏悔取得他的谅解。"俪俪不假思索地说。

"忏悔？忏什么悔？"短兔若无其事踩着缝纫机。

"你包庇杀人犯，你和杀人犯淫乱了七天七夜。公安局找你后，你在知道他杀人奸尸的真相后，继续包庇，继续淫乱，这问题还不严重？"长脚加重语气。

"淫乱怎么了？我愿意。吃官司怎么了？我愿意。"短兔一扬头。

"无耻。"小诸葛冷笑着，"万淫你为首，你比潘金莲还潘金莲。"

"这里我需要补充一点。"短兔笑嘻嘻地说，"从公安局回家后，我把他从储藏室拉出来。我说他杀人奸尸不要脸，然后打了他两记耳光。"

"打得好！后来呢？"小眼镜问道。

"后来他也回了我两记耳光。"

"后来呢？"

"后来我们又打在一起，打着打着就宽衣解带了。"

"后来呢？"小眼镜傻乎乎地问。

"这次造爱么……"短兔捂着嘴笑，"带给我前所未有的，无与伦比的快乐。"

"就在你们翻云覆雨酣畅淋漓时，门被踹开，警察扑上来逮住二条肉虫。"长脚流利地说，看来此情节已烂熟于胸。

"你替我说得了。"短兔一拱手，颇有让贤之风。

"杀人犯跟警察说，本来他想自首，但短兔不让他自首，因为要和他造爱。"

"他怎么说我都原谅他，因为我是他最后一根救命稻草。"短兔大度地说道。

"在看守所，你用草纸叠了许多千纸鹤，被管教发现后给你上了铐。"长脚接着说。

"铐就铐，我本准备在开庭时亲手交给他，可惜没送到他手上。"

"开庭那天，你借了衣服鞋袜。囚车上你还拉了他的手。"

"他的手好凉。"短兔感叹道。

"可是他在法庭上说他恨你。这就是杀人犯对包庇犯最好的报答。"小诸葛冷笑道。

"我完全理解，蝼蚁尚且偷生，他是个大活人嘛！"

"他不是大活人，他是人渣。"

"人渣也是人，人渣我也爱。我告诉他，我们下辈子还要做情人。"

"你下辈子还是做鸡吧！"木讷的小浦东愤怒了。"你比鸡都不如。"

"小萍，你又在说啥？"老狐远远嚷道。

"我在说她们喜欢听的三级片。"

今晚看电视。电视机还没有搬出来，栏杆上已经人贴人。"俪俪！你冲得比我快，替我占个好位置。"短兔隔栏喊道。

"我人腿怎么跑得过你的兔腿？"

"要是监狱搞田径，我一定为小组夺金。"短兔喜滋滋地说道。

"你为什么这么高兴？"我冷冷地问。

"马上就可以看到我的偶像汤镇宗了，难道还不高兴吗？"

"就为了这？"

"有这还不够？五三一，你是个贪心的人。"短兔遗憾地说，"我不明白你为啥不高兴？"

"看电视了！"老狐一吆喝，犯人冲啊挤啊推啊搡啊，如逃出水池的螃蟹。

"跟我换个位置吧！"短兔缠着长脚，"从你这个角度，我就能看见平，我想死他了！"

"你不是有汤镇宗吗？"

"离汤镇宗还有一刻钟。先睹为快，先睹为快！"

一般情况下，小组一星期只能看一次电视。时间的长短和节目的频道由学习组长决定。犯人喜欢看港台肥皂剧，在一串串又大又圆的泡沫中，得到精神上的舒缓和麻痹。

我对 CCTV 炮制的精神鸦片，不但不感兴趣，还非常憎恨。男男女女的床上事，妯娌间的琐碎事，勾心斗角的无聊事，尔虞我诈的无耻事，就是言情剧集大成的元素。喜欢看的电视剧《河殇》已经毙了；不喜欢看的电视铺天盖地。我是肉体和精神的双重囚徒。

"来了！他出来了！"短兔激动地嚷着。"啧！啧！怎么会长得这么帅？"短兔的眼神直勾勾的，恨不能一钩子把汤镇宗钩出来。

"想亲他一口？"长脚一脸猥琐。

"真想咬他一口。嗨！迷死我了。啧！啧！"短兔咂着牙花，咂得不亦乐乎。

"轻点！"有人抗议，"你这牙花，咂得一百米外能听见。"

"帅！帅！帅！"短兔忘情地嚷着。长脚凑上去，咬着她耳朵。短兔笑得上气不接下气，一不留神从小凳上摔下，一个后仰躺进我的怀里。我条件反射地把她推了过去。

"你就这么讨厌我？"她认真地问，"我知道你讨厌我，但有那么讨厌吗？"

"有！"我毫不犹豫地说，"你像一头发情的猫。"

"除了这点，还有别的让你讨厌吗？第一，我从不打小报告；第二，我从不惹事生非；第三，我从不欺负弱势犯人；第四，我不拍马屁只靠劳动说话。应该说，除了色，我不是个坏透的女人。"

"这个倒……实事求是。"我思索后认真地说。

"我知道我的毛病，但没办法改变。除了劳役，我脑子里整天想的就是这件事。"她坦诚地看着我。

"估计你内分泌失调，或者说荷尔蒙失调，所以才这么亢奋。"

"我的亢奋并非与生俱来。以前我是个纯洁的女孩，被师兄诱奸后就迷上了性。后来进了妇教所，在那里又学习和提高了性技巧，丈夫就是我的实践品。现在即使用鞭子抽，恐怕他也不会离开我。丈夫对我的依恋，犹如我对情夫的依恋。谁是你第一个性学老师，你就一辈子忘不了他。"

"一日为师，终身为父？师徒关系就建立在罪恶的感官刺激上。"

"没有刺激，活着有啥意思？中国人虚伪，有需要却不明说。我喜欢情夫，愿意为他吃官司。"

"整一个性亢奋。"

"性亢奋，总比政治上的亢奋好。"长脚拽过短兔，把她拉回自己的阵营中。

"小萍，队长叫！"一声呼唤后，短兔关了缝纫机，踢哒踢哒朝前走。

"老狐，队长找她干嘛？"小眼镜好奇地问。

"队长找她，为了家庭稳定，为了社会稳定。只要组织出面，没有摆不平的事。"

"我想不通。在她包庇的七天七夜里，难道她家里没有人？"

"这是芝麻掉到针眼里，巧！男人下乡奔丧；爷爷去黄山开会；儿子送到兰州。所以说，命有一劫，走遍天涯也逃不过。"

"小萍是交友不慎，贻害无穷。"老狐朝小眼镜一瞥，明显含沙射影。

"就是！小眼镜不交男友也不会吃十三年官司。"俪俪惋惜地说道。

"你好意思说我？你不替男友望风，怎会吃四年官司？"小眼镜反驳道。

"我要是不找这男人，女儿也不会死。"老狐摇着头，"米老鼠死在男友手里，小红死在情夫手里，沪花死在姘头手里，小浦东死在前夫手里。"

"胡说！"小眼镜嚷道，"小浦东杀了儿子。"

"前夫不酗酒，怎会生出戆大儿子？儿子不是戆大，她怎会杀人？"

"对啊！小组三分之二的人死在男人手上。"小眼镜扳着手指。

"我希望你出去后，一定要找个好男人。"老狐热切地瞅着她。

"谁会要一个十三年的囚犯？"小眼镜的脸黯得能沁出墨汁。这时短兔出来了。

"队长和你谈啥？"长脚急切地问道。

"队长怕老公不肯原谅我，怕离婚，怕家庭不稳定，怕社会不稳定。我说：'队长放心，我保证他绝不会离婚。'"

"离婚后他没有房子？"

"不是房子的问题。"短兔笑得很得意，"我的床上功夫一流，谁来替代？"

"空前绝后，继往开来。"小诸葛冷笑道。

"绝对空前绝后，继往开来。"短兔大言不惭。

短兔的案子，在上海滩可谓是惊天大案。罪犯杀害了儿子和母亲后，不是匆忙逃命，而是在儿子的尸体旁奸淫他的母亲，可见其疯狂和猖獗；罪犯杀害两条人命后，不是亡命天涯，而是躲到情妇的储藏室里继续淫乱，可见其疯狂猖獗；短兔知道情夫杀人后，不但不报案，还把他藏到储藏室，可见其无耻；短兔知道情夫杀人后，不但不报案，反而和他继续淫乱，可见其双重的无耻；短兔被公安谈话后，知道情夫杀人并奸尸，不但不报案，反而和他继续淫乱，可见其禽兽不如。鉴于此，短兔的案子，是上海滩的惊天大案。

短兔的父母生下她就去了小三线，短兔是爷爷一手带大的。爷爷是大学教授，虽桃李满天下，孙女却不喜欢读书；爷爷的藏书可以开个图书馆，孙女就是不碰书一下。中学毕业进厂后，她收获了"三八红旗、生产能手、突击尖兵"等桂冠。要是这么走下去，她一定会成为劳动模范杨富珍了。潘金莲没遇到西门庆前，不也是烙炊饼的高手吗？

她虽没碰到王婆，但碰到了师兄。师兄是情场老手，武林一杰。对付师妹，不费一兵一卒一枪一弹，仅凭几个眼风就俘虏了她。俘虏，玩弄，抛弃，三部曲奏完，曲终人散。

尝过罂粟的滋味，她再也忘不了白粉。为了报复，也为了寻滋味，短兔和 N 个男人上床，在一次群淫后，她终于走进了妇教所的大门。

两年后重回单位。短短的两年，她成了身怀绝技的武林高手。短短两年，爷爷老了二十岁，她轻易地摧毁了教授爷爷用一辈子铸就的光环。

爷爷的老眼死死地盯着年轻人，他要为孙女寻找一张固定的床，一个合适的丈夫。这问题比他的研究课题复杂多了。床太高，孙女攀不上；床太低，牵不住孙女的心；床太阔，容易离心离德；床太窄，翻个身掉下。怎么办？上海有这么多男人，但就是找不到孙女的配偶。

就在山穷水尽老眼暗淡时，组织上为他配了个车夫。车夫老家在农村，早年参军，没文凭没手艺，但方向盘抓得牢，党费也交得及时。因为这，复员后没回山旮旯，而分到大学来开车。共产党讲究高屋建瓴，也讲究锱铢必较。虽然党委书记的玉玺掌握在党手里，但教授的一言一行也要掌握在党手里，这样才能保证党校是大学的后花园；辅导员是教授的别名。

车夫的身高基本与武大郎难分伯仲，但体格魁梧，站着是一截塔，蹲着是一座钟。收入有限，崇尚节俭，青涩未褪，民风淳朴。最重要的是，见到教授时，他宛如一棵垂柳，既有柳的谦卑，又有丝的随和。最令人欣慰的是，他与孙女相差三岁，正应了"男大三抱金砖"的谚语。正所谓：众里寻他千百度，蓦然回首，那人却在灯火阑珊处。

下面，就是如何把后生一步步引到石榴裙下的问题。这问题其实不是问题，简单的就如人大、政协的提案。这些提案的特点，一是脱裤子放屁多此一举，二是聋子的耳朵瞎子的眼，摆设。

星期天中午，车夫探头探脑地走进小院。红墙绿瓦，鸟语花香；柳丝拂面，音乐流淌。车夫愣住了：这不是老县长的家吗？

教授领着他参观大观园，他眼珠子有几次都转不动了。末了，又把他迎进怡红院，他像个梦游患者，恍恍惚惚又如梦如幻。

佳肴上来，美酒上来，"要是再来个美人，夫复何求？"就在车夫打着小九九时，美人隆重登场。短兔淡扫蛾眉，轻抹二颊，酥胸半露，袅袅婷婷，为了扬长避短，一条石榴裙遮住兔子腿。

三杯酒下来，车夫已醉，这是人间瑶池，天上嫦娥。教授毕竟是教授，非礼勿视，非礼勿听的格言还是晓得的。他找个借口适时而退，留下一堆干柴一把烈火。

平心而论，短兔根本没看上车夫。矮么这么矮，黑么这么黑，土么这么土，老么这么老。但爷爷有言在先：跟他结婚，婚房我给；和他结婚，婚钱我出。罢！罢！罢！爷爷为我丢掉半条命。先跟土包子混几年，等到爷爷寿终正寝，我再寻找新的床。

"来！"短兔举起酒杯，车夫也举起胳臂。胳膊和人一样粗壮有力。一疙瘩一疙瘩的栗子肉，看了十分受用。既然受用，何不受用一下，何不吃个家乡菜？想到这，短兔拿出看家本领。十分功才用一分，车夫就招架不住。一不做二不休，短兔干脆把他带进闺房，成就了一番好事。

事毕，车夫喜不自禁："小娘子，咋有这么好的身手？"

"妇女教养所学的。""这是啥学校？""性技巧流通观摩切磋提高学校。""城市果然文明啊。为了床上功夫，还开设学校。""你们农村没有？""农村是配种站，配完走人；城市好，享受完了还想享受。"

二月后，小院迎来新郎。爷爷的老眼，如今如同十五的月亮般大又圆。车夫的眼睛，现在也如同十五的月亮般大又圆。他现在是老鼠跌进米缸，耗子跌进油瓶。娶娘子没花一分彩礼，还食有鱼，穿有绸，松软的被窝里有个七仙女。更让他激动的是，娘子给他生了个大胖儿子。教授说，百年后小院归他儿子。我的妈啊！别人是天上掉馅饼，我是天上掉小楼。

就在车夫沉浸在蜜糖里时，家乡老父垂危。本想和娘子一起奔丧，但娘子说请不了假。自己走就自己走，肩挑手提大包小包，左右开弓烟酒补品，这就是衣锦归里，光宗耀祖。

队伍出发去洗澡，短兔磨磨蹭蹭落在队伍后面。"跟上！"老狐只是装模作样地吆喝，居然一反往常地宽容。

对面走来刚洗完澡的三组。前面学习组长开道，后面生活组长压阵，中间还有劳动组长呼应，松散的队伍如游兵散勇，看似一盘散沙，实则有着隐性而强硬的经络。

一道黑影，宛如一道黑色的闪电。接着就是一声尖叫。"咋啦？"三组人围上来，二组人也围了上来。

"洗完澡的赶紧上楼，没洗澡的赶快去洗！"老狐从容指挥如巴顿将军，一双爪子攥得死紧死紧。

"老狐，又有收获？"平冷笑着。洗完澡的她，显得愈发清秀妩媚。

"我抓的是家贼。"

"不要说贼，为你杀人也愿意。"短兔凝视着平，没喉结的喉头竟然一起一伏。

"我这么有魅力？"小平得意地笑了。

"我愿意为你死！"短兔举起手。

"给我滚！"老狐一掌劈下，押着短兔去了浴室。

洗澡结束后，老狐把短兔叫到走廊。"读。"老狐从口袋里掏出一张纸。

"亲爱的平：我想你想得好苦，想得血液沸腾要爆炸。再这样，我会和哑巴一样自己……搞自己。"读到这，短兔笑了。

"继续！"

"我一遍一遍地想象我和你造爱的情景。你是一座大山，我是一艘小船……呱呱呱！"短兔笑弯了腰。

"继续！"

"如果你是西门庆，我的男人就是武大郎。大郎是爷爷送的礼物，我一点也不喜欢。如果你需要，我会毫不犹豫地杀了他，做第二个潘金莲。"

"情书写到这份上，不但无耻还禽兽不如！"我一把扯下窗沿上的拖把。

"我是无耻，但我控制不了自己。"短兔坦然道。

"要是把信交给队长的话……"老狐一把夺过信。

"不要交,这会影响到我的平。"短兔嚷着,"我吃足官司就三年,她七年。"

"你说不交就不交？"老狐攥住纸，如同攥着一面旗帜。

"这月超产量给小眼镜，这月大帐就给你。把信还我。"

"急啥？我喜欢银货两讫。"

"银货二讫就二讫。"短兔很爽快。"你在队伍前面，怎能看到我的动作？"短兔疑惑地问。

"我不假装松懈，你怎么会动？记住：我就是睡觉也睁着一只眼。"

"你比伊索寓言里的狐狸还要狡猾。"

"伊索里的狐狸只贪恋肉，而我不但贪恋肉，还控制你们的一言一行一举一动。"

"你堪比党组织，全方位全天候地监控。"毛骨悚然的我拎着桶跑了。

接见后回来的短兔，兴奋得像发情期的猩猩。

"你兴奋是因为男人原谅你了。"长脚有些酸溜溜地说道。

"应该说他想死我了！"短兔笑得花枝乱颤，"五三一，你看到我男人了。分手时，他频频朝我飞吻。"

"男人？哦……"接见结束时，一猥琐男对着短兔张牙舞爪抛飞吻，差点把我隔夜饭给喷出来。

"乡巴子也学会飞吻，学会浪漫？"小红又妒又恨。

"别看他是乡巴佬，但是在床上，他是一条好汉。"短兔兴冲冲地说道。

老狐拿着一叠信，所有眼睛聚焦了，所有颈脖伸长了。拿到信的欣喜若狂，拿不到信的黯然神伤，家书确实抵万金。

"格格格！"一阵压低的笑；"嘻嘻嘻！"一阵压低的浪笑；"呱呱呱！"短兔终于爆发了开怀大笑。

"让我瞧瞧。"长脚如闻腥的猫，蹑手蹑足蹿上去。

"小萍，队长叫！"老狐嚷着。短兔一愣，长脚乘机一把夺过信。

"我的爱妻：你的事情我全知道，我不但原谅你，而且比以前更爱你。通过这事，我认为你是一个伟大的女人，因为你坚定不移地追求着爱。我爱你，决不是看中你家产。我爱你是因为你有惊人的技巧。别叫我车夫，你才是我的车夫，你把我带到神奇而美丽的山洞，让我领略人生的欢乐；别叫我宝贝，你才是我的宝贝，你给我带来前所未有的高潮。现在我日日夜夜分分秒秒想这事。那天接见时，我又控制不住了，我真想有一把大号剪刀，把铁丝网剪开一个洞，把我的家伙伸进来……"

"天呐！他敢这样写？""天呐！果然是王八看绿豆，对上了眼。""静一静！还有精彩在后面呢。"长脚挥动着信。

"短兔来了。"锥子眼嚷道。众人扭过头，只见短兔耷拉着脑袋，一脸沮丧地从办公室出来。

"挨训了？"长脚兴高采烈地问。

"就这死鬼，害得我被队长训一顿。这死鬼……呱呱呱！"她突然笑了起来。

"队长说啥？"

"队长说，你丈夫怎么能写这种信？这是什么地方？你是什么人？你到这儿来干什么？这是什么内容？队长说，听说他还是共产党员，这不是往党的脸上抹黑吗？这个死鬼！这个向党抹黑的死鬼……"大家笑了，她也咧开结实的牙笑起来。

第二天，所有人一见短兔就背诵台词："爱你是因为你惊人的技巧。别叫我车夫，你才是我的车夫，你把我带到一个神奇而美丽的山洞，让我领略了人生的欢乐；别叫我宝贝，你才是我的宝贝，你给我带来前所未有的高潮。现在我日日夜夜分分秒秒想着这事……"

短兔听了，不急不恼，依然笑，依然露出她结实的白牙笑啊笑。

"我真想有一把大号剪刀……"

"那是正常的，非常非常地正常。他饿坏了，饿坏了，我的男人确实饿坏了。"

犬牙

在朱中队长过问下，我终于等到上医院的日子。就医之旅还没开始，就接到两份订单。

"五三一，拔牙后供应二个星期的馒头。"贾母大咧咧地提醒我，连含蓄都省略了。

"你怎么知道我一定拔牙？"我生气地回怼过去。

"废话！看牙就是拔牙，不拔牙还固牙？我喜欢吃馒头。"

"是否你喜欢的东西，我一定要给吗？"

"你说呢？"她洒下一串自信的笑，走了。他妈的，明火执仗一点都不拐弯抹角，绝对是共产党的遗风。

"五三一，我一贯喜欢吃面食。"老狐也发出明确的信息。

"是否特别喜欢吃馒头？"

"没面包情况下，馒头就是最好的食品。"她说的很肯定，视我的馒头如囊中物。受贿竟能这么理直气壮，这也是中共的特色。

四五个女犯，六七个男犯在队长带领下去医院。太阳暖洋洋地照在身上，这是一个好天气，但不是好日子：中共夺权后，中国人民的好日子结束了，八旗及八旗后裔的好日子开始了。

"你什么病啊？"一个漏风的嗓音嚷着。阳光下，凹凸不平的牙齿赫然入目。她！她就是进监狱第一天偷我花生酱的贼。

"没病！"我没好气地说。身后响起脚步声，几个男犯跟了上来。犬牙蹲在地上系鞋带，我越过她朝前走。

"快跟上！"队长停下，朝后面的犯人挥手。咦！犬牙怎么还不上来？我扭过头，看见犬牙挺着肥胸朝男犯撞去。

"怎么了？撞人也不打招呼。"犬牙倒打一耙。

"对不起！"男犯面红耳赤。

"他是嫩崽，撞也白撞。"一个满脸淫邪的男犯搭讪道。

"这么说，我选错目标了？"犬牙的胸脯如坦克，朝第二个目标撞去。

"好一身肥膘，带劲！"被撞者伸出舌头舔着嘴，涎水在阳光下像一根丝线。

"带劲的还没使出来呢！"

"我下个月出去，你呢？"

"我想出去，随时可走。如果你需要，我下月就走。到时让你尝尝我的功夫，保证终身难忘。"犬牙挑逗地说。

"不许说话，不许搭腔！"嫩崽插嘴道。

"一本正经啥？"犬牙扭动身躯，二砣胸前沉甸甸的肉朝他贴去。

"干嘛？"嫩崽像被火烤着般跳起来。

"他还是处男。"

"处男？我一调教，处男就变成疯狂的种牛。"说着，犬牙又逼近一步。

"一，二，三，四，五。后面跟上。"队长一招手，犬牙一溜烟奔上去。

到了医院，队长一屁股坐在藤椅上，在温暖的阳光下闭上了眼。犯人们等着叫番号。

前面站着几个男犯，他们无声地，炯炯地，专注地，贪婪地注视着女犯。犬牙迎着他们，如迎着太阳的向日葵。一双贼眼在阳光下，发出比太阳更灿烂的光辉。

一个男人的目光朝我转来，我忙转过身。犬牙蹲下身，将手指向私处，又朝男犯做了个下流手势，我恶心地闭上眼。

叫到我的番号了，就在我跨进门时，犬牙把一团纸朝男犯扔去。动作迅速，方位准确，纸不偏不倚落在男犯的怀里。

牙科所极为简陋粗糙，凹凸不平的水泥地上安放着一把破椅，桌面肮脏，设备陈旧，连白大褂都泛出一股蹊跷的黄锈。好在他是牙医，若是手术医生的话，我真怀疑大褂上的黄锈是罪恶的见证。

我坐上破椅。"我牙疼。"

"拔了！"话音未落，他已拿起一把沉重的老虎钳。天呐！他甚至都不征求我的意见。"看牙就是拔牙，不拔牙还固牙？"耳边响起贾母的话，果然灵验得很。

"哐当！哐当！"白色搪瓷盘当即落下两枚牙，有血，还有鲜红的肉。入狱前，我有一副坚实的牙齿。两年非人的生活，让我的牙齿面目全非。牙疼痛，牙红肿，自己拔自己的牙，医生拔我的牙。闻名遐迩的提篮桥尚如此，别的监狱更谈虎色变。

回去的路上，犬牙哼着莫名小调。她的眼睛又红又亮，如黑夜里的灯笼。她不时伸出舌头舔着嘴，丑陋的脸绯红绯红。

我左手托盆，右手拎桶，踉踉跄跄，喘息如牛。当赶到一楼时，大帐已分到一半。

"五三一您好！"哦！原来是看守所难友扁平脸。"我要好好谢谢你。"她不断地说。看守所自杀未遂及掩盖的自杀未遂，都有我的功劳。

"你还好吗？队长对我真好，不但找我谈心，还让我做楼面执勤，减轻我的劳役。"

"好在你没死，不然享受不到政治局的待遇。"我打趣道。

"怪来怪去怪自己晚节不保，不然已退休在家拿劳保了。"她一脸懊悔。

"不许谈案情。"一个破嗓子闯进来，"隔组谈话，严重违纪。"

"别汇报，我们只说了一句话。"扁平脸慌张地说。

"不要说一句，连一个字也不行。"犬牙横我一眼，"只要我汇报，你

361

第九章　爱的迷失

们就死定了。"

"你这个贼!"我鄙夷地转过脸，"你偷了我的花生酱。"

"我是偷了花生酱的贼，但并不是所有贼都能偷花生酱啊。想知道我怎么偷的吗?"她无耻地笑着，两排凹凸不平的牙齿一览无余。"我把花生酱放进被窝，夹在裤裆里，仰面朝天装睡觉，手却在下面一点点地挖，把挖出来的酱转移到塑料袋里。然后用舌头舔手指，直到消灭一切痕迹……"

"贼技高超，还把赃栽到她人身上。"

"不栽赃怎么脱身?不诬陷怎能看戏?"她"嘎嘎"笑着，再次露出有特色的犬牙，"告诉你，花生酱我足足吃了三个月，香喷喷的滋味至今记忆犹新。"

"到死都不忘偷。"扁平脸气愤地说，"喜欢吃就让家人带。"

"我家人死光了。不要说花生酱，连大帐钱也不给。我马上要他们好看。咦!你三年，我四年，你五年。"

"五三一快出去了吧?"扁平脸羡慕地问。

"还有十四个月。"

"虽然我还有两两年半，但我想吃官司就吃，不想吃马上就走人。"犬牙得意地说。

"要么法院院长是你爹。"我横了她一眼。

"你说得太对了……在这个世上，唯一能救我的就是我爹。"

"让你爹来救你。"我拎着桶走了。和人渣说话，空气都浑浊得让人窒息。

我马不停蹄地干活。我要在有限的时间里，做无限的事。我不是烧鸦片而死的张思德，也不是因感染而死的白求恩。我是共匪的囚徒，干活为了不让犯人把我踩在脚底下;干活为了一个月能见一次我的亲人。

喇叭响了，让某犯人到大队部去。

"大概要开减刑大会了。"小红警觉地说道。

"不会!减刑要放在年底，看来是传达最新指示。"

"最新指示，中国永远有最新指示。"小诸葛不满地说，"美国一部宪法二百多年治天下。"

"老吴，今天开什么会?"小眼镜问道。

"紧跟政府，必有好果子吃。"老狐的表情很怪异:既兴奋又沮丧，既亢奋又失落。

"现在开会!"麦克风里传来范大队长的声音，略带嘶哑的声音十分熟悉。刚进监狱时她找我谈过话，有一针见血的犀利，有开门见山的直率，没有倨傲也没有训斥。这次谈话让我明白，橄榄绿里不但有好人，还有能人。但是，只要她们不杀出红朝，就是专政机器上铮亮的螺丝钉，就是支撑社稷的坚固基石。这样的能人越多，极权维持的时间越长，人民的痛苦越烈。

呜呼！民族之悲！

"今天，上海市中级人民法院在这里开庭。下面由审判长宣读判决书。"

"……罪犯张某某，女，三十五岁，因盗窃被判四年有期徒刑。押到监狱服刑后，能认罪伏法认真改造；在队长的教育挽救下，大胆地检举揭发他人的犯罪活动。为了兑现'坦白从宽，抗拒从严，检举有功，揭发受奖'的政策，上海市中级人民法院刑事庭判决如下：减去张某某余刑，当场释放。上海市中级人民法院刑事庭一九九一年X月X日。"

"哗！"仿佛油锅里倒了一桶水，喧哗声淹没了一切。

"她是谁？"小眼镜颤声问道。

"三中队五组。""我说她的特征。""不麻不瘸不瞎不拐，绰号犬牙。""是她？"我惊讶地问。

"就是她。擅长诬陷栽赃，喜欢兴风作浪，一淫二谗三无耻四卑鄙，禽兽不如。"

喇叭"砰砰"，队长在敲麦克风。"大家静一静！本来半个月前就开庭，因为没落实好张某某的工作和住房，所以拖到今天。"

"这么说，政府已经帮她解决了这两个问题？"

"天呐！要帮我解决，我连亲爹亲妈亲爷爷都揭发。"众人又是一阵骚动。

"大家静一静。下面由当事人张某某发言。"大队长再一次敲麦克风。这次骚动实在厉害，以至于麦克风都被敲得哇叫。

"在政府队长的管教下，在政策的感召下，我决心与罪恶的过去一刀两断。我向政府检举罪犯，揭发罪行。政府为了让我出去后有稳定的工作，有栖身的场所，想了许多办法，动了许多脑筋，走了许多路，最后为我解决了这两个问题。这一切让我太感动了，我……"说到这，飞流直下三千尺，嘶哑声演变成哽咽，哽咽又变成呜咽，呜咽最后又演变成嚎啕大哭，嚎啕的分贝高而尖，如谋杀亲夫的小寡妇在哭坟。

"我出去后，一定脱胎换骨重新做人，痛改前非金盆洗手！"

"你这骚货！我恨不得把你碎尸万段！"远远传来一声尖叫，这不是一般的尖叫，而是撕心裂肺的尖叫。

"谁？"老狐猛地站起。

"不是我组，是那组发出的。"小眼镜朝西努了努嘴。

"我要把你这个婊子碎尸万段。婊子不但害人，就连哺乳期的侄女都不放过。"尖叫声愈发凛凛，愈发凄切。

"今天的会到此结束。下面讨论的题目是：进一步靠拢政府，搞大检举大揭发。检举有功，揭发有奖。政府说话一向算数，奖励政策一贯兑现。从张某身上就可以验证。"

"谢谢政府！谢谢队长！谢谢法院！在我身上，再次验证了政策的伟大，我一定重新做人，不辜负政府的期望。"麦克风里传来张某嘶哑而激动的声音。

"这声音像破风箱。"

"这骚货上面漏风，下面漏得还厉害。"长脚恨声骂道。

"又说下流话。"老狐沉下脸来。

"她做得出，我咋说不出？你们不知道她有多下流卑鄙肮脏龌龊。"

"放了骚货，就是放虎归山。队长不能，千万不能啊！"撕心裂肺的吼叫又响起。老狐刷地朝西边窜去。

"进去！不许出声！不许说一个字！"

"我什么都没干，判五年；她什么都干了，却判四年。这不公道！"

"不许对抗法院，不许对抗判决。"

"什么坦白从宽，抗拒从严，她这是借刀杀人，是杀人不见血。"

"不许污蔑政策，这是罪上加罪。"

"你们枪毙我吧，我不想活了……""咚咚咚"的撞墙声后，又是"砰"的一声。

"快报告队长，她撞到栏杆昏过去了。"

"我去报告。"老狐风一样朝办公室奔去。片刻后，田队长走出了办公室。

"队长，我给她喷了几口水，现在人已经醒了。"狱医恭恭敬敬地说。

"先关小号，让她冷静，从现在起不许喧哗。"队长一甩袖子走了。

"犬牙出去，肯定让许多人不平衡，她连一半刑期都没服到。"小眼镜恨恨地说。

"怪不得她说，我想出去随时都可以走人。"我想起犬牙的话，"当时我还以为是痴人说梦话。"

"这么说，她早就酝酿这事了。"

"这不是酝酿，这是蓄谋已久。"小眼镜愤怒地说。

"老吴，撞墙者是谁？"一见老狐过来，小眼镜急迫地问，"她检举揭发了谁？"

"不该问的不要问，开会！"老狐把本子一摔。

"苍天在上，可惜我没有揭发材料。"小眼镜痛苦地说道。

"报告组长，我有举报材料。"

"真的？"老狐惊喜地问，"马上写出来。"

"可惜他是我爹。"长脚恨恨地说道。

"这么说你也知道？"老狐惊讶地扬起眉毛。

"我全知道。"长脚虚晃一枪，"我和她一个看守所，她和我说过这事……"

"她把材料交上去时，连队长也不相信，以为她想出狱想疯了。"老狐忿忿地说。

"事实胜于雄辩。真的假不了，假的真不了。"长脚顺杆往上爬。

"我进来时也曾担心过这点。"老狐说，"好在我家老畜生只对保姆下手，没对女儿下手。"

"可怜的女儿啊！"长脚一边叹气一边偷觑老狐，"不过你家畜生和这畜生有区别，一个是人民内部矛盾，一个是敌我矛盾。性质还是有区别的。"

"看材料时，队长反复问：'是否亲生的？'当证实是亲生父亲时，队长都呆了。"

"这种事情只发生在动物世界。"小诸葛叹了口气。

"她说是父亲强奸她，她父亲说是她勾引他，不知谁奸谁？咦！你们怎么这样看我？"老狐惊讶地问。

"真是她父亲强奸了她？"几个人同时问老狐。

"你们不是都知道吗？"老狐更加惊讶了。

"我们知道什么，不都是听你说的。"

"好一个你！"老狐的鹰爪落在长脚的鼻子上。

"我虚晃一枪，你全盘托出，这不能怪我。"长脚得意地说。

"这帐先记着。让我上别人的套，这是头一回……"老狐悻悻道，"历来只有我套别人的话，哪有别人套我话的先例。"

"你是难得糊涂，顺坡下驴，见风使舵。"

"放屁！"

"马上要评选，有揭发材料的就能评为先进小组。不把话说透，怎么激发揭发的积极性？"长脚一耸肩，老狐微微颔首。

"我们保证团结在你周围，维护安定团结的大好局面，以你马首是瞻。"小诸葛佯笑。

"你们都记住这话了吗？"

"记住了！"众人异口同声。

"下面谈有刺激的东西。"长脚一脸淫邪，"自产自销，减少流通环节，达到最大的效益。"

"你以为这是营销策略？"老狐冷笑着，"开会。能揭发的赶紧揭发，有包袱的赶紧抛，机不可失，时不再来，过了这村没那店，千载难逢，千钧一发……"老狐昂坐东首侃侃道来。我低头记录，这工作既喜怒不形于色，又能逃过发言。

"队长为她落实工作落实房子，难道她以前住马路？"

"当然不住马路。"老狐很不满意长脚的偏题，"因为她家人不让她回家。咦！谈检举揭发，问这干嘛？"

"她家人为什么不让她回家？挖出定时炸弹，家人应该高兴才是。她母亲尤其应该高兴。"

"高兴？她母亲恨不得杀了她。她说是小婊子勾引老东西。咦！怎么又跑题了？"

"跑就跑呗！让我们知道事情经过，更能提高举报的积极性。"

"老吴，你是千里眼，顺风耳，智囊团。把知道的事情告诉我们。"小眼镜撒着娇。

"有些事，少儿不宜。"

"我不是少儿，我已经过了十八岁。你讲啊讲啊！"

"犬牙说，她不满十四岁就被老畜生强奸。老畜生说肥水不流外人田，第一口鲜桃要自尝。后来她白天做女儿，晚上做情妇，一做就是十几年。"

"自己拉的屎，自己舔下去。"小诸葛摇着头说道。

"开庭时，她母亲大闹法庭，声称不是强奸而是通奸，因为她当着母亲的面与老畜生同床。她要求不仅判老畜生有罪，小婊子也应加刑。连见多识广的法官都皱起了眉头。"

"那为什么还释放她？"

"揭发有功，这是党的政策。她家六口，倒有四口关在提篮桥。"老狐摇着头，"除了哺乳期的侄女，除了看着女儿和丈夫通奸的妈。"

"太可怕了！"小眼镜吐了吐舌头。

"可怕是可怕，但坏事能转为好事。犬牙没工作，政府为她找工作；没房子，政府为她解决房子。"

"她比落实政策的老干部还吃香，政府是否还发青春损失费给她？"小诸葛冷笑道。

"不利于改造的话不许说。言归正传。有余罪揭余罪，有包袱抖包袱，有跑道抢跑道，有亲爹亲妈犯事的，赶快站出来。"老狐如兢兢业业的推销员，热情吆喝。

文教委员老侯走来，老狐赶紧迎上去。"小盆不养参天树，池塘不容大鲨鱼"，杀进劳积会是老狐的目标，走向监狱是她的蓝图。和老侯搞好关系，就是中国和苏联搞好关系。

"五三一，你记录详细点，我去去就来。"老狐拉着老侯走进甬道。

"我真羡慕她，她能回家了。"小眼镜呆呆地望着天花板。

"我把屁放在这，不出一年她准会进来！"长脚大声说道。

"你们是一个看守所的难姐难妹，一根藤上的两个歪瓜。"

"放屁！我们同流不合污。"长脚气愤地说道。

"那个关禁紧闭大声嚷嚷的究竟是什么人？"小眼镜好奇地问。

"你管那么多干吗？"长脚气呼呼地说。短兔飞了个媚眼，长脚咳嗽一声，短兔赶紧把杯子递过去。

"好！我告诉你们，这骚货是世界上最不要脸的骚货。结婚后，她在自己床上被自己男人生掐活逮。男人气愤地说，要是一对一一帮红也算了，她竟在我的床上一对三。"

"什么叫一对三？"小眼镜好奇地问道。

"她同时和三个男人一起搞。"

"我的妈啊！"小眼镜捂住了脸，"她不是犯了盗窃罪吗？"

"她盗窃兼流氓，流氓兼诈骗，诈骗兼卖淫，卖淫兼教唆，身兼数职。"

"犬牙离婚后天天在舞场混。有天钓到一男人，鬼混后男人不但不给她钱，反而还掏空她钱包。第二天她主动上门。这次鬼混后，她在橡皮泥上留下钥匙印痕。三天后，她带着亲哥亲嫂来搬家。"

"是偷东西还是搬家？"

"小打小闹不过瘾，干脆开着搬家公司卡车来。"

"难道邻居不会怀疑？"

"她早考虑到这点。为了不露破绽，她不但拉了哥哥，还拉了挺着大肚子的嫂嫂。三天后破案进看守所。别人都哭哭啼啼，她照吃照睡照讲荤话。我问她是否有路子，她说没有路子，但手上有东西攥着呢！"

"又是检举揭发？"

"这次检举的不是老子，而是哥嫂。她哭着对检察官说，是哥哥嫂嫂拉她下水。其实搬家时，她跟哥嫂说受人之托，请他们一起帮忙搬家。跑道一抢，她判四年，她哥七年。"

"她嫂呢？"

"五年。关禁闭就是她嫂子，哺乳期半年后收监。开庭那天，她嫂子冲过去打她……"

"打得好！"小眼镜拍手称赞。

"她对法官说，嫂子冲击法院，蔑视法庭，干扰判决，要追究法律责任。

她强烈要求对嫂子加刑。这时小侄女哭了。有人说，看在侄女的份上，放过你嫂子吧！她说不！"

"后来加了没？"

"法官也是人。虽然她强烈要求，但并未采纳。"

"好歹毒的女人啊！"小眼镜叹了一口气。

"开庭回来她像捡了大元宝。我问她，既然已经叫了搬场公司，为什么还拖上哥嫂，再说嫂子还有身孕。一人是偷，十人也是偷，何必拉他们下水？她躲在被窝笑个不停，还说我傻。"

"为什么说你傻呢？"

"她说不搭上哥嫂，出事时哪来揭发材料？狡兔三窟，我为啥不准备一个？"

"这么说，她在动手前就为抢跑道做好了准备？"

"所以说她是最肮脏最卑鄙最无耻最龌龊的女人。"长脚愤愤，很是五十步笑一百步。

"和她比，你是小巫见大巫。"小诸葛冷笑道。

"我是人渣，但不会害哥嫂，害侄女，这点比她好一百倍。"长脚一拍胸。

"怪不得啊。"短兔搔着头，"那天读书回来，有个女人冲过来打她，边打边骂，骂骚货毁了她一家。犬牙笑着说：我承认我结了一张网，可是，谁让你们钻进来？女的一听，疯子般朝她撞去。后来组长把她拖进小监，当月接见也取消了。"

"一般情况下，罪犯要消灭作案时留下的痕迹。但罪犯在作案前，已物色好牺牲品的不多。再怎么说，总是自己亲骨肉，怎下得了手？"小诸葛感慨着。

"这叫超前意识，前卫行动！"小红懊恼地说，"我咋想不到这一点？"

"这次行动来不及，你还是等下次行动吧。"长脚阴阳怪气地说道。

"种瓜得瓜，种豆得豆，因果报应，因果轮回。谁种下苦果自己吃。"小诸葛总结道。

"小诸葛，你说起别人头头是道，一到自己就当局者迷？"长脚冷笑着，"小处工于心计，大处连失麦城，这就是臭老九的臭不可闻。"

"讨论得怎样了？"老狐快步走来。

"明天我交揭发材料。""我也豁出去了。""好！革命形势一片大好。"老狐喜上眉梢。

硕虎与芭比娃

同性恋在中国，敏感而忌讳。官报上看不到片言只语，地方报难觅全貌全景，影视里躲躲闪闪，文学中欲语还休。在高墙电网里，同性恋是飘扬的蒲公英种子，有一寸土，就安营扎寨；有一寸阳光，就光合作用。没有肥料一样肥沃；没有水分依然青翠。

"五三一，我听说你的事了。"放水时，芭比娃对我耳语，"你真冤枉，和我一样。"

"是吗？"我无表情地应着。芭比娃是某单位运输组的押车员，眼看厂长书记大把大把地搂钱，驾驶员动了肝火，押车员有了委屈。"你拿得，难道老子拿不得？"一气之下，驾驶员把运输的货卖了。押车的她，得到了三张百元大钞。

没等钞票捂热，她和驾驶员一起进了看守所。公判时她领刑三年。虽然刑法上有盗窃一千判一年的规定，但公判就是和尚打伞——无法无天。非常时期，没让你吃花生米已是龙恩浩荡，还谈什么严不严？判决下来她哭得昏天暗地，连死的心都有。贫穷的家，因此更贫穷；生病的丈夫，因此病情加重，这才是偷鸡不得蚀了一把米。

"水来了！"老三毛端着一盆水，带着一股风朝我冲来。这是挑衅，明目张胆的挑衅，但我不能回击，只能回避。我一转身，和她擦肩而过。老三毛撞人不成，只得把水恨恨地倒进水斗。

"她对你这么凶，我让大块头来收拾她。"芭比娃很仗义。"哐当"一声，我的脸盆被老三毛踢翻。老东西双手叉腰，真把自己当贝利了。

硕虎朝老三毛冲去，老三毛后退几步，"……这脸盆，没咋碰就自己转了。"

"别人怕你，我可不怕。要是再找五三一的茬，我饶不了你。"硕虎举起拳头。老三毛惊慌地逃了。这一刻，我很感动，佐罗回来了。

"五三一，我好想我儿子。"芭比娃一边打毛衣一边说，"我儿子只有六岁。我只是分了三百的赃而已，厂长和情妇大把搂钱，他们才是窃国大盗。咦，你笑什么？"

"我笑'搂钱'这词生动。这让我想起农民搂草打兔子的动作。"

"要不是他们敛财敛得厉害，工人怎么会这么穷？穷得连医药费都不能报销？"

"好啊！"一个男中音嚷着。

"好个屁！完了，一切都完了！"芭比娃双手掩面，"工作没了，劳保没了，一切都没了。"

"面包会有的，粮食会有的。出去后，有我一口粥，就有你的一口饭。"硕虎举起拳头向爱人宣誓。芭比娃的手从脸上移开，她定定看着眼前这个口出狂言的人。硕虎目不转睛地看着她，有赞叹欣赏，有爱怜爱慕。"好一个梨花带雨。"她咕哝着。

"你有什么能力？你有什么背景？"芭比娃直截了当地问道。

"我母亲是老干部。"

"我父亲还是老革命呢！"芭比娃撇了撇嘴。

"真的！骗你出门就被汽车轧死。""牢里没汽车。""要是骗你我就生癌。""得了，你要有本事会进监狱？""马有失蹄人有背，你一定要相信我千万千万！"硕虎认真说着，脑门竟沁出一层汗。

"格格格！"芭比娃突然爆发出银铃般的笑声。笑声中，既有孩童的天真，又有女人的妩媚，好一个尤物。

从这天起，硕虎成了芭比娃的运输部长，后勤处长兼地下交通员。一罐罐的午餐肉进了美人的胃，一只只电容器成了美娃的产量，一封封情书送进美人怀里。美人的啼哭，如黄梅天的雨，一天天朝出霉走去。雨过天晴，美人的笑，如三月柳絮，飘飘洒洒纷纷扬扬。美人不再提稚子，不再谈爱夫。

370

她和硕虎如胶似漆，开始憧憬出狱后的新生活。她们一遍遍讨论爱巢的面积和摆设。芭比娃说，别的都可从长计议，但卧室的粉红色基调，如四项基本原则一样，一定要坚持，坚持一百年不动摇。

我冷笑着："一百年后，你的尸骨都腐烂了，还怎么坚持？"

看电视的时间一到，冲出一批人。领头的是硕虎，她以百米冲刺的速度，强抢第一排第一座。第一排的第二座上放着矮凳，就像主席台上预留的贵宾席。

老狐狸大摇大摆走来，大摇大摆地坐了上去。目光所及之处，全是谄媚逢迎的仰视。老狐狸的菊花脸舒展开来，三十六条笑纹如同章鱼的触腕，在水中漂浮张扬。

"请你走开！"一个低沉的男中音说道。

"什么？"

"请你走开！"又是低沉的男中音，不过声音里有了不耐烦。老狐青筋暴起。她咳嗽一声，这是发难的前奏。

有人扯了她一下。"扯什么扯？"她愤怒地转过脸，发现一只又肥又圆的手在打哑语，这是贾母的手。

一个美丽的芭比娃朝这里蹦来，硕虎阴霾顿扫，脸上挂满柔情蜜意。

"大块头，今天看什么电视？"娇滴滴的声音赛过画眉。

"什么都可以看，什么都可以不看。"硕虎一语双关，芭比娃会心一笑。

芭比娃拿着一件毛衣，她一掀毛衣，把手插进硕虎怀里，再把毛衣盖上。毛衣上的竹针，龇牙咧嘴斜七竖八，旁边还卧着一团毛线。远看是打毛衣，近看也是打毛衣，这才是横看成岭侧成峰，远近高低都一景。

老狐和贾母一前一后到了夹弄。"伊是亡命徒，何必和伊一般见识？"

"她是孙悟空，我还是如来佛呢。"老狐瞪眼道。

"如来佛不到关键时，不念紧箍咒。"

"难道看着她公开搞同性恋？"

"这次小组评选，哪个队长不等着捷报频传？伊四年依无期，谁比谁更需减刑？"

"我的目的不是减刑。"

"是不是假戏太多，忘了真戏？"贾母一撇嘴，"侬不想出去收拾你男人？"

"想想想！我想得快疯了。"老狐狸铁青着脸。一想到女儿死在男人的风流债里，她的腮帮子就咬得格格响。

"侬想减刑，伊不想减刑。"是啊！硕虎和芭比娃现在是一对难分难舍的泥人。用棒打，未必打得开，用棍撬，未必撬得动。和她耗，这是蚀本买卖赔惨喽！当务之急是搞安定，抓政绩，为减刑创造最大的条件。想到这，老狐神清气爽，仿佛心头开了一扇窗。

371

"还是咱老姐姐好。来而往非礼也！三四五揭发你，我把揭发材料交给你。"

"哼！"贾母拔腿就走。"别走！别走！"

"侬撺掇别人告我，然后再诈我，侬是吃了原告吃被告。"

"谁让你一人吞这么多羽绒衫？你的衣服三辈子也穿不完。"

"伊拉进贡给侬还少吗？"贾母冷笑着。

"咱们五十步不笑百步。材料给你，恩怨一笔勾销。"

"侬选只货色要是再来一次，休怪伲无情。"贾母气咻咻地说道。

"别气了，明晚出货，你帮着干还不行？"

"加几分？"

"你要加几分就几分。明天吃馄饨，我要两碗。"

"撑死侬这头老狐狸。"

"撑死老狐狸，来个新豺狼。你自己掂掂分量？"

"好！这次放侬一码。"贾母笑了，老狐狸也笑了，相视一笑泯恩仇，饱狼总比饿狼好。

这边交易完成，那边已是心旌摇曳情到浓处。芭比娃的头，如沉甸甸的向日葵，垂在硕虎的肩上。美人的奋不顾身，让硕虎更添英气，她忘情地搂住她，搂得死紧死紧。虽激情四溅，但智商不减，硕虎在二个人的肩膀上遮上棉大衣。魁梧的身段再披件大衣，不但有老革命的架势，更有老首长的雄风。

众姐妹有的死盯着屏幕，有的飞针走线抓产量。谁都知道，只要硕虎搂着芭比娃，天塌地陷也不怕。想当年偷渡香港，硕虎眼皮都不眨一下，现有美人相伴，更把铁墙当成温柔乡，电网当成红绡帐。再说，硕虎的基本方针是搞同性而不搞犯人，所以大家乐得看娱乐频道。

"杀人了！杀人了！"叫声骤起。"杀人了！五三一杀人了！"声音更凄厉了。

"你一直同情她，现在还同情吗？"大波开心极了。我放下碗出去，老狐正奔赴现场。

"五三一谋害我，今天人赃俱获。哈哈哈！"猪油女大笑道。

"谋害？用什么手段？"

"她在我菜里放毒，不信你问她。"猪油女指了指长脚。我冷冷看着长脚，中午她踢翻了垃圾桶，我说了她几句，她说让我走着瞧。不到五小时，大戏就开演了。

"她问我土豆辣不辣，我说不辣，她就扯着嗓子大叫。"长脚忙开脱自己。

"这点事叫什么叫？"老狐很是愤愤，因为她嘴角还沾着两颗饭。

"谋害是小事？投毒是小事？你赶紧向大队，不！向监狱汇报这起政治事件。"虽说她疯癫，但疯癫中的阶级斗争这根弦，还是绷得得紧。

"我可以马上向大队，甚至向监狱汇报，但是……"

"敌情当前，政治当先，拖延不办吃罪不小。马上把土豆拿去化验。"猪油女一抬下巴。

"那我拿出去了。"长脚用李莲英的口吻，恭恭敬敬地问"老佛爷"。

"土豆可以化验，但我想请教你一个问题。"老狐很是谦卑，"毒药从何而来？"

"废话！当然是她丈夫带进来的。"

"难道她丈夫想毒死她？"

"是毒我而不是毒她。"猪油女很兴奋，"那天接见回来，我就看她鬼鬼祟祟的。"

"她毒死你，想分你遗产？据我所知，你连一分家产都没有。"老狐冷笑着。

"遗产倒不是，就是她恨我。"

"恨你？世上没有无缘无故的爱，也没有无缘无故的恨。她恨你什么？夺夫之恨？"

"恨……就是恨。"

"她是六四暴徒。"长脚轻声提醒。

"对！暴徒就喜欢兴风作浪，喜欢搞谋杀。"猪油女洋洋得意，长脚也咧开嘴笑了。

"五三一快要出监，她和她丈夫冒着杀头的风险给你下毒？"

"你这个老狐狸早让她收买了。你们是狼狈为奸臭气相投。"

"说话要有证据。"

"没证据就是最大的证据，既然你包庇她，我就成全你。咚咚！咚咚！咚咚！"她把头朝栏杆上撞，连撞六下。

"你不要这样！"长脚假惺惺地劝着。

"我不要活了！我现在就死！"她使劲摇着铁门，铁门发出"哐当哐当"的声响。

"我不要活了！"她又使劲蹬地板，地板发出"吱呀呀"的怪叫。

"吵什么！""不要破坏小组纪律。"四周传来劝解的声音。

"我不活了！"一听到劝，她叫得越发厉害。

"你去死啊！你这个没人要的贱货！脱光躺倒也没人要的骚货。"三八八风一样冲过来，将手指从铁门里伸进去。

"我没人要，你有人要吗？咱同病相怜，全是没人要的货。"猪油女冷笑着。三八八果然被击中，脸色惨白地退了下来。

"哒哒哒！咚咚咚！"一看三八八败下阵来，猪油女一边用棉鞋敲栏杆，一边跺地板。

"你是否准备加刑？"老狐一声尖叫，猪油女停止了动作。

"你说什么？"浑浊的眼睛定定的。她虽不奢望减刑，但也不希望加刑。

"诬陷队长要加刑。"

"我就是诬陷老天爷也不会诬陷队长，我还不至于蠢到这地步！"猪油女冷笑着。

"你说五三一把毒药带进来。任何东西进来前一定要检查，你是说队长也要谋害你？"

"我啥地方啥时间说过这话？你一辈子栽赃诬陷，不但害人还害己；不但害己还害你女儿。你活着是祸水，死了污染土壤。你应该以死谢罪。"猪油女以守为攻，口才甚是了得。

"你诬陷队长还倒打一耙。"老狐脸色铁青，因为猪油女打到了她的七寸上。

"证据！你有录音吗？你有白纸黑字吗？你有摄像吗？哈哈哈！"猪油女狂笑不止。

"有谁愿意作证，证明她诬陷队长？"老狐后退两步，面向大众。

"我愿意！""我也愿意！""我更愿意！杀她的疯劲。"四周一片附和声。

"听到了吗？"老狐狸威风凛凛地问。

"你这是搞帮派、搞宗派，你这是小集团主义，山头主义。"从猪油女嘴里，蹦出一串新名词。看来她熟读毛选非一日之功。

"解铃还须系铃人，长脚该发言了。"老狐一挥手。

"这事和我没关系，你别扯上我。"长脚连连摆手。

"没关系？就是她挑我上山的。她说，五三一的罪不同一般，整她可以得到队长的青睐，在组里树威风树权威。她还说……"

"你这疯子放什么屁？"长脚气急败坏。

"她还说，闲着也是闲着。既不能和男人乐，就找个法子乐一乐。"

"明天就把这写出来，争取将功赎罪。"

"OK！"猪油女向老狐敬了个礼，气得得脚直翻白眼。

老狐朝我招招手，屁颠颠地把我领到夹弄。"五三一，现在知道什么叫以夷制夷？想在鲨鱼群里不受伤，唯一的办法就是更凶狠；想在狼群里站住脚，唯一的办法就是做狼王。你还想播下你的善良吗……"

"明天的晕菜归你。"我叹了一口气。一个反行贿者，终于成了自觉的行贿者。

（几年后，我在虹口区一露天换房处看到猪油女。她一身睡衣，汲着鞋，呆呆地站在马路边，久久地站着。）

"时间到，进去！"贾母提来一桶水。几个名为溜达，实为顺手牵羊者一脸失望地毡进小号，只有一位留守女士还在磨蹭，她就是芭比娃。

"进去！"贾母发出最后通牒。芭比娃把脸扑在工作台上，两只手在台面下摸索。硕虎一个箭步从小号扑出来，对准她的胸口就是一把，芭比娃叫起来。

硕虎站在她面前，鼻翼翕动，喘息阵阵，如一匹凯旋的种马。粗重的呼吸拂动着鼻毛，如寒风中拂动的芦苇。芭比娃仰望着她，柔情似水，脉脉含情，脸若桃花，含娇带媚。在深沉，深邃的激情中，四只眼珠子你来我往，相互纠缠，相互碰撞。她们就这么相视相凝，相看相对。高墙电网没有了，世界上只有盘根错节的四只眸子。

我打了个寒颤。这种非常态的，非自然的感情，怎么会以如此动人，这么美妙的形式出现？

"进去！进去！"贾母大步流星赶来。虽知道她们是王八吃秤砣铁了心，但这样的赤裸裸，也忒不把她放眼里。想到这，恶向胆边生，怒从心头起："进去！"

两个人依然你看着我，我看着你。四颗眼珠子，早成一团泥。眼白中有我，眼黑中有你。既成了共同体，当然对独联体的挑战置之不理。要是再加一段小提琴的背景，就能双栖双宿翩翩起舞。动人的音乐，N 个世纪地流传；美丽的标本，N 个世纪地流传。

四颗红彤彤的眸子，再一次激怒了贾母，圆滚滚的身子球一样滚来。贾母虽愤怒得快爆炸，但基本原则没有忘，那就是柿子要拣软的捏。她一把揪住芭比娃的领子，使劲朝小号里推。芭比娃站立不稳，一个倒栽葱头磕在地上。又圆又大的屁股，如海上的冰山，巍然耸立。硕虎一看，鼻翼翕动，目眦尽裂，一声长啸朝贾母撞去。关键时刻，贾母一个优美的大旋转，让硕虎扑上栏杆，并在脸上留下一道美丽的金印。

一排排栏杆上挤满了人，她们笑着，叫着，嚷着，快！快把全武行演下去。硕虎咽了口唾沫，似有若无的喉结开始蠕动。喧哗声更大，极度渴望的观众，在等待临门一脚。

"大块头快回监房，不然我永远不理你。"哽咽归哽咽，声音还是很清晰而且还娇滴滴。硕虎像被施了法，一下子入定。

"快回去！快回去！"巴比娃发出一声声凄婉的啼叫。叫声中，硕虎摸着金印，耷拉着脑袋，极不情愿地踱进小号。

众人发出一声长长的惋惜。

下午开月会，报出每个人的劳役分和学习分。月会是工人的发薪日，农民的分红日。一般情况下，劳役分是固定的，如工人农民的收入；学习分是浮动的，如干部的灰色收入。分数报出来，又是几人欢喜几人愁，几人捶胸顿足，还有几人怒发冲冠。

"我的分怎么这么低？"高脚一拍桌子站了起来。

"劳役分可以，但学习分不高。"

"我不是投了好几篇稿子吗？"

"投稿不等于录用，你别剃头挑子一头热。"老狐冷笑道。

"凭什么不上我的稿？广播里的稿子狗屁不通，这种稿子能上，为什么我的不能？"

"有人比你诈骗的数目大一千倍，她为啥不进监狱？"二百五格格笑了。

"是啊！厂长贪污你的工资照样做厂长，你拎他的包却要吃官司。"高脚冷笑着。

"我的分数为啥这么低？"芭比娃涨红了脸。

"这要问你自己。"老狐眼皮也不抬。

"我要是知道还问你？"芭比娃的脸更红了。

"想不通找队长，解释权在队长手里。"老狐虽口气淡淡，大家却能听出弦外之音。

硕虎忽地站起来："你把话说清楚！"

"说你的事还是她的事？"老狐不温不火。

"大块头，没你的事。"芭比娃拼命朝硕虎做手势，硕虎虎着脸坐下。

"下面开始个人评议。"老狐瞥了芭比娃一眼。那意思再明白不过：情人送的电容器也能算你的产量？

晚上看电视。芭比娃无精打采坐着，硕虎沉着脸，离她一公尺远。看来她们已得到警告，这里毕竟不是伊甸园。

"五三一，你的分蛮高的。"芭比娃虽带着醋意，但绝对没有恶意。昏暗的灯光下，圆圆的脸，光滑的额头，撅起的嘴，就像精致的瓷娃娃。

"你有儿子、丈夫，你又何必？"我脱口而出。她的脸红了。在这里，脸红是稀罕物，这证明她还有羞耻之心。

"我知道……可我不能自拔。"

"这点自制力也没有，还算人吗？"

"你不知道，其实最可怜的是大块头。"

"这么说你是为了她？"我嘲讽着，她低下头。

"五三一，把改好的记录给我。"老狐一声令下，我只得朝小号走去。

中国人喜欢花架子，这种嗜好在监狱里得到了发扬光大。改记录加记录补记录，让报表膨胀，让百分比发酵，让数字增肥。把杀人犯的忏悔，写得比《一江春水向东流》还哀婉沉痛；把贼骨头的认罪，写得比《天问》还淋漓酣畅；把诈骗犯得悔恨，写得比《满江红》还虎啸龙吟。

记录交给老狐后，发现位置已被占领，于是我在最后一排就座。"她和你说啥？你和她说啥？"一个声音贴在我耳边。

"我让她停止这一切。"

"凭什么这么说？"硕虎凶狠地问道。

"她有丈夫有儿子。"

"可我什么都没有。"

"你应该找个人结婚成家。"

"结婚？和谁？"

"当然和男人。"

"可我一见男的就起鸡皮疙瘩。"她绝望地嚷着。我朝她看了看，魁梧的身材，宽大的肩膀，平坦的胸脯，一键一键的肌肉。我揉揉眼再仔细看，发现她实在不像女人。

"我罪名诈骗，其实根子还是老毛病。"她凑近我。我很惶恐，实在不想招这个嫌，于是把凳子朝后面挪。

"我曾经劳教过。"她恳切地说，"女人需要我的身体，而我需要她们的钱。这次吃官司就是因为女人间的争风吃醋。"

"争风吃醋？"看着她五大三粗的样子，我笑了。

"老婊子给我钱，我却和小婊子好上；于是老婊子告我，检察院以诈骗罪判我。"

"你不要干那些……勾当。"我把"下流"两个字咽下去。

"其实我是中性人，或者说是男人。我几乎没有月经，即使有也少得可怜；我没有乳房，胸脯上可以做飞机跑道；我甚至有喉结，只是不太明显。"

"你应该去看病，南京钟鼓楼附近有个医院，有个专看此病的教授。"我打断她痛苦的陈述。

我曾看过这方面的报道。南京有位名教授，顶着压力，冒着风险，大胆为"流氓犯"检查，为"流氓犯"做了易性手术。男性还是女性，不能仅从外生殖器上来判断，还要做一系列的分析化验。究竟是染色体的错位，还是胚胎发育的基因突变，这需要科学，也需要过人的胆识。同性恋并不是流氓行为，用笼统的"腐化堕落"来定罪失之偏颇。

"这么说你理解我？"她激动地一把攥住我的手。

"出去后就上南京看病。"我抽出手，反复叮咛迅速撤退。但还是晚了一步。第二天，我被不点名地批了一通：不认罪伏法，宣传资产阶级腐朽思想，散布黄色言论等。再延伸下去，我成了十恶不赦的教唆犯。从这天起，我不敢轻易和人搭讪，更不敢给人出金点子。

晚上，隔壁有人敲墙壁还叫我番号。我不是讼爷，凭什么你们稿子一定要我改？历史的教训值得注意，上次被扣的分还没补回来。

"搭什么豆腐架子？让你改你就改，也不看看对象是谁？"老狐没好气地说道。

文稿主是长脚，是著名的泼皮无赖。得罪穷寇，就是得罪海上风暴。为了小组长治久安，为了把不安定因素消灭在萌芽中，老狐也不敢得罪她。虽然我一百个不愿意，但想到"放毒"事件全靠老狐斡旋，我只得投桃报李。

隔着栏杆接过稿子，在天书中揣摩主人意思，又在蝌蚪文里领会主人观点。看了半天也不得要领，情急中另起炉灶，片刻把出炉的大饼传过去。

"不许动！"一声厉喝如一个霹雳，吓得我魂飞魄散。

"好啊！终于让我逮住了。顶风作案，贼胆包天！这是罪证！"声音带着不可抑制的欢欣，"你这个无耻的同性恋！"

同性恋？我什么时候和长脚媾和了？

"愿杀愿剐悉听尊便。但我声明，纸条是我写的，也是我传给她的，一人做事一人当，不要搞株连。"硕虎大义凛然掷地有声，原来她在传递情书时被逮了。

"还想掩护！还想包庇！"巡逻者连连冷笑。好个硕虎，虽有碍风化，有碍观瞻，却是个敢作敢为的坦荡之人。就凭这点也值得我钦佩！

几年后我在虎丘路上遇到硕虎。她是饭店经理，真正的老板是她的床上女伴。她拿出一厚叠的邀请书给我看，上面有 HONGKONG 字样。

"下月我就赴港。"她喜滋滋地说。

"你搞大了，搞到一国两制的地方了。"

"老天爷在关门时，给我开了一扇窗。性别错位给我带来痛苦，同时也带来滚滚财源。"

"恭喜恭喜！"

"我最喜欢听你唱《长江之歌》，能否再唱一次？服务员，马上把包厢的卡拉 OK 打开。你现在干什么？"

"我在虹口技协当老师。"

"要是你混不下去，可以来找我。你要不要和她通话？"她突然想起什么，"她现在在南京路上做营业员。"

电话接后递给我，芭比娃的声音愈发娇滴滴了。才寒暄几句，我就听出只有礼节没有热情，只有空泛没有真切，于是我把电话还给硕虎。电话易主后，果然有了热情，有了真切，有了撒娇。所有的铺垫只为一主题，那就是买钻戒。芭比娃详细谈了钻戒的克拉，形状，成色，造型，不但对钻戒的金额有要求，也对购买时间做了最后的限制。

"她变了！"放下电话，硕虎朝我抱歉一笑，"她完全不是以前的她了。"

"你拼命搂钱，然后用女人的钱贴给另外一个女人？"我想起那个"搂"字。当年芭比娃没能实现的梦，现在让硕虎替她圆，也算是殊途同归。

"没办法，我实在太爱她了！"硕虎不好意思地挠了挠头。

"她丈夫知道这件事吗？"

"不知道我们的事，只知道她变了。她丈夫说，监狱果然是所大学校，才三年，就彻底改变了她的一生。她丈夫喜的是老婆能搂钱，忧的是老婆变成了另外一个人。"

"另外一个人是谁？是葛薇龙的丈夫，还是葛薇龙的姑妈，还是葛薇龙自己？"

"什么葛灰龙？"

"我是说，三十年代的人物，在九十年代复活了。"

"不管怎么说，我对她的爱完全没有……肉欲。"她斟酌地吐出这两个字，而且极斯文。

要是张爱玲还活着，是不是还要点第三炉沉香屑。

酒瓶女扭曲的爱

"收思想汇报喽！收思想汇报喽！"老狐如走街串巷的小贩，沿着小号游荡。犯人纷纷从栏杆里递出思想汇报，片刻工夫，已硕果累累。

一个新来的戴眼镜的女孩，递出几张纸。因为她的镜片忒夯实厚重，所以大家都叫她酒瓶。

"呦！字写得不错。可这是数字还是英文？是处方还是思想汇报？"老狐阴阳怪气地问。

"既不是数字也不是英文，确切地说，这是我的思想汇报。"酒瓶不卑不亢不冷不热。

"呦！回答得滴水不漏。"

"当然，我不是文盲。"

"文盲也没开假处方，也没骗吃骗喝骗睡啊！"

"你怎么这么说话？"酒瓶愤怒了，"你不该窥探别人的隐私。"

"这不是隐私，而是犯罪？"

"犯罪怎么了？在这儿谁都有罪。"

"你的罪特别了不起。你是舍己救夫的巾帼，你是追求爱情的女侠，你是……”

"哇!"第三个排比句还没出来,酒瓶的嚎啕已冲天而起,"哇!凭啥损人?"

"嚎啥嚎!你以为我是你男人?警告你,闭上你的臭嘴,不然就扣分。"老狐话音刚落,嚎啕已停。这才是来时一霹雳,去时一闪电。我摇摇头,这里的一年里,有三百六十六天是其乐无穷的斗争。今天王明搞老毛,明天老毛斗林彪。太阳还没升起,运动之芽已绽放;月亮刚升起,斗争之星已灿烂。今天联合张三整死你,明天联袂李四取你性命。星转月移,循环往复,起起伏伏,百年不变。

"你现在不要哭,以后有你哭的时候。"老狐倒背双手,悠悠地沿着小号溜达,赢得狱友一片喝彩。

"干得好!老狐狸!""干得好!老吴!""干得好!学习组长。"于是老狐把头抬得更高了。收碗时,我朝酒瓶一瞥。虽眼如红桃,悲痛欲绝,碗底却连一滴汁水都没留下,看来她是过日子的一把手。

下午,三八八让酒瓶剪毛。她拿起剪刀,把衣服贴在鼻尖瞅啊瞅,摸啊摸,半天剪一下线头。镜片比瓶底还厚,我真担心镜片会让鼻梁折断。镜片呈放射形,大老远就发出两道眩目的光,要是在镜片上放个太阳能,定能让监狱四季如春。

"你的眼睛多少度?"

"一千多度。"酒瓶推了推眼镜,"要不是高度近视,我能这么快从农场上调?要不是高度近视,我这么聪明会没工作?真是成也萧何败也萧何。"

"怎么会这么近视?"小安徽很惊讶。

"近视怎么了?盲人照样活得有滋味。"

"我是说,高度近视的话,四年日子不好过。"

"不怕!"酒瓶一扬头,"我有爱情。"

"爱情能当饭吃当衣穿?"小安徽冷笑着。小安徽判刑后,未婚夫生不见人死不见尸,本来她就对爱情没抱奢望,现在一提爱情,更是仇人相见分外眼红。

"爱情是世上最美好的东西,不要用吃啊喝啊的来亵渎它。"酒瓶有些不悦。

"我不跟你争,留下唾沫润嗓子。你哭的日子在后头呢!"小安徽把头转向另一边。

"如果连爱情都不敢追求,还能算人?"酒瓶肩膀一耸。

"趁早拉倒，少放屁！"小安徽把衣服一抖，一根线头飘到酒瓶的鼻尖上。

"我知道你受过内伤，而且伤得厉害。你可不能因噎废食。"酒瓶语重心长，鼻尖上的线头一颤一颤地抖动。

"你最好把鼻尖上的线头拿掉，不然就是小丑。"小眼镜笑了。

"瞧这蠢样！"小红嗤之以鼻，"男人连肥皂草纸都不给你。"

"你们可以认为我傻我丑，但不要怀疑我的爱情。"酒瓶一昂头。"他刚从看守所出来，身心有个调整过程。"

"你拉屎撒尿怎么不调整？你应该把屎尿憋住，憋到你男人送草纸为止。"

"我愿意！"酒瓶一点也不理会众人的讪笑。

"她究竟啥事？"小眼镜急切地问。

"男人让她开假处方去骗药，再把药卖给药贩子。被抓后，男人把责任推给她，而她大闹看守所，终于如愿以偿坐大牢。"

"我要用我的囚禁，来换取他的自由，燕雀岂知鸿鹄之志？"酒瓶动情地说。

"你的鸿鹄之志就是让他抽好烟，喝好酒，品好茶，穿品牌。"

"这是他的四大爱好，也是我的四项基本原则。"酒瓶坚定地说。

"你比十二月党人的妻子还高尚！"小诸葛冷笑道。

"这绝对不能同曰而语。"酒瓶正色道，"她们只是跟随丈夫坐牢，而我是代替丈夫坐牢。"

"什么叫十二月？"小眼镜问道。

"发什么声音？"三八八把剪刀一摔。于是所有的嘴巴都闭上了。

洗碗后我赶紧拿起剪刀。"五三一，你做事真利索！"酒瓶赞叹道。

"利索？就这速度还跟不上趟。你昨天产量完成了吗？"

"没有。其实我的劳役应该减半。"

"劳动组长！"小红喊道。

"什么事？"三八八沉着脸走来，"有话说，有屁放。"

"她说她的劳役应该减半。"

"我高度近视算残疾，能否劳役减半？"既然兵临城下，酒瓶只得实说，"我近视一千二百度。"

"不要说一千二，就是二千四百度也甭想。"三八八的脸像上浆布，挺括僵硬。

"为什么？"酒瓶认真地问，"我是公民，公民有公民的权利。"

"你是公民还是犯人？"三八八冷笑道。

"我是被剥夺四年自由的公民，也是共和国永久性公民。我既是犯人，又是公民。"

"什么事啊，我的大情圣？"老狐一颠一颠地跑过来。

"情圣要求产量减半。"三八八冷笑道。

"我年过七十还没减，难道你比我还老？"老狐阴阳怪气地说道，于是众人笑了。

"我不是指年龄，我指的是我的特殊情况。"

"特殊情况？你这个骚货，贱货，不要脸的东西！"三八八呸了一口。酒瓶的脸涨得通红，她嚷着："你骂人？难道纪律容许你骂人？难道组长有特权骂人？"

"我就骂你这骚货咋样？"三八八双手叉腰，一根手指戳到她鼻子上。

"那我把你骂人的事汇报给队长。"

"汇报可以，你有证据吗？"老狐上前一步。

"证据！全组这么多人听见，这不是证据？"酒瓶自信地说道。

"我什么也没有听见。"小红先声夺人。

"对！我们什么也没听见。"四周一片应和。

"你没听见？"酒瓶把头转向小红，"你就在我旁边，怎么没听见？"

"我没听见，但闻到了一股骚味。"小红冷笑道。

"对！一股骚味，一股骚味。"四周一片呼应。酒瓶怔了，渐渐地，她眼眶里蓄满了泪水。

"慢慢哭，哭的日子还在后面呢。"老狐拉着三八八走了。学习组长和劳动组长的关系，是政治局和人大、政协的关系；是狼和狈的关系；是主子和帮凶的关系，是沆瀣一气的关系；是助纣为虐的关系；是一个吃肉一个啃骨头的关系。如果放在动物世界，就是狮子和野狗的关系。

"快干活吧！"我推推酒瓶，既为她的勇气喝彩，也为她的处境担忧。

"五三一！我研究过刑法……"酒瓶抽泣着说。

"算了！"我叹了口气。如果说刑法是装饰品，还不如说是依附权势的婊子。

"你说你算残疾，法院咋还判你？"小红奸笑着。

"残疾人犯罪，轻判而非不判。"酒瓶严肃地说。

"快干活吧！"我推推她。她怎么不长记性，半分钟不到又认贼作父。

"推我干嘛？"酒瓶嚷道。

"真是狗咬吕洞宾，不识好人心。"小安徽愤怒地说。

"好人？好人会进监狱？"酒瓶大声嚷道，一反刚才的柔弱无助。

"哀其不幸，怒其不争。"我伤感地摇着头，突然和老狐狡黠的笑打个照面。

"你怎么像条疯狗，逮谁咬谁！"小安徽更加愤怒了。

"我和她有质的区别。"酒瓶的手臂挥舞着，"我小诈小骗，只为改善生活；她是朝廷要犯，掀起动乱风波。绝不能同日而语，绝不能！"天呐！真是一条疯狗，以为咬下一口唐僧肉，就能延年益寿。我气的浑身发抖。

"大情圣，你说啥？"老狐笑眯眯地走来。

"报告组长，我要和五三一划清界线。"

"我问你，监规纪律第一条是什么？"

"认罪伏法。"酒瓶响亮地说道。

"你做到没？"

"我不但做到了，还制止她人的不认罪伏法。"酒瓶咽了口唾沫，谈兴高涨。

"你把诈骗说成改善生活，这就是你的认罪伏法？"老狐声色俱厉。

"这……随口说说而已。"

"语言是思想的反映，语言是思想的记录。进小监！"老狐大吼一声。酒瓶先一愣，随即讪讪进去。老狐朝我一挤眼，眼里满是讥讽。

我想起龙应台的一句话：有几流的人民，就有几流的政府。民族的灾难深重，必然有民族劣根性的罪孽深重。谭嗣同说："华人不自为之，其祸可胜言哉？"半个世纪过去，华人依然麻木；一世纪过去，民族依然愚昧。

第二天，酒瓶从小号里被放了出来。"这是顾队长在执行政策，对残疾人的政策就是国策。知道残疾人协会会长是谁吗？"酒瓶半得意半神秘地问。

"洗耳恭听！"

"他就是邓大公子，中国第一号高干后裔。"

"秃毛乌鸦，扯了孔雀毛插上去而已。"小诸葛冷笑道。

"不管鸡毛还是狗毛，有毛就是好鸟。"酒瓶伶俐地说道。

"你咋搞的？"三八八冲小眼镜嚷道，"毛咋剪得这么短？"小眼镜一噘嘴。

"让我看看。"老狐赶紧站起来，"短是短了点，不过嘛……"

"这次放过你，下不为例。"

"还不谢谢劳动组长？"老狐朝小眼镜使个眼色。

"谢啥？她不是看我面子，而是看你面子。"小眼镜一转身。老狐和三八八一愣。

"下一个。"尴尬后的三八八更威严地嚷道,"这毛,怎么这么长?"

"短毛固然好看,但容易绷线;长毛固然难看,但保证质量。"酒瓶努力解释道。

"你是说你剪的毛很标准?"

"这要从角度看。是实用的角度还是……"

"放屁!"三八八把剪刀一摔,"全部返工!"

"为什么?"

"我说不行就不行。"三八八霸道地说。她要把对小眼镜的怒气,加倍转移到酒瓶身上。

"我希望你对犯人一视同仁。"酒瓶冷冷地说。

"你到小组没超过四十八小时,就兴风作浪煽动罢工。"老狐杀气腾腾地站起来,她和三八八一前一后一左一右,形成一个包围圈。

"……返就返!"酒瓶一看形势不对,赶紧撤退。

"开饭喽!"劳动大姐拎着铁桶上楼。

"妈啊!又是水煮萝卜。"小眼镜尖叫一声,"一滴油花都没有,吃了心更凉。"

"他最不喜欢吃水煮萝卜……不知他今天吃什么?"酒瓶失神地叨叨。

"那他最喜欢吃什么?"小安徽冷笑着。

"荤的是红焖海参,鳝贝大烤,炒蝤子,硝蹄膀;素的是马兰头香干,煸草头,拌香菜,臭豆腐。鱼头汤的鱼头要大,颜色要黑;阉炖鲜要放火腿香菇笋。注意,料酒一定要有年头。"

"你这口气,像是准备满汉全席?"

"还有,马兰头一定要春后的,煸草头一定要用白酒,笋一定要嫩。"

"四年后,你就是嚼不动的老笋,无人问津的老笋。"小红冷笑着。

"不用四年,用不了四星期,老笋就踩在脚下了。"长脚冷笑道。

"你可以糟蹋我,但不能亵渎我们的爱情。"酒瓶生气了。

"但是不能亵渎我们的爱情。"小安徽模仿着酒瓶的口吻,"妈拉个巴子,恶心!"

"不要吃不到葡萄就说酸。"酒瓶大度一笑,"我能理解酸葡萄心理。"

"就是!人家是梁山伯与祝英台。"小眼镜吐了吐舌头。

"瞎比喻。"酒瓶嚷道,"我们不是蝴蝶,是鸳鸯。鸳鸯比蝴蝶更从一而终,更白头偕老。"

"刚才那菜谱，是你男人制定的？"小诸葛谦虚地问。

"菜谱是我为他量身定制的。肾乃男性之根，海参补肾，鳝贝补液，蟮子含锌，所以这三道菜是首选。"

"那油腻腻的硝蹄膀能补啥？"小眼镜不服气地问。

"硝蹄膀能刺激味蕾，增进食欲。"

"我看是增加他的性欲吧！"小红淫笑。

"再说蔬菜。"酒瓶咽了一口唾沫。"马兰头是绿色野菜；香菜能提脑醒神，臭豆腐是豆制品，鱼头补脑，笋能加强肠胃蠕动，预防肠癌。"酒瓶口齿清晰，思维敏捷，从从容容，娓娓道来。

"凭你男人的收入，能满足海吃海喝？"

"我也有一份收入。"

"你不是说你没有工作吗？"

"我说的是没正式的工作，流动收入还是有的，我在菜场做促销。"

"她的促销就是把鱼腮涂红，墨鱼涂黑，黄鱼加黄，顺带朝鱼肚里塞点异物。"沪花补充着。

"原来是个专管赤橙黄绿青蓝紫的画家。"小诸葛笑了。

"涂红描黑也是工作。"酒瓶咕哝着，"为了丈夫，我啥活都肯干。"

"你这是坑人。"

"坑人？我只知道凡是存在的，就是合理的。这话是黑格尔说的。"酒瓶声音渐高，名人名言让她多了份底气。

"你就是坑人。"小安徽坚持道。

"先生存后发展，混饱肚子谈道德，不是有'衣食足而知礼节'这一说吗？"

"歪理十八条。"

"歪理？这话前半部分是鲁迅说的，后半部分是孔子说的。"酒瓶理直气壮地说，"改善生活何罪之有？你不也为改善生活搞销赃吗？"

"你！"小安徽这下傻了。

"不要五十步笑一百步。进来者不是为钱，就是为色。"

"放屁！"小诸葛骂道。

"宁可废男人，也不做弃妇，你不是为感情竞折腰吗？"

"你……"小诸葛这下也愣住了。

"你为了二奶转正，燃起冬天里的一把火；你为了吃好穿好，频频伸出贼手。"

"你……"小红和长脚也愣住了。

"小眼镜为男友，画了秘密图；沪花为情欲，休了丈夫。短兔为色，俪俪为钱，至于老狐，则是钱色兼顾。这里每一个人，都有一本难念的经，经文上只有二个字：钱，色。"酒瓶的眼镜逐一打量，依次巡视。众人你看我，我看你，想想自己案情，想想她人案情，不得不承认她的话一针见血。

"可是……可是……"小安徽仍在挣扎。

"金钱和情色，是所有犯罪的根源，是所有人的原罪。正因为此，犯人没有高低贵贱，没有厚此薄彼。谴责别人就是谴责自己，批判别人就是批判自己。"

"可五三一既不为钱，也不为色。"

"五三一是绝无仅有的傻瓜。这样的妻子，是男人的不幸；这样的母亲，是孩子的不幸。恕我直言，五三一离婚了吗？"

"没有。"小安徽抢着说道。

"暂时不等于永远。在所有案情中，政治犯最不值也最可怕。男人忌敏感事，女人更要远离政治。后宫不得干预朝事，是历朝历代的金科玉律。做女人，一要三从四德三贞九烈，二要相夫教子贤妻良母。知道啥叫天出头？"

"不知道。"小眼镜规规矩矩地说道。

"'夫'这个字，就是天出头。女人的核心就是围着灶台转，围着男人的喜怒哀乐转。"

"紧密团结在以男人为中心的党中央周围？"小诸葛冷笑道，"你太有牺牲精神了。"

"不但要有牺牲精神，还要最大限度地保护自己，争取把刑期减到最短。"

"这么说，你判四年是轻判？"小安徽撇了撇嘴。

"我案值二万……"

"应该判十年以上。"

"我早把刑法书翻烂了。"酒瓶咳嗽一声，"检察院说我盗窃，我说我是诈骗。盗窃和诈骗在量刑上有很大的区别。"

"……这倒是。"小诸葛颔首道。

"我和丈夫的作案也有区别。他是单位职工，我是失业加残疾。所以我承担全部责任。"

"这倒也是。"小诸葛点了点头。

"难道承办眼睛瞎了？"小安徽冷笑着。

"大闹看守所时我带了所有证据：模仿的处方，临摹的药名，小贩的地址，买卖的金额。验明笔迹后，男人逃之夭夭。只要他脱身，我虽输犹胜，虽败犹荣。就是坐牢也值！"酒瓶丝丝入扣地分析着。倒退若干年，游说六国不输苏秦；

替父从军不逊木兰。

　　"想当初，为了临摹陈主任的英文，李医生的行书，我是冬炼三九，夏练三伏。描啊画啊涂啊写啊，直练的手起茧子，眼睛愈发的近视。"

　　"这么说，你的高度近视里还有爱的奉献？"

　　"为爱人奉献，我愿意。我愿意卧薪尝胆，我愿意凿壁借光，我愿意卧冰求鲤……"

　　"是否还愿意割肉为他煲汤？"小诸葛冷笑道。

　　"毫无疑义。"酒瓶斩钉截铁地说。

　　"是否还愿意尝尝他的粪便？"

　　"这有什么不可以？"酒瓶一甩头，稀稀拉拉的黄毛飘起来。"我相信一句话，'子规夜半犹啼血，不信春风唤不回'。"

　　"好一个'春蚕到死丝方尽，蜡炬成灰泪始干。'"小诸葛冷笑着，"你们的爱情，惊天地泣鬼神。"

　　"完全可以惊天地泣鬼神。"酒瓶朗朗而笑。"那是一段多美妙的日子啊！动人如海顿的小夜曲，灿烂如梵高的向日葵，舒曼如八大山人的山水画，迷人如达芬奇的蒙娜丽莎。"

　　"天呐！你疯了！"小诸葛现在不是冷笑，而是尖叫了。

　　"那段日子，他从上到下一身名牌；那段日子，他喝名酒抽好烟。一三五下馆子，二四六洗桑拿，天天保证有场小麻将。"酒瓶放下剪刀，"他说，我是上帝送给他最好的礼物。我说，如果你是大卫，我就是米开朗基罗；如果你是骏马，我就是徐悲鸿。"她眯着眼，沉浸在回忆中。

　　"疯了，疯了。"小诸葛摇着头，"太疯狂了。"

　　"你这个百年不遇的天才，怎么也会翻船？"小眼镜嘲讽着。

　　"要是听我的话，航空母舰还在巡游呢？"酒瓶叹了一口气，"陈主任出国后，我就停止了活动。"

　　"为什么要停止？"小眼镜很是好学。

　　"因为李医生的字，只掌握了外部的轮廓，内在的横竖撇捺，还没完全吃透。工欲善其事，必先利其器。斧头没磨好，怎能匆忙上阵？"说到这，酒瓶很沮丧。

　　"后来呢？"

　　"后来他为了庆祝生日，硬逼我在错误的时间，错误的地点，写了错误的处方。他让我模仿陈主任的笔迹。"

　　"好！好！老天有眼。"小安徽拍着手。

　　"好！好！假处方露馅了！"小眼镜也嚷着。

"好！好！四个三百六十五天，你慢慢熬吧！"小红奸笑着。

"为爱人坐牢，我无怨无悔。"酒瓶一甩头，黄发再次飘起。

今天是接见日，不知道儿子会来嘛？失去自由快二年，和儿子只见二次面。一次是看守所政委的走私放行，一次是监狱大赦的六一儿童节。短短的二次见面，抵不过长长的二年相思。儿子有时给我写信，有时给我寄照片，但思念如火，烧得我遍体鳞伤。

今天能否见到儿子？我想啊想，想得太阳穴都要爆炸。接见栏一打开，我迫不及待冲出去。接见窗口站着丈夫和大姐，巨大的失望攫住了我。

我知道亲人的良苦用心。高墙电网，机枪警卫，三步一岗，五步一哨。冷冷一瞥，是烙铁；凶恶叱喝，是菌种。不能让儿子稚嫩的心，打上烙印；不能让儿子纯洁的心，长出毒菌。

看见我的失望，丈夫抱歉地搓着手，姐姐也愧疚地低下头。

三人行，默默无语相视无言。

"看见了！看见了！"刚上楼就听见欢声笑语。酒瓶手舞足蹈双掌合击，身躯扭动，亢奋非凡。"五三一，我的达令来了，他一点没瘦，依然英俊潇洒。"

"祝贺！祝贺！"我无精打采地说道。

"是否婚姻有变？"她先为自己激动，后为我担忧。

"呵呵！"我勉强笑了一声。

"虽意料之外，却也情理之中。"她赶紧安慰我，"别难过！只要你吸取教训，前途还是光明的。"

"少放屁。"小安徽白了她一眼。

"我的达令说，监狱是藏龙卧虎之地。既来之，则安之。在四年里好好学一门手艺，出去后大展宏图。"

"是否继续描红画翠？是否继续临摹处方？"小诸葛冷笑着。

"三百六十行，行行出状元。临摹是好一门好行当。精致的赝品，就是精品；高超的伪作，就是高作。北京古玩界，上海的书画滩，蕴藏着巨大的商机。达令说了，能学到临摹的窍门和精髓，就是端上金饭碗。一深二精三活四真，等于开了造币厂。"

"你是说……"

"我应该再接再厉，不但临摹英文，还要临摹字帖书画。我曾下苦工临摹过怀素字体。甲骨，小篆，魏碑，隶书，我揣摩得八九不离十。学海无涯苦作舟，书海有路勤为径，我要把刑期当学期，百尺竿头更上一楼。"酒瓶喜滋滋地说。

"你在里面搞临摹,达令在外搞女人。"小红恶狠狠地说。

"杞人无事忧天倾。过虑过虑!"酒瓶爽朗地笑着。

"五三一。"顾队长朝我一招手。

"看见了吗?我说的话应验了。"酒瓶很神气地说。"我早说过,她丈夫一定和她离。我不但能临摹,还能占卦测字。接下来,她一定和顾队长下楼。"说到这,顾队长果然领我下楼,身后传来一片惊叹,惊叹监狱里诞生了一个测字打卦的女大仙。

下了楼,明晃晃的太阳照得我睁不开眼。顾队长兀自在前面走,我忐忑着,不知道发生了什么事。

顾队长领我朝一幢建筑物走去。近了,近了,从敞开的门里,我看见一张熟悉的脸。那不是我最好的邻居小玲吗?

她怎么会在这?我诧异着。从丈夫口中,我知道她一直在关心我,帮助我,甚至在我的刑期上,她也通了关系,尽了最大努力。在挚友离我而去时,在闺友反戈一击时,在同学避之惟恐不及时,她冒着巨大的政治风险帮助我,为绝望中的我带来慰藉和温情。

"你怎么会在这?"我擦擦眼,惟恐又是一个梦。都说"他乡遇知己"是人生乐事,有谁知"监狱遇知己"的悲喜。

小玲什么也不说,只是微笑地看着我。突然她转过身,把身后的小男孩推过来。我搂住男孩,泪水"劈啪劈啪"砸在他头上。

大姐递来一块手帕,我擦干泪仔细打量儿子。儿子瘦了,也长高了,他怯怯地看着我,带着陌生带着狐疑,带着冷漠和警惕。

"儿子,想妈妈吗?"我摸着他的头。儿子点点头,又摇摇头。我发现他额角有块粉红的伤疤。"你怎么了?"

"没事,不就是孩子间的游戏。"丈夫轻松地说道。

"不是游戏,是打架。他们骂我小暴徒,我和他们对打。后来爸带我去医院缝针。一共缝了六针!六针!"儿子伸出小指和拇指。我把儿子紧紧地搂在怀里。

"妈!我们回家吧!"儿子挣脱了我的怀抱,"我们乘二十二路电车回家。"

"妈……现在不能回家。"

"为啥不能回家?那天同学打我,欧老师说我妈不是坏人。既然不是坏人,为啥不能回家?"儿子撅起嘴,使劲把我往门口推。

"不！"

"你快走，我来掩护你！我来保护你！"儿子像力大无比的小毛驴，使劲从后面顶。队长进来，先是愕然，接着长叹一声。

又进来一个队长，他看看表，又紧张地朝外张望。我知道这次接见是小玲疏通的关系，是私自放行。我亲了儿子一口，率先奔出门。走了很远才回头，阳光下，小男孩孤独地朝高墙电网走去，朝一道道铁门走去。我突然很后悔，后悔这一次的接见。

"离了？"我一上楼，酒瓶凑过来。我不置一词，只是干活。我不能说真话，说真话就会给揭发者带来麻烦。

"五三一！看着你的痛苦，更加坚定了我的信念。"

"什么观点？"

"两耳不闻窗外事，一心只为我夫君。"

"怎么个为法？"小安徽冷笑道，"你除了在处方上搞诈骗，难道还有什么高招？"

"当然有。只有想不到的，没有办不到的。"酒瓶斩钉截铁地说道。

"你这个魔术师倒是说说，怎么变出一双水晶鞋？"

"我变出的不是水晶鞋，而是一套培罗蒙西装。"

"放屁还有点臭，你连屁都不如。"小安徽冷笑道。

"那我就告诉你们，我的莲花舌怎么为夫君带来吃喝，带来了西装的传奇故事。不！不是传奇，是纪实。话说一个寒风凛冽的晚上，不！是一个除夕夜的晚上，我从崇明农场回沪。我连家都没回就去看他。他懒洋洋地躺在床上，一只空酒瓶旁是半碗咸菜。我抱住他，眼泪'扑地'掉下来。"

"哭什么哭？我在安徽天天吃咸菜。"小安徽撇了撇嘴。

"你能吃咸菜，我见不得他吃咸菜，这是爱的分水岭。"

"说下去！说下去！"小眼镜连忙摇手。

"我摸了摸口袋，摸出两枚硬币。再摸他口袋，也摸出两枚硬币。托着四枚硬币我心酸不已。突然，一个金点子跳出来。我扯着他，冲到公用电话亭，给他姐打电话。自从父母双亡，姐姐是他唯一的亲人。"

"你不会为了下酒菜问他姐要钱吧？"小眼镜担忧地问。

"我不至于蠢到这地步吧。"酒瓶很有信心地笑了，"拿起话筒，我跟姐姐说，我已经怀孕，但没有做手术的钱。他姐一听方寸大乱。那年代，不要说未婚先孕，就是婚前性行为也不容许。这事不但会砸饭碗，弄不好还被戴上流氓帽子。我说，手术越快越好，最好明天就做。"

"大年初一做手术？谁信！"

"你不信，可他姐信啊。一小时后，他姐踏着大雪赶来，口袋里放着热乎乎的钱。我发现除了大票还有小票分币。"

"他姐是卖葱姜的？"小眼镜问道。

"他姐说，大票是家里存款，小票是储蓄罐的，出门时，她儿子正捧着碎罐在哭呢。"

"后来呢？"

"他姐一走，我拉着他奔到饭馆。点菜完毕，对着窗外赏雪景。一女人背对玻璃在等车，一双破了口子的鞋踩在雪上，几个脚趾竞相露出头来。我跟男人说：这是探头的蜡梅在绽放。"

"她是谁？"小眼镜更加紧张了。

"突然他嚷着：'这是我姐！'他抄起伞朝外冲，我一把拉住了他。"

"为什么要拉住他？"

"他一出去，苦肉计岂不泡汤？他先一愣，就着翘起大拇指，夸我睿智，夸我用心良苦，又给了我一个香又辣的吻。"酒瓶双颊如火，香喘吁吁。

"后来呢？"小眼镜又抛出一个大问号。

"后来我们不但度过了丰富的春节，还用余钱为他买了一套培罗蒙西装；后来我们还享受了他姐送来的黑鱼汤和鸽子汤；后来我还成了他择偶的不二人选：我不但通过了婚姻法，还通过了忠诚法。"

"一箭三雕？"

"要是有可能，我希望四雕加五雕。"

"该杀的狗男女！"小安徽低吼一声，"这些银子你们怎么拿得下？"

"怎么拿不下？这是我用智慧换来的，又不是偷来抢来的。"酒瓶生气地说道。

"如果你需要钱，我可以教你一个办法。"

"莫不也让我销赃？"酒瓶乜了小安徽一眼。

"你去卖淫吧。"小安徽恶狠狠地说，"你出卖身体，赚的是嫖客的钱，赚的是干净钱。"

"你这个乡巴佬懂啥？"

"我不懂，可'仁义礼智信'五个字刻在徽州牌坊上。"

"你怎么不照这五个字去做？你怎么也进来了？"

"我销赃我犯法，但是，盗亦有道，像这种下三烂的事绝不做！"她的话如徽州墨台，又硬又重。

"五十步笑一百步，彼此彼此。"酒瓶冷笑。

"你不是说你是文化人吗？咋不知道'知耻近乎勇'？如果把可耻当有趣，把卑鄙当智慧，你完了。"我忍无可忍地爆发了。

"你心情不好，不和你一般计较。可怜的弃妇，怨妇啊！"她悲天悯人长叹一声。

"五三一！"顾队长朝我走来，"看了儿子后，是不是精神好多了？"

"谢谢顾队长！"

"难道五三一不是去办离婚手续？"酒瓶大惊失色。

"谁说她离婚？这是造谣！五三一不但有好姐姐，好同学，还有一个天下最好的丈夫。记住，好好改造，争取提前出狱。"

顾队长走了，酒瓶的镜片放射出一圈圈的光晕。

"五三一，换包裹了。"贾母如临门一脚的球，远远射来。朱队长拎着钥匙朝右拐。今天是星期天，也是换包裹的日子。换包裹，就是把春夏的衣服打成包，送进储藏室，再从储藏室把秋冬的衣服拿出来。储藏室里包裹层层叠叠，一直顶到高高的天花板。

门开了，一个猴子般灵巧的犯人爬上去，把包裹朝下扔。扔完包裹，再把包裹叠上去。搞完"迎来送往"这一套，我内衣都湿了。

下午，我靠着铁门边打毛衣，一是远离打情骂俏飞短流长，二是监视水车以免热水被窃。这里除了大粪无人问津，别的全是紧俏货。

朱队长走过来。"五三一，写一篇认罪伏法书交来。"说着，她风一样飘走了。我惊呆了。我真的惊呆了。这意味着什么？这意味着队长要为我减刑。

我的心"咚咚咚"狂跳不已。

怎么写认罪伏法书？我脑子急剧转动着。突然，"以其人之道，还治其人之身"再次跳出来。对！既然是"谣言"惹的祸，那"谣言"就是始作俑者。以批判"谣言"之名，行揭发屠杀之实。反话正说，正话反说。假话真说，真话假说。黑话白说，白话黑说。用含沙射影来隐喻，用指鹿为马来借代。以其矛攻其盾，以其盾掩其矛。利用小说反党，是一大发明。利用"谣言"反党，也是一大发明。

是的！我渴望减刑，我非常渴望。但是，我不能玷污坦克下的英魂；我不能亵渎难者家属；我不能背叛鏖战的盟友；我不能辜负外国同胞对民主的支持。不能！绝对不能！

有人猫着腰朝水车冲去，我扔了毛衣也冲过去。在这里，每分钟都有险情迭出，每一秒都有贼眼觊觎。睡觉，一定要睁一只眼；拉屎，一定要夹紧肛门。

窃水者看到我，夹着尾巴逃跑了。离进小号还有半小时，我更要提高警惕，防止黎明前的黑暗。

酒瓶正在整理包裹。她皱着眉苦着脸，仿佛哲学家在思考。"快点，还有半小时进小号。"

"五三一，我好痛苦啊。"她用手抵着胸口，"天冷了，不知道他的冬衣取出来没有？我不能想象，没有我的冬天，他怎么过？"

"一个能吃能喝的大男人，难道不会穿冬衣？"

"他是个大孩子，生活上没有一点自理能力。"

"他现在住自己家，还是住你娘家？"小眼镜好奇地问道。

"结婚前住他家，有了儿子后住娘家。儿子和我父母住一间，我和他还有外婆住一间。"

"这……方便吗？"小诸葛话里有话。

"这有啥！年纪大了，看也看不甚清楚，听也听不甚分明，这不妨碍我们的性生活。"酒瓶说得比巴顿将军还果断。

"虽不甚清楚，不甚分明，总是不规不矩不文不雅不伦不类不二不三。"小诸葛断然说。

"要怪就怪政府。谁让它把银子支援亚洲非洲拉丁美洲，却让老百姓三世同堂，甚至四世同堂。有一次，我叫唤得太厉害了，外婆掀起顶着的被子就往外逃，一边逃一边大声叫唤：不得了了！这雷打得忒厉害啊……"酒瓶乐不可支地说着比划着，众人乐不可支地嚷着笑着。

"后来呢？"

"后来，我母亲严肃地谈了这个问题。"

"你母亲咋说？"

"她说，现在正在'五讲四美'，你在被窝也要'五讲四美'？我说，我想跟着政府的步伐一起'五讲四美'，但我控制不住自己啊。于是每次做爱，我就在嘴里塞毛巾。可跷跷板顾了这头，顾不了那头。因为夫君有意见了，他说，没有叫床的做爱，是没有调味品的大餐。"

"哟！好一个床上的美食家！"

"于是美食家坚持要我回家。"酒瓶一脸得意，"能尽情叫唤这是其一……"

"其二是什么？"小眼镜巴巴地问，她的好奇心永不枯竭。

"其二嘛！"酒瓶幸福地笑了。

"说啊！说啊！"小眼镜坚持不懈。

"其二嘛……我们住的是石库门后楼，和前楼只有一板之隔。前楼住着个老光棍，他不但把耳朵贴在板上听个真切，还在板上钻个小洞看个真切。"

"这下好了！看也甚是看得清楚，听也甚是听得分明。"小诸葛冷笑着。

"你应该起诉他，这是流氓行为。"小眼镜气愤地说。

"看也看了，听也听了，权当免费的三级片罢了。问题是……"说到这她吃吃地笑了。

"怎么了？到底怎么了？"

"耳闻目睹后的他，还要到处发表二报一刊评论。于是全弄堂的人都知道，我夫君不但找了个能干婆娘，还找了个会叫唤的婆娘。后来……"说到这，她笑弯了腰。

"究竟怎么啦？"小眼镜急得推了推眼镜。

"我夫君让他看一次听一次付三十元，可老光棍只肯付十元。夫君说，按质论价应该三十，考虑到邻居街坊，那就优惠打折付二十元。"

"付钱？付什么钱？"

"因为老光棍在偷窥中，得到了性满足和性高潮。"

"他满足他的，为啥要付钱？"小眼镜傻乎乎地问道。

"妓院收费一般分两类。一类是嫖娼钱，一类是偷窥钱：通过偷窥他人的嫖娼，满足自己欲望，达到性欲高潮。既然目的已达到，当然要付钱。"

"你亲爱的夫君，也是伟大的阿凡提啊！"小诸葛冷笑道。

"什么是阿凡提？"

"阿凡提到了饭店不吃饭，可老板照样要他付饭钱，因为他闻了饭菜的香味。于是阿凡提摇晃着钱袋，让老板听钱的撞击声。这就是嗅觉费和听觉费的故事。"

"好啊！"小眼镜傻乎乎地拍着手。

"你们应该成立夫妻老婆鸡鸭店。"小诸葛说，"你夫君接活揽活拉皮条，你迎客接客卖身子，夫妻联袂，黄金搭档；你们还可以搞音像音响公司，录音带，录像带捆绑销售；你们还可以注册连锁店，加盟店，搞跨国企业托拉斯；你们还可以申请吉尼斯，力争冲出亚洲走向世界。"

"哈哈哈！"众人笑得直不起腰。

"你这人没教养。"酒瓶沉下脸，"你把我们看成什么人了？"

"你说你们是什么人？"小安徽沉下脸，"你们还不如我家那头老母猪。只要我在，母猪就不让公猪爬上去。畜生还知道羞耻，你们咋就不知道羞耻？你们这对猪狗不如，禽兽不如的东西。"

"你凭什么骂我？我们出卖的是夫妻真人集，又没侵犯别人的利益。再说，这也是姜太公钓鱼，愿者上钩，我们又没有欺行霸市，强买强卖。"酒瓶翻了个白眼。

"不要脸！呸！"

"天字出头就是'夫'，我唯男人的马首是瞻。我不叫床会扫他的兴，扫他的兴会造成他阳痿，他要是阳痿的话，谁负责？"酒瓶理直气壮大义凛然。现在，轮到小安徽的眼白翻上了天。

顾队长拿着信上楼。叫到番号的百米穿杨，没叫到的呆若木鸡。在百米冲刺中，酒瓶荣获冠军。

"我夫君来信了！我夫君来信了！"酒瓶攥着信，如红卫兵攥着最高指示，"我早说过，他值得我作出牺牲。"满脸红潮的她，挥舞着手里的小红旗。

"最具献身精神的女人。"

"相互献身，互相献身。"酒瓶急忙取出信笺，"见信如见人，见字如见人。咦……怎么不是他的笔迹？"

"那是谁的笔迹？"

"……是儿子的笔迹。我知道了。"酒瓶一拍脑袋，"一定是他父亲让他写的，想给我一个惊喜，一个大大的惊喜。"

"我相信有惊，但不是喜。"小诸葛慢条斯理地说道。

"你真会开玩笑，不是喜难道是悲？"

"谜底在你手上，一看便知分晓。"小诸葛用剪刀划了个漂亮的弧。

"读一下，让我们分享你的快乐。"小红热情地说。

"当然可以。'亲爱的妈妈！'听见没？这话定是他手把手教儿子写的，通过儿子的手写出他的爱，这叫什么？这叫爱的平方，爱的立方，爱的几何，爱的膨胀，爱的……"

"甭谈数学，先读信。"小诸葛很是善解人意。

"'亲爱的妈妈你好吗？我十分想念你。'看！又是夫君的语言！"酒瓶把纸弹得沙沙响。

"读下去。"

"我知道你们喜欢原汁原味的爱，那我就一口气读了。'妈妈！我冷得实在受不了了。昨天阿姨来了，她一来，爸就把我赶出门。'阿姨？难道是我妹妹？"

"读下去。"

"'昨天下雨，我只好躲在商店里。商店关门后我淋在雨里。我回家敲门，爸不开，不但不开，还把灯关了……'关灯？这不可能，这一定是儿子搞错了。"

"读下去！"

"'妈妈！这阿姨是个妖怪，她一来，爸马上赶我出门，马上关门关灯……'天呐！"酒瓶发出一声尖叫。薄薄的纸，如断了翅膀的鸟，摔在地上。小红拾起来。

"阿姨一来，我不能睡觉也不能做功课。昨天考试，我得了两只大鸭蛋。外婆说，怪来怪去就怪你妈！妈！你究竟干了什么坏事？妈！我恨你！我恨你！"小红把信纸举得很高很高。

"哦……"酒瓶发出长长的呻吟。

"可惜这呻吟不能换来三十元人民币。"

"你应该找一个人，他一定会帮你解决这个问题。"小诸葛凑近她的耳朵说道。

"谁？"眼镜一把攥住小诸葛的手。

"你应该找残疾人的会长邓公子，他不是中国第一高干后裔吗？"小诸葛冷笑道。

发信了，发信了！老狐拿着一叠信出了办公室。我打开了信，一张卡片掉了出来，"生日快乐"四个烫金的大字映入眼帘。

宝强：祝你生日快乐！愿你事事如意！你的浩

一九九一年十二月八日

下面是一首小诗。

盼归

《为爱妻四十岁生日而作》

自古华夏坎坷多，
夏初晴天乌云布，
款款条条人被唬，
不惑之年憾重惑。
豁达鄙视崎岖路，
何将坎坷心中烙，
水落石出乃自然，
屈指可数归草屋。

我捧着卡片，犹如捧着丈夫那颗滚烫的心。

自从队长恩准酒瓶写家信后，她如捂在胸口的蛇，一点点地缓过气来。按惯例，信纸不能超过一张。考虑到家庭解体的危机，考虑到稳定压倒一切，信的容量增加了一倍。

为了这封信，酒瓶足足准备了二十张纸的腹稿。反复斟酌，来回推敲，裁剪，概括，总结，浓缩。两张纸，囊括了两张光盘的信息量。

第一，嘱咐父母，虽然女婿是半个陈世美，但怀柔为上，攻心为主。生活上，知冷知热；饮食上，保证营养；教育上，和风细雨；经济上，宽松为度。教育时，切忌平铺直叙正面进攻，讲究旁敲侧击，贯彻迂回作战。有了这四大要素，才能将我的夫君从帝国主义，修正主义的深渊，拉到四项基本原则，"三个代表"的革命路线上。

第二嘱咐稚儿，虽然老爸和妖姨同床共枕，但不能有不敬之意。不但要搞好父子鱼水情，还要搞好和妖姨的水乳情。对妖姨，一尊重二热情。尊重如菩萨，热情如亲妈。雨天，你可以躲在屋檐下观景，诸葛亮不也在城楼观山景吗？刮风，你就戴上瓜皮帽，屈大夫不有"风萧萧兮易水寒"的诗作吗？重中之重，核心的核心，不是团结在谁的周围，而要滚下大床，拱手相让。这点要向小三毛学习，有床就睡，没床，趴在床下一样睡到天亮。

第三嘱咐闺中蜜友，虽然老公红杏出墙，根基还在大墙内，只要根基不动，杏子精子随她享受。看问题要由表及里，他不是背叛，而是荷尔蒙过剩；他不是不忠，而是肾上腺泛滥。回忆是上方宝剑，只有回忆旧社会的苦，才能激起对新社会的爱。陈说罗曼史时，要突出培罗蒙西装；痛说入狱史时，要推出一首歌：《爱的奉献》。

俗话说，双管齐下方能奏效。我现在三管齐下，看你往哪逃？信交给队长后，士气大增，精神抖擞，一如祥林嫂捐了门槛，班师回朝到鲁家。

"五三一！我夫君绝不会背叛我。想来想去，觉得这是苦肉计：夫君用这来考验我的承受力。"

"你具有丰富的想象力，应该当作家。"

"五三一！我想来想去觉得这是恶作剧：有人嫉妒我们的爱。"

"你具有强烈的自恋情结，你是否觉得自己是朱丽叶第二？"

"五三一！我想来想去，觉得这是一个圈套；父母用这来离间我和他的关系。"

"问题是你父母为什么要挑拨？"

"女儿坐牢，女婿逍遥。因为不平衡，父母借外甥之手设下圈套。最重要的一点是……"

"什么？"

"我们的爱，令父母汗颜。"

"究竟是你们的不齿使父母汗颜，还是你们的爱使父母汗颜？你以为你们的爱能惊天地泣鬼神？"

"难道不惊天地泣鬼神？"

"还是说糟蹋天地，亵渎鬼神吧。"

"我攻击过你，所以你记恨我。"

"你这种人真不值得我记恨。"

"反正我是瞎子吃馄饨——心里有数。"

"希望你瞎子吃馄饨——心里有数。"我冷冷地说。

"我有信心！我有把握！"酒瓶高举食指和中指。

"哟！这么自信？"

"Yes！"

"希望你胜利。即使胜利，也可笑可怜可悲可耻。"

"为了夫君的幸福，我愿付出一切。"

"这是什么幸福？这是吃的幸福，这是喝的幸福，这是本能的幸福，这是感官的幸福。为了他，你让儿子蒙羞，你让儿子蒙上永远的阴影。"

"又是五十步笑百步。你说的不就是你自己吗？你是称职的母亲吗？"

"套用你一句话，这绝不能同日而语。我入狱是因为信仰，你不要亵渎我的信仰，因为这不是我一个人的信仰。"我斩钉截铁地说。

"你为什么有双重标准？就像中国政府说美国政府一样？"

"因为我们的世界观完全不同。"说着我拎起粥桶就跑。这时顾队长走来，她手上拿着一封信，白色的信封如展翅欲飞的鸽子。

酒瓶朝信扑去，这一次，她的直觉正确极了，她把信揾在胸口，如中举的范进般喜极而泣。

"还没看，怎么就哭了？"顾队长皱着眉，"看完信，到办公室来。"

酒瓶颤颤地抽出信笺，由于手太抖，纸片从指缝滑落。小红拾起来大声念道："离婚协议书。"酒瓶夺过纸，只瞥了一眼，人如阳光下的雪人，一点点融化了。

"弃妇昏倒喽！"小安徽叫着，像放鞭炮的孩子那样兴奋。

"贱货！"三八八阴沉的脸上，绽开一朵菊花。

"一点不错！她就是真正的贱货！"小诸葛迎合着。两个曾被男人抛弃的女人，对另一个弃妇，表示了空前一致的同仇敌忾。

第十章 走出囚笼

爱国主义与人道主义

这几天，小组有些骚动，中队要成立画动画片的小组。画红花绿草潺潺清泉？画可爱的精灵善良的矮人？啊！从此远离灰尘飘飘的纱头，远离一百四十四道工序的电容器，徜徉在爱丽丝仙境，驻足于幽深的桃花源。想到此，我激动不已。

组建工作紧锣密鼓地进行。经过一轮又一轮的淘汰，我终于入选。笔来了，样张来了，卡片来了，每件物品都引起一阵阵赞叹。猥琐的脸一派神往，呆滞的眼一片空灵，悍妇成淑女，女贼成了安琪儿。一份崭新的工作，完全改变了人的精神面貌。

收工了！收工了！劳动组长叫了几遍，就是没人肯放下活。工场间静悄悄的，只有笔和塑料片的摩擦声。

朱中队长忧郁地走过来。一星期过去了，虽然人人都热爱新工作，但没一张卡片合格。不合格意味着不能投产，不能投产意味着没利润，没利润哪来的工资奖金？监狱实行成本核算，劳动力定额。应该说，不是监狱改造犯人，而是犯人养活监狱，养活队长。

朱中队长叹了口气，把组长叫进办公室。大家放下笔，也叹了口气。总算有了喜欢干的活，但活却不喜欢她们。虽努力再努力，改进再改进，依然全军覆灭。

"从明天开始，练腕的悬空，笔的走势。凡手腕不能悬空，线条不流畅的，马上走人！"三八八气鼓鼓地说道。

"气什么？她画的卡片不是也没通过吗？"有人嘀咕着。

"我们要求不收工，我们要求继续练。"革命化建议一出笼，得到全体一致通过。

"光有热情有啥用？关键还是手腕，关键还是笔势。"组长加重了语气。

组长是个很漂亮的受贿犯。在中国，漂亮妞和受贿犯划上等号。漂亮的女人能做官，漂亮的女人被包养。兼有"公仆"和"公仆二奶"于一身的女人，是投资商、承包商、建筑商、供应商瞩目的焦点。美人要是后台硬，能到中南海游泳。美人要是后台不硬，就成了反腐倡廉的靶子。

美人入狱不久，便有某领导前来"帮教"。领导进了办公室，美囚也进了办公室。据说，领导的四项基本原则说完后，美囚咬牙切齿把领导臭骂一顿。领导有容乃大，只是海量一笑，分手时赠语录一段：我们的同志在困难的时候，要看到成绩，要看到光明，要提高我们的勇气。不要忘记，黑暗的后面就是黎明。

美囚一愣。领导加重语气道："黑暗的后面是黎明。"

这一下，美囚茅塞顿开。她嫣然一笑，伸出白白嫩嫩的手，和领导宽厚的大手，重叠在一起。据绝密信息，此时办公室队长的脸色，绝对是伦敦的大雾：外面走后门不算，还把温暖和爱心送到了监狱，党对美妹的温暖，果然天上地下无处不在无处不有。

第二天一早，美人就任职于贪污受贿组的劳动组长。被卸职的组长嚎啕大哭，哭自己没背景，没靠山。哭着哭着奔到镜子前，端详自己芳容。最后尖叫一声捂上脸。

"快进小监！"队长如丧家之犬从办公室里奔出来，"快！快！快！"的吼叫惊天动地。犯人如炸窝的蜜蜂、决堤的蚂蚁统统朝小号扑去。扑进去不算，还要像狗一样蹲在角落的一隅。

楼梯上出现几个西装革履的男子。头发一律油光水滑，苍蝇飞上去肯定摔个半死。他们领带飘飘，气宇轩昂，高视阔步，如入无人之境。

短兔趴在栏杆上，晃着双乳搔首弄姿，秋波频闪正忙得欢时，猛地发现监狱长，于是一吐舌赶紧蹲下。

西装革履者直扑桌上的卡片，镜片后的目光极锐利，审视的目光极警惕。卡片左看右看横看竖看，颠来倒去地看。朱中队长忐忑不安，监狱长紧张不已，现场空气一片凝重。

一个戴金丝眼镜的男人拿出放大镜，把眸子贴上卡片不算，还把塌鼻梁也贴上去。我不明白，他在找细菌还是寻病毒？

很久很久，塌鼻子放下放大镜，龇着牙咧着嘴一笑。朱中队长深深吁了口气，监狱长的铁拳也松开。西装革履者走后，栏杆里里外外发出一片欢呼，就如当年日本投降时，国民发出的欢呼一样热烈。

质量过关后，正式生产开始了。朱中队长不是热锅上的蚂蚁，而是轻盈飞翔的蝴蝶。"沙！沙！沙！"大家把所有的热情倾注到笔下。"沙！沙！沙！"好一派雨打芭蕉，春蚕嚼桑的天籁之音。在连续不断的天籁之音里，监狱的利润一飞冲天。

"这星期要出货，抓紧点。"朱中队长对美囚说。

"我们要求加班，但光线太暗。"

"照明问题不是问题，关键是质量，一定要卡住质量关。"

"是！我一定抓紧这个问题。"美囚恭恭敬敬地说道。

"告诉你一个特大新闻！"大波一进小号，就凑到我耳边说。

大波是个肥腴的女人，肥腴到可以和杨玉环称姐道妹。大波不是她的名字，而是指她的胸部。用巨乳来形容她的乳房，一点也不夸张。大波很有商业头脑，一九八六年就把公房换成街面房开酒店。酒店的生意如脱缰野马，给她带来滚滚财源。她把现金打成包，让空姐带给香港的姑妈，姑妈把家用电器空运到上海。钱到发货，货到销货，走私如造币厂日夜运转的机器。几十个短平快的来回，赚得钱不计其数。

有人说赌场得意，情场失意，但大波赌场情场双丰收。港商见她不但性感撩人，还有经商头脑，对她十分欣赏。大波何等伶俐，巨乳荡起，坐在秋千架上的港商跌倒在地，拜倒在她石榴裙下。

为了迅速成为港商太太，大波毫不犹豫地离了婚。这边义无反顾，那边却环顾左右。港商反复权衡，终于止步在教堂外。任凭酥胸微露风情万种，港商坚守四项基本原则不动摇。

既这样，大波只得退而求其次。名分没了，但银子不能没。港商一是每月往她卡上打五千，二是为她办理香港身份。作为回报，压寨夫人则解决港商在大陆的性欲问题。

要不是她太贪心，她就是香港永久性居民，正在弥敦道上兜风呢！大波没栽在风急浪高的大海，却一头栽进阴沟洞。几千万的走私没失手，却栽在顺手牵羊上——她在希尔顿大堂喝咖啡时，顺手捡了一只包。

捡就捡吧，当警察找到，让她做拾金不昧者时，她一而再，再而三地拒绝了。不但拒绝，她这个"准香港居民"还对"猥琐不堪的民警"冷嘲热讽。你想想，中国的警察是干什么的，他们是黑白通吃的大鳄。别看长相猥琐，却有着巨大的核能量。虽然港商再三斡旋打点，港商的压寨夫人还是以盗窃罪判了四年。

贪心，贪婪，狂大，狂妄，让大波成了"渔夫和金鱼"里的老太婆。

"当判决下来，我真想一头撞死！从天堂到地狱只有一步。一步之遥！一念之差！一失足成千古恨啊！"大波捶胸顿足，唏嘘不已。

"其实这不是一念之差，因为世界观形成，非一朝一夕。"我慢慢地说。

"五三一，前夫和情夫都说我太爱钱，早晚死在金钱上。不幸而言中，不幸而言中啊！我的经济损失可以开几个工厂，我的隐形损失可以让我上吊十次。"她痛心疾首，十二万分的痛心疾首。

虽然打击是毁灭性的，但只要一有机会，她还是喜欢搞热水烫内衣的勾当，有蕾丝的文胸和三角裤浸在热水里，比自己浸在华清池还开心。她深情地看着浮尸般的内衣，如同猪油女深情地看着经血拉在盆里一样。

她一次次地偷水捞水，完全不顾他人不能用热水的感受。当我阻止她偷水时，她说我阻止了她对幸福时光的回忆。当我谴责她时，她翻出内衣牌子，表示这比基尼完全可以造两个锅炉房。

除了有浸泡内衣的嗜好，她的另一个爱好是热水熏脸。她闭上眼，熏啊，揉啊，捏啊，扯啊，想像自己躺在床上，接受专业美容师对人皮的打理。

"你知道吗？监狱长陪着来检测动画片的客人，是日本人。"

"真的？"我疑惑地问。大波喜欢一惊一乍，我对消息的含金量有所怀疑。

"怪不得那天，我总觉得有个人特别眼熟。今天终于想起来了，我在希尔顿见过他。"

"世界这么小？你就碰得这么巧？"

"他是日本株式会社下的制作公司，专门制作动画片。"

"这么说……我们为日本人干活？"小眼镜紧张地问道。

"哪怕为魔鬼干活，只要能改善伙食，改善环境，只要能为减刑创造条件。"

"监狱不能生产出口产品，国际上有明确规定。"小诸葛说道。

"什么规定不规定，干活拿钱，天经地义。"

"不是说我们画技不好吗？"

"可价廉啊，你知道在日本，画一张卡片要多少钱？"

"多少？"小眼镜眼巴巴地问道。

"说了你也不懂，小毛孩。话说过，就当屁放过，千万别外传。"大波重申着纪律。

收工时，我看见组长身边有一张《解放日报》。女监偶有几张零零星星的党报，但归属权在组长手里。看报不但要提出申请，还要看组长的心情如何。如此一折腾，读报狂也把兴趣折了一半。

我慢慢踱过去，余光死死盯着报纸。从我落地到落狱，它不离不弃整整陪了我四十年。恕我直言，虽然它对我从一而终，但我却始终憎恨它。比憎恨肛门上的痔疮，比憎恨趾间的脚癣还甚。它不是读物是军号，今天发起运动，明天发起斗争，从老百姓到外邦，无一不是它发泄仇恨的对象；它不是读物是妖魔，今天丑化这个，明天诬陷那个，从孔子到华盛顿，无一不是它攻击谩骂的对象。我敢打赌，十亿中国人里，有十亿的中国人恨它，诅咒它，巴不得它早一天寿终正寝。但它仗着是中南海第一条巨舌，有恃无恐地叫嚣着，年复一年地苟延残喘着。

今天，它又在攻击谁诬陷谁？我朝它一瞥。果不其然，它又在发表评论。评论员我很熟悉，它比我身上的溃疡还臭，比我身上的红疔还恶。臭就臭吧，它还要义正词严；恶就恶吧，还要代表全党全军全国人民。我又朝它一瞥，它又在粉碎什么谣言，反击什么诽谤了。惊鸿一瞥，就知道它又在反击反华势力。这些反华势力真讨厌，一活就是若干年，不仅口碑好寿命长，还喜欢把鼻子伸进中国说三道四穷折腾。最近又把鼻子伸进监狱，就出口劳役产品的事，大谈特谈大吹特吹，就如调皮而爱撒谎的皮诺曹。

究竟是人民日报，还是强奸蹂躏中国人的鬼报？

开会了，又开会了。大家不情愿地放下手中的笔。

"不是说，不及时出货经济损失很大吗？"有人问。

"队长说，不开这个会，政治损失比经济损失还要大。"劳动组长严肃地说道。

朱队长落座主席台，一双大眼闪着睿智的光。她告诉我，她考大学足足考了三年。第一年因生病，第二年因一分之差，第三年才如愿跨进校门。当她说起"三考"的坎坷时，唇边的酒窝里溢满了自信。

她应该自信。抓劳役，一眼看透症结所在，厂家都甘拜下风；抓思想，十句话点到十处穴位，犯人都俯首称臣；对待病弱，优抚有加；对待偷诈，力惩不贷。她难得糊涂，但绝不糊涂；她拂面春风，但绝不春风。

虽然她披着一张虎皮，但她仁宽，仁慈，仁厚，仁爱，是个性情中人。我不但尊重她，甚至还崇拜她。

"开会！"朱队长开门见山直奔主题。平时谈情况，既没有纵的连贯，也没有横的比较。但今天却蜻蜓点水一步越过。我估计，今天有重大问题要谈。

"……接下来谈一个耳熟能详的问题。"朱队长郑重地清了清嗓子，"谈谈爱国主义。"

爱国主义！这是监狱里三百六十五天如一日的命题，和"年年讲，天天讲"是一对孪生命题。鲜艳夺目的爱国主义旗帜，能聚集民族力量，甚至是疯狂的、邪恶的力量。这在第三帝国的兴亡史里可见一斑。鉴于此，爱国主义是凝聚力，是强心针，是大小粪青的核动力，是御用文人的狗皮膏，是宣传部的只升不落的招魂幡，是极权长盛不衰的救命草。屡用屡灵，屡灵屡用；屡战屡胜，屡胜屡战，比地摊上的耗子药，灵验一百倍。

"俗话说，子不嫌母丑，儿不嫌家贫，讲的就是这个普天之理。每个人都有母亲，谁不爱自己的母亲？每个人都有祖国，谁不爱自己的祖国？"朱队长的声音渐渐高亢，她被自己的话感染，感动，感化，精神一点点升华，升华到月宫的桂花树上。

"可是，并不是所有的人都明白这个道理，也并不是所有的人都热爱母亲。有的人就是一个不热爱母亲的忤逆子。"说到这，朱队长语气慷慨，神情悲壮。

谁让朱队长龙颜大怒？众犯人先面面相觑，接着伸长兔子耳，想聆听叛国逆子的狗名。

"祖国！这是良知者的图腾；祖国！这是流浪者的家园；祖国！这是失足者的归宿；祖国！这是浪子的故乡。"朱队长没报出逆子的狗名，相反却抑扬顿挫地朗诵起来。

"热爱母亲热爱祖国，这是一个永恒的主题。一如五千年文化，源远流长；又如黄河长江，奔腾不息。祖国啊，我的母亲……"朱队长略带磁性的声音极富感染力，既有穿透时空的尖锐，也有上不着天，下不着地的空洞。

厚砖已抛，这玉，怎么也该扔了！快扔啊快扔！可她没扔，依然沉浸在御用文人最擅长的抒情中。究竟是什么，让她欲言又止欲说还休？究竟是什么，让她环顾左右？

"最近，由于劳役需要，调整了劳役的工种。作为犯人，一定要无条件地服从监狱的调整……"她的话，如同没电的录音机，节奏一点点慢了下来。

这简直是废话，屁话。谁敢对这点有异议，就是吃了豹子胆。不！她就是吃了一百个豹子胆，谅她也不敢！

"作为犯人，不该说的不要说，不该问的不要问。尤其在写家信和接见时，更要有组织观念，铁的纪律。这是对你们严峻的考验，也是爱国主义的试金石。"朱队长的声音洪亮，却像空心芦荟里吹出来的歌，走腔走调，怪腔怪调，不成腔不成调，整一个不伦不类的腔调。

舍近求远兜了这么大圈子，原来唱了这出压轴的爱国戏。我不由得连连冷笑。

"五三一，你冷笑什么？"长脚叵测地问道。

"我有冷笑吗？我看倒是你在冷笑。"

"我没有！我没有！"她连连摆手。我不再冷笑，但心却一点点变冷。如果连朱队长这样睿智者，都成了极权机器上永不生锈的螺丝钉，那么愚忠，将是中国人永远的国粹，也是永远的国耻。

我的祖国，我的灾难深重，同时又罪孽深重的祖国。你的儿女不是热爱你，而是侮辱你，糟蹋你，强奸你啊！

人道主义在中国既不敏感也不热点。它是路边的闲花野草，没人施肥没人瞅。有了它，百花园里不热闹；没了它，众香国里不寂寞。谁让它是舶来品？

我对它认识很早，但仅限于皮毛。"文革"中，把它和白求恩大夫联系在一起，改革中，又把它和红十字会的双色旗捆绑在一起。其实，人道主义远不是这么简单。从莎士比亚到文艺复兴，从《十日谈》到宪章运动，都和它有千丝万缕的联系。人道主义是欧洲文艺复兴时期的一种思想，提倡关怀人，尊重人，以人为中心。它的核心是自由，平等，博爱。人道主义既是反封建的旗帜，也是人类文明史上的里程碑。虽然它不是带来工业革命的蒸汽机，却是带来思想革命的蒸汽机。

有人说它是老人手中的拐杖，有人说它是时代的晴雨表，有人说它是当政者的点缀，也有人说它是宪法的基本框架。是智是仁，全看个人领会了。

人道主义是小草而不是旗帜。鲜艳夺目的爱国主义旗帜能聚集民族力量，有时甚至是疯狂的，邪恶的力量。

人道主义是小草而不是国宝。四大发明是国人的骄傲。虽事过境迁，已成明日黄花，却依然是千年嚼不烂的馍。

人道主义是小草而非国粹。孔子孟子老子庄子墨子韩非子，门徒万千，桃李无数，再现中国五千年文化的博大精深。

人道主义是一种精神，而非小草。中国各个时期有各种不同的精神，贯彻各种各样的红头文件，成为党务工作者的重中之重，也成了老百姓吃不饱穿不暖也必须学习的必修课。

正因为中国拒绝奉行人道主义，所以斗争不绝，杀戮成风。没有人道主义的民族，没有信仰，没有仁爱，没有标杆，没有基点。这样的民族，提倡暴力，擅长斗争，狭隘狭义，愚昧愚蠢，是一个只输出产品而不输出价值观的民族，一个无望的民族，一个野蛮的民族，一个蒙羞的民族，一个无血性的民族，一个被文明鄙视的民族。

一早，队长就来了。"队长今天怎么这么早上班？"小诸葛的问号刚落，对面贪污受贿组的美组长就被叫进办公室。

五分钟后，她得意洋洋地走出办公室。五分钟后，衣冠楚楚地走出小号。她空着双手，把所有的生活用品都留在了监狱。

队长陪着她下了楼。确切地说，队长接受上级的旨意，把她请出了监狱。下楼时，她的下巴抬得很高很高。

明目张胆的贪污腐败，明目张胆的地亵渎法律，明目张胆的地搞假释。他们甚至不需要半张遮羞布。这，就是中共的公检法，这就是中共的司法体制。

我提着满满一桶粥，笔直朝前冲。我要借助惯性来减轻它的重量。水桶，粪桶，粥桶，样样要拎；扫地，整地，拖地，事事要干。一双红舞鞋，紧紧套在脚踝上，脱不下，解不开。

"干什么？"一道白光一声叱喝，我赶紧煞住脚步。

"瞧瞧你这模样！"狱医厌恶地皱着眉，就像我是麻风病人。

"我咋了？"想起小 A 一条命就毁在她手里，我真想一巴掌抡过去。"不就是两只眼睛一张嘴？"

"为什么要在脸上贴东西？"她怒气冲冲地问。

"我牙疼，你不给药，难道还不能用家里带来的伤筋膏？"

"贴膏药……别有用心。"

"别有用心？是杀人还是放火？"我厉声问道。

"怎么啦？"老狐急忙奔来。她是消防队长，一缕烟也能让她进入一级战备。

"她……说我杀人。"她气得直打嗝。好！打到她七寸，俺也为小 A 报小仇。

"你干吗？"老狐对我吼道。想想也是，她不对我吼难道对她吼？惧外整内是她一贯政策，一如中国的国策。"哎呀！她惹你生气，我向你道歉。"老狐陪着笑脸。

"你眼睛瞎了？这事都不管？"

"管！管！一定管！"老狐不停点头，"请指点迷津。"

"最近监狱被评为全国先进，参观者络绎不绝。要是参观者看见她脸上的伤筋膏，他们会怎么想？"

"是啊，会咋想？"老狐一边点头一边念叨。

"这是政治影响，说不定会引发一场政治风波。"

"对啊！你看我这蠢驴。"老狐顺手朝脸上甩了两巴掌。

"政治上的聋子，精神上的瞎子。"狱医用手指戳着老狐的太阳穴。

"揭！"老狐用手戳着我的脸，我一动不动。老狐爪子一挥，狗皮膏药被揭下。老狐拿着膏药，上上下下地抖动着。

"揭得好！"狱医奸笑着，迈着胜利的步伐朝前走。

"给我！"我一把夺过老狐狸手里的膏药。

"已经不粘了，还要它做什么？"

"关你什么事？你这个马屁精。"我恶狠狠地说。

"医生，我脚肿得鞋都穿不进了……"一个犯人哀哀地说。

"多干活，多运动。"

"医生，我喉咙疼得厉害……"

"多喝水，勤喝水。"

"医生，我肚子胀了一星期……"

"多吃蔬菜少吃荤。"狱医边走边开处方。他奶奶的！这哪是看病，这是脱裤子放屁。但几乎所有犯人，还是笑着嚷着亲热着，恨不得把自己的热脸，贴在她的冷屁股上。

"医生，我眼睛疼。"二百五叫道。

"多喝水。"一个细嗓子回答道。

"医生，我肚子疼。"二百五叫道。

"多吃蔬菜少吃荤。"细嗓子继续回答。众人你看我，我看你，不知哪来的细嗓子？

"医生我牙疼。"

"多运动，上下牙磨一磨。"细嗓子再次一问一答。众人先一愣，接着捧腹大笑：原来二百五自问自答，自导自演了这一幕。狱医脸红了，走过去要打二百五。二百五弯腰钻进桌子。狱医笑着，骂着，踮着脚尖穿过人群，臀部有节奏地扭动。

"走路像小天鹅呐。"小诸葛送上这句赞美词。

"什么天鹅？整一个臭鸭子臭婊子。"二百五从桌下爬出来。

"二百五，你怎么骂人？"老狐严肃地问。

"臭婊子，杀人不见血的臭婊子。她不骚，怎会轧姘头？她不骚，怎会叫姘头杀人？白大褂一套就成天鹅？放屁！统统放屁。"二百五叉腰大叫。众人先一愣，接着大笑。二百五朝我一挤眼，我也朝她一挤眼。虽然她是文盲，却是这里最没媚态，最干净的一个。

"小诸葛可是斯文扫地啊！"老狐连连摇头，小诸葛有些尴尬。月经三个月没来，她需要讨好狱医。为了健康，委屈尊严，这不是她个人的专利，而是中国人的专利。为了蝇头小利，委屈膝盖，出卖灵魂，这样的例子还少吗？

最近小组加工校服，工期紧工作量大。从早上六点干到晚上十点，累得我已虚脱。我用最快的速度把粥倒进喉咙，虽烫得龇牙咧嘴，还是拎起桶一路小跑。

"五三一，你的脸怎么肿得这么高？"朱中队长走过来问道。

"我牙疼得厉害。"

"你的牙怎么老是疼？"她停住了脚步。我张张嘴又闭上。我能说什么？说我太累需要休息；说我牙疼需要消炎药；说我连止疼药膏也被扯下？我摇摇头又点点头，不知该点头还是该摇头。

"疼吗？"朱队长关切地问。我鼻子一酸。"牙疼是因为上火受累。你要注意休息，吃点凉的食物。"我点头称是，于是她含笑而去。

"队长和你说啥？"老狐三步并作两步奔来，"说啥？"她攥住我胳膊，鹰爪嵌进肌肤。我紧闭着嘴。

"就是蚊子，也要撬开嘴问个究竟。"老狐一副不到黄河心不死的模样，"到底谈啥？"

"谈牙齿。""就这么简单？""你说我能谈啥？谈国家大事？谈改造前途？谈东风压倒西风？"四个问号一出，她笑了。

"为什么不趁此机会说说看牙的事？"她语气软下来。蜀道难算什么？弱势犯人上医院看病，才是真正的难。过五关斩六将，等指示接批复，没几个阴晴圆缺休想轮上。

"为什么不说？"她追问着。我冷笑着："只要不侮辱我人格，任何肉体上的痛苦，我绝不求队长。"

晚上又要加班，听到消息我腿一软。我的脸是一座坟山，在高耸的坟山里，塞了许多棉纱团。加班到半夜，菜粥来了。同犯们喜上眉梢，我想同喜可没力气。等我把一切收拾妥当，已迎来了黎明前的黑暗。回小号我赶紧关门放板，我不进去她犯就不能睡觉。躺下后，我把伤筋膏放在腮上，膏药发出一股好闻的药味，像丈夫宽大有力的手。我在温暖中沉沉睡去。

第二天，朱队长叫住我："五三一！我问了个治牙疼的偏方，很灵。"

"是吗？"

"在牙疼处放一片大蒜可止痛。"她微笑着。

"可是……"我说了一半，赶紧闭嘴。

"这偏方很灵，你一定要试一试，一定要把大蒜放在牙疼处。"走了几步她又回头叮嘱：一定要嵌在牙疼处。

望着她的背影，我哭笑不得。您给了我种子，可我没有土壤；您给了我翅膀，可我没有蓝天；您给了我偏方，可我没有大蒜。不要说大蒜，就连一瓣蒜叶也没有。我想起历史上的笑话。老百姓饿殍遍野，晋惠帝说："既然没粮食吃，老百姓为啥不食肉糜？"

历史和现实，何其相似乃尔！

晚上，牙疼愈发厉害，疼得我几乎要窒息。狗皮膏药已经告罄，我只得把丈夫寄给我的卡片摁在脸上。卡片上写着：有闲不荒，无欲则刚。刚正不阿，外圆内方。

有闲不荒，無欲则刚。
刚正不阿，外圆内方。

91.5.1

"五三一，我的信写好了，你能否帮我修改？"七八八拿着碗过来打粥。

她是个因诈骗而被判无期的女人，她骗了寡妇鳏夫的活命钱，然后用骗来的钱养了个情夫。她入狱后，情夫卷款逃走。她那可怜的丈夫熬了三年，终于在第四年提出了离婚要求。

接到离婚的消息，七八八痛不欲生。为了稳定她的情绪，队长为她创造挽回婚姻的机会。她挑灯夜战，挥泪写信，企图用温情和眼泪再一次打动丈夫。

"五三一，我求你了，帮我修改修改吧。"她再一次发出 SOS。

"不是我不肯，而是……"

"而是什么？"她热烈地看着我。我真搞不懂，一个不珍惜婚姻，不忠实感情的女人，为什么在失去自由后，死死拉着名存实亡的婚姻。要知道，这不是三年五载，而是整整二十年。在这二十年里，不但要承受物质上的重负（每次接见要付三十元大帐费），还要承受精神上和生理上的重负。你判无期是咎由自取，凭什么要让无辜丈夫做殉葬？

"我要是你，绝不拖累他。"我冷冷地说道。

"可是我需要他，需要家庭，需要接见……"

"还需要经济援助？"我冷笑着，"你只想到你需要，你想到他需要吗？你太自私！"

"我不能没有他。""既然这样，为啥养汉子？""我……错了。""你的错，却要他用一生来偿还？这公平吗？""你丈夫不也在偿还吗？"

"第一，我提出离婚，但丈夫不肯；第二，我的刑期是三年，而不是无期；第三，我们不仅忠于感情，还忠实于共同的信仰。"

"我……已经受到惩罚了。"

"你诈骗了穷人的血汗钱，你不内疚？你用穷人的钱养面首，你不卑鄙？"一勺子粥打给她后，我扭身就走。

一星期后，七八八被队长叫走。"下去了，肯定到接待室签字了。"月月高兴得手舞足蹈。

月月刚过十八，已犯下一宗命案。十六岁时她到上海闯天下，带着的不是手艺而是身体，白花花的肉体很快俘虏一男人。要是她的脚步，停留在骗吃骗喝那也无可厚非，因为她不会比苗家歌星，当红宋妓女宋将军更卑鄙。问题是她得陇望蜀，一次次辱骂情夫的原配。一次二次三次，辱骂的内容和方式逐步升级，咽不下奇耻大辱的原配，终于含泪上吊。

月月的无耻行径，遭到革命群众的共同愤慨。在愤慨中，万言书产生了。这次的万言书，让敬爱的公检法动了容，她被判五年徒刑。

"好！又一个弃妇产生了。"月月笑得合不拢嘴。

"好！又一个家庭解体了。"小红也欢腾雀跃。两个曾经的二奶，两个曾想取代大奶的二奶，成了一对忠实的同盟军。

"说不定破镜重圆呢！"小眼镜说道。

"这次铁定要离婚。"长脚恶狠狠地说道。

"全世界牛郎织女，就剩你这对天仙配了。"小诸葛瞥了长脚一眼。

"发什么声音！"三八八怒吼道。

"七八八的今天就是她的昨天。"长脚一努嘴。三八八呆呆看着地面。七八八的事勾起她的旧伤，也引发她的新仇。

一阵咚咚的脚步声传来，所有人都转过头去。七八八回来了，她神采飞扬，大嘴咧得比鳄鱼还大。

"I love you！"她边说边飞个吻。

"没离？""没有离婚是因为……队长的撮合。"叹息声如雨后蘑菇，一个一个探出头来。三八八的眸子先是一亮，接着陷入无边的黑暗中。我知道，这是朱中队长运用力量和智慧，才保住了七八八的家。

"宁拆十座庙，不毁一门亲"这是中国人的思维方式。但是，用牺牲一个人的终生幸福，来保全有名无实徒有虚名的家，值吗？

淅沥的雨下了两星期。再下的话，不但被子长青苔，就是人的股骨节也生出霉菌了。终于雨过天晴，阳光灿烂。许多人边干活边朝窗子瞄，因为百叶窗上有太阳的脚步。

"快干！今天要验货交货。"三八八沉着脸说道。

"晒被子喽！晒被子喽！"贾母边走边喊。

"开什么玩笑？"三八八把剪刀一摔。

"晒被子，这是朱中队长说的。"贾母一字一顿，吐得煞是清楚。

"太好了！"许多人欢呼起来，"太好了！"

"磨刀不误砍柴工，太阳好应该晒一晒。"朱中队长拿着钥匙上楼。五楼到了。金灿灿的阳光如缎子，铺天盖地一泻而下。我静静地站着，让每个毛孔，每寸皮肤，每个关节都沐浴在阳光里。

照规矩，晾完被子就该回去，但朱队长不发话，犯人乐得晒太阳。不远处是上海大厦，大厦后面是我家。咫尺天涯，我伤感地闭上眼。

"五三一，你怎么啦？"恍惚中有个柔和的声音，好动人的声音。二年了，失去自由的日子里，我听过各种声音。黑三角的辱骂，公诉人的恫吓，尖锐的起诉，阴森森的宣判。还有什么？还有一线天的怒吼，朝天鼻的冷笑，老三毛的侮辱，贾母的狞笑。这么多声音朝我压过来压过来，我如颠簸在海上，即将覆没的小舟。

"五三一，你怎么啦？"柔和的声音再次响起。我张开眼。

"你的脸怎么这么青？"朱中队长问。

"我……有些恍惚。"

"这是长期不接触阳光的原因。"

"您看什么呢？"我强打精神问道。

"我能看什么？这里的风景我一看就是十几年。我想让你们再晒一会儿太阳。多一分钟是一分钟，捱一分钟是一分钟。"她嘴边的酒窝在跳跃。

"电话！朱中队长电话。"贾母奔上来，"大队长问出货的情况。"朱队长一愣，接着一挥手，这是回去的信号。

这天晚上，我睡得很香。梦中有个动人的声音：多一分钟是一分钟，捱一分钟是一分钟……

我正在打饭，朱队长匆匆上楼，手上还拿着一包东西。须臾，贪污受贿组的大眼朝办公室走去。出来时，手上拿着那包东西。这么说，是朱队长给她买的？

晚饭后广播响了："现在播放来稿。"

"他妈的！又是这破声音，我可受不了。"小眼镜用手捂住耳朵，"这是慢刀子割肉啊！"

鉴于写稿读稿皆可得分，监狱里最热门的就是钻营这二件事。半文盲立志写出"岳阳楼记"，全文盲也要搞个"大江东去"。稿子可以捉笔找枪手，读稿可不能越俎代庖。广播站是监狱的喉舌，不是摆地摊、练拳脚的天桥，也不是谁都可以吼一嗓子的卡拉 OK。要是读错咋办？要是呼喊反动口号咋办？防反动口号甚于防洪水防火，不然，为啥在即将毙命的张志新喉管上砍上一刀？监狱的播音员，不但要过嗓音关，更要过政治关。没有过五关斩六将的本事，甭想混进广播站。六四屠城时，荷枪实弹的军队第一个占领的，就是中央人民广播电台。

今天的播音员，是贪污受贿组的大眼。大眼本是银行职员，因贪污被判三年。听说她不但在法庭上翻供，还跪在法官脚下三呼冤枉，其情其景就差滚钉板了。据消息灵通人士透露，"冤枉"二字绝非空穴来风。

入狱后，她几乎不说一句话，更不肯过认罪伏法这一关。认罪伏法是服刑的前提，她敢破这前提，一定有天大的冤屈。弱女子成了九大队的千斤顶，牢牢地顶在高压下。

她不幸，但又幸运。不幸的是进了监狱，幸运的是碰到朱中队长。要是她碰到那个鼻孔朝天的戴队长，可就惨喽！朱中队长不但没给她穿小鞋，还破例让她担任播音员。

"这里人才济济，为什么让她当播音员？"一只鼎愤愤地说，"听她读稿，等于听玻璃划玻璃。"

"嗓音还可以，就是破句。"我斟酌着说道。

"什么叫破句？"

"就是把完整的一句话，以同等距离同等比例分开念。认罪伏法认真改造读成认—罪—伏—法—认—真—改—造。"

"说得对！"一只鼎一拍大腿，"她把读文章当作数钱，钱一张一张地数，文章一字一顿地念。"

"我想不通，她民愤这么大，怎么还赖在播音员位置上？"小眼镜说。

"为了她的过敏，朱中队长不但为她买全棉的文胸，还专门咨询医生，了解什么东西会造成过敏。"

"就是！朱中队长不仅反复关心她的病情，还关照贾母，同意让她用开水烫内衣。"

"朱中队长对她这么好，其中肯定有谱。"一只鼎把指节捏得噼啪响。

"大眼的皮肤因过敏而溃烂，所以出去买药；大眼的衣服上有脓血，所以要用开水烫。"我耐心解释。

"都是一样的犯人，为什么厚此薄彼？"

"听说她的案情离奇，情节蹊跷，疑点重重。"

"五三一，你应该给监狱长写信，揭露朱中队长的包庇。如果大眼下来你就能上去做播音员。踩着别人肩膀爬上去，这是中国特色。"

"对！我们支持你写，我们是你坚强的后盾。"

"我没兴趣。"我恹恹地说，"几十年历史就是人害人，人斗人，人杀人，人揭发人。"

"中国十亿人，不斗行吗？"一只鼎娴熟地说。"既不能一起上天堂，那就一起下地狱。就是死，也找个垫背的。"她的眼里，喷出二朵仇恨的火苗。"我出去后，把那小婊子做了。让她尝尝复仇的滋味，报仇的味道。"

"干得好！好好干！"小眼镜稚气未脱的脸上，满是仇恨。

呜呼！中国人活在报仇，复仇，再报仇再复仇的恶性循环中。是谁，在他们的心里埋下仇恨的种子？

赤日炎炎，连着一星期三十九度的高温。每个小组分到两台电扇。虽然风扇开到最大一档，还是热得透不过气来。每个人的心都是一口火炉，热浪喧嚣奔涌，寻找突破口。正午时分更热了，工场间除了喘气就是喘息。窗外的蝉，也停止了不知疲倦的鸣叫。

"啊！"一阵惨叫，打破凝滞的空气，很多人都扭转了头：声音从对面的贪污组传来，一个女人冲进办公室。

"有戏了！"月月首先叫起来，"惨叫声太刺激。"

"好！今晚电视归我组。"长脚捏紧拳头。很多人昂首翘臀朝东张望，队长从办公室出来，一挥手，两个女人架着一个女人下了楼。

"是二零一。"小眼镜率先报告敌情，"这惨叫出自她口，下楼时她的衣服是湿的。"

"干活，闭嘴。"三八八沉下脸。

答案很快出来，二零一实在撑不住热，就撑开双臂站到风扇前。八八八说她这样的话，把风给挡住了，于是二零一离开了电风扇，一番口角后恢复了风平浪静。八八八突然站起来倒了一杯热水，轻手蹑足走过来，对准二零一劈头盖脸地浇上去。三十九度的气温，九十度度的水温，当然要让二零一发出一声惨叫。

"吃不了兜着走，有八八八好看的。"长脚欢呼道。

"八八八加刑加定了。"月月咧嘴大笑。

"还有什么最新最好的消息？"有人问贾母。

"二零一去医院治疗，八八八蹲号写检查割荤。"贾母兴奋地哑着嘴。

中队会后是小组讨论。我组的讨论是干柴烈火，火爆热烈。寡言的发出怒吼，木呐的举起手臂，叵测的更加叵谲，阴冷的更加阴鸷。要求严惩，要求加刑的呼声是长江后浪推前浪，前浪死在沙滩上。当长脚提出写血书时，竟得到许多人首肯。

"我们要用血书来捍卫纪律。"

"对！用血书要求严惩八八八。"此起彼伏的声音，在狭窄的空间回荡。

"要求给她加刑。"

"加刑！加刑！"许多人非常兴奋，因为有人烫伤而她没有；许多人兴奋，因为有人加刑而她不会；许多双眸子发亮，是因为有了别人的痛苦，所以就有了自己的欢乐。

"用我的血写！""用大家的血！"一对对冤家，在共同的敌人前团结；一对对宿仇，在共同的敌人前友爱。谁说三个中国人是三条虫？只要有靶子，乌合之众就是狙击手，游兵散勇就是碟中谍。

"同犯们，改造态度很好，斗争精神也很嘉。关于写血书的事，我去汇报。"老狐说。

"我希望用我的血！"月月激动地说。"用我的！""用我的！"群情激奋，比当年的红卫兵，比当年的知识青年还亢奋。

"用你们的，还不如用我的？"老狐冷笑着走进办公室。

"你为什么这么起劲？"我问月月。

"你有病啊！如果这事还不起劲，世上还有什么事能让我起劲？"

"你认识浇水者和被浇者吗？"

"不认识又怎样？我最感兴趣的就是加刑。"

"加刑对你有啥好处？"

"好处倒没有，但我就是高兴。我就是高兴，咋了？难道我不能高兴？"

"你怎么不问二零一的伤要紧不要紧？"

"她的伤跟我有啥关系？她的伤又和你又什么关系？你怎么尽问刁钻问题？你果然是一个怪人。"月月凶狠地说。

"没有邪恶的沃土，长不出红卫兵的苗子；没有蜿蜒的江河，掀不起武斗的恶浪。"这是我在"文革"中写的一段日记。原以为噩梦不再，运动消亡，现在才知道，这是我的南柯一梦。千里沃土，千里废墟；万里江河，万里浊水。

"为什么下午还不开会？我都等不及了！"

"越快越好！我想听加刑消息。"在众人的议论和翘首中，会终于开了。朱中队长先谈学习和劳役，最后谈对八八八的处理。所有人都竖起兔子耳。

"扣分，停接见，写检查，严重警告。"朱中队长说完合上本子。会散了，许多人呆呆坐着。有人意犹未尽，有人心有不甘，有人失望，有人愤怒。

总的来说，悲观绝望的气氛笼罩了整个会场。

"为什么不加刑？"许多人拧着眉头，既不解又愤愤。

若干天后朱中队长跟我说："恶劣的气候和环境，容易使人产生暴力冲动。只要不造成伤害，可加刑可不加刑的以不加为好，惩罚毕竟是手段而不是目的。"她淡笑着，一道圣洁的光映在她美丽的脸上。

天呐！她要是脱下老虎皮，完全可以成为半个圣母。

我出监后，听到朱中队长爱人出事的消息。她爱人也是监狱的管教，因所谓的受贿判六年。判决书刚下，悲痛的朱中队长就被调到后勤组，专管肥皂草纸之类的琐事，而平庸琐碎缺乏睿智的顾队长却接替了位置，因为顾队长的爱人是某地区的党委书记。一荣俱荣，一损俱损是"社会主义"的又一特色。二零零八年我托同学去打听朱中队长的情况。虽然她的爱人已被释放，但她依然猫在后勤组。

"把权力交到自己孩子的手上，我们最放心"这是陈云语录，也是共产党的党策。"老一代无产阶级革命家"造反，不就是为了登上金銮殿，遗泽妻子儿子孙子灰孙子，遗泽土匪的后代？

罂粟花

"快进去！快！快！"老狐火烧火燎地嚷着。抱行李的，卷被褥的，夹脸盆的，整个场面鸡飞狗跳人仰马翻。

二个浑身披挂的人站门口，一个是人高马大的沪花，一个是五短身材的小浦东。"嗨！进来！进来！"东道主的我赶紧发出邀请。

"嗨！和你在一起真好。"沪花笑着，脸上的雀斑随之舞动。

"好！"小浦东长吁一口气，"我睡哪？"

"喜欢睡哪儿就睡哪儿。"

"太好了！我这个一直搂着马桶睡的奴隶，终于成了将军。"小浦东欢呼道，"你呢？"

"就让我搂着马桶睡吧！"我很爽气地说。凭心而论，谁愿做粪桶的芳邻？别的不说，半夜方便时屎的粘滞，尿的淋漓就在耳边，就在眼前。

"咦？啥味？"小浦东猛抽鼻翼。沪花脸红了。外面传来老狐吆喝，我赶紧奔出去。

虽百叶窗被遮得严严实实，依然能够感到春天的脚步，柳丝的爆芽。傍晚时，万家炊烟万家灯火，不知儿子丈夫在干啥？我机械地打着毛衣，心隐隐作痛。

"五三一！我帐上一分钱都没有了。"小浦东哭丧着脸，"爹妈给我的钱，全是鸡屁股抠出来的。他们生病时连一颗药都不舍得吃。"

"马上要发去年第四季度的奖金了。"

"多少？"小浦东眼睛一亮。

"十元。你劳役完成了吗？"沪花问。

"有一个月……没有。"

"一季度里，只要有一个月完不成，就拿不到一分钱。"

"可我的草纸都没了。"

"那就用草棍擦吧。"沪花说。

"这里拾不到草棍啊！"小浦东急得大嚷。我想做女侠，可帐上的每一分钱，都是亲人的血汗钱。我没有资格奢侈，也没有资格馈赠。看着小浦东急得冒汗，我只得赠手纸半叠。

"啪！"一件衣服凌空跃起，直直地砸在正平的脸上。"你好去死了！连毛头也修不清楚。"三八八勃然大怒。正平呆若木鸡地站着。

"生活做不好，游行倒蛮来讪的。"月月冷笑着，"迪只翻司还要到人民广场搞暴乱。"

"人家是工人纠察队队长。"长脚拖长声音，"一发传单二呼口号三搞串联。"

"这个月再完不成，你就死在小监吧！"三八八大骂。正平含着眼泪拾起衣服。

"今晚上你不许出来看电视，因为你是不安定因素。"老狐有恃无恐嚷着。我赶紧干活。我怕我的火药桶起爆，炸翻这些狗腿子。

不伦不类的电视剧开始了，这意味着打情骂俏的戏码上演了。一个轻浮的女子搂着一个娘娘腔的脖子，举止挑逗，神态张狂。四周响起一片喝彩声。我闭上眼，却无法闭上耳朵。

字幕渐起，字幕隐去，冗长乏味的肥皂剧终于落幕。雄浑的音乐骤起，它唤起记忆，激起共鸣，这是我最喜欢的《长江之歌》。我跟着节奏轻吟浅唱。

"大声点！""唱吧。""站起来唱。"于是我站起来，挺胸收腹，气沉丹田，打开胸腹，头部共鸣，当长长的五拍在高音区定格后，掌声响起了。

"读书的快上去！"三八八面无表情地嚷着。拖地的我，发现沪花坐着不动。

"怎么还不上去？"

"我这就去！"沪花慌忙把铅笔盒往包里藏。我一把夺过，盒子上写满名字，里面还贴着一张男人照片。从看守所到监狱，其中的搜身不计其数，能把照片保存下来，其艰难不亚于"文革"中保存唐伯虎的字画。

"他长得像电视台的晨光。"沪花有些羞涩。

"拉倒！"我冷冷地说道。

"我爱他，我疯狂地爱他。"沪花抢过盒子朝外奔。沪花因盗窃而被判三年半。确切地说，她的情夫盗窃她望风。

"什么臭味？"小浦东放下毛衣，使劲嗅着鼻子。

"我有狐臭。"沪花脸一红。

"这病用激光能治好。"我赶紧安慰她，"咦！你手怎么了？"

"没啥。"沪花想把手藏到身后，却被小浦东一把拽住。

"你想自杀？"手臂上血肉模糊，吓人得很。

"我三年半，又不是三十年半。我只是想留点纪念：把他的名字刻在手臂上。"

"你的爱情好伟大。"我冷笑着，"铅笔盒还嫌不够，手上再来一刀。"

"如果向队长汇报你自残，你可惨了。"小浦东担心地说道。

"我愿意接受任何处罚。"沪花认真地说，"我对他的感情太深。如果可以，我愿把他的名字刻在心上。"

"好个罗密欧与朱丽叶。你们就在梦中相会吧！"我冷笑着。

"梦中相会满足不了相思苦。我要让他在我触手可及、触目可及、触身可及的地方存在，让他充填我全身每一个细胞。"沪花热烈地说。

我拿出笔摊开小组记录，准备做媒体工作者每天的工作：粉饰与谎言。

"我不让你写，我让你听一个真实的故事。虽然黄，但真实。"沪花看着天花板，"不崇高，却刻骨铭心；不伟大，却生离死别；不感人，却是人的本能。"

"又是《查泰莱夫人和她的情人》版本？"

"我承认我性爱至上，我是当代的查泰莱夫人，包法利夫人。"

"不要说我听不懂的鸟语，拣简单的说。"小浦东调整坐姿，拿起毛衣。

"一九八四年我结婚了，婚后过着不咸不淡的日子。一九八八年，有人把他介绍给我。我对他一无所知，而他则有备而来，或者说慕名而来。"

"慕名？你闻名遐迩？"

"我确实闻名遐迩，我在性技巧上闻名遐迩。"沪花直率地说。

"问题是这'遐迩'他是咋知道的？"我疑惑地问。

"口口相传呗！性炫耀是男人最大的炫耀，丈夫告诉同事，同事告诉朋友，朋友再告诉朋友，于是我成了江湖上的梅超风。"

"好！笑傲江湖，打遍天下无敌手。"

"中国人太虚伪，其实性是一件美好的事，为什么讳莫如深？中国人口繁殖世界之最，没有频繁的性行为，这么多小把戏从石头缝里蹦出来？"

"你啊！"小浦东笑得弯了腰。

"你老实告诉我，在贫困和痛苦中，你想到性吗？"

"只要是人……谁不愿意追求幸福生活，谁愿意守活寡？"小浦东黯然道。

"你已经给了我答案：性欲就是人性。性欲是上帝送给人类最好的礼物。羞在哪？脏在哪？压制性欲，就是在火山口上压石头。"

"好！半个性学专家，半个哲学家。"我喝彩道。

"既然他慕名而来，我半推半就。于是，我有了销魂之夜，有了婚后第一次夜不归宿。"

"天呐！比拔葱还快！"小浦东惊呼道。

"人的一生有限，不抓紧时间等于自杀。我敢想敢做，他敢作敢当，一对火辣辣的男女就是一堆干柴烈火。"

"除了本能，还有什么？"我冷冷地问道。

"我的人生哲学是及时行乐。现在饿了，为什么还要等到明天？"沪花很直率。

"这不是简单的吃饭喝水。即便是动物求偶，也有个翩翩起舞的过程。"

"我们的动作比动物快，因为我们是高级动物。我不但讲究造爱的速度，还讲究做爱的质量。"沪花用纯专业的口吻说，"在此过程中，除了身体这个主体，还有眼神，动作，姿势，服饰，灯光等一系列绿叶衬托。"

"衬托？"小浦东一愣。

"朦胧比直白更有魅力，薄如蝉翼的内衣，黑色的丝袜，蕾丝和流苏，能营造诱人的境界，让他灵魂出窍。"

"他灵魂没出窍，倒是你出窍，出窍到为他望风。"我冷笑道。

"造爱讲究姿势，虽然世界上有几十种姿势，但我发明的姿势……"

"好一个爱迪生！你应该申请专利。"

"可惜我在中国。不然我不但申请专利，还要写一本'性指南'。如果面世，肯定比《红楼梦》热销。"

"你太可惜了！"小浦东惋惜地说道。

“造爱还讲究调整，充实，提高，发展这八个字。”

“你在谈宏观调控？”我忍俊不禁。

“一点不错。”沪花也笑了，“要不要听我的造爱传奇？有惊无险，无惊有险，有惊有险，无惊无险，一共四种版本。”

“真的？”小浦东惊喜不已。

“为了和他幽会，我从落水管爬上二楼，有过跌得半死的经历；为了躲避突然搜查，我躲进箱子，有过差点闷死的经历；为了满足欲望，手术后溜出医院，有过伤口绷线高烧不退的经历；为了共浴爱河，有过浴缸破裂水漫金山的经历……”

“你很下流但很坦然。”小浦东褒贬参半。

“我不像虚伪的文人。既然做婊子，绝不立牌坊。我承认我喜欢性，追求性。”沪花果断地说。我打量着她，身材肥腴，骨架宽大，五官淡淡，眉眼疏疏，胳肢窝里还散发出浓重的异味。虽暮色重重，难掩半脸雀斑；虽心弛神往，难遮半脸猥琐。

“五三一，你白活了。”她冷冷地看着我，“你一定没有体验过美妙的性。”

“你没有情操只有欲望。”我轻蔑地说道。

“你只是他的泄欲工具！”小浦东也轻蔑地说。

“我们不是单行道，我们是立交桥。我们相互拥抱，相互享受对方，在肉体的享受中感情得到最大的提升。如果说我是他的泄欲工具，那他也是我的泄欲工具。我们谁也不欠谁，谁也不亏谁。”沪花理直气壮地说。

“祝贺你达成双赢的买卖。”

“肉欲没有罪，本能没有罪。你以为纯精神的爱能存活？你以为柏拉图式的是爱？告诉你，这一切全是假的。我姐姐用她的悲惨遭遇，证实了爱情的最高境界，就是性匹配性和谐。”

“精彩之至。”

“五三一！你们这一代人，言必谈真理节气，行必谈非礼勿视。过的是苦行僧日子，受的是大牧师的洋罪。”她冷笑着，“你们被贴上理想的标签，涂上道德的金粉。其实你们是祭坛上的供品，是性禁锢的牺牲品。你们义愤填膺，却没有同盟军；你们大声呐喊，却没有一呼百应。读读秋瑾的诗歌，也就是秋瑾的寂寞；看看彭德怀的遭遇，也就是彭德怀的悲哀。抗争吗？可以！抗争的结果就是锒铛入狱，身后跟着一大堆看戏者，一大堆幸灾乐祸的同胞。”

我默默地低下头。她的话击中了我，打得我生疼，疼彻心肺。

“五三一，你知道芸芸众生都在忙些什么？”

"什么？"我茫然地抬起头。

"除了赚钱就是感官享受。正因为我看透，悟透，参透，所以才追求肉欲。存在决定意识，我所有的意识，全是社会的产物。"沪花斩钉截铁地说。我呆呆地看着她，她是荡妇，还是女权主义者？

"你以为我的淫荡与生俱来？本来我也是良家妇女，但姐姐的遭遇，让我走向了反面。"

"你姐也进了提篮桥？"小浦东惊讶地问。

"她进的不是监狱，而是精神病医院。五三一太像我姐，我指的不是职业或外貌，而是精神气质。这些气质造成了你们共同的悲剧，虽然剧情不同。"

"悲剧的凄美让人深省；悲剧的悲壮催人泪下；悲剧是疫苗，激发社会的免疫系统……"我努力挣扎着。

"你以为你在美国？一个汤姆叔叔会引发一场南北战争？你以为这是台湾？柏杨的呐喊能孕育民主先声？"她冷笑着。

"你太悲观了。"我强笑道。

"你的牺牲毫无价值。中国人除了麻木就是冷漠，连皇城根下的人都说：只要有口苞米糊，那就蹲着晒太阳吧。"

"以偏概全了吧？"

"老舍抗争，但他的抗争不是玉石俱焚，而是孤独地死去。自尽前还写了'毛主席万岁！万万岁！'的遗嘱；傅雷自杀时，还对儿子的愤然出走痛心疾首，频频向党赔罪。王国维先生因受北伐军引致的'两湖之变'刺激而自沉颐和园昆明湖时，这位杰出的历史学家的遗言是'五十之年，只欠一死，遭此世变，义无再辱。'而翦伯赞这个杰出的历史学家，临死前的绝命辞是：'我实在交不去［出］来'；'我走了这条绝路'；'毛主席万岁！'。这就是中国的知识分子，这就是中国的文化人。"沪花冷笑着。"至于郭沫若这个人渣，渣到尽头天下无敌。"

"……正因为此，才更需要呐喊。"我竭力挣扎着。

"现在还有呐喊吗？当初呐喊的人都到哪去了？有人读学位，有人拿绿卡，有人赚美元，有人封了嘴。有人喝着二锅头，老婆孩子热炕头；有人藉着战友的尸骨，爬得很高很高。你说，还有什么？还有什么？"她的手激烈的挥动，"中国最精粹的格言是'莫谈国事'；六四后最精粹的格言是'赶快搂钱'。"

"对！我村阿三因搞政治被关了九年，这教训深刻……"小浦东附和着。

"我姐姐就是你的缩影，谈起她，我的心就流血。"沪花一脸沉痛。

"一直以为你寡廉鲜耻，想不到你蛮有深度的。"我诚恳地说道。

"对付痛苦的办法，就是寻找快乐，寻找感官刺激。我是我姐姐的反面：她漂亮，我丑陋；她有才，我平庸；她热衷社稷大事，我热衷吃喝玩乐；她关心桃李满天下，我关心鸡零狗碎一地鸡毛。"

"这才是一娘生九子，九子各不同。"

"姐姐和姐夫是大学教授，他们相亲相爱有口皆碑。一九八六年，姐姐被公派出国，在国外发表了若干文章，回国后组织让她写检查，并软禁在校。"

"她写了吗？"

"她拒绝写检查，就这么和组织对峙。这段时间，姐夫成了热锅上蚂蚁，他一脸疲惫，身心萎靡，比囚犯还囚犯。一次我去姐夫家，巧遇小学同学。她说仰慕姐夫，定要一睹大学教授的风采。望着外貌丑陋，俗不可耐的她，我突然有了恶作剧的想法。"

"她干什么的？"小浦东问。

"她整天闲晃，半个破鞋。我想让她在我姐夫面前自惭形秽，出丑卖乖，同时也让她目睹世上最伟大的爱情。"

"结果呢？"

"我只想着羞辱她，没想到羞辱的却是我姐。"沪花扔了毛衣，捧着头，"半年后，学校解除对姐的软禁，同时也解除她的职务。就在姐陷于痛苦时，姐夫提出了离婚。"

"你不是说他们很幸福吗？"

"幸福是沙滩上的高楼，幸福是水中的月亮。风一吹，高楼塌了；水一动，月亮没了。我苦求姐夫，不要在我姐姐最痛苦时离开她……"

"狗日的说什么？"

"狗日的说：'我已经白活四十年，不能再蹉跎岁月浪费生命，我要为自己活一回。'"

"难道以前他不是活着？"

"他说以前是白开水般寡淡地活，现在是活色生香有滋味地活——因为他和破鞋搞上了。"

"大学教授和鸡搞在一起，想必教授也是有缝的蛋。"我冷冷地说。

"我问姐夫，难道你不爱我姐？难道以前只是作秀？他说，我们只是举案齐眉，相敬如宾。这是尊崇之爱，精神之爱，而不是男女之爱，性欲之爱。"

"难道他和你姐没有性生活？"小浦东问道。

"他说，你姐在床上是木偶，是机器人，是冷漠的修女，是深沉的哲学家。我需要的是活色生香的女人，热力四溅的女人，有性技巧的女人，让男人回归本性的女人。"

"一派嫖客语录。"我气愤地说道。

"他说，你姐人品一流，但我不是古董收藏家，也不是文物鉴赏家，我是生理上的美食家。我只找能给我带来快乐的女人，哪怕她是鸡……"

"太可怕了！"我感慨道，"文人变质，就是有文化的流氓。中国有太多的文化流氓。"

"离婚后，我姐一天比一天颓唐。她先是忧郁，后来疯了。她直到疯，都不知道祸根在哪。其实能拴住男人心的不是才貌，而是高质量的性生活。没有这一点，婚姻不能天长地久。"

"你姐……太可怜了。"

"摧毁我姐的不是离婚，而是一个堂堂的大学教授，竟然被鸡打败，这打击太大，彻底摧毁了她的自信和自尊。"

"你姐姐好可怜……"小浦东说，"造孽啊！"

"我是造孽者，我有罪。是我引狼入室，开门揖盗。"

"你有什么罪？"

"这只鸡就是我引荐给姐夫的……"

"外因要通过内因起作用，变质的鸡蛋早晚要出姐。"我淡淡地说。

"当时我恨死了姐夫……后来理解了他。人一旦尝了海洛因，就再也不会抽香烟；心一旦出轨，就再不会回到原来的轨道。知道辛普森夫人吗？"

"她是哪一个？"小浦东问道。

"问题不在她是哪一个，而在于她身怀绝技，王子为了她而放弃皇位。"

"真有这事？不做王子……"

"人有情欲，但不能被情欲所左右所控制。这是罗曼·罗兰说的。"我叹了一口气。

"但情欲是核能源，能产生最大的动力。再婚后，姐夫科研成果一个接一个，专利一个连一个，可谓老树发芽枯木逢春，性的力量果然所向披靡。"

"兔子尾巴长不了。一个大学教授，一个是破鞋鸡，他们两个人是兔子尾巴长不了……"小浦东说。

"他们是有文化差异，但良好的性生活产生良好的关系，良好的关系产生良好的循环，这叫互动。"

"狗日的东西！"小浦东骂道。

"有时狗日的会去精神病医院看我姐。我姐不停地说：'她是什么人？我是什么人？她是什么人？我是什么人？'她不停地说这句话……"说到这，沪花哽咽了。突然，她猛地抬起头，"从此我看穿了人生。人生只有'钱色'才是货真价实。既然赚不了钱，我就追求感官快乐。我不做苦行僧，坚决不做有思想的苦行僧，我宁愿做没思想的淫妇，荡妇。"

"……你走了极端。"

"奥斯特洛夫斯基有句名言：人最宝贵的是生命，生命每个人只有一次。人的一生应该这样度过：当他回首往事的时候，不因虚度年华而悔恨，也不因碌碌无为而羞愧；这样，在临死的时候他就能够说：'我的整个生命和全部精力，都献给了世界上最壮丽的事业——性事业。'"沪花说得抑扬顿挫激情四溅。

"虽然《钢铁是怎样炼成的》这本书，蒙蔽了几代人，讴歌了残暴的布尔什维克，但保尔的精神还是值得我学习的。"我沉重而缓慢地说。

"趁早拉倒。"沪花冷冷地说道。

"王安石说，'宁可鸣死，绝不默生。'虽然我付出了惨痛的代价，但我无怨无悔。"我认真地说。

"借用你的话，虽然我付出惨痛代价，但我无怨无悔，因为我得到了了最高的性享受。"沪花也严肃地说。

"你还是三句话不离本行。"

"他是一座火山，融化了我；我在烈焰中得到永生。"沪花眼含热泪。

"作为妻子，你没有责任；作为母亲，你没有母爱。"我冷冷地说。

"你的乌托邦是一枕黄粱，我为你遗憾。"沪花冷冷地说。

老狐戴上老花镜，认真地写信。我突然涌起了怜悯：一个收不到家信的人，居然对信有如此热情，不易啊！

一声叫唤，沪花如子弹一样射出去，肥腴的身子竟如此灵巧，真不容易啊！

收碗时，发现沪花没吃饭，饭菜全进了小浦东的胃。"你怎么了？"晚上在小号里，我温柔地问。

"五三一，你想不想儿子？"半晌，她嘶哑地问道。

"废话！"我扔给她两个字。

"你儿子谁管？"

"我丈夫，我姐姐，我弟弟，还有奶奶和爷爷。谁来的信？"

"我儿子的信，他现在成了孤儿。"

"你丈夫呢？不！你前夫呢？"

"他进了劳教所。醉得一塌糊涂的他，撬开别人的自行车锁，还和别人打得一塌糊涂。"

"他以前酗酒吗？"

"他从不喝酒，离婚后借酒浇愁愁更愁。别人说他是乌龟也就罢了，还说他儿子的妈，陪着情夫把牢底坐穿……"

我扯过信，上面有一行歪歪扭扭的红字："你不是我妈！你是个坏女人！！我一辈子恨你！！！"感叹号一个比一个大，一个比一个红。

"可怜的儿子。"沪花哭了，"离婚那天，儿子跪在地上求我。那眼睛又红又肿，他恶狠狠地盯着我，盯得我发毛。"

"记好了！长点记性！"我恶狠狠地说。

"五三一，你怎么这么说？"沪花哭得更厉害了。

"好好哭，用泪水洗刷你的罪孽。"我毫不客气地说道。

这两天沪花吃得很少，也睡得很少。她在反思自己的罪孽。顾队长开恩，不但让她给父母写信，还允许她给前夫写信。

收工后，沪花把纸摊在膝盖上。"我怎么写？因为为离婚，我已经和父母断了关系。"

"为情夫，断了双亲，抛弃儿子，毁了前夫，破了家。"

"他……他不但吃喝嫖赌，还坐过牢。"沪花苦恼地说，"……但我就是喜欢他。"

"你被情欲冲昏了头脑。"

"这次进来就怪他。我们经营小饭店，本来效益不错。由于他整天沉浸在欲海，无暇应付杂事，小饭店每况愈下。"

"那也用不着去偷。"

"他朋友有一批伟哥，一颗两百元……"

"为了伟哥盗窃？"

"他要品尝伟哥的力量，半夜去撬窃杂货店，钱没到手就被抓了。"

"你只是望风而且是初犯，怎么判这么重？"

"我被他害得惨了。"沪花哭丧着脸，"进看守所我就招了，他让律师带信给我，让我在法庭上翻供。于是开庭时我大呼冤枉，把所有证词推翻。由于翻供造成了恶劣影响，法院加了我二年。"

"本来你被判一年半？"

"是的，由于翻供，主犯和从犯全被都判三年半。"

"这是他的阴险之处，用你的翻供换取他的轻判。"

"我是偷鸡不成蚀把米啊。这不是一把米，而是整整两个三百六十五天。判决后我们坐同一辆囚车。我责怪他为什么要这样对待我？他说，既然相爱，那就同进同出。省得你熬不住，让我戴绿帽。"

"他是一座火山，融化了我；我在烈焰中，得到永生。"我模仿着她的口吻说道。

一群浩浩荡荡的难民，跟着朱中队长上楼晒被子。"我家就在川公路上。"沪花指点着。"咱交换地址，出去后常走动。"

"以后是什么？"我喃喃道，"工作没了，我不知道今后怎么办？"

"我知道今后怎么办。"沪花背靠着墙，舒舒服服地闭上眼睛。

"等他出来后你们就结婚？"

"不！"沪花摇着头，闭上眼晒太阳。

"为了消除儿子的恨，和前夫复婚？"

"不！"沪花还是摇着头，闭着眼睛晒太阳。

"削发为尼？"

"你看我是这种人吗？"她睁开眼，眼里有掩饰不住的讽刺。

"那你还有什么路？"我赌气地转过脸。

"条条大路通罗马，何必吊死在一棵树上。要发挥自身特点特长，扬长避短。"

"你有什么手艺？"

"手艺？"她怪笑着，"干嘛要捧着金碗去乞讨？为什么不开发自身资源？"

"资源？你有什么资源？"我愣住了。她除了有令人窒息的狐臭，并不比我多一根手指。

"我知道自己不好看，也明白身上有异味，但我对自己的能力深信不疑。"

"你究竟有什么能力，或者说你有什么特异功能？"

"你忘了我的钢丝钳？我的钢丝钳，能让男人得到最大的快感。"

"天呐！这就是你的自身资源？"

"我要利用自身资源，找外邦做外室。"

"外邦？外室？"

"瞧你那傻样！外邦可以是台巴子，港巴子，也可以是米西米西的的东洋鬼子，还可以是大鼻子的山姆大叔。"

"那外室？"

"说好听点，是小老婆；说难听点，是老姘头。我怎么了？我是经久耐用，最有使用价值的龙头细布。我的钢丝钳所向披靡，天下无敌。"沪花的毛遂自荐不但有特色，还有标准的广告词。

"可你不能就靠钢丝钳过日子啊！"

"辛普森夫人能过什么日子，我就能过什么日子。玛格丽特做妓女，是闻名天下的茶花女；陈圆圆做妓女，有了冲冠一怒为红颜；李师师做……"

"你忘了儿子的信吗？"

"只要有钱，他会认我这个妈。有奶便是娘，这是放之四海皆准的真理，不信你试试！"她坚定地，满怀热情地说。温暖的阳光一览无余撒在她的雀斑脸上。

"我和你打个赌，出去后究竟谁比谁活得好。"她坚定地说。

"这……"

"出去后，你一定要换思维。远离政治，莫谈国事，追逐钱色，朝小康奔去。"她坚定地，满怀热情地说。灿烂的阳光一览无余照在她的雀斑脸上。

沪花被叫进办公室，十分钟后捏着纸冲进小号。"怎么啦？"我偷偷溜进小号。

"我妈死了，我爹瘫了。"沪花哭得上气不接下气。

"怎么会呢？"

"我妈去接儿子，被车撞了；我爹一急，中风了。现在儿子真的成了孤儿。"我从她手上抽出信。信是她前夫写的，信末写着："你这个婊子，不但害了我，害了儿子，害了姐姐，还害了你的父亲你的母亲。你这个无耻的淫妇，去死吧！"

信写得很粗鲁，但是很直率。

回家

"五三一过来！"贾母一脚朝工作台下踢去。

长长的工作台下围着漂亮的花布，花布里包裹着杂物。监狱和社会一样，奉行"驴蛋政策"，外面溜光水滑，里面臭屎一包。

提篮桥每年要接待大批参观者，来者无不赞叹监狱的窗明几净，井然有序。然而，打开整齐的蒙古包，里面是臭鞋子臭袜子臭军装；撩起美丽的盖头，里面是烂桶歪盆加破罐；干净的囚衣里，是污渍的棉袄；和煦的微笑后，是遍体鳞伤的灵魂。这是监狱的特色，也是社会的特色。大厦后面的危屋，GDP后面的饥寒，霓虹灯下的泪眼，歌舞升平里的哀鸿遍野，盛世的妆容，就是婊子的脂粉。

"五三一，这只包裹超出台布二厘米，侬晓得是啥格后果？"贾母的手指朝我逼来。

"推进去二厘米。"我蹲下身子，使劲把包裹朝里挪，包裹如铁，一动不动。我只得先把旁边的包裹推进去。

"我知道你想往监狱脸上抹黑。"贾母一跺脚，他妈的，又开始飞帽子了。气愤得我一使力，包裹裂开一道口子，一只破鞋探出半个脑袋。

"这不是我的皮鞋吗？谁拿了我的皮鞋？"月月蛮横地叫着。

"这是谁的包裹？"既然出了盗窃案，我只能寻找窃贼。

"我的。"悯怯怯地回答。悯是农村姑娘，胆子比耗子还小，头缩得比乌龟还紧，冷拳冷语对付她且不谈，地盘被占成品被偷的事，时有发生。

"你这个贼骨头！"月月气呼呼地骂道。

"没！没！没！"悯急得直摇摇头

"放屁！"月月双手叉腰，像个泼妇。我拎起鞋，鞋面斑驳鞋底分离，真是破鞋。

"这鞋从哪捡的？"我话中有话。

"我在垃圾桶捡的……我真没偷。"悯急得脸都青了。

"月月也没一定说你偷。"我微笑着，"月月，你的包裹能否进去点？"

"这……"月月沉吟着。既不能拂我面子，又不能让"逼宫"无功而返。

"阿奶！有人偷东西你不管？"老三毛冲贾母嚷道。

"你不要冲着和尚骂贼秃。"小诸葛冷笑着，众人先一愣，接着大笑。谁不知贾母是贼，而且是明火执仗的贼。

"阿奶，她这是指桑骂槐。"老三毛反应敏捷地说。

"你不要仗着自己口才好，有你哭的时候！"贾母冷笑道。

"误会，纯粹是误会。"小诸葛连忙摆手。

"拎得清就好。"贾母话中有话，先威胁然后安抚，体现了共党一手硬一手软的策略。

"那是……那是……"在怀柔政策的双管齐下，小诸葛终于就范。

"五三一，你包庇小偷，还搞阶级调和。"摆平小诸葛后，贾母向我直截了当地说道。

"第一，她拣鞋而不是偷鞋；第二，息事宁人总比兴风作浪好……"

"你拉帮结伙，你结党营私，你搞反改造；你搞犯人大同盟。"贾母伶牙俐齿蹦出一大堆词汇。都说监狱是学校，这话果然不谬。这里的文盲半文盲一张口，政治术语如吐鲁番葡萄一串串。

"不要说现在，就是两年前我也没怕过你。"我冷笑着。

"暴徒不投降就让她灭亡！"老三毛冲我嚷着。一蓬火燃在我的天灵盖，我大步朝老三毛走去。

"你再说一遍。"

"报纸上清清楚楚明明白白写着呢！"老三毛冷笑着。

"敢情你也能看报纸？"

"我不识字就不能知道？告诉你，党报写什么，句句装在我的脑子里。"老三毛挥着手。要是胳膊上戴块红布，绝对是纳粹的红卫兵。

"领袖的话是我们的生命。"贾母激动地冲过来，"甚至比生命还重要。"

"悉听尊便！"我仰起头，看来今天是躲不过了。

"暴徒还敢这么猖狂？"长脚阴阳怪气，她要在干柴上倒汽油。

"斗争她！斗死她！"老三毛举起手臂，"不要说斗死她，就是打死她也罪有应得。"

"打死也罪有应得，这是你说的？"我朝她逼近一步。

"是我说的，怎么样？"迎着我的愤怒，老三毛挺起瘦骨嶙峋的胸膛。

"不要说打死，就是强奸死，轮奸死，也罪有应得！"小红冲上来，把胸脯拍得响当当。

"你们都疯了！"我气得浑身发抖。

"你们都疯了？"小诸葛惊讶地问。

"看！这是什么？"老三毛攥着一张纸，小诸葛一扫，眼珠子定住了。

"我们可以对暴徒采取任何行动，党报也这么说。"贾母用鼓动的口吻说道。

"你们太猖狂了！"我气得眼冒金星。

"不是我们这么说，而是党报这么说。"老二毛雄赳赳地挺起了胸，"罪有应得，罪有应得，这是总书记的指示。"

老狐从老三毛手里抽出半张纸递给我。

这是半张发黄的旧报纸：中国领导人召开新闻发布会，中外记者共同参加。

先是中国记者提问。不外乎是吹喇叭，抬轿子废话，屁话。最后外国记者问：请问江总书记，你怎么看待六四女学生遭歹徒轮奸的事？

江老贼说："我不知道这件事。如果有，她是罪有应得。"我揉揉眼，又揉揉眼，依然是"罪有应得"这四个字，触目惊心的四个字，不忍卒读的四个字。

"啪"！我一拳捣在报纸上。被捣个窟窿的纸，像深渊，像黑洞，像蛇口，像冷冰冰的枪口。"见过无耻的，没见过比这更无耻的！"不可抑制的狂怒抓住我，血液沸腾，神经战栗。我因愤怒而窒息，因窒息而愤怒。

我大声嚷着："历史！请你永远记住这一天；人民！请你永远记住这一天；中国！请你永远记住这一天；世界！请你永远记住这一天。江老贼，你永远被钉在耻辱柱上。"

（二零二二年十一月三十日，江泽民老贼一命呜呼去见了马克思了。江老贼踏着六四的尸骨坐上金銮殿后，干了许许多多人神共愤的罪恶。他不但残酷地镇压法轮功学员，活摘法轮功学员的器官，还向俄罗斯出卖了祖国一百五十万平方公里的土地。江老贼死前知道自己罪恶累累罄竹难书，等待他的一定是世纪审判和挫骨扬灰，所以早就密诏他儿子孙子灰孙子，把他的骨灰撒向大海。

但是，江老贼的罪恶天昭昭地朗朗，纵然骨灰不存，但白纸黑字，铁证如山。）

"今天中队召开'认罪伏法走向新生'大会。"朱中队长开门见山，点出会议主题。

第一个上台发言的是手风琴手，她因诈骗被判无期徒刑。主犯逃匿，从犯被判无期，这是中国司法的版本，也是世界司法的绝版本。判决下来后，丈夫撇下两个幼子自杀身亡。

队长找她谈心，一谈节哀顺变，二谈争取减刑。风琴手说她想看丈夫的遗书。队长斟酌着把遗书交给她。

看完遗书，果然化悲痛为力量：或无事生非，让犯人自相残杀；或促膝谈心，挖对方隐私；或做好圈套，请君入瓮；或秉烛上谏，演一出"精忠报国"的新篇章。

"你现在怎么变成这样？"即将出狱的难友没有顾忌地问。

"我的心，和丈夫一起走了。"

"你没有哀莫大于心死，却有最后的疯狂：既作贱自己，又作贱她人。"

"我已经杀了丈夫，还在乎伤害谁？"

"遗书究竟说了了什么？"

"主犯逍遥，从犯重判。"

"说得对！冤有头债有主。你不找冤家，却迁怒她人加害她人？"

"我奈何不了主席台上的主犯。"风琴手愤愤地说。

"奈何不了他，就奈何别人？"

"别人的痛苦能减轻我的痛苦，别人的灾难能减轻我的灾难。我要搅得鸡犬不宁，人人悲伤，个个痛苦。"

"我知道你是受害者，但不能以恶制恶。己所不欲，勿施于人。"

"没揭发哪来的加分？没小报告哪来的信任？大目标是减刑，小目标则是制造痛苦，制造眼泪，制造新的冤假错案。"说完风琴手哈哈大笑。从此犯人见她，敬鬼神而远之。

"……在政府队长教育下，我认识到自己罪行的严重性。我决心洗心革面重新做人。"风琴手声情并茂朗诵着，带着职业演员的娴熟和圆滑。

"我的犯罪，破坏了改革开放的大好形势，损害了人民教师的声誉，给社会带来了不良影响。"她的朗诵愈发抑扬顿挫。

这么说，一流的戏子还是人类灵魂工程师？

"政府把我从犯罪的深渊中救了出来，我要感谢党，感谢政府。没有党和政府，就没有我的今天。"

你的今天，不是座上宾，而是阶下囚。有啥可感谢的？

"政府不但关心我，还关心我儿子。每个月我们都能母子相见，这要感谢伟大的党啊！"一个"啊"饱含了浓烈感情，平仄仄平恰到好处，起承转合尽在其中。在国外，不要说在押犯，就是死囚，也能和亲人见面，这是犯人的权利。既是权利，有什么必要讴歌赞美？

"我的犯罪，不但给受害人带来灾难，也给家庭带来灾难。我的丈夫，因受不了打击而离开人世……"娴熟和圆滑不见了，取而代之的是真真切切的悲痛。

"现在我才知道，什么叫家破人亡，什么叫妻离子散，什么叫悲剧，什么叫悔恨，什么叫痛彻肺腑。"说到这，风琴手哽咽着，肩膀剧烈地耸动。

我冷冷地看着她。我相信在整篇发言中，只有最后一段话，最后肩膀的抖动，才是真实的。

"下面由四四一发言。"风琴手下去后，队长敲了敲麦克风。

"轮胎？"从大监狱的小监狱出来后，虽住在同一幢楼，却一直没能见到她。但在关小号的日子里，我见识了她翻手为云覆手为雨的功夫。

四四一走上台，恭恭敬敬朝队长鞠了一躬，货真价实的九十度，可以和东洋女子媲美。

"……八九年政治风波后，由于世界观问题，我站到敌人一边。我不但放了轮胎气，还回家取工具给学生。我对不起人民对不起党啊！"四四一一脸痛心疾首。

这是无奈之举，还是肺腑之言？我思忖着。

"因为这，法院判我五年。本来我一直想不通，放一只轮胎竟判五年？通过队长教育，我明白五年不是多了，而是少了。"

天呐！难道你疯了？四四一啊，你可以曲线救国，可以似是而非，可以打断牙朝肚里咽，可以忍辱负重。但是，你不能在打肿左脸后，再把右脸呈上去。这是双重的耻辱，加倍的自辱。这是唾面自干，这是作贱自己，这是对公检法黑帮的赞美，这是对屠夫杀人的歌颂，这是对六四抗暴者的否定。

我为"抗暴者"这一群体痛心！我为你痛心：一个糟蹋自己的犹大。

四四一突然停顿下来，咽了一口唾沫。接着她继续说："轮胎放气，这不是简单的放气，而是一起严重的反革命政治事件。这是往党的脸上抹黑，这是最大的犯罪啊！法院判我五年。这五年我服，我打心眼里服！"

天呐！你这个投降变节的贱人，你这个自我蹂躏的斯德哥尔摩症患者。我百味杂陈地看着四四一，看着她在不断洗脑后的自我沦陷。

"从一九六零年到一九八九年，我在单位整整工作了三十年。人一辈子能有几个三十年？这三十年里，凝聚了我最美好的青春，凝聚了我最灿烂的年华。这三十年，就是我整个的生命啊！出狱后，我失去工作，失去劳保，失去退休金，失去了生存的前提……"说到这，四四一饮泣不已。

"我为什么不听党的话，落到万劫不复的地步？我为什么要同情学生，自寻绝路？我为什么要有正义感，以卵击石？我的心好苦，我的心好痛，我的心在流血啊……"至此，四四一终于嚎啕大哭起来。

四四一发言结束后，会场一片肃静。轮胎的发言震撼了所有的人。所有的人在轮胎发言中，看到了抗争的下场，看到了"顺我者昌逆我者亡"的震慑力。

我想起毛老贼说过的一句话："谁不听共产党，我们就不给他（她）们饭票。"

监狱又开了一次减刑大会，我依然榜上无名。接见时姐姐气愤地说："我刚才和队长说了，为什么刑事犯可以减刑，政治犯不能减刑？为什么内外有别因人而异？"

"中国政府不承认有政治犯。"丈夫说。

"有没有，大家瞎子吃馄饨心知肚明。我不管，反正我今天痛痛快快说了。说时周围有一大群人，他们表示了同情和同感。队长没有解释，只是微笑。"姐姐大声地说。

"说了也没用，减刑的钥匙不在监狱而在司法局。"丈夫说。"这一次李鹏出国访问，因为六四屠城，他的出行遭到世界人民的唾弃和抗议。屠城后，共匪采取的是内紧外松，内外有别的国策。"

"我已经做好减不了刑的思想准备，大不了吃足一千零九十五天的牢饭。"我抑制住愤怒，冷静地说。

"对！不就是三个三百六十五天么。两年半都熬过来了，还在乎这半年？我们等着一九九二年六月五号这一天。"大姐攥紧了拳头。

"对！我们等着一九九二年六月五号这一天。记住！任何情况下，都不要低下你的头向屠夫投降。记着了，一定要高高昂起你的头。"丈夫攥紧拳头，声音铿锵有力。

老狐一声呼唤，我赶紧放下活奔进办公室。顾队长翘着二郎腿打毛衣。她有打不完的毛衣，也和老狐有扯不完的家常话。

"你明天就去新生组，把你的活交代一下。"

"队长，五三一的活，就让我做，好吗？"老狐孩子般撒着娇。

"你这么大年纪，行吗？"

"在顾队长手下干活，我有使不完的劲用不完的力。每一天我都心情舒畅，斗志昂扬。"

"你就会拣好听的说。"顾队长脸上的皱纹如晚菊般绽放，舒展异常。

又到了发信的日子。打开信，一张美丽的卡片映入眼帘。

妈妈：我热切地期待"欢乐长聚"早一刻"美梦成真"，并衷心为您祝福。祝您身体健康！

您的儿子轩轩

一九九二年一月三十日

我把卡片贴在脸上很久很久，感受着儿子的气息，感动着儿子的温情。

我抱着行李又进了五楼大统间。两年前，这里发生了一系列事件。回首往昔，恍如隔世。

"五三一！"一个木乃伊般的女人叫我。

"……你怎么瘦成这样？"

"完不成劳役被四割，胸口又憋着冤气。要是刑期长，这把骨头就交给监狱了。"她叹着气，三十岁的人简直就像世纪老人。

她命运多舛，父母早逝，寄养在叔叔家。工作后结识了一位男青年，不仅献上了积蓄，还献出了自己的处子之身。两年后，他对她失去了兴趣，无情地抛弃了她。愤怒之下，她拿走了他的录音机，视之为精神赔偿。然而，警察介入后，她因盗窃罪被判两年。

"出去后，饶不了那畜生！"她边咳嗽边说。

"你这身体哪是他对手？算了！"我劝道。

"我咽不下这口气。"

"感情纠纷都判你两年。再有事，就是累犯惯犯，就是从重从严。共产党杀无赦。"

"叔叔死了，单位开除我了，刑释分子的帽子戴了，身体也垮了。我不知道咋活？"她呆呆地看着地板，我心疼地看着她皮包骨头的脸。如果说美国微软，日本电梯，法国香水，南非钻石是国家特产的话，那么中国的特产就是窦娥。这个巨大的专政机器，时时刻刻在吞噬生命，分分秒秒在制造冤案。它是潘朵拉盒子里放出来的妖孽，涂炭生灵，杀戮无辜，所到之处，无一幸免。

"格格格！"随着笑声走来蜜三刀。蜜三刀和男友在同一个银行工作。恋爱三年，她曾三次堕胎。就在她完成第四次人流后，男友提出分手，因为他要和行长的女儿结婚。蜜三刀把他约进闺室。一番云雨后，蜜三刀把小刀架在他的生殖器上。

"你一点也不留恋我们的感情吗？"

"不留恋。"于是，蜜三刀在生殖器上划了一刀。

"你真的要和我分手吗？"

"真分手。"于是，蜜三刀又在生殖器上划了一刀。

"你真要娶她吗？"

"真要娶。"于是，蜜三刀又在生殖器上划了一刀，也是最狠的一刀。男友倒在血泊中，蜜三刀拎着包，消失在南来北往的旅客中。一星期后，饱览大好河山的蜜三刀回来了。她下了火车直奔派出所。

鉴于男友的始乱终弃，鉴于蜜三刀以后不能生育的情况，鉴于蜜三刀的主动自首，她被从轻判处三年半。蜜三刀唱着跳着来到监狱。每一天，都是她的节日。用三年半换三刀，值！

"我相信他永远阳痿了。一个阳痿的男人，还能娶行长女儿吗？"蜜三刀满意地笑了。

进新生组没几天，我就被抽出来搞文字誊写。监狱是半个宣传部，宣传功能不逊于任何媒体。从板上写字，到纸上写字，再到布上写字，林林总总，名目繁多。

一天，我正誊写永远也写不完的斗争史时，两个年轻的队长走来，她们看了一会，临走时翻看了我的番号牌。

"怎么有这样的罪？"甲队长皱着眉，"这种罪，我可是第一次看到。"

"以后你就知道，罪名是人编出来的。"乙队长意味深长地说。她们走了，我再也誊写不下去，我把笔一摔，捧着自己的脑袋。

"五三一，顾队长让你去。"老狐兴奋地冲上五楼。

"什么事？"下楼时，我心如撞鼓。

"你能答应我一件事吗？"

"什么事？"

"你走后，把所有的被褥杂物留给我。""一句话。""还有一件事，你能否把上季度的奖金留给我。难道你出了提篮桥，再回来拿十元奖金？"她眼巴巴地看着我。眼神如钩，钩出我心底深处的怜悯。

我到了办公室，顾队长通知我说："一星期后减刑书下来，不过你不能和任何人说。"

"这个当然。"我恭恭敬敬地说。

顾队长说："减刑报告一年半前就打了，直到今天才批复下来。为了两个多月的减刑，大队中队小队做了许许多多工作。你不要小看这两个多月，这是为你重新恢复工作，所有的队长做的努力。"

"谢谢队长！我知道政治犯减刑是蜀道之难，难于上青天。"

"我们已经尽了最大的力。"顾队长再三强调着，我知道她说的是肺腑之言。进狱后，我虽受到朝天鼻的虐待，但几乎所有的队长都尽其所能帮助我。三十五年后的今天，我依然深深地感谢她们，尤其是朱中队长。

一九九二年三月二十七日，我终于走出囚禁我两年零十个月的监狱，回到亲人身边。

后记

一九九二年三月二十七日，我走出提篮桥的小监狱，却走进了社会的大监狱。一九九二年夏天，上海炼油厂党魁史建平，拒绝了乍浦街道主任要求为我落实工作的请求；一九九七年，以史建平为核心的党委，再一次拒绝虹口法院要求为我落实工作的请求。

出狱后，街道曾给我安排两个工作，一个是和"二劳"释放人员熨台布，一个是送报纸。我选择了第二个工作，骑着破旧的自行车走街串巷。一个雨雪天，我摔了一跤，街道立即拿出一份合同，合同上写："由于不可预知的灾难而造成的伤害，一概由本人负责。"面对这一份冷酷甚至卑鄙的合同，木讷的丈夫愤怒了，他一把撕了合同，也撕去了我的工作。我送了半个月的报纸，却连一分钱都没拿到。

数月后，我到虹口技协搞管理兼打字，月薪是二百四十元。从此，丈夫不但戒烟，还在工作之余拼命接活。有一次在维修空调时，他从脚手架上摔下，身体受到伤害，只能靠中药来调理。

为了给丈夫治病，我拼命工作，有时打两份工，有时打三份工。早上八点到街道做财务，下班后赶到饭店收银到深夜十一点。没有休息天，没有节假日，两份报酬之和是九百元。

二零零三年，已过了我的退休年龄，但没有一个组织过问此事。鉴于嘉定人力资源和社会保障局的多次刁难，我胸贴状纸直奔上海市社会保障局。幸遇信访办唐处长的鼎力相助，在自费付了十五年的三金后，我才拿到上海最低的退休金。但我从一九六八年到一九八九年的二十一年工龄被中共侵吞而一笔勾销，以至我现在的退休金，还不到炼油厂退休金的一半。

一九八九年"六四"前，澳洲的语言学校已录取了我丈夫。我入狱后，丈夫的出国成泡影，儿子也成"小暴徒"。学校的宣传栏里，贴着"共和国卫士"和"暴徒"的照片；上政治课时，讲的是卫士的"牺牲"和暴徒的"残忍"。从此，活泼天真的儿子，成了孤僻的自卑者。儿子的额角，至今留着被同学用石头击打的伤疤。有一次我责怪他不好好读书，他冲我嚷着：你为什么要参加"六四"？害得我家一贫如洗；害得父亲受伤；害得我失去欢乐……看着儿子的眼泪，我心如刀绞。

儿子工作后，曾在 IT 领域任主管。有一次总经理问起家庭情况，儿子如实说起我的判刑，结果合同不再续签。儿子只得开个游戏工作室聊以为生。由于被单位开除，我被剥夺上海炼油厂的分房权利，仅有的房子给儿子做工作室后，我和丈夫只能借房栖身，四处迁徙。但国保如幽灵，如影随形，我们只得一次次地迁徙流浪。几十年了，政治上的高压，经济上的拮据，丈夫的疾病，儿子的被扭曲，压得我透不过气来。我判的不是三年，而是无期徒刑啊！判刑是鼠疫，破坏了健康的家庭，留下挥之不去的阴影；判刑是核泄漏，留下永远不可逆转的后遗症。

一九九四年我去市里抗议对我的判刑，接待员乜着眼：既然"六四"中你儿子没受到枪杀，你瞎操什么心？你的灾难是咎由自取。我说：在屠杀前的沉默，是绥靖，是另一种意义上的协同犯罪。今天我就是来抗议政府对我的判刑！

一九九五年，因为牙齿发炎，我的脸肿成一坟包。监视我的女片警问我为什么不就医。我说，判刑后中共剥夺了我的工作，也剥夺了我的医保。家里一贫如洗没钱看病。半小时后，居委会主任给我送来了止疼片。她说，女片警说了你的事；区国保的处长，也让居委会在生活上对你多加关心。

一九九六年春天，我冲到虹口法院楼上。我嚷着：我究竟有什么罪？你们凭什么判我刑？凭什么？办公室的房门打开后，一个个法官如狼似虎地冲出来，一听我是"六四暴徒"赶紧进门关门，然后打电话叫来保安，把我"请"出大楼。

一九九六年，得悉安全局正在查我笔迹，我马上给殷行警署写信：孙宝强坐不改名，行不改姓，现在就呈上我的真迹。

一九九七年，我举着判决书去市委，上访者知道我的案由后，簇拥着和我握手。接待员如临大敌，又是拍照复印，又是摄影摄像。一小时后，片警把我接回。一月后，我再次去市委抗议，凶狠的警察把我打倒在地，于是上访无门的我写信到香港。自由亚洲电台的谷济柔二次电话采访了我，并分三次播出这个访谈。

一九九七年夏天，我给上海市中级人民法院齐院长写信，叙述了我的遭遇并提出抗议。二天后我接到法院电话让我去法院。在法院的电梯上，某警卫问我是不是孙宝强？我说是的。他说齐院长把你的信给他们看了，信真的是你撰写的？进院长室后，齐院长握住我的手说：第一要感谢你丈夫的不离不弃；第二是表示对我的敬意；第三是让我不要沮丧保持信念，因为党的总书记赵紫阳都支持我们。二小时坦诚的沟通后，他责成虹口区法院重新审理我的案子，并让虹口法院去上海炼油厂落实我的工作。但在江老贼还没死的情况下，推翻我案子的判决简直是天方夜谭；至于落实工作一事，又一次遭到炼油厂史建民的反对。

一九九七年我提出申诉。虹口法官面对我的质问，支支吾吾理屈词穷。最后竟用买卖的口吻说："煽动这条罪不算，就算你扔篱笆这一条。"我说："扔篱笆一般罚款，最多就是行政拘留。判刑这是对法律的亵渎。"他一愣，接着说："形势所迫嘛！"我问："刑法治罪还是形势治罪？"他又一愣，突然嚷着："朝前看，朝前看！总能等到你盼望的那一天。"

一九九九年，区里来拆所谓的"违章建筑"，我带领群众和如狼似虎者进行抗争。警署署长找我谈话，我说，当官的可以房厅成群，我只是把天井搭成蜗居让儿子栖身，何罪之有？他说，有困难可以找政府。我说，从监狱带来的伤久久不愈，我宁可用烙铁摁上去，也绝不求政府。他和我聊了很久，最后情真意切地对我说："久闻不如一见。孙宝强，如果今后你有什么困难，一定来找我。"

二零零零年初，频繁前来造访的片警发现我在写狱中回忆录，赶紧汇报上去。女国保多次找我谈心，让我交出文稿。我说，回忆录既不涉及机密，也没盗取情报，凭什么上交？她说，你可以不考虑自己，难道也不考虑你儿子？威胁之意溢于言表。一星期后，儿子在过横道线时，一辆车向他撞来，幸亏他就地打了个滚，这才化险为夷。

二零零一年国保再次找我。我说："今天是六月四日，我丈夫穿了白衬衫上班，我也穿了白衬衫上班，我们用这样的方式祭奠亡者，抗议政府。难道你的亲属中，没有因运动而罹难的吗？我确实被你们打倒在地，但绝不匍匐在泥水里。"他听了颔首不语。

二零零一年，我给自由亚洲的谷积柔写信，信被拦截。国保又一次找到老板给我施压。

二零零三年的感恩节，我给中级人民法院的齐院长写信，感谢他对我的鼎力帮助。（他曾因反对四人帮而入狱。他姐姐在他被捕后自尽身亡，给他留下了终身阴影。）从齐院长到街道主任，从片警到区国保，从他们的身上，我看到体制内正义的力量。

二零零七年，《红楼女囚》登上博客中国。不久，先是留言功能被关闭，最后干脆"和谐"了；

二零零九年五月初，独立中文笔会的小乔对我的访谈录即将刊发在"民主中国"网站，公安拦截邮件后，找到老板逼我撤稿；

二零零九年五月三十一日，就在我准备在纪念"六四"二十周年网络大会上发言时，三名国保破门而入。他们逼我就范，我不肯。国保冷冷地说："你可以不考虑自己，难道不考虑你的儿子？"我只得含泪放弃演讲；

二零零九年六月三日，警察把我堵在家里，警车全天候停在门口；单位需要我去银行时，国保全程保驾跟随；

二零零九年八月，我在呼吁释放维吾尔族学者的呼吁书上签名，再次受到威胁。他们还通过居委会让房东逼我搬家。

二零一零年，国保一次又一次找我同学，让我停止出版《红楼女囚》；挪威颁奖会时，他们又去我丈夫的单位找他谈话……二十多年来，不但我时时刻刻生活在监控中，我的亲人也生活在高压和恐惧中。

一九四九年前，我公婆开了一家酿造厂。公私合营后，成了共党的产业。六四年搞四清时，竟然以我婆婆是富农出身的理由，把她赶出自己亲手打造的工厂。"文革"时，掘地三尺，搜去了所有金银珠宝，最后只以九十八元一两的价格赎回部分黄金。我公公在追讨一笔被贪污的补发工资时，由于惊恐而走上黄泉路。我的《上海守财奴》，忠实地记录了他们悲怆悲惨的一生。

我的父母都是上海卷烟厂的地下党员，父亲还是中华人民共和国成立后榆林区的第一任区长。母亲也是卷烟厂的"巾帼英豪"。一九四九年，任翻译的大舅准备搭机去台湾，母亲揪出坐在吉普车里的大舅，甩了他两个巴掌，让他留在上海迎接解放。共军进上海后，舅舅准备偷渡去香港，但母亲向组织上揭发了他，于是大舅进了大牢。"文革"中，大舅在劳改农场自杀。消息传来，亲人中没一人敢收尸，结果大舅的尸骨都没留下。

母亲在反右时，仗义执言为人说话。我永远记得这一幕：大姐领着弟妹去接母亲，瓢泼大雨中有个落汤鸡走来，她手上有伞，却硬生生淋在大雨中。母亲脸色发白，嘴唇颤抖，原来组织通知她，她将荣幸地成为右派。

母亲后来没打成右派。这不是组织发善心，而是右派名额够了。逃过一劫的母亲变成了唯唯诺诺的女人。为了向组织表忠心，她辞掉了保姆，还把房子上交给组织。

父亲在一次次运动中降级，最后降到杨浦区饮食公司经理的位置上。一九六三年，父亲在单位悬梁自尽。正读初二的大姐辍学到饮食公司上班，帮助母亲养活弟妹。

我十七岁时母亲去世，于是被分配到上海炼油厂。即使在家庭悲剧迭出时，我也没有抱怨过共产党，只是对它发动的运动颇有喷言。我曾在厂报和石化报上撰写了大量的时评、杂文。一九八九年的一声枪响，彻底打破了我的梦想。从此，我走上了反思反省，否定之否定的道路。

三十五年前，借助大屠杀大逮捕而拿"血卡"的精英散布在全世界。三十五年后的今天，商海搂钱者有之，"老婆孩子热炕头"者有之，明修栈道暗送秋波者有之；沽名钓誉者有之。他们很忙，有人忙得连一年一次的"六四"烛光晚会都不参加。如果说遗忘是遗憾，那么抛弃就是背叛。背叛坦克下的战友，背叛曾经的信仰。背叛者轩昂而猥琐，得志而可怜；背叛者是成功的失败者，是高贵的卑微者。最让我愤怒的是当年的学运领袖，竟和当局做"金盾工程"的器材生意。这个无耻的商人，将和刽子手一同被钉在历史的耻辱柱上。

"六四"二十周年时，儿子阅读了小乔对我的访谈录，消弭了对我的怨恨；儿子又看了国外媒体对我的采访，明白母亲不是"暴徒"而是抗暴者，让我重拾儿子对我的尊敬。

三十五年过去了。每一个死难者和"暴徒"的背后，都有一群受尽磨难伤痕累累的亲人。他们需要关注，需要帮助。遗忘他们，就是遗忘历史；帮助他们，就是救赎自己。在这里，我感谢伸出援助之手的海内外同胞，同时也希望"精英"们心存良知，帮助曾经帮助过你们的同盟者！

孙宝强

女，一九五一年出生于上海。父母均为中共地下党员，父亲是中共进上海后第一任榆林区区长，后因不堪忍受无休止的运动而自尽。一九六八年孙宝强进上海炼油厂做操作员，后担任打字员。一九八九年六四屠城后，孙宝强上街演讲并设置路障；六月六日晚被关进虹口区看守所；八月二十二日，在虹口区体育馆万人大会上，宣判入狱三年；出狱后，又因不断撰写文章发表在互联网上而被监控二十年。二〇一一年一月，孙宝强和丈夫流亡澳洲，四十九天后获保护签证。二〇二三年八月赴美国与子团聚，现居洛杉矶。

著有自传《上海女囚》，长篇小说《上海守财奴》。

作者联系邮箱：baoqiang_sun@hotmail.com

上海女囚

作　　者：孙宝强

责任编辑：李丰果

出　　版：Heptagram Inc

网　　址：https://www.heptagram.ca/

电子邮箱：newpublish@heptagram.ca

出版日期：2025 年 1 月

国际书号：978-1-998383-04-7

Published in Canada by Heptagram Inc

Library and Archives Canada Cataloguing in Publication

Title: Shanghai Female Prisoner

Names: Baoqiang Sun, author

ISBN: 978-1-998383-04-7 (paperback)

www.ingramcontent.com/pod-product-compliance
Lightning Source LLC
Chambersburg PA
CBHW050852150626
46549CB00013B/1426